新准则·新税制财会类规划教材

会计基础技能训练

白周清⊙著

Accounting
Skills Ttraining

图书在版编目(CIP)数据

会计基础技能训练/白周清著. —北京：中国市场出版社，2012.6

ISBN 978 -7 -5092 -0898 -4

Ⅰ.①会… Ⅱ.①白 … Ⅲ.①会计学—高等学校 —教材 Ⅳ.①F230

中国版本图书馆 CIP 数据核字（2012）第 101308 号

书　　名：会计基础技能训练
作　　者：白周清　著
责任编辑：卢玉冬
出版发行：中国市场出版社
地　　址：北京市西城区月坛北小街 2 号院 3 号楼（100837）
电　　话：编辑部（010）68022468　读者服务部（010）68022950
发行部（010）68021338　68020340　68053489
68024335　68033577　68033539
经　　销：新华书店
印　　刷：河北省高碑店市鑫宏源印刷包装有限责任公司
规　　格：787×1092 毫米　1/16　24.25 印张　590 千字
版　　本：2012 年 6 月第 1 版
印　　次：2012 年 6 月第 1 次印刷
书　　号：ISBN 978 -7 -5092 -0898 -4
定　　价：32.00 元

前　言

原始凭证是填制记账凭证的重要依据，由于原始凭证种类繁多，不同类型的企业对原始凭证的设置也存在一定的差别。相关教材中关于原始凭证如何填制的内容较少，而在会计实际工作中对原始凭证的填制大多是言传身教，很难形成一个统一的标准。会计账簿是根据记账凭证或记账凭证及所附的原始凭证登记的，每种账簿具有不同的特点，以便满足企业会计核算工作的需要，而对各种会计账簿的登记方法也缺少相应的具体操作方式。登记完整、核对无误的会计账簿记录又是编制财务报表的重要资料。因此，进一步规范会计凭证的填制、账簿的登记、报表的编制是搞好会计工作的基础，有利于逐步提高会计人员的业务素质。

高校会计专业学生应掌握各种原始凭证及相应记账凭证的填制方式，会计账簿的登记要求和财务报表的编制方法，以便毕业后在会计实际工作中运用。为了更好地适应高等院校会计教学工作及企业会计实际工作的需要，编者编写了这本《会计基础技能训练》。

本书包括原始凭证、记账凭证、会计账簿和财务报表四部分内容。第一部分原始凭证包括结算类、发票类、材料类、产成品类、工资薪金类、固定资产和在建工程类、成本计算类、证券交易类、税收类、结转类、商品流通企业专用和其他类等12类138种原始凭证，相当一部分原始凭证是编者结合会计实际工作进行修改或重新设制的，可以在一定程度上满足企业会计工作的需要。第二部分记账凭证包括收款凭证、付款凭证、转账凭证、科目汇总表、汇总收款凭证、汇总付款凭证和汇总转账凭证，可以使学生掌握上述记账凭证的填制方法。第三部分会计账簿包括总分类账，现金和银行存款日记账，材料采购、生产成本、固定资产、应付职工薪酬、应交税费（增值税）、本年利润、利润分配、三栏式、多栏式和数量金额式明细分类账，应收票据、应付票据备查簿和租入固定资产登记簿以及各种账簿共同使用的账簿启用表。编者根据会计制度的有关要求对应付职工薪酬、利润分配等明细账，应收票据、应付票据备查簿等账页格式进行了设置，有助于进一步提高企业的会计核算水平。第四部分财务报表包括可以视为内部报表的总分类账户本期发生额及余额试算平衡表和外部报表的资产负债表、利润表及其相应的调整报表。通过对本部分相关内容的学习，可以提高学生编写财务报表的能力。《会计基础技能训练》可以视为编者编写的《会计核算技能训练》一书的上篇，希望能对高等院校学生更好地将会计理论和会计实际操作进行有效结合起到一定的积极作用。

《会计基础技能训练》一书在编写过程中力求与最新的财政、税收和金融法规相一致，该书的编写特点主要体现在以下方面：

一、理论结合实际，并将实际做法上升到理论高度

学生将所学到的会计理论知识与会计实际工作结合有一个过程，能结合运用好存在一

定的难度，而把会计工作的实际做法上升到理论高度的难度更大。编者作为一名从事三十多年会计实际工作的高级会计师、注册会计师和具有二十多年会计教学经验的会计教师对这方面的理解更为深刻。

怎样把填制会计凭证、登记会计账簿和编制调整报表的实际做法以文字方式进行表述，上升到理论高度，是编写该书的最大难点。在目前的有关资料中，缺乏对系列会计凭证、账簿等较为全面、系统的概念解释。如对外来原始凭证中的信汇凭证、贴现凭证等，记账凭证中的科目汇总表、汇总收款凭证等，会计账簿中的材料采购、应付职工薪酬等明细分类账，财务报表中的资产负债表调整报表、利润表调整报表等缺少相应的概念解释。由于现有教材中涉及的自制原始凭证较少，因此对各种自制原始凭证概念的解释就更不易找到。因此在本书的编写过程中只能凭借个人的认识对涉及的各种原始凭证、记账凭证、会计账簿及财务报表的调整报表的有关概念进行相应解释，说明其具体作用，并把实际做法以文字方式叙述，上升到理论高度。同时将编制资产负债表、利润表的理论要求进一步具体化，力求通俗易懂，理论结合实际。

二、将文字资料、业务题和图表相互融合，便于使用者操作

为了使学生切实掌握各种会计凭证的填制方式、有关会计账簿的登记方法和相关财务报表的编制要求，本书采用将文字资料、业务题和图表融合的方式进行编写。

每种会计凭证（账簿、报表）的文字资料至少包括相应的概念、作用和填制要求，并根据其特点编写相应的内容。如“贴现凭证”部分的文字资料不仅包括贴现凭证的概念和填制要求，还包括办理贴现必须具备的条件和银行受理贴现业务的处理等相关内容，可以使读者对贴现凭证有较全面的了解，并依据其业务题内容填制该项原始凭证。这种方法使初学者易于掌握，可以达到较好的效果。

三、原始凭证的设置体现了工业企业和商品流通企业的特点

工业企业和商品流通企业的很多凭证是通用的，如作为外来原始凭证的信汇凭证、转账支票、税收通用缴款书、各种纳税申报表、增值税专用发票、社会保险费专用缴款书、借款凭证等，以及作为自制原始凭证的借款单、收据、差旅费报销单等。

工业企业的资金循环包括购进过程、生产过程和销售过程，而商品流通企业的资金循环仅包括购进过程和销售过程，由于两大类企业资金循环的方式不同，其核算方法也存在较大的差别。为了体现不同企业的核算特点，在原始凭证部分设置了辅助生产费用分配表、产品成本计算表等七种成本计算类原始凭证，在一定程度上可以使操作人员对工业企业的成本计算进行学习、掌握。并根据商品流通企业自身的特点，设置了商品溢余（短缺）报告单、调价商品价差调整表、包装物降等摊销计算表、商品进销存日报表、分柜组商品进销差价计算表等 10 种原始凭证。在说明“商品进销存日报表”有关项目依据哪些资料填制时，利用数据资料将商品验收单、商品调入单、内部交款单、商品调出单、商品盘点表、调价商品价差调整表等凭证与其联系在一起，使读者了解商品流通企业有关原始凭证的内在联系，进一步熟悉该类企业的核算特点。

四、对原始凭证的分类进一步细划

原始凭证种类繁多，分类方法也多种多样，编者对第一部分的138种原始凭证分为十二类，并对每一类原始凭证进行了细划，进一步说明各小类原始凭证包括的内容。在具体分类时将结转类原始凭证又细划为四小类，包括调整结转类，如应交所得税调整表、未分配利润调整表等；综合结转类，如本年利润结转表、利润分配结转表等；计算结转类，如固定资产折旧计算表、应付股利计算表等；清查结转类，如存货盈亏盘存表、库存现金盘点报告表等。将原始凭证的分类进一步细划，有利于学生对该部分业务知识的理解和掌握。

五、提供了较为全面的结算类原始凭证

企业的收支业务除少量可以通过现金结算外，大部分应通过银行办理转账结算。结算类原始凭证既包括汇兑、委托收款、托收承付等结算凭证，又包括支票、本票、汇票等票据，还包括企业与银行之间收付结算的借款凭证、还款凭证、贷款利息通知单、存款利息通知单等其他结算凭证。

为了使教材使用者熟练掌握各种支付结算业务，在结算类原始凭证中提供了银行汇票申请书、银行汇票、商业承兑汇票、银行承兑汇票、不定额银行本票、定额银行本票、转账支票、现金支票、贴现凭证、银行进账单、信汇凭证、电汇凭证、邮划委托收款凭证、电划委托收款凭证、邮划托收承付凭证、电划托收承付凭证、拒绝付款理由书、应付款项证明单、借款凭证、还款凭证、贷款利息通知单、存款利息通知单、银行邮电费手续费付款通知和银行空白凭证领购单等24种原始凭证。可供操作人员根据资料内容和业务题要求对相应的原始凭证进行填制。

六、提供了较为完善的税收类原始凭证

依法纳税，是企业应尽的义务之一。不少企业设置了税务会计，负责各种税收的计算、缴纳工作。由于税收的种类较多，各种纳税申报表的填写方法也存在相应的区别。为了使操作人员掌握有关税收的计算、缴纳，在税收类原始凭证中提供了税收通用缴款书，固定资产进项税额抵扣情况表，开具红字增值税专用发票通知单，开具红字公路、内河货物运输业发票通知单，增值税、营业税、城市维护建设税、城镇土地使用税、房产税、车船税、车辆购置税、契税、企业所得税、印花税等税种的纳税申报表，教育费附加申报表，扣缴个人所得税报告表，企业所得税计算表，印花税销售凭证和运费抵扣增值税计算表等19种凭证的格式，便于操作人员结合教材及业务题资料填制使用。

七、提供了较为完整的复式记账凭证

由于企业采用的会计核算形式不同，所选用的记账凭证格式也相应有所区别。在本书第二部分记账凭证中提供了收款凭证等七种复式记账凭证格式，对收、付款凭证和汇总收、付款凭证都分别按现金和银行存款凭证格式编写，并在科目汇总表部分提供了科目汇总表工作底稿的编制要求，有助于学生掌握不同种类记账凭证的填制方法。

八、提供了不同种类的账页格式

账页是账簿的主要组成部分，由于账页的格式不同，账簿的登记方法也有所不同。为了使操作人员掌握各种账簿的登记方法，在教材第三部分会计账簿中提供了16种账页格式和各种会计账簿共同使用的账簿启用表。账页格式包括：序时账簿的现金日记账和银行存款日记账。分类账簿的总分类账和明细分类账，其中明细分类账按外表形式分为三栏式、多栏式和数量金额式三种，以及对多栏式账页进一步具体化的材料采购、生产成本、固定资产、应付职工薪酬、应交税费（增值税）、本年利润和利润分配等明细分类账的账页格式。备查账簿包括应收票据备查簿、应付票据备查簿和租入固定资产登记簿。并对每种账簿的概念、作用和登记方法进行了阐述。操作人员可以根据某种账簿的登记要求，结合业务题的内容对相应的账簿进行登记。

九、编写了试算平衡表、资产负债表和利润表及其相应调整报表的填制要求

财务报表是对企业一定时期会计工作的总结，操作人员必须掌握有关财务报表的编制方法。由于总分类账户本期发生额及余额试算平衡表可以初步显示企业特定日期的财务状况和该期的经营成果，以便企业领导及时掌握相应情况，同时可以代替总分类账提供编制财务报表的有关信息，因此该表应作为内部财务报表进行处理。可以根据教材提供的48个“T”形总分类账户的有关资料和填报要求进行编制。

本部分对资产负债表、利润表每个项目的含义及填写方法进行了详尽说明，可以根据总分类账户本期发生额及余额试算平衡表结合该部分提供的有关明细账资料进行编制。并对资产负债表调整报表、利润表调整报表的具体填制方法进行举例说明，便于学生结合业务题的有关资料进行相应的操作。

按照有关规定，原始凭证和记账凭证应由相关人员进行签章，以便明确各自的经济责任。本书在有关业务题中编写了有关人员姓名，可供操作者在填制原始凭证或记账凭证时使用。

《会计基础技能训练》一书可适用于高等院校本专科的会计、审计、财务管理以及会计电算化等财经专业的学生学习，也可作为有关培训机构培训会计人员的教材，还可作为企业会计人员业务学习用书，以便提高相应的会计水平。

《会计基础技能训练》在《会计核算技能训练》一书定稿后开始编写，时间将近3年，由于内容较为广泛，编者水平有限，虽几易其稿可能还存在一些不妥之处，敬请广大读者予以批评指正。

白周清
2012年1月6日

目录

第一部分　原始凭证

一、原始凭证概述

原始凭证，亦称单据，是在经济业务发生或完成时取得或填制，用以表明某项经济业务发生或完成情况的一种会计凭证。原始凭证是填制记账凭证或登记账簿的原始依据，是重要的核算资料。

(一) 原始凭证的内容

由于经济业务的种类和内容不同，企业经营管理的要求不同，不同行业原始凭证的种类和格式也存在较大差别。但无论何种原始凭证，都应客观反映企业经济业务的发生或完成情况，明确有关单位和人员的经济责任。原始凭证必须具备以下基本内容：

(1) 原始凭证的名称；

(2) 填制原始凭证的日期；

(3) 填制原始凭证单位名称或者填制人姓名；

(4) 经办人员的签名或者盖章；

(5) 接受原始凭证单位名称；

(6) 经济业务内容；

(7) 经济业务的数量、单价和金额。

此外，原始凭证一般还须载明凭证的附件和凭证的编号。

在实际工作中，根据经营管理和特殊业务的需要，原始凭证除具备上述基本内容外，还可以增加必要的内容。有关部门对不同单位经常发生的共同性经济业务，可以制定统一的凭证格式，如铁道部统一制定的铁路运单，标明了发货单位、收货单位、提货方式等内容；国家税务总局统一制定的增值税专用发票，标明了购销单位双方的名称、纳税人识别号、地址、电话、开户银行及账号等内容。

(二) 原始凭证的填制要求

原始凭证是填制记账凭证的依据，是会计核算最基础的原始资料，是保证会计核算质量的重要前提。由于原始凭证种类繁多，不同的原始凭证填制方法也存在较大的差别，但所有原始凭证的填制必须符合以下要求：

1. 记录真实

原始凭证所填制的经济业务内容和数字，必须符合实际情况，不弄虚作假，不涂改、挖补。原始凭证非金额错误的，应当由出具单位重开或更正，更正处应加盖出具单位公章。原始凭证金额有错误的，应当由出具单位重开，不得在原始凭证上更正。

2. 内容完整

原始凭证的项目要逐项填写，不得缺漏。尤其需要注意的是，年、月、日要按照填制原始凭证的实际日期填写；名称要写全，不能简化；品名或用途要填写明确，不能含糊不清；有关人员的签章必须齐全。

3. 书写清楚

原始凭证的填写要文字工整，易于辨认，不草、不乱、不“造”，不得随意简化汉字。大小写金额必须相符，书写规范。复写的凭证，要不串格、不串行、不模糊，并符合以下要求：

(1) 阿拉伯数字的书写要求。阿拉伯数字应当逐个书写，排列整齐，数字不得连笔写，特别是在连着写几个“0”时，一定要单个写，不能将几个“0”连在一起一笔写完。

阿拉伯数字在书写时应有一定的斜度，一般掌握在60度左右，即数码的中心斜线与底平线为60度的夹角。数字书写的高度占凭证横格高度的二分之一，书写时应紧靠横格底线，使上方能留出一定空位，以便需要更正时再次书写。

为了防止涂改，对有竖划的数字的写法应有明显区别。如“1”应写在中间，“6”的竖划应偏左，“4”、“7”、“9”的竖划应偏右。另外，“6”的竖划应上提为一般数字的四分之一，“7”和“9”的竖划可以下拉出格至一般数字的四分之一。

(2) 货币符号的书写要求。阿拉伯金额数字前面应当书写货币币种符号或者货币名称简写和币种符号，如人民币符号“￥”。币种符号与阿拉伯数字之间不得留有空白。凡阿拉伯数字前有币种符号的，数字后面不再写货币单位。所有以元为单位的阿拉伯数字，除表示单价等情况外，一律填写到角分；无角分的，角位和分位可写“00”，或者符号“—”；有角无分的，分位应当写“0”，不得用符号“—”代替。例如，人民币伍拾捌元整，写金额应写成“￥58.00”或者“￥58—”，而不能写成“￥58”；再如，人民币叁拾伍元陆角整，小写金额应写成“￥35.60”，而不能写成“￥35.6”或“￥35.6—”。

(3) 汉字大写数字的书写要求。汉字大写数字金额必须使用“零、壹、贰、叁、肆、伍、陆、柒、捌、玖、拾、佰、仟、万、亿”等，一律使用正楷或者行书体书写，不得用“0、一、二、三、四、五、六、七、八、九、十”等简化字代替，不得任意自造简化字，也不能以“另”代“零”，以“两”代“贰”等。

(4) 货币名称的书写要求。大写金额数字前未印有货币名称的，应当加填货币名称，如人民币、美元等，货币名称与大写金额数字之间不得留有空白，以防止涂改。例如，小写金额为“￥236 518”，大写金额应写成“人民币贰拾叁万陆仟伍佰壹拾捌元整”，不能分开写成“人民币　　贰拾叁万陆仟伍佰壹拾捌元整”。

(5) 零的写法。阿拉伯金额数字有“0”时，汉字大写金额要写“零”字；阿拉伯金额数字中间连续有几个“0”时，汉字大写金额中可以只写一个“零”字。例如，小写金额为“￥80 000.01”，大写金额可写成“人民币捌万元零壹分”。

阿拉伯金额数字元位是“0”，或者数字中间连续有几个“0”，元位也是“0”，但角位不是“0”时，汉字大写金额可以只写一个“零”字，也可以不写“零”字。例如，小写金额为“￥200 000.38”，大写金额可写成“人民币贰拾万元零叁角捌分”，也可写成“人民币贰拾万元叁角捌分”。

(6) 对预印有固定的金额计量单位序列的数字填写要求。对预印有固定的金额计量单位序列(如，仟、佰、拾、万、仟、佰、拾、元、角、分)的原始凭证，填写大写金额时，前面没有填写金额数字的多余空位必须删除，可用“×”外面加一个园圈的符号表示；也可用“×”表示；金额数字中间或者末尾的“0”，应写为“零”字，有多少个“0”，就填写多少个“零”字。

(7) 对没有预印固定金额计量单位序列的数字填写要求。对没有预印固定金额计量单位序列的原始凭证，填写大写金额时，大写数字金额到元或者角为止的，在“元”或者“角”之后应当写“整”字或者“正”字；大写金额数字有分的，“分”字后面不写“整”或者“正”字。例如，小写金额为“￥268.00”，大写金额应写成“人民币贰佰陆拾捌元整”；又如，小写金额为“￥6 195.38”，大写金额应写成“人民币陆仟壹佰玖拾伍元叁角捌分”。

4. 顺序使用

对收付款项或实物的原始凭证要顺序或分类编号，在填制时应按照编号的顺序使用，以便考查。对已预先印定编号的发票、支票等重要凭证，在写坏作废时，应加盖“作废”戳记，妥善保管，不得撕毁。

5. 手续完备

取得的原始凭证，必须符合手续完备的要求，如购买实物的原始凭证，必须有验收证明；支付款项的原始凭证，必须有收款单位和收款人的收款证明，以便明确经济责任，确保凭证的合法性、真实性。

从外单位取得的原始凭证，必须盖有填制单位的公章；从个人取得的原始凭证，必须有填制人员的签名或者盖章。自制原始凭证必须有经办部门负责人或其指定的人员的签名或者盖章。对外开出的原始凭证，必须加盖本单位的公章。

所谓“公章”，是指具有法律效力和规定用途，能够证明单位身份和性质的印鉴，如业务公章、财务专用章、发票专用章、收款专用章和结算专用章等。

6. 填制及时

对每一项经济业务的发生或完成，都要立即填制原始凭证，不得拖延或事后补制。

(三) 原始凭证的审核

原始凭证的审核，是会计基础工作的一项重要内容，是从源头控制会计信息质量的一个重要环节，是充分发挥会计的监督职能，保证会计资料真实、可靠、正确和完整的一个重要程序。会计机构和会计人员在填制记账凭证之前，必须对原始凭证进行以下方面的审核。

1. 真实性审核

对原始凭证的真实性审核，主要是对原始凭证的填制日期、经济业务内容及有关数据的真实性进行审核。外来原始凭证，必须有填制单位的公章和填制人员的签章；自制原始凭证，必须有经办部门和有关人员的签名或盖章。对不真实、不合法的原始凭证不予受理。

2. 合法性审核

对原始凭证的合法性审核，主要是审核原始凭证所记载的经济业务是否符合国家有关法律、法规、规章的规定，是否有贪污腐败行为。对弄虚作假、严重违法的原始凭证，除不予受理外，还应当予以扣留，并及时向单位领导报告，请求查明原因，追究当事人的责任。

3. 合理性审核

对原始凭证的合理性审核，主要是审核原始凭证所记载的经济业务是否符合企业经济活动的需要，是否符合事先制定的有关计划和预算的要求，是否符合费用开支的标准，有无铺张浪费的行为。

4. 及时性审核

对原始凭证的及时性审核，主要是审核经济业务发生或完成时，是否及时填制有关原始凭证，并及时进行凭证的传递。如材料仓库对收到供货单位发运的材料如不及时填制入库单并将其送交会计部门，可能会引起延误办理托收承付的全部或部分拒绝付款手续，给单位造成一定的经济损失。

5. 正确性审核

对原始凭证的正确性审核，主要是审核原始凭证所记载的经济业务内容，其文字表述是否正确，数字计算是否正确，大小写金额是否相符，大写金额前要加“人民币”字样，小写金额前要标明“￥”字样，中间不能留空白，阿拉伯数字不得连笔写。对凭证非金额部分错误的更正，是否在更正处加盖出具单位的公章等。

6. 完整性审核

对原始凭证的完整性审核，主要是审核原始凭证的各项基本要素是否齐全，日期是否完整，文字是否工整，数字是否清晰，凭证的联次是否正确，有关人员签章是否齐全，是否有漏项情况等。

一项经济业务需填制或取得多份原始凭证的，必须填制或取得齐全。如发生销货退回的业务，除填制退货增值税发票外，还必须附有退货验收证明和退货单位所在地主管税务机关开具的红字增值税专用发票通知单。对内容真实、合法但不完整的原始凭证，应退给有关经办人员，由其负责将有关凭证补充完整，待符合要求后再作处理。

(四) 原始凭证的种类

原始凭证种类繁多，格式多样，且具有多种分类方法。

1. 原始凭证按来源不同，分为外来原始凭证和自制原始凭证

(1) 外来原始凭证。外来原始凭证，是指在经济业务发生或完成时从其他单位或个人处直接取得的原始凭证。如从银行取得的收账通知、购买货物取得的增值税专用发票等。

(2) 自制原始凭证。自制原始凭证，是指由本单位内部有关业务部门和人员，在完成某项经济业务时填制的，限于本单位内部使用的原始凭证。如收料单、领料单、工资发放明细表、折旧计算表、无形资产摊销表等。

2. 原始凭证按填制方法不同，分为一次性原始凭证、累计原始凭证和汇总原始凭证

(1) 一次性原始凭证。一次性原始凭证，是指经济业务发生或完成时一次填制完成，仅能使用一次的原始凭证。如借款单、购货发票和银行进账单等。

(2) 累计原始凭证。累计原始凭证，是指在一定时期内连续记录若干同类经济业务，需经多次填制完成的原始凭证。如限额领料单、费用限额卡等累计原始凭证。

(3) 汇总原始凭证。汇总原始凭证，又称原始凭证汇总表，是指在一定时期内反映相同经济业务的若干张原始凭证，按照一定标准汇总填制的一种凭证。汇总原始凭证合并了同一类型的经济业务，减少了登记账簿的工作量。常用的汇总原始凭证有：工资结算汇总表、发出材料汇总表和差旅费报销单等。

3. 原始凭证按格式不同，分为通用原始凭证和专用原始凭证

(1) 通用原始凭证。通用原始凭证，是指由有关部门统一印制、在一定范围内使用的原始凭证。一定范围可以是某一地区、某一行业，也可以是全国通用。如某省(市)印制的“××省(市)统一发票”，在全国通用。通用原始凭证属于外来原始凭证。

(2) 专用原始凭证。专用原始凭证，是指由使用单位自行印制，仅在该单位内部使用的原始凭证。这类凭证印制时一般带有“××单位”字样，如“××单位领料单”、“××单位产成品入库单”、“××单位差旅费报销单”等。专用原始凭证属于自制原始凭证。

4. 原始凭证按经济业务的类别不同，分为款项收付业务、出入库业务、成本费用、购销业务、固定资产业务和转账业务原始凭证

(1) 款项收付业务原始凭证。款项收付业务原始凭证，是指记录现金和银行存款收付增减业务的原始凭证。如现金借据、现金收据、车船机票、银行进账单、现金支票、转账支票、银行汇票、银行本票、托收承付结算凭证、委托收款结算凭证、信汇凭证等。这类凭证既有外来的，也有自制的，但多为一次性的原始凭证。

(2) 出入库业务原始凭证。出入库业务原始凭证，是指记录材料、库存商品、工程物资等存货出入库的原始凭证。如入库单、领料单、提货单、销售商品退货单等，这类凭证可以是一次性原始凭证，也可以是累计原始凭证。

(3) 成本费用原始凭证。成本费用原始凭证，是指记录产品生产费用的发生和分配情况的原始凭证。如工资费用汇总表、工资费用分配表、折旧费用计算表、辅助生产费用分配表、制造费用分配表、产品成本计算表等，这类凭证大都是内部自制原始凭证。

(4) 购销业务原始凭证。购销业务原始凭证，是指记录材料物品采购或劳务供应、产成品(商品)或劳务销售情况的原始凭证，前者为外来原始凭证，后者为自制原始凭证。如购货发票、运费发票、销货发票、产成品销售出库单等。

(5) 固定资产业务原始凭证。固定资产业务原始凭证，是指固定资产购置、调拨、转让、报废和盘盈盘亏等业务的原始凭证。如固定资产调拨单、固定资产移交清册、固定资产报废单和固定资产盘盈盘亏报告单等。

(6) 转账业务原始凭证。转账业务原始凭证，是指会计期间终了，为了结平收入和支出等账户，计算并结转库存商品销售成本、利润等，由会计人员依据会计账簿记录整理制作的原始凭证。如收入收益结转表，成本费用结转表，所得税费用结转表等，这类凭证属于自制原始凭证，应注明制证人并由会计主管签章。

5. 原始凭证按凭证性能进行分类

本部分 138 种原始凭证分为 12 种类型，具体类型如下：

(1) 结算类原始凭证 24 种。

(2) 发票类原始凭证 11 种。

(3) 材料类原始凭证 13 种。

(4) 产成品类原始凭证 11 种。

(5) 工资薪金类原始凭证 3 种。

(6) 固定资产和在建工程类原始凭证 9 种。

(7) 成本计算类原始凭证 7 种。

(8) 股票交易类原始凭证 4 种。

(9) 税收类原始凭证 19 种。

(20) 结转类原始凭证 21 种。

(11) 商品流通企业专用原始凭证 10 种。

(12) 其他类原始凭证 6 种。

下面将对上述 12 种类型原始凭证的有关作用及填制要求分别进行说明。

二、结算类原始凭证

结算类原始凭证，是企业使用票据、汇兑、托收承付、委托收款等方式与其他单位之间进行的商品交易等行为，以及与银行之间借款、还款等事项使用的结算类凭证。

企业在商品交易和劳务供应等经济活动中，除少量经济业务允许以现金结算外，较大部分的收付行为应使用票据、汇兑、托收承付、委托收款进行结算。企业除与其他单位之间存在着资金清算的行为外，与银行之间还存在着贷款和还款，支付贷款利息和收取存款利息等结算事项。结算类原始凭证对有关经济事项的资金结算起着极其重要的作用。

1. 结算类原始凭证的分类

结算类原始凭证包括的内容较多，本部分的原始凭证包括银行汇票、银行汇票申请书、商业承兑汇票、银行承兑汇票、定额本票、不定额本票、转账支票、现金支票、银行进账单、信汇凭证、电汇凭证、委托收款凭证(委邮)、委托收款凭证(委电)、托收承付凭证(邮划)、托收承付凭证(电划)、拒绝付款理由书、应付款项证明单、贴现凭证、借款凭证、还款凭证、贷款利息通知单、存款利息通知单、银行空白凭证领购单和银行邮电费手续费付款通知等 24 种原始凭证。具体可分为票据、结算凭证和其他结算凭证三类。

(1) 票据。是指由出票人签发的，约定自己或者委托付款人，在见票时或指定的日期向收款人或持票人无条件支付一定金额的有价证券。票据包括银行汇票、商业汇票、(包括商业承兑汇票和银行承兑汇票)、银行本票(包括定额本票和不定额本票)、支票(包括转账支票和现金支票)以及和上述票据相关联的银行汇票申请书和银行进账单。

(2) 结算凭证。是有关企业由于经济业务的发生，所进行资金清算填制的凭证。包括信汇凭证、电汇凭证、委托收款凭证(委邮)、委托收款凭证(委电)、托收承付凭证(邮划)、托收承付凭证(电划)、拒绝付款理由书和应付款项证明单等。

(3) 其他结算凭证。是指企业与银行之间发生的贷款和还款、利息的收入和支出等结算业务填制的凭证。包括贴现凭证、借款凭证、还款凭证、贷款利息通知单、存款利息通知单、银行空白凭证领购单和银行邮电费手续费付款通知等。

2. 填写结算类原始凭证的基本要求

结算类原始凭证，是企业办理支付结算以及提取现金的重要依据。填写结算类原始凭证必须做到标准化、规范化、要素齐全、数字正确、字迹清楚、不错漏、不潦草、防止涂改。按照中国人民银行《支付结算办法》的有关规定，对票据、结算凭证以及其他结算凭证，应按以下要求正确填写：

(1) 中文大写金额数字应用正楷或行书填写，如壹(壹)、贰(贰)、叁(叁)、肆(肆)、伍(伍)、陆(陆)、柒(柒)、捌(捌)、玖(玖)、拾、佰、仟、万、亿、元、角、分、零、整(正)

等字样。不得用一、二(两)、三、四、五、六、七、八、九、十、念、毛、另(或0)填写，不得自造简化字。如果金额数字书写中使用繁体字，如貳、陸、億、萬、圆的，也应受理。

(2) 中文大写金额数字到“元”为止的，在“元”之后，应写“整”(或“正”)字，在“角”之后可以不写“整”(或“正”)字。大写金额数字有“分”的，“分”后面不写“整”(或“正”)字。

(3) 中文大写金额数字前应标明“人民币”字样，大写金额数字应紧接“人民币”字样填写，不得留有空白。大写金额数字前未印“人民币”字样的，应加填“人民币”三字。在票据和结算凭证大写金额栏内不得预印固定的“仟、佰、拾、万、仟、佰、拾、元、角、分”字样。

(4) 阿拉伯小写金额数字中有“0”时，中文大写应按照汉语语言规律、金额数字构成和防止涂改的要求进行书写。举例如下：

① 阿拉伯数字中间有“0”时，中文大写金额要写“零”字。如￥1 409.50，应写成人民币壹仟肆佰零玖元伍角。

② 阿拉伯数字中间连续有几个“0”时，中文大写金额中间可以只写一个“零”字。如￥6 007.14，应写成人民币陆仟零柒元壹角肆分。

③ 阿拉伯金额数字万位或元位是“0”，或者数字中间连续有几个“0”，万位、元位也是“0”，但千位、角位不是“0”时，中文大写金额中可以只写一个“零”字，也可以不写“零”字。如￥1 680.32，应写成人民币壹仟陆佰捌拾元零叁角贰分，或者写成人民币壹仟陆佰捌拾元叁角贰分；又如￥107 000.53。应写成人民币壹拾万柒仟元零伍角叁分，或者写成人民币壹拾万零柒仟元伍角叁分。

④ 阿拉伯金额数字角位是“0”，而分位不是“0”时，中文大写金额“元”后面应写“零”字。如￥16 409.02，应写成人民币壹万陆仟肆佰零玖元零贰分；又如￥325.04，应写成人民币叁佰贰拾伍元零肆分。

(5) 阿拉伯小写金额数字前面，均应填写人民币符号“￥”(或草写)。阿拉伯小写金额数字要认真填写，不得连写分辨不清。

(6) 票据的出票日期必须使用中文大写。为防止变造票据的出票日期，在填写月、日时，月为壹、贰和壹拾的，日为壹至玖、壹拾、贰拾和叁拾的，应在其前加“零”；日为拾壹至拾玖的，应在其前加“壹”，如1月15日，应写成零壹月壹拾伍日。再如10月20日，应写成零壹拾月零贰拾日。

(7) 票据出票日期使用小写填写的，银行不予受理。大写日期未按要求规范填写的，银行不予受理，但由此造成损失的，由出票人自行承担。

(一) 银行汇票申请书

银行汇票申请书，是申请办理银行汇票的单位和个人，向汇票签发银行填写的反映汇款金额及用途的申请凭证。

银行汇票的适用范围较为广泛，具有票随人到、使用灵活、兑现性强等特点，是目前使用最为广泛的票据结算工具。单位和个人使用银行汇票时，应向汇票签发银行填写银行汇票申请书据以办理。

1. 银行汇票申请书各联次的用途

单位和个人使用银行汇票，应向汇票签发银行填写银行汇票申请书。申请书一式三联：第一联存根，由申请人留存，待银行汇票办妥后，作为填制银行存款付款凭证的附件，并据以登记“其他货币资金——银行汇票”明细账和银行存款日记账；第二联借方凭证加盖申请人印章后和第三联贷方凭证送交开户银行。如申请人交付现金的，第二联银行汇票申请书注销。

2. 银行汇票申请书的填写要求

银行汇票申请书应规范填写，具体要求如下：

(1) 申请日期。为银行汇票申请书的实际填写日期。

(2) 第　号。为本期填写申请书的顺序编号。

(3) 申请人、收款人。属于单位的应填写单位全称，不得简写；属于个人的，应填写个人的真实姓名。

(4) 账号或住址。属于单位的，应写明其开户银行的账号；属于个人的，应写明其详细住址，如上海市黄浦区河南中路××小区×栋×单元×号。

(5) 用途。应填写办理银行汇票的实际用途，如购设备、购材料等。

(6) 代理付款行。代理付款行是指异地代理汇票签发银行审核支付汇票款项的银行。申请人和收款人均为个人，需要使用银行汇票向代理付款行支取现金的，申请人须在银行汇票申请书上填明代理付款行。申请人或收款人为单位的，不填写代理付款行。

(7) 汇票金额。申请人和收款人均为个人，需要在兑付地支取现金的，应在“汇票金额”栏人民币(大写)后面先填写“现金”字样，后填写汇票金额。申请人或收款人为单位的，不得在“汇票金额”栏填写“现金”字样。大写金额紧接人民币(大写)字样填写，小写金额数字前应填写人民币符号“￥”，大小写金额应一致。

(8) 申请人盖章栏。申请人应在第二联汇票申请书“上列款项请从我账户内支付”的申请人盖章处，加盖申请人预留银行印鉴。

【例 1-2-1】12 月 1 日，郑州中原公司向开户银行申请办理银行汇票一份，准备从上海机床设备公司购置设备，汇票金额为 2 160 000 元。上海机床设备公司开户银行账号 052×496，郑州中原公司开户银行账号 036×816，申请书编号 12-01。

要求：根据以上资料填写证 1-2-1 银行汇票申请书(存根)。

证 1-2-1　银行汇票申请书

中国工商银行汇票申请书(存根) 1

申请日期　　　年　　月　　日　　　　　　　　第　　号

申 请 人		收 款 人										
账号或住址		账号或住址										
用　　途		代理付款行										
汇 票 金 额	人民币 (大 写)		千	百	十	万	千	百	十	元	角	分

此联申请人留存

备注

科　　目＿＿＿＿＿＿＿＿＿＿＿＿

对方科目＿＿＿＿＿＿＿＿＿＿＿＿

财务主管　　　　复核　　　　经办

(二) 银行汇票

银行汇票是出票银行签发的，并由其在见票时按实际结算金额无条件给收款人或者持票人的票据。

银行汇票是异地结算中使用最广泛的结算方式，既可用于转账，填明“现金”字样的，还可以支取现金。银行汇票使用方便、票随人走、人到款到，有利于汇款人急需用款和及时采购。银行汇票的提示付款期为一个月，购货方凭票购货，销货方交货后即可取得款项，未用的余额银行可主动退回。单位和个人对于需要汇往异地的款项，不论是否在银行开立账户，均可填写银行汇票申请书申请使用银行汇票。

1. 银行汇票的审核与签发

出票银行受理申请人提交的银行汇票申请书时要认真审查：银行汇票申请书的内容是否齐全、清晰；填明“现金”字样的，申请人和收款人是否都是个人；第二联申请书加盖的印章是否与预留银行印签相符。在进行转账或收妥现金后，根据银行汇票申请书签发银行汇票。

银行汇票一式四联，第一联卡片，第二联汇票正联，第三联解讫通知，第四联多余款收账通知。出票银行在第一联卡片上盖经办、复核名章，登记汇出汇款账后与第四联多余款收账通知一并专夹保管，将第二联汇票正联和第三联解讫通知交与申请人，由其在提示付款期内带往兑付地交付给汇票上记明的收款人办理转账结算或支取现金。

银行汇票的填写过程由签发、兑付和结清款项三个部分组成。首先，出票银行根据汇票申请书签发汇票，对 1～4 联银行汇票的出票日期、收款人、出票金额等内容进行填写；

其次，收款人在收到银行汇票后，在汇票签发金额内，对第二联汇票正联和第三联解讫通知的实际结算金额栏和多余金额栏的金额正确填写；最后，出票银行接到兑付银行寄来的第三联解讫通知和其他有关单证时，据以对专夹保管的第一联卡片和第四联多余款收账通知的实际结算金额栏和多余金额栏的金额进行填写。

出票银行依据汇票申请书签发银行汇票时，主要填写以下内容：

(1) 出票日期。为实际签发汇票的日期，与申请书的申请日期不一定相同，为了防止涂改，出票日期应使用中文大写。

(2) 第　号。为出票银行本期签发汇票的顺序编号。

(3) 代理付款行。申请人和收款人均为个人，需要在兑付地支取现金的，可根据汇票申请书写明的代理付款行名称填写，同时填写代理付款行的账号。不符合办理现金银行汇票条件的，应办理转账银行汇票，转账银行汇票不得填写代理付款行，以避免影响汇票的背书转让。

按有关规定，除现金银行汇票、现金银行本票和现金支票、普通支票不允许背书转让外，其他票据均可以背书转让。银行汇票经过收款人签发金额及背书转让后，在将汇票兑付时，收款人或持票人的开户银行即为代理付款行。

(4) 收款人(申请人)及账号。本栏应与汇票申请书的内容填写一致，收款人名称不允许更改。

(5) 出票金额。为了防止涂改，出票金额须使用中文大写。如申请人和收款人均为个人，须签发现金银行汇票的，出票银行收妥现金后，在“出票金额人民币(大写)”栏先填写“现金”字样，后填写出票金额，并在该栏的右方即“实际结算金额小写”栏上端，用总行统一制做的压数机压印出出票金额。申请人或收款人为单位的，不得签发现金银行汇票，只能签发转账银行汇票。

(6) 出票行及行号。应填写出票银行的名称及行号。

(7) 用途。应填写汇票的实际用途。如申请人在汇票申请书备注栏内注明“不得转让”字样的，出票银行也应在汇票的用途栏予以填明。

(8) 出票行盖章。汇票各栏按要求填写并审查无误后，出票银行在银行汇票第二联“出票行盖章”处用红色印泥加盖汇票专用章和法定代表人或其授权代理人名章。

2. 银行汇票的背书转让

收款人受理银行汇票后，对汇票内容要认真审查，如有疑问可交开户银行验证。经审核无误后，应在汇票签发金额以内，根据实际需要的款项办理结算，并将实际结算金额和多余金额准确、清晰地填入银行汇票正联和解讫通知的实际结算金额栏和多余金额栏内。没有多余金额的，应在上述汇票的多余金额栏的“元”位上填写“—0—”符号，表示汇票无多余金额。

收款人可以将受理的银行汇票背书转让给单位和个人(现金银行汇票和票面上记载“不得转让”的转账银行汇票除外)，转让时，应在“汇票正联”背面的背书人栏签章，填明背书日期和被背书人。但转让金额应以实际结算金额为准，实际结算金额不得更改，不得超过签发金额，否则为无效汇票。被背书人和代理付款行对实际结算金额超过签发金额或更改的银行汇票不予受理。

3. 银行汇票的兑付处理

收款人或持票人向代理付款行提示付款时，必须同时提交第二联汇票正联和第三联解讫通知，缺少任何一联，银行不予受理。

(1) 在银行开立账户的银行汇票兑付处理。在银行开立账户的收款人或持票人向代理付款行提示付款时，应在第二联汇票正联背面“持票人向银行提示付款签章”处加盖预留银行印签，连同第三联解讫通知及按实际结算金额填制的两联银行进账单送交代理付款行。经审核无误后，代理付款行在第一联银行进账单加盖转讫章退交收款人或持票人作收账通知；第二联银行进账单作贷方凭证，第二联汇票正联作借方凭证办理转账；在第三联解讫通知“代理付款行盖章”处加盖转讫章后，连同填制的联行借方报单一并寄给出票银行。

(2) 未在银行开立账户的银行汇票兑付处理。

① 转账银行汇票的兑付处理。未在银行开立账户的收款人或持票人，对持有的转账银行汇票，可以选择任何一家银行机构提示付款。收款人或持票人提示付款时，应在汇票正联背面“持票人向银行提示付款签章”处签章。签名应为个人的本名，不得签写学名、乳名、笔名和外文名，应与本人身份证件的姓名一致。注明本人身份证件名称、号码及发证机关，并提交本人身份证件及复印件，身份证复印件由银行留存备查。经银行审核无误后，以收款人或持票人的姓名开立临时存款账户，并注明汇票号码，由收款人或持票人一次或分次支取。该账户款项只能转入单位或个体工商户的存款户，不能转入储蓄和信用卡账户。

收款人或持票人转账支取款项时，应填制支款凭证，由本人签章并向银行交验其身份证件。

② 现金银行汇票的兑付处理。收款人对持有的现金银行汇票，只能向汇票上填写的代理付款行提示付款，以便支取现金。

经代理付款行查验，出票银行已按规定在银行汇票的“出票金额”栏人民币(大写)后填明“现金”字样，申请人与收款人均为个人，填写的代理付款行确为本行名称时，可一次办理现金支付手续。对汇票上未填明“现金”字样，需要支取现金的，由代理付款行按照现金管理规定审查支付。

【例 1-2-2】12 月 15 日，工商银行郑州市二七分理处(行号 89)收到工商银行上海市虹口分理处(行号 686)邮寄的借方报单和解讫通知。12 月 1 日郑州中原公司办理的购买上海机床设备公司设备的银行汇票金额为 2 160 000 元，实际结算金额 2 030 500 元，退回多余金额 129 500 元。上海机床设备公司账号 052×496，郑州中原公司账号 036×816，汇票顺序编号 12-006。

要求：根据以上资料填写证 1-2-2 银行汇票多余款收账通知。

证 1-2-2　银行汇票(多余款收账通知)

付款期限 壹个月

中国工商银行

银行汇票（多余款 收账通知）　4

汇票号码 第　号

出票日期（大写）　年　月　日	代理付款行　行号										
收款人	账号										
出票金额 人民币（大写）											
实际结算金额	人民币（大写）	千	百	十	万	千	百	十	元	角	分

申请人________　账号________

出票行________　行号________

用　途________

出票行盖章

年　月　日

多余金额									
千	百	十	万	千	百	十	元	角	分

左列退回多余金额已收入你账户内

财务主管　复核　经办

此联出票行结清多余款后交申请人

(三) 商业承兑汇票

商业承兑汇票是商业汇票的一种。商业汇票是由出票人签发的，委托付款人在指定日期无条件支付确定的金额给收款人或者持票人的票据。

商业汇票是同城与异地通用的结算方式。在银行开立存款账户的法人以及其他组织之间，根据购销合同进行商品交易和清偿债权债务，均可使用商业汇票。商业汇票的付款期限最长不得超过 6 个月。

商业汇票的提示付款期限为自汇票到期日起 10 日。商业汇票的收款人或持票人向付款人提示付款时，应填制一式五联委托收款凭证。对同城承兑的汇票，应于汇票到期日将委托收款凭证和汇票送交开户银行办理收款；对异地承兑的汇票，应根据匡算的邮程提前将委托收款凭证和汇票送交开户银行办理收款；对超过提示付款期限的汇票，开户银行不予受理。但在作出说明后，承兑人或者付款人，仍应当继续对持票人承担付款责任。

1. 商业承兑汇票的签发承兑

商业承兑汇票是由银行以外的付款人承兑的商业汇票。所谓承兑，是指汇票付款人承诺在汇票到期日支付汇票金额的票据行为。

商业承兑汇票可以由付款人签发并承兑，也可以由收款人签发交由付款人承兑。如由收款人签发，收款人为出票人，付款人为承兑人；如由付款人签发，出票人和承兑人均为付款人。所谓承兑人就是付款人。出票人就是按照规定签发汇票的人。汇票可以在签发时向付款人提示承兑后使用，也可以在汇票出票后先使用再向付款人提示承兑。定日付款或者出票后定期付款的汇票，持票人应当在汇票到期日前向付款人提示承兑。见票后定期付款的汇票，持票人应当自出票日起一个月内向付款人提示承兑。

付款人在接到出票人或持票人向其提示承兑的汇票时，应当向出票人或持票人签发收到汇票的回单，证明汇票提示承兑日期并签章，并在自收到提示承兑的汇票之日起 3 日内承兑或拒绝承兑。对承兑的汇票必须在第二联汇票正面签署“承兑”字样和承兑日期，并加盖预留银行印签。付款人拒绝承兑的，必须出具拒绝承兑的证明。付款人承兑汇票不得附加条件，承兑附有条件的，视同拒绝承兑。

付款人已对汇票承兑，就必须在到期前将汇票款足额交存开户银行，以便银行代收款人收款。

2. 商业承兑汇票的填制要求

商业承兑汇票一式三联。第一联卡片，由承兑人留存；第二联商业承兑汇票正联，承兑后交收款人作为到期收款凭据；第三联存根，由出票人存查。该种汇票的具体填写方法如下：

(1) 出票日期。为出票人签发商业承兑汇票的当日，出票日期应使用中文大写。

(2) 第　号。为本期签发商业承兑汇票的顺序编号。

(3) 付款人、收款人。付款人、收款人的单位名称应写完整，不得简写。如云南省丽江市植物纤维制炭机厂，不能写成云南省丽江植物纤维厂，以避免简写的单位实际存在，不利于单位之间的资金结算。账号、开户银行、行号应正确填写，以便在汇票的提示付款期内，通过银行办理收付款手续。

(4) 出票金额。出票金额的大小写金额应一致，大写金额紧接人民币(大写)字样填写，小写金额前应填写人民币符号“￥”。

(5) 汇票到期日。汇票到期日由汇票的承兑人填写。定日付款的应写明×年×月×日，出票后定期付款和见票后定期付款应写明“×个月”。

①定日付款。是指汇票上记载特定年、月、日为支付日期的一种形式。由于该形式的付款日期最为明确，在实际工作中采用该种方式的较多。定日付款的汇票付款期限自出票日起计算，并在汇票上记载具体的到期日。

②出票后定期付款。是指汇票上记载的从出票日起经过一定期间方能付款的一种付款日期形式。该种形式以出票日作为起算日，汇票付款期限自出票日起按月计算，并在汇票上记载。

③见票后定期付款。是指出票人在汇票上记载的于付款人承兑日起经过一定期间方能付款的一种付款日期形式。该种形式以汇票承兑日作为起算日，汇票付款期限自承兑或拒绝承兑日起按月计算，并在汇票上记载。

(6) 交易合同号码。应填写本次签发汇票所签订的销货合同号码或购货合同号码。

(7) 承兑人签章。本栏包括承兑日期和承兑人签章。承兑日期由付款人填写，承兑人签章为付款人预留银行印鉴。

(8) 出票人签章。出票人可以是收款人，也可以是付款人。签章为该单位的财务专用章或者公章加其法定代表人或其授权的代理人的签名或者盖章。

【例 1-2-3】12 月 15 日，郑州中原公司从徐州彭城公司购进甲材料一批，价税合计

351 000 元，签发已承兑的商业承兑汇票一份，付款期为 3 个月。合同交易号码为徐彭销字 0819 号，徐州彭城公司的开户银行为工商银行徐州市泉山分理处，账号 718805，行号 526；郑州中原公司的开户银行为工商银行郑州市二七分理处，账号 036×816，行号 89，商业承兑汇票的顺序编号为 12-8。

要求：根据以上资料填制证 1-2-3 商业承兑汇票。

证 1-2-3 商业承兑汇票

商业承兑汇票 **2**

出票日期（大写）　　年　　月　　日　　　　汇票号码 第　　号

<table>
<tr><td>出票人全称</td><td colspan="3"></td><td rowspan="3">收款人</td><td>全称</td><td colspan="10"></td></tr>
<tr><td>出票人账号</td><td colspan="3"></td><td>账号</td><td colspan="10"></td></tr>
<tr><td>付款行全称</td><td></td><td>行号</td><td></td><td>开户银行</td><td colspan="4"></td><td>行号</td><td colspan="5"></td></tr>
<tr><td rowspan="2">汇票金额</td><td colspan="5" rowspan="2">人民币
（大写）</td><td>千</td><td>百</td><td>十</td><td>万</td><td>千</td><td>百</td><td>十</td><td>元</td><td>角</td><td>分</td></tr>
<tr><td></td><td></td><td></td><td></td><td></td><td></td><td></td><td></td><td></td><td></td></tr>
<tr><td colspan="4">汇票到期日</td><td colspan="12">交易合同号码</td></tr>
<tr><td colspan="4">本汇票已经承兑，到期无条件支付金额。

承兑人签章
承兑日期　　年　　月　　日</td><td colspan="12">本汇票请予承兑，于到期日付款。

出票人签章</td></tr>
</table>

此联持款人开户行随委托收款凭证寄付款行作借方凭证附件

(四) 银行承兑汇票

银行承兑汇票由在承兑银行开立存款账户的出票人签发，向承兑银行申请，经审查同意后予以承兑的一种票据。

银行承兑汇票是商业汇票的一种，由银行办理承兑，具有融通资金的作用。由于银行担负了到期付款的责任，进一步加强了票据的信誉，收款人更愿意接受，也便于票据的流通转让。

1. 银行承兑汇票与商业承兑汇票的区别

银行承兑汇票和商业承兑汇票同属于商业汇票，二者的区别主要有以下方面：

(1) 出票人不同。商业承兑汇票的出票人可以是购货方(付款人)，也可以是销货方(收款人)；银行承兑汇票的出票人只能是购货方。

(2) 承兑人不同。商业承兑汇票的承兑人为购货方(付款人)；银行承兑汇票的承兑人一般为购货方的开户银行。

(3) 购货方对到期票据承担的责任不同。无论使用商业承兑汇票还是银行承兑汇票，购货方均应在票据到期日足额交存票据款。如存款账户余额不足支付到期票据款时，对开户行转来的作为债务证明的商业承兑汇票，购货方应退交开户行，由开户行将票据退回收款人，债务的偿还由购销双方协商处理。

对开户行转来的作为债务证明的银行承兑汇票，由于银行负有支付到期票据款的责任，购货方则不需将票据退回，但对银行代为支付的票据款应作为逾期贷款处理，按每日万分之五支付逾期贷款利息。

(4) 购货方开户银行承担的责任不同。票据到期，购货方账户存款不足支付票据款时，购货方开户银行对到期的商业承兑汇票不承担代为付款的责任，应填制“付款人未付票款通知书”，在委托收款凭证备注栏注明“付款人无款支付”字样，按照委托收款无款支付的手续处理。

作为银行承兑汇票的承兑人，购货方开户银行对到期的银行承兑汇票，负有支付票据款的责任。足额支付票据款后，对代为支付的票据款大于购货方账户存款的差额部分，作为购货方逾期贷款处理，每日按万分之五计收利息，直到收回该部分款项为止。

(5) 持票人持票据贴现承担的责任不同。持票人以未到期的商业承兑汇票向开户银行申请贴现，应承担或有负债的责任。也就是票据到期后，贴现银行由于购货方账面无款或不足支付票据款，无法收回贴现票据款时，应向贴现申请人追索票据款项，贴现申请人账户存款足够支付票据款的，贴现银行可直接从其账户收取，如存款账户余额不足支付票据款的，对不足部分作为逾期贷款处理。

持票人以未到期的银行承兑汇票向开户银行申请贴现，由于购货方开户银行作为汇票的承兑人，具有支付到期票据款的义务，贴现银行可以按期收回贴现票据款，持票人一般不会承担或有负债的责任。

2. 申请办理银行承兑汇票的要求

申请办理银行承兑汇票的出票人必须具备以下条件：

(1) 在承兑银行开立存款账户的法人以及其他组织；

(2) 与承兑银行具有真实的委托付款关系；

(3) 资信状况良好，具有支付汇票金额的可靠资金来源。

银行承兑汇票的出票人向银行申请承兑时，应提交一、二联银行承兑汇票，同时填写一式三联银行承兑协议，连同购销合同一并送交承兑银行。

3. 银行承兑汇票的填制方法

银行承兑汇票一式三联。第一联卡片，由承兑银行留存备查，支付到期票据款时作借方凭证附件；第二联银行承兑汇票正联，经银行承兑后，由出票人转交收款人，作为到期收款凭证；第三联存根，由出票人存查。

银行承兑汇票和商业承兑汇票的填制方法基本相同。所不同的是购货方对两种汇票的签章方式，购货方作为商业承兑汇票的承兑人，应在第二联商业承兑汇票的承兑人处签章；作为银行承兑汇票的出票人，应在银行承兑汇票的第一、二联出票人签章处加盖预留银行印鉴。

【例 1-2-4】12 月 16 日，郑州中原公司向南京长江公司销售商品一批，价税合计为 234 000 元。收到南京长江公司定期付款的银行承兑汇票一份，出票日期为 12 月 13 日，承兑日期为 12 月 15 日，付款期 2 个月。出票人账号 36924816，付款行为工商银行南京市栖霞分理处，行号 4762，承兑协议编号 012-0156。郑州中原公司的账号 036×816，开户银行为工商银行郑州市二七分理处，行号 89。

要求：根据以上资料填写证 1-2-4 银行承兑汇票。

证 1-2-4 银行承兑汇票

银行承兑汇票　　2

出票日期（大写）　　年　　月　　日　　　　汇票号码 第　　号

<table>
<tr><td>出票人全称</td><td colspan="3"></td><td rowspan="3">收款人</td><td>全　称</td><td colspan="3"></td></tr>
<tr><td>出票人账号</td><td colspan="3"></td><td>账　号</td><td colspan="3"></td></tr>
<tr><td>付款行全称</td><td></td><td>行号</td><td></td><td>开户银行</td><td></td><td>行号</td><td></td></tr>
<tr><td>汇票金额</td><td colspan="4">人民币
（大写）</td><td colspan="4">千 百 十 万 千 百 十 元 角 分</td></tr>
<tr><td>汇票到期日期</td><td colspan="2">年　月　日</td><td colspan="3" rowspan="2">本汇票已经承兑，
到期日由本行付款。
承兑行签章
承兑日期　年　月　日</td><td colspan="2">承兑协议编号</td><td></td></tr>
<tr><td colspan="3" rowspan="2">本汇票请你行承兑，到期无条件付款。
出票人签章
年　月　日</td><td colspan="3" rowspan="2">科目（借）
对方科目（贷）
转账　　年　月　日
复核　　记账</td></tr>
<tr><td colspan="3">备注：</td></tr>
</table>

此联收款人开户行随委托收款凭证寄付款行作借方凭证附件

(五) 不定额银行本票

不定额银行本票是银行本票的一种。银行本票是银行签发的，承诺自己在见票时无条件支付确定的金额给收款人或者持票人的票据。

银行本票既是银行出票又是银行兑付，见票即付，是一种信誉度极高的票据。银行本票既可以用于商品交易，又可以用于债务清偿，收款人或持票人将本票送交银行即可入账用款。银行本票的提示付款期限自出票日起，最长不得超过 2 个月。

银行本票可用于转账，注明“现金”字样的银行本票可以支取现金。使用银行本票没有条件限制，单位和个人在同一票据交换区域需要支付的各种款项，不论是否在银行开立账户，都可以填制银行本票申请书申请使用银行本票。

1. 银行本票申请书的填制

申请人向银行申请银行本票时，应填写银行本票申请书(格式比照银行汇票申请书)一式三联。第一联存根，由申请人留存记账；第二联借方凭证和第三联贷方凭证送交开户银行办理银行本票。申请人交现金办理本票的，第二联借方凭证注销。

银行本票申请书应按以下方式填写：

(1) 申请日期。为填制银行本票申请书的实际日期。

(2) 第　号。为申请人本期银行本票申请书的顺序编号。

(3) 申请人、收款人。申请人和收款人为单位的，应填写单位的全称；如为个人，填写的名字应与身份证一致，以便收款人对银行本票兑付和申请人办理本票退款。

(4) 账号或住址。申请人和收款人在银行开立账户的，应填写其银行账号；未在银行开立账户的，应填写其具体住址。

(5) 用途。应填写所申请银行本票的实际用途。

(6) 代理付款行。由于现金银行本票是出票行受理、办理现金支付。代理付款行是指在同一票据交换区域代理本票签发银行审核兑付转账银行本票的银行。本栏应填写收款人的开户银行。

(7) 本票金额。大小写金额应一致。如申请人和收款人均为个人，须办理现金银行本票，应在该栏“人民币(大写)”后面先填写“现金”字样，后填写本票金额。

(8) 备注栏。如申请人不允许本票背书转让，应在第一联和第三联银行本票申请书的备注栏填写“不得转让”字样。

(9) 申请人盖章。申请人应在第二联银行本票申请书的“申请人盖章”处加盖预留银行印鉴。

2.不定额银行本票的审核与签发

不定额银行本票是不受票面金额限制的一种票据。

银行受理申请人提交的银行本票申请书时，应认真审查申请书填写的内容是否符合要求。申请书填明“现金”字样的，应审查申请人是否为个人，如不是个人，出票银行不得受理申请签发现金银行本票。在办好转账或收妥现金后，才能签发银行本票。

不定额银行本票一式两联。第一联卡片，由出票银行留存，结清本票时作借方凭证附件。第二联本票正联，由正反两面组成。反面用于背书转让和提示付款签章，正面为本票正联，印制出票日期、收款人和本票金额等内容，出票行结清本票时作借方凭证。

不定额银行本票应按以下要求进行填写：

（1）出票日期。不定额银行本票日期应使用中文大写，以避免涂改。

（2）第　号。为出票银行签发本票的本期顺序编号。

（3）付款期限。本票的提示付款最长不得超过 2 个月，在“个月”前面的空位上根据申请书的要求填写“1”或“2”。

（4）收款人。本栏的收款人应与本票申请书填写的名称一致。

（5）本票金额。应根据本票申请书的本票金额数字，在“凭票即付人民币（大写）”栏使用中文大写填写。并在该栏的右端用银行统一制做的压数机压印小写金额。大写与小写金额应一致。

（6）转账、现金。用于转账的本票须在本票上划去“现金”字样，用于支取现金的本票须在本票上划去“转账”字样。申请人和收款人均为个人，需要支取现金的，出票银行才能签发现金银行本票。未在本票上划去“转账”和“现金”字样的，应一律按照转账银行本票处理。

（7）出票行签章。出票银行签发的不定额银行本票，应在第二联本票的“出票行签章”处加盖本票专用章和法定代表人或其授权代理人名章。

出票银行将签妥的不定额银行本票，第一联卡片留存、专夹保管，第二联本票交给申请人。由申请人在同一票据交换区域购货后，将本票交给收款人。

3. 不定额银行本票的背书转让

收款人在本票提示付款期内，可以将收到的转账银行本票经背书转让给单位或个人。转让时，应在第二联不定额银行本票背面背书人栏签章，填明背书日期和被背书人。被背书人可以继续将本票转让，但背书必须连续，签章应符合规定，背书使用粘单的粘接处应按规定签章，不能超过提示付款期。

4. 不定额银行本票的兑付

不定额银行本票按能否支取现金，分为现金银行本票和转账银行本票。由于转账银行本票应向持票人的开户银行兑付，而现金银行本票只能向出票银行兑付，因此，二者的兑付方式也存在一定的区别。

（1）转账银行本票的兑付。在本票提示付款期内，收款人或持票人向开户银行提示付款时，应在汇票背面“持票人向银行提示付款签章”处加盖预留银行印鉴，并填写两联银行进账单，连同本票提交开户银行。经银行审核无误后，将第一联银行进账单加盖转讫章交给收款人或持票人作收账通知，第二联银行进账单作贷方凭证进行转账；本票加盖转讫章，通过票据交换中心向出票银行交换。

（2）现金银行本票的兑付。未在银行开立账户的收款人凭持有的现金银行本票向出票银行支取现金时，应在本票背面“持票人提示付款签章处”签章，注明本人身份证件名称、号码及发证机关，并提交身份证及复印件。

出票银行接到收款人交来现金银行本票时，抽出专夹保管的银行本票卡片，经核对相符，确属本行签发，并对本票背面填写的身份证件名称、号码等审查无误后，办理付款手续。并将收款人提交的身份证复印件留存备查。

如收款人委托他人向出票银行提示付款的，必须查验收款人及被委托人的身份证件，并审查收款人是否在现金银行本票背面作委托背书，是否注明收款人和被委托人的证件名称、号码及发证机关，同时要求收款人和被委托人提交身份证复印件留存备查，审核无误后，办理现金付款手续。

【例 1-2-5】12 月 17 日，工商银行郑州市二七分理处收到郑州中原公司提交的第二联和第三联银行本票申请书，申请办理购置材料的银行本票，本票金额 468 000 元，收款人为郑州金桥公司，付款期限 1 个月。经审查无误，办妥转账手续后，为郑州中原公司签发转账银行本票一份，本票顺序号 12-9。

要求：根据以上资料填写证 1-2-5 不定额银行本票。

证 1-2-5　银行不定额本票

<table>
<tr><td colspan="4">付款期限
个月　　　中国工商银行　　地　名
本　票　2　　本票号码
出票日期
（大写）　年　月　日　第　号</td><td rowspan="6">此联出票行结清本票时作借方凭证</td></tr>
<tr><td colspan="4">收款人</td></tr>
<tr><td colspan="4">凭票即付　人民币
（大写）</td></tr>
<tr><td>转账</td><td>现金</td><td></td><td rowspan="2">科目（借）
对方科目（贷）
付款日期　年　月　日
出纳　复核　经办</td></tr>
<tr><td colspan="3">出票行签章</td></tr>
<tr><td colspan="4">此区域供打印磁性字码</td></tr>
</table>

(六) 定额银行本票

定额银行本票是银行本票的一种，是由银行签发并兑付，印制固定金额的一种票据。定额银行本票的面额分为 1 000 元、5 000 元、10 000 元和 50 000 元四种，按能否支付现金，又可分为现金定额银行本票和转账定额银行本票两种。

1. 定额银行本票的签发

出票银行受理申请人提交的银行本票申请书，经审核符合要求，办理转账或收妥现金后，据以签发定额银行本票。

定额银行本票属于单联式票据，左边约四分之一为存根，右边约四分之三为本票联，背面用于背书转让和提示付款。

由于定额银行本票已印制大、小写固定金额，格式与非定额银行本票也有所不同，因此，二者的填写内容也有所区别。定额银行本票主要填写以下事项：

(1) 出票日期。为出票银行签发定额银行本票的实际日期，应使用中文大写。

(2) 付款期限。应根据申请人提交的本票申请书的付款期限，在“个月”前面填写“1”或“2”，最长不得超过 2 个月。

(3) 收款人。应与申请人提交的本票申请书的收款人一致。

(4) 转账、现金。定额银行本票用于转账的，应将票面上的“现金”字样划去；申请人和收款人均为个人，需支付现金的，可将本票上的“转账”字样划去。

(5) 出票行签章。出票银行应在本票联的“出票行签章”处加盖本票专用章和法定代表人或其授权代理人名章。

(6) 存根联。存根联主要包括收款人、用途、出票日期等事项的填写和有关人员的签章。

① 收款人。应与本票联的收款人填写一致，以便于出票银行兑付现金或申请人退票时与收到的本票联核对。

② 用途。应填写申请人提交的本票申请书所填明的用途。

③ 出票日期。以阿拉伯数字填写，但应与本票联的出票日期一致。

④ 有关人员签章。定额银行本票按上述要求填写，经审核无误，应加盖复核和经办人员的名章。如收到申请人交来的现金，现金收款人员应在出纳栏加盖名章。

出票银行将签发的定额银行本票存根联留存，专夹保管；本票联交与申请人，由其向本票填明的收款人办理结算手续。

2. 定额银行本票的背书转让和兑付

在定额银行本票的提示付款期内，收款人或持票人可以将持有的定额银行本票背书转让或向银行兑付款项。

(1) 定额银行本票的背书转让。收款人或持有人可以根据需要在同一票据交换区域内，将持有的转账定额银行本票背书转让给单位和个人，但现金定额银行本票不得背书转让。转让时应在本票联背面背书人栏签章，填明背书日期和被背书人。背书人为单位时，其签章应为该单位的财务专用章或者公章加其法定代表人或其授权的代理人的签名或者盖章。如背书人为个人，签章应为该个人的签名或者盖章。

(2) 转账定额银行本票的兑付。在银行开立账户的收款人或持票人以转账定额银行本票向开户银行提示付款时，应在本票背面“持票人向银行提示付款签章”处加盖预留银行印鉴，连同两联银行进账单送交开户银行，经开户银行审查无误后办理转账。

(3) 现金定额银行本票的兑付。未在银行开立账户的收款人，凭现金定额银行本票向出票银行支取现金时，应在本票背面的“持票人向银行付款签章”处签章。注明本人身份证件名称、号码及发证机关，并提交本人身份证件及复印件。出票银行抽出专夹保管的现金定额本票存根核对相符，对提交的身份证件及本票背面的签章等审核无误后，办理付款手续，并将收款人的身份证复印件留存备查。

3. 银行本票退款

申请人因银行本票超过提示付款期限或其他原因要求退款时，应将银行本票提交到开户银行。

申请人为单位的，应出具单位的证明，同时填制两联银行进账单一并交付银行。出票银行抽出专夹保管的银行本票卡片或存根核对无误后，对于在本单位开立存款账户的申请人，只能将应退票据款转入原申请人账户。

申请人为个人的，应出具该本人的身份证件，出票银行审核无误后，对于现金银行本票和未在本行开立账户的申请人提交的转账银行本票，退付现金。

【例 1-2-6】12 月 18 日，工商银行郑州市二七分理处收到郑州郑东公司提交的第二、三联银行本票申请书，申请办理购置材料的定额银行本票一份，金额 10 000 元，收款人为郑州中原公司，付款期 2 个月。经审核无误后，经办人员纪清、复核人员金勇予以办理。

要求：根据以上资料填写证 1-2-6 定额银行本票。

证 1-2-6 定额银行本票

<table>
<tr>
<td>工商银行本票存根
本票号码：IX V 00005618
地 名
收款人：
金 额：壹万圆整
用 途：
科 目（借）__________
对方科目（贷）__________
出票日期： 年 月 日
出纳 复核 经办</td>
<td>付款期限
个月
中国工商银行 地 名
本票号码
本 票
出票日期
（大写） 年 月 日
收款人
凭票即付人民币 壹万元圆整
转账 现金 ¥10000
出票行签章</td>
</tr>
</table>

(七) 转账支票

转账支票是支票的一种。支票是出票人签发的、委托办理支票存款业务的银行在见票时无条件支付确定的金额给收款人或者持票人的票据。

单位和个人在同一票据交换区域的各种款项结算，均可使用支票。

支票分为现金支票、转账支票和普通支票。支票上印有“现金”字样的为现金支票，现金支票只能用于支取现金。支票上印有“转账”字样的为转账支票，转账支票只能用于转账。支票上未印有“现金”或“转账”字样的为普通支票，普通支票可再划分为划线支票和不划线支票。在普通支票左上角划两条平行线的，为划线支票，划线支票只能用于转账，不得支取现金；不划线的普通支票，可以支取现金。

1. 转账支票的签发

转账支票为单联式票据。左边为存根，出票人用于记账，存根约占票据的四分之一；右边为支票正联，约占票据的四分之三，银行作为登记出票人存款账户的支出凭证办理转账。

出票人根据同一票据交换区域内资金结算的需要，进行转账支票的签发。签发转账支票时，应使用碳素墨水或墨汁按支票簿排列的号码顺序填写，字体要工整、数字要正确。除支票正联右下方的会计分录、转账日期、复核、记账由银行填写外，其他各项目均由出票人填写。对出票人签发转账支票的要求有以下几点：

(1) 出票日期。应填写实际签发日期，不得补填或预填日期。转账支票正联的出票日期应使用中文大写，存根联的出票日期使用阿拉伯数字填写，二者应保持一致。

(2) 收款人。应填写收款人全称，不得简写，支票正联与存根联的收款人应一致。收款人名称，也可以由出票人授权补记。

(3) 金额。转账支票正联的大写金额数字紧接“人民币(大写)”字样填写，不留空白，小写金额数字前应填写人民币符号“￥”，存根联的小写金额数字应与支票正联的大、小写金额相同。支票正联金额也可以由出票人授权补记。

(4) 用途。支票正联与存根联填写的用途应一致，如购材料、还欠款等。

(5) 出票人签章。出票人应在转账支票正联的“出票人签章”处签章。出票人为单位的，为该单位在银行预留印鉴一致的财务专用章或者公章加其法定代表人或者其授权的代理人的签名或者盖章。出票人为个人的，为该个人在银行预留签章一致的签名或者盖章。支票的出票人预留银行印鉴是银行审核支票付款的依据。支票的出票人不得签发与其预留本名的签名式样或者预留银行印鉴不符的支票。

(6) 支票错误更正。支票的金额、出票日期和收款人不能更改，更改后票据无效。其他事项错误，予以更正时，应加盖预留银行印鉴之一，予以证明。

(7) 禁止签发空头支票。出票人签发支票，必须控制在付款时其存款账户余额可支取的金额范围内，禁止签发空头支票。对于签发空头支票或印鉴与预留银行印鉴不符的支票以及支付密码错误的支票，银行应予以退票，并按票面金额处以5%但不低于1 000元的罚款。持票人有权要求出票人赔偿支票金额2%的赔偿金。对屡次签发错误支票的，银行应停止其签发支票。

此外，对作废的支票不得扯去，应由签发单位自行注销，与存根联折在一起保管，在结清账户时连同未使用空白支票一并缴还银行。

2. 转账支票的背书转让

在转账支票的提示付款期内，持票人可以在同一票据交换区域将其转让给单位和个人。转让时应在支票正联背面签章，填写背书日期和被背书人。出票人授权补记的支票金额、收款人名称未补记前的支票，不得背书转让和提示付款。支取现金的现金支票和普通支票不得背书转让。划线支票的背书转让与转账支票相同。

3. 转账支票的付款

(1) 提示付款。转账支票的提示付款期为自出票日起10日。持票人可以委托开户银行收款或者直接向付款人提示付款。

持票人委托银行收款时，应作委托收款背书，在转账支票正联背面背书人签章栏签章、记载“委托收款”字样，填写背书日期，在被背书人栏记载开户银行名称，并将支票正联和填制的两联银行进账单送交开户银行。

(2) 支付支票金额。出票人必须按照签发的支票金额承担保证向该持票人付款的责任。出票人在付款人处的存款足以支付支票金额的，付款人应当在见票当日足额付款。

① 持票人与出票人在同一行处开户的处理。付款人对持票人提交的转账支票正联和银行进账单审核无误后，将第一联银行进账单加盖转讫章作收账通知交持票人，转账支票正联作借方凭证登记出票人存款账户的支出额，第二联银行进账单作贷方凭证登记持票人存款账户的收入额。

② 持票人与出票人不在同一行处开户的处理。持票人开户银行受理持票人提交的转账支票正联和两联银行进账单，经审核无误后在第一联进账单加盖转讫章交持票人，转账支票按照票据交换的规定及时提出交换，待退票时间过后，第二联银行进账单作贷方凭证登记持票人存款账户的收入额。

出票人开户银行收到交换提入的转账支票，经审核无误后不予退票的，转账支票正联作为借方凭证，登记出票人存款账户的支出额。

普通支票划线后称为划线支票。划线支票只能办理转账，不能支取现金。划线支票的付款可以比照转账支票办理。

【例1-2-7】12月18日，郑州中原公司签发转账支票一份，用以归还前欠河南济水公司货款，金额248 000元。河南济水公司账户为689135，开户银行为工商银行郑州市中原分理处。郑州中原公司账号036×816，开户银行为工商银行郑州市二七分理处。

要求：根据以上资料填制证1-2-7转账支票。

证 1-2-7　转账支票

中国工商银行转账支票存根

支票号码 00655863

科　目

对方科目

出票日期　　年　月　日

收款人：

金　额：

用　途：

单位主管　　会计

中国工商银行 **转账支票**　（豫）支票号码 00655863

出票日期（大写）　　年　月　日　付款行名称：

收款人　出票人账号：

本支票付款期十天

人民币（大写）	千	百	十	万	千	百	十	元	角	分

用途

本支票款项请从我账户内支付

科目(借)

对方科目（贷）

转账日期　年　月　日

出票人签章

复核　记账

此区域供打印磁性字码

(八) 现金支票

现金支票是支票的一种，是收款人凭以向付款人提取现金的票据。现金支票的付款人是签发现金支票人的开户银行。现金支票只能支取现金，不能办理转账。现金支票不得背书转让。

1. 现金结算范围

单位以现金支付有关业务款项，应符合《现金管理暂行条例》的有关规定。允许单位使用现金结算的范围包括：

(1) 职工工资，津贴；

(2) 个人劳务报酬；

(3) 根据国家规定颁发给个人的科学技术、文化艺术、体育等各种奖金；

(4) 各种劳保、福利费用以及国家规定的对个人的其他支出；

(5) 向个人收购农副产品和其他物资的价款；

(6) 出差人员必须随身携带的差旅费；

(7) 零星支出；

(8) 中国人民银行确定需要支付现金的其他支出。

属于上述现金结算范围的支出，单位可以根据需要签发现金支票从银行提取现金支付。不属于上述现金结算范围的款项，一律通过银行进行转账结算。

2. 现金支票的签发

现金支票为单联式票据，左边为存根，约占票据的四分之一，出票人用于记账。右边为支票正联，约占票据的四分之三，银行出纳凭以支付现金后作借方凭证，用以登记现金支票出票人存款账户的金额支出。

由于现金支票与转账支票的使用方式不同，因此，两者对收款人和用途的填写有所区别，其他各项的填写要求与转账支票基本相同。

(1) 收款人。单位自行提取现金时，收款人可填写“本单位”，不写单位全称；收款人为个人的，应填写个人的姓名。

(2) 用途。对用途的填写，应符合现金结算范围的规定。如职工工资、职工出差借款等。

在实际工作中，由于开户银行向单位出售支票时，已按规定在每张支票上加盖了该行行名和存款人账号，因此，未说明对“付款行名称”和“出票人账号”的填写要求。

【例 1-2-8】12 月 18 日，郑州中原公司签发现金支票一份，金额为 8 000 元，准备用于单位零星支出。郑州中原公司开户银行为工商银行郑州市二七分理处，账号 036×816。

要求：根据以上资料填写证 1-2-8 现金支票。

证 1-2-8　现金支票

中国工商银行现金支票存根

支票号码 00268121

科　　目

对方科目

出票日期　　　　年　月　日

收款人：

金　额：

用　途：

单位主管　　　　会计

中国工商银行**现金支票**　　（豫）支票号码：00268121

出票日期（大写）　　年　　月　　日　　付款行名称

收 款 人　　出票人账号

本支票付款期十天

人民币（大写）	千	百	十	万	千	百	十	元	角	分

用途

本支票款项请从我账户内支付

出票人签章

科目（借）

对方科目（贷）

付讫日期　　年　月　日

出纳　　复核　　记账

贴对号单处

出　纳
对号单

(九) 贴现凭证

贴现凭证是持票人以未到期的商业汇票(包括商业承兑汇票和银行承兑汇票)向开户银行申请贴现的一种凭证。

所谓贴现，是指票据的持票人在票据未到期前，为获得资金将票据转让给银行，银行按票据面额扣除从贴现日至汇票到期日的利息后，将其差额付给持票人的一种信用活动。它是银行放款的一种形式，也是银行信用和商业信用相结合的一种融资手段。通过贴现，贴现银行获得了票据的所有权。

1. 贴现凭证的填制要求

商业汇票未到期前，持票人需要资金，可持汇票向开户银行申请贴现，连同填制的贴现凭证及有关单证复印件一并提交开户银行。贴现凭证一式五联。第一联代申请书，银行作贴现借方凭证；第二联贷方凭证，银行作登记贴现申请人存款账户金额增加的凭证；第三联贷方凭证，作为登记银行贴现利息收入的凭证；第四联收账通知，银行交给贴现申请人的收款通知；第五联到期卡，到期日作贴现贷方凭证。贴现凭证应根据贴现汇票的有关事项进行填写：

(1) 申请日期。为填写贴现凭证的日期。

(2) 第 号。为本期申请贴现的凭证顺序编号。

(3) 贴现汇票。本栏次包括种类、号码、出票日和到期日。种类，即贴现的票据是商业承兑汇票或银行承兑汇票；号码，即贴现票据的汇票号码；出票日和到期日，应根据贴现汇票注明的日期填写。

(4) 持票人。如贴现汇票未背书转让，应根据贴现汇票的收款人栏次注明的收款人全称、账号和开户银行填写；如属于背书转让的票据，应填写贴现申请人的全称、账号和开户银行。

(5) 汇票承兑人。如贴现汇票为商业承兑汇票，本栏次的汇兑承兑人名称、账号和开户银行应根据商业承兑汇票的付款人栏次的相关内容填写；如贴现汇票为银行承兑汇票，汇票承兑人应为汇票出票人的承兑银行。

(6) 贴现金额。应与贴现汇票的“出票金额”栏填明的大、小写金额一致。

(7) 持票人签章。贴现申请人应在贴现凭证第一联代申请书的“持票人签章”栏加盖持票人的预留银行印鉴。

贴现凭证的月贴现率、贴现利息和实付贴现金额等栏次，经银行信贷部门审核同意办理贴现时，由银行会计部门按有关规定填写。

2. 银行受理贴现业务的处理

银行收到持票人提交的商业汇票和贴现凭证及有关单证复印件，经银行信贷部门按照规定条件审查，符合贴现条件的，在第一联贴现凭证代申请书的“银行审批栏”签注“同意”字样，并加盖信贷员和有关负责人的印章后，送交会计部门。

会计部门接到汇票和贴现凭证后，应先按有关规定审核汇票及贴现凭证填写的内容和汇票是否相符，经审核无误后，再按规定的贴现率计算出贴现利息和实付贴现金额。

(1) 贴现利息的计算

① 如果贴现时间不够整月，按实际贴现天数计算，贴现天数从贴现之日起到汇票到期前一日止，也就是“算头不算尾”。

贴现利息=汇票金额×贴现天数×(月贴现率÷30)

② 如果贴现时间够整月，则按整月计算。

贴现利息=汇票金额×贴现月数×月贴现率

③ 如果贴现汇票的承兑人在异地的，贴现的期限以及贴现利息的计算应另加 3 天的划款日期。

另加贴现利息=汇票金额×3×日贴现率

(2) 实付贴现金额的计算

实付贴现金额=汇票金额－贴现利息

银行会计部门对计算出的贴现利息和实付贴现金额审核无误后，分别填入贴现凭证的相应栏次内，并在贴现凭证上注明月贴现率。然后在第四联贴现凭证收账通知的“贴现款项已入你单位账户”栏加盖银行转讫章，注明转账日期，交给持票人。

【例 1-2-9】12 月 18 日，郑州中原公司持太原汾河公司购买商品已承兑的商业承兑汇票和填写的一式五联贴现凭证及有关单证复印件，向开户银行申请贴现。贴现凭证编号 12-3，汇票号码 00065318，汇票金额 351 000 元，出票日为本年的 11 月 28 日，到期日为明年的 3 月 28 日。太原汾河公司的开户银行为工商银行太原市晋源分理处，账号 65×8172；郑州中原公司的开户银行为工商银行郑州市二七分理处，账号 036×816。

汇票和贴现凭证在当日经银行信贷部门审核同意后，银行会计部门按 7.2‰月贴现率计算贴现利息和实付贴现金额。

要求：根据以上资料填写证 1-2-9 贴现凭证(收账通知)。

证 1-2-9 贴现凭证

贴现凭证 （收账通知）

申请日期　　　　年　月　日　　　　第　号

<table>
<tr><td rowspan="3">贴现汇票</td><td>种　类</td><td colspan="4"></td><td>号码</td><td colspan="4"></td><td rowspan="3">持票人</td><td colspan="3">名　称</td><td colspan="9"></td></tr>
<tr><td>出票日</td><td colspan="9">年　月　日</td><td colspan="3">账　号</td><td colspan="9"></td></tr>
<tr><td>到期日</td><td colspan="9">年　月　日</td><td colspan="3">开户银行</td><td colspan="9"></td></tr>
<tr><td colspan="2">汇票承兑人</td><td colspan="2">名称</td><td colspan="3"></td><td colspan="2">账号</td><td colspan="3"></td><td colspan="3">开户银行</td><td colspan="9"></td></tr>
<tr><td colspan="2" rowspan="2">贴现金额</td><td colspan="13" rowspan="2">人民币
（大写）</td><td>千</td><td>百</td><td>十</td><td>万</td><td>千</td><td>百</td><td>十</td><td>元</td><td>角</td><td>分</td></tr>
<tr><td></td><td></td><td></td><td></td><td></td><td></td><td></td><td></td><td></td><td></td></tr>
<tr><td rowspan="2">贴现率
每月</td><td rowspan="2"></td><td rowspan="2">贴现利息</td><td>千</td><td>百</td><td>十</td><td>万</td><td>千</td><td>百</td><td>十</td><td>元</td><td>角</td><td>分</td><td rowspan="2">实付贴
现金额</td><td>千</td><td>百</td><td>十</td><td>万</td><td>千</td><td>百</td><td>十</td><td>元</td><td>角</td><td>分</td></tr>
<tr><td></td><td></td><td></td><td></td><td></td><td></td><td></td><td></td><td></td><td></td><td></td><td></td><td></td><td></td><td></td><td></td><td></td><td></td><td></td><td></td></tr>
<tr><td colspan="7">贴现款项已入你单位账户。
银行盖章
年　月　日</td><td colspan="17">备注：</td></tr>
</table>

此联银行给持票人的收账通知

(十) 银行进账单

银行进账单是收款人对付款人购买商品或偿还债务直接交付或背书转让的银行汇票、银行本票、转账支票和划线支票等票据，送交银行办理资金收入结算应填制的一种凭证。

1.银行进账单的使用范围

收款人以银行汇票、银行本票、转账支票和划线支票等票据，向开户银行提示付款时，应在票据正联背面“持票人向银行提示付款签章”处加盖预留银行印鉴(转账支票和划线支票还须在票据背面记载“委托收款”字样、背书日期，在“被背书人栏”记载开户银行名称)，并依据上述票据的有关内容填制银行进账单。

2.银行进账单的填制要求

银行进账单一式两联，第一联收账通知，第二联贷方凭证。除进账单第二联右下方的科目，对方科目、转账日期、复核、记账由银行填写外，其他各项内容均由收款人填写。银行进账单的填写要求如下：

(1) 凭证日期。为填写银行进账单的实际日期，与办理转账结算票据所填写的日期不完全一致。

(2) 第　号。为本期填写银行进账单的顺序编号。

(3) 出票人。本栏次的出票人全称、账号和开户银行因票据的种类不同，填写方式也存在一定的差别。

① 转账支票和划线支票未设置出票人栏次，应分别根据出票人印章的出票人名称及出票人账号和付款行名称填写。

② 银行汇票应根据票据的申请人、账户和出票行填写。

③ 银行本票未记载上述内容，应电话咨询后填写。

(4) 收款人。该栏次应根据持票人的全称、账号和开户银行填写。

(5) 进账单金额。银行本票、转账支票和划线支票，根据票面金额填写，银行汇票根据汇票的实际结算金额填写。

(6) 票据种类。指收款人填制银行进账单的票据名称。如转账支票、银行本票等。

(7) 票据张数。指收款人办理转账结算的票据张数。银行汇票包括银行汇票正联和解讫通知两张，其他票据均为票据正联一张。

【例 1-2-10】12 月 19 日，郑州中原公司向郑州金水河公司销售商品一批，价税合计 234 000 元。收到的转账支票记载的出票人账号 710296，付款行名称为工商银行郑州市邙山分理处。郑州中原公司的账号 036×816，开户银行为工商银行郑州市二七分理处。该公司将委托背书的转账支票和填制的银行进账单提交开户银行办理转账，进账单的编号为 12-26。

要求：根据以上资料填写证 1-2-10 银行进账单(收账通知)。

证 1-2-10 银行进账单

中国工商银行**进账单**(收账通知) 1

年 月 日 第 号

<table>
<tr><td rowspan="3">出
票
人</td><td>全 称</td><td></td><td rowspan="3">收
款
人</td><td>全 称</td><td colspan="10"></td><td rowspan="7">此联是持票人开户银行交给持票人的收账通知</td></tr>
<tr><td>账 号</td><td></td><td>账 号</td><td colspan="10"></td></tr>
<tr><td>开户银行</td><td></td><td>开户银行</td><td colspan="10"></td></tr>
<tr><td colspan="5" rowspan="2">人民币
（大写）</td><td>千</td><td>百</td><td>十</td><td>万</td><td>千</td><td>百</td><td>十</td><td>元</td><td>角</td><td>分</td></tr>
<tr><td></td><td></td><td></td><td></td><td></td><td></td><td></td><td></td><td></td><td></td></tr>
<tr><td colspan="2">票据种类</td><td></td><td colspan="12" rowspan="3">出票人开户行盖章</td></tr>
<tr><td colspan="2">票据张数</td><td></td></tr>
<tr><td colspan="3">单位主管 会计 复核 记账</td></tr>
</table>

(十一) 信汇凭证

信汇凭证是汇兑凭证的一种。由于汇兑包括信汇和电汇两种方式，因而汇兑凭证也分为信汇凭证和电汇凭证两种，由汇款人选择使用。

1.汇兑结算方式的特点

汇兑是汇款人委托银行将其款项支付给收款人的结算方式。

汇兑具有适用面广、手续简便的特点，不受金额起点的限制。单位和个人对外地所进行的商品交易、劳务供应、清理旧欠、资金调拨等各种款项的结算，均可使用汇兑结算方式。

汇兑可以转账，也可以支取现金。汇款人和收款人均为个人，需要在汇入银行支取现金的，应在信汇、电汇凭证的“汇款金额”大写栏，先填写“现金”字样，后填写汇款金额。

汇款人可以将款项直接转入收款人账户，也可以申请“留行待取”，分次支取汇款或凭印鉴支取。

2.信汇凭证的填制要求

汇款人委托银行办理信汇结算时，应提交填制的一式四联信汇凭证，第一联回单，第二联借方凭证，第三联贷方凭证，第四联收账通知或取款收据。

汇款人对信汇凭证应按下列方式填写：

(1) 委托日期。应为汇款人向汇出银行提交信汇凭证的当日。

(2) 第 号。为本期办理信汇凭证的顺序编号。

(3) 汇款人。汇款人属于单位的，应填写单位全称和银行账号；属于个人的，应填写个人的本名及详细住址。汇出地点应填写汇款人所在地的省、市、县地名，汇出行名称应填写办理汇款的银行。

(4) 收款人。收款人属于单位的，应填写单位全称和银行账号；属于个人的，应在全称栏填写该人的本名，在账号或住址栏填写“留行待取”字样。留行待取的汇款，需要指定单位的收款人领取汇款的，应注明收款人的单位名称。汇入地点应填写收款所在地的省、市、县地名，汇入行名称填写为收款人办理收款手续的银行。

(5) 汇款金额。大小写金额应一致。大写金额紧接“人民币(大写)”字样填写，小写金额数字前应填写人民币符号“￥”。个人需要在汇入银行支取现金的，应在汇款金额大写栏，先填写“现金”字样，后填写汇款金额。

(6) 汇款用途。应填写汇出款项的实际用途，如购材料等。

(7) 留行待取预留收款人印鉴。汇款凭印章支取的，应在第四联信汇凭证的“留行待取预留收款人印鉴”处加盖预留的收款人印章。

(8) 备注栏。汇款人确定不得转汇的，应在第三联信汇凭证的“备注栏”注明“不得转汇”字样。

(9) 汇款人签章。汇款人为单位的，应在第二联信汇凭证的“汇款人签章”处加盖预留银行印鉴。汇款人交付现金的，第二联信汇凭证注销。

【例 1-2-11】12 月 19 日，郑州中原公司收到开户银行工商银行二七分理处第四联信汇凭证收账通知，收到沈阳兴华公司购货款 351 000 元，沈阳兴华公司账号 08-8346，汇出地点辽宁省沈阳市，汇出行工商银行沈阳市辽河分理处。郑州中原公司地址为河南省郑州市，开户银行工商银行郑州市二七分理处，账号 036×816。信汇凭证编号 12-16。

要求：根据以上资料填写证 1-2-11 信汇凭证(收账通知或代取款收据)。

证 1-2-11 信汇凭证（收账通知）

中国工商银行信汇凭证（收账通知
或收款收据） 4 第 号

委托日期 年 月 日 应解汇款编号

<table>
<tr><td rowspan="3">汇款人</td><td>全称</td><td colspan="3"></td><td rowspan="3">收款人</td><td>全称</td><td colspan="3"></td></tr>
<tr><td>账号或住址</td><td colspan="3"></td><td>账号或住址</td><td colspan="3"></td></tr>
<tr><td>汇出地点</td><td>省 市 县</td><td>汇出行名称</td><td></td><td>汇入地点</td><td>省 市 县</td><td>汇入行名称</td><td></td></tr>
<tr><td>金额</td><td colspan="6">人民币（大写）</td><td colspan="3">千 百 十 万 千 百 十 元 角 分</td></tr>
<tr><td colspan="5">汇款用途：</td><td colspan="5">留行待取预留
收款人印鉴</td></tr>
<tr><td colspan="3">款项已收入收款人账户
汇入行盖章
年 月 日</td><td colspan="2">款项已照收无误
收款人签章
年 月 日</td><td colspan="5">科目(借)
对方科目(贷)
汇入行解汇日期 年 月 日
复核 出纳 记账</td></tr>
</table>

此联给收款人的收账通知或取款收据

(十二) 电汇凭证

电汇凭证是汇兑凭证的一种，是汇款人委托银行以拍发电报方式将款项汇给外地收款人而填制的一种凭证。

电汇和信汇同属于汇兑结算方式，两者之间存在一定的相同之处，但也存在一定的区别。

1.电汇凭证和信汇凭证的联系

两种汇款凭证主要有以下共同之处：

(1) 凭证的填写方法相同。汇款人对两种凭证的填写方法是相同的，没有什么区别。

(2) 凭证的作用相同。两种凭证的作用是相同的，均用于异地的商品交易、清理旧欠等款项的结算，可以转账，也可以支取现金。

2 电汇和信汇凭证的区别

两种凭证之间主要存在以下区别：

(1) 传递方式不同。信汇采用邮寄方式，电汇采用拍发电报的方式。

(2) 凭证的联次不同。信汇凭证由回单、借方凭证、贷方凭证和收账通知或取款收据四联组成，电汇凭证由回单、借方凭证和发电依据三联组成。

(3) 汇款支取方式略有不同。由于电汇凭证不设置第四联收账通知或取款收据，第三联电汇凭证作为汇出行的发电依据，不再采用邮寄方式，汇款人也就无法采用信汇凭证的凭印章“留行待取”的支取方式，其他支取方式相同。

【例 1-2-12】12 月 19 日，郑州中原公司采用电汇方式向重庆山城公司汇出购材料款 368 000 元。重庆山城公司地址在重庆市，开户银行工商银行重庆市涪陵分理处，账号 19-4938。郑州中原公司地址在河南省郑州市，开户银行工商银行郑州市二七分理处，账号 036×816，电汇凭证编号 12-8。

要求：根据以上资料填写证 1-2-12 电汇凭证(回单)。

证 1-2-12　信汇凭证（收账通知）

中国工商银行电汇凭证　（回单）　1

委托日期　　　　年　月　日　　　　第　号

<table>
<tr><td rowspan="3">汇款人</td><td>全　称</td><td colspan="3"></td><td rowspan="3">收款人</td><td>全　称</td><td colspan="12"></td><td rowspan="5">此联汇出行给汇款人的回单</td></tr>
<tr><td>账　号
或住址</td><td colspan="3"></td><td>账　号
或住址</td><td colspan="12"></td></tr>
<tr><td>汇　出
地　点</td><td>省　市
县</td><td>汇出行
名　称</td><td></td><td>汇　入
地　点</td><td colspan="2">省　市
县</td><td colspan="3">汇入行
名　称</td><td colspan="7"></td></tr>
<tr><td rowspan="2">金额</td><td colspan="7" rowspan="2">人民币
（大写）</td><td>千</td><td>百</td><td>十</td><td>万</td><td>千</td><td>百</td><td>十</td><td>元</td><td>角</td><td>分</td></tr>
<tr><td></td><td></td><td></td><td></td><td></td><td></td><td></td><td></td><td></td><td></td></tr>
<tr><td colspan="8">汇款用途：</td><td colspan="10" rowspan="2">汇出行盖章
年　月　日</td></tr>
<tr><td colspan="8">上列款项已根据委托办理，如需查询，请持此回单来行面洽。
单位主管　　会计　　复核　　记账</td></tr>
</table>

(十三) 邮划委托收款凭证

邮划委托收款凭证是委托收款凭证的一种。由于异地委托收款结算款项的划回方式不同，邮划委托收款分为邮寄和电报划回两种，因此，委托收款凭证也相应分为邮划委托收款凭证和电划委托收款凭证，收款人可根据具体情况选用。

委托收款是收款人委托银行向付款人收取款项的结算方式。在同城、异地均可以使用，不受金额结算起点的限制，便于收款人主动收取款项。适用于单位和个人凭已承兑的商业汇票、债券、存单等付款人债务证明办理款项的结算，以及同城公用事业费的收取。

在同城范围内收取公用事业费，必须具有收付款双方事先签订的经济合同，由付款人向开户银行授权并经开户银行同意，报经中国人民银行当地分、支行批准才能办理，称为同城特约委托收款。

1. 委托收款结算的程序

委托收款结算的程序分为委托和付款两个结段。

委托。是指收款人办理委托收款应向银行提交委托收款凭证和有关的债务证明。如水费单、电费单、电话费单、已承兑的商业汇票、债券、存单等。

付款。是指付款人开户银行接到收款人开户银行寄来的委托收款凭证和有关的债务证明，审查无误后办理付款。

2. 委托收款和托收承付的区别

委托收款和托收承付两种结算方式，从形式上看都存在着邮划和电划两种形式，填制内容大致相同，但实质上存在以下方面的区别：

(1) 区域限制不同。托收承付目前只能用于异地结算；委托收款异地和同城均可使用。

(2) 适用范围不同。托收承付适用于商品交易以及因商品交易而产生的劳务供应的款项结算；委托收款的款项结算不受范围的限制。

(3) 使用资格不同。使用托收承付结算方式的收款单位和付款单位必须是国有企业、供销合作社以及经营较好并经开户银行审查同意的城乡集体所有制工业企业；使用委托收款结算方式不受资格的限制，单位和个人均可办理。

(4) 金额起点不同。托收承付结算每笔的金额起点为 1 万元，新华书店系统每笔金额起点为 1 000 元；委托收款方式不规定金额起点。

(5) 办理条件不同。办理托收承付必须签有符合《经济合同法》的购销合同，必须提供商品已发运的证件；委托收款结算方式没有该项规定。

(6) 付款期限不同。托收承付分为验单付款和验货付款，验单付款的承付期为 3 天，验货付款的承付期为 10 天；委托收款的付款期为 3 天。

(7) 扣款责任不同。托收承付结算方式于承付到期日，如果付款人款项不足或完全没有支付能力，付款人开户银行必须承担扣款责任，扣款期最长 3 个月，并依据逾期付款金额和逾期时间按每天万分之五计算逾期付款赔偿金；委托收款结算方式的付款人发生上述情况，付款人开户银行则向收款人开户银行退还有关票证，不承担扣款和计算逾期付款赔偿金的责任。

(8) 审查义务不同。托收承付结算方式下，付款人开户银行对付款人提出的部分拒付或全部拒付理由，必须严格审查，不符合拒付条件的，付款人开户银行应强行扣款；委托收款结算方式的付款人开户银行对付款人提出的部分拒付或全部拒付理由不予审查，而直接退票。

3. 邮划委托收款凭证的填写要求

邮划委托收款凭证是收款人委托银行向付款人收取款项，由付款人开户银行将款项采用邮寄方式划回而填制的一种凭证。

收款人选用付款人开户银行以邮寄方式汇回委托收款的，应将填制的邮划委托收款凭证，连同付款人的债务证明或其他凭证送交开户银行。邮划委托收款凭证一式五联，第一联回单，第二联贷方凭证，第三联借方凭证，第四联收账通知，第五联付款通知。邮划委托收款凭证的填写应符合以下要求：

(1) 委托日期。即办理委托收款的日期。商业汇票属于同城的，应在到期的当日办理；属于异地的，应匡算票据的邮程天数提前办理。委托收取异地发行、兑付债券的款项，在债券到期日办理。存单也应在到期日办理。

(2) 第　号。为本期办理邮划委托收款凭证的顺序编号。

(3) 付款人。本栏的付款人全称、账号或地址、开户银行应根据付款人提供的信息资料填写。以银行以外的单位为付款人的，必须记载付款人的开户银行名称，以便于凭证的邮寄。

单位委托收取的银行承兑汇票，由于承兑银行为付款人，该栏的付款人全称应填写银行承兑汇票的承兑银行名称。

(4) 收款人。该栏的收款人全称、账号、开户银行和行号应正确填写。以银行以外的单位或在银行开立存款账户的个人为收款人的，必须记载收款人开户银行的名称；未在银行开立存款账户的个人为收款人的，必须记载被委托银行名称，以利于付款人开户银行划回委托收款。

(5) 委托金额。该栏次填写的大小写金额应与委托收款凭据，如已承兑的商业汇票等债务证明的金额一致。

(6) 款项内容。应按委托收款款项的实际业务内容填写，如销售商品等。

(7) 委托收款凭据名称。应依据所附的债务证明及其他凭证的有关内容填写。如银行承兑汇票、×月份电费等。

(8) 附寄单证张数。应填写附寄债务证明或其他凭证的实际张数。

(9) 收款人签章。收款人应在第二联委托收款凭证“本委托收款随附有关债务证明，请予办理收款”栏收款人签章处签章。收款人为单位的，签章为单位的财务专用章或者公章加其法定代表人或其授权的代理人的签名或盖章。收款人为个人的，签章应为该个人本人的签名或盖章。

【例 1-2-13】12 月 20 日，郑州中原公司支付昆明春城公司到期的委托收款 351 000 元。昆明春城公司填制委托收款凭证的日期为 12 月 13 日，委托收款凭证的编号 12-09，开户银行为工商银行昆明市石林分理处，账号 6391-6，行号 93，款项内容为销售商品款，委托收款凭据名称为银行承兑汇票，附寄单证张数 1 张。郑州中原公司的开户银行工商银行郑州市二七分理处为银行承兑汇票的承兑银行，账号为 036×968，该公司开户银行在凭证右下角付款人开户银行盖章处填注的日期为 12 月 16 日，凭证右上角的付款期限为 12 月 20 日。

要求：根据以上资料填制证 1-2-13 邮划委托收款凭证(付款通知)。

证 1-2-13 邮划委托收款凭证（付款通知）

<table>
<tr><td colspan="4">委邮</td><td colspan="6">委托收款 凭证（付款通知） 5</td><td colspan="6">第　　号
委托号码</td></tr>
<tr><td colspan="10">委托日期　　年　　月　　日</td><td colspan="6">付款期限　　年　　月　　日</td></tr>
<tr><td rowspan="3">付款人</td><td>全　　称</td><td colspan="2"></td><td rowspan="3">收款人</td><td>全　　称</td><td colspan="10"></td></tr>
<tr><td>账号或地址</td><td colspan="2"></td><td>账　　号</td><td colspan="10"></td></tr>
<tr><td>开户银行</td><td colspan="2"></td><td>开户银行</td><td colspan="4"></td><td colspan="3">行号</td><td colspan="3"></td></tr>
<tr><td rowspan="2">委收金额</td><td colspan="5" rowspan="2">人民币
（大写）</td><td>千</td><td>百</td><td>十</td><td>万</td><td>千</td><td>百</td><td>十</td><td>元</td><td>角</td><td>分</td></tr>
<tr><td></td><td></td><td></td><td></td><td></td><td></td><td></td><td></td><td></td><td></td></tr>
<tr><td>款项内容</td><td colspan="2"></td><td>委托收款凭据名称</td><td colspan="3"></td><td colspan="3">附寄单证张数</td><td colspan="6"></td></tr>
<tr><td colspan="5">备注：</td><td colspan="11">付款人注意：
1. 应于见票当日通知开户银行划款。
2. 如需拒付，应在规定期限内，将拒付理由书并附债务证明退交开户银行。</td></tr>
</table>

单位主管　　会计　　复核　　记账　　付款人开户银行盖章　　月　　日

此联付款人开户银行给付款人按期付款的通知

(十四) 电划委托收款凭证

电划委托收款凭证是委托收款凭证的一种。是收款人委托银行向付款人收取款项，由付款人开户银行采用电报划回款项而填制的一种凭证。

电划委托收款和邮划委托收款是委托收款结算方式收回款项的两种不同形式，两种凭证之间存在一定的联系与区别。

1. 电划和邮划委托收款凭证的联系

两种凭证的联系主要有以下方面：

(1) 凭证填写方法相同。收款人对电划委托收款凭证和邮划委托收款凭证的填写方法相同。

(2) 银行的审查及办理方式相同。收款人开户银行对收款人提交的两种凭证的审查及办理方式是一致的，均须将凭证邮寄给付款人开户银行。

(3) 凭证的作用相同。两种凭证的作用是相同的，便于收款人主动收回款项，均须对收款通知填制记账凭证并据以登记有关账簿。

2. 电划和邮划委托收款凭证的区别

两种凭证的区别主要有以下方面：

(1) 凭证联次的用途略有不同。电划委托收款凭证和邮划委托收款凭证均包括五联凭证。邮划委托收款凭证包括回单、贷方凭证、借方凭证、收账通知和付款通知五联。

电划委托收款凭证包括回单、贷方凭证、借方凭证、发电依据和付款通知五联。两种凭证只有第四联的用途不同，前者为收账通知，后者为发电依据，其他各联凭证的用途完全相同。

(2) 款项划回的方式不同。付款人在付款期满全额支付的款项，付款人开户银行对收款人办理的邮划委托收款凭证采用邮寄方式将款项划回；对收款人办理的电划委托收款凭证，根据第四联凭证发电依据，采用拍发电报的方式将款项划回。

【例 1-2-14】郑州中原公司上月向合肥淮河公司销售甲产品一批，收到的商业承兑汇票款 234 000 元于 12 月 24 日到期。合肥淮河公司开户银行为工商银行合肥市东市分理处，账号 76516813。

郑州中原公司 12 月 20 日将填制的一式五联电划委托收款凭证连同商业承兑汇票，提交开户银行工商银行郑州市二七分理处办理委托收款手续，凭证编号 12-11，公司账号 036×816，开户银行行号 89。

要求：根据以上资料填制证 1-2-14 电划委托收款凭证(回单)。

证 1-2-14　电划委托收款款凭证（回单）

委托收款凭证（回单）　1　第　号

委电　委托号码

委托日期　年　月　日

<table>
<tr><td rowspan="3">付款人</td><td>全　称</td><td colspan="3"></td><td rowspan="3">收款人</td><td>全　称</td><td colspan="10"></td><td rowspan="6">此联是收款人开户银行给收款人的回单</td></tr>
<tr><td>账号或地址</td><td colspan="3"></td><td>账　号</td><td colspan="10"></td></tr>
<tr><td>开户银行</td><td colspan="3"></td><td>开户银行</td><td colspan="4"></td><td colspan="3">行号</td><td colspan="3"></td></tr>
<tr><td rowspan="2">委收金额</td><td colspan="6" rowspan="2">人民币
（大写）</td><td>千</td><td>百</td><td>十</td><td>万</td><td>千</td><td>百</td><td>十</td><td>元</td><td>角</td><td>分</td></tr>
<tr><td></td><td></td><td></td><td></td><td></td><td></td><td></td><td></td><td></td><td></td></tr>
<tr><td>款项内容</td><td></td><td colspan="2">委托收款凭据名称</td><td colspan="3"></td><td colspan="4">附寄单证张数</td><td colspan="6"></td></tr>
<tr><td colspan="3">备注：
电划</td><td colspan="4">款项收妥日期
年　月　日</td><td colspan="11">收款人开户银行盖章　月　日</td></tr>
</table>

单位主管　会计　复核　记账

(十五) 邮划托收承付凭证

邮划托收承付凭证是托收承付凭证的一种。托收承付是根据购销合同，由收款人发货后委托银行向异地付款人收取款项，由付款人向银行承认付款的结算方式。

由于托收承付款项划回的方式分为邮划和电划两种，托收承付凭证也相应分为邮划托收承付凭证和电划托收承付凭证，由收款人选择使用。

托收承付结算方式在支付结算中长期发挥着重要作用。该种方式规定对付款人逾期未付的托收承付款项，付款人开户银行在承付期满 3 个月内负责扣款，并按逾期付款金额和逾期时间每天万分之五的赔偿金率计算逾期付款赔偿金，较好地保证了结算资金的收回和收款人的权益。

1. 托收承付的适用范围

托收承付的适用范围设定为特定企业之间的商品交易款项。具体包括下列内容：

(1) 使用托收承付结算方式的收款单位和付款单位，必须是国有企业、供销合作社以及经营管理较好并经开户银行审查同意的城乡集体所有制工业企业。

(2) 办理托收承付结算的款项，必须是商品交易以及因商品交易而产生的劳务供应的款项。代销、寄销、赊销商品的款项，不得办理托收承付结算。

2. 托收承付的适用条件

办理托收承付，除符合适用范围的两项规定外，还必须具备以下几个前提条件：

(1) 收付双方使用托收承付结算必须签有符合《合同法》规定的购销合同，并在合同上订明使用托收承付结算方式。

(2) 收款人办理托收必须具有商品已发运的证件，包括铁路、航运、公路等运输部门签发的运单、运单副本和邮局包裹回执等。没有发运证件的，可凭其他有关证件办理。如内贸、外贸部门系统内商品调拨，自备运输工具发送或自提的；易燃、易爆、剧毒、腐蚀性商品以及电、石油、天然气等必须使用专用工具或线路、管道运输的，可凭付款人已收到商品的证明(粮食部门凭提货单及发货明细表)办理托收。

(3) 收付双方办理托收承付结算，必须重合同、守信用、收款人对同一付款人发货托收累计三次收不回货款的，收款人开户银行应暂停收款人向付款人办理托收；付款人累计三次提出无理拒付的，付款人开户银行应暂停其向外办理托收。

(4) 托收承付结算每笔的金额起点为 10 000 元，新华书店系统每笔的金额起点为 1 000 元。

3. 托收承付的程序

(1) 托收。托收是收款人根据购销合同发货后委托银行向付款人收取款项的行为。收款人办理托收，应填制托收承付凭证盖章后连同发运证件或其他符合托收承付结算的有关证明和交易单证送交开户银行；经开户银行审查无误后，将有关托收承付凭证连同交易单证，一并寄交付款人开户银行。

(2) 承付。承付是付款人向银行承认付款的行为。付款人开户银行收到收款人开户银行寄来的托收承付凭证及其附件后，应当及时通知付款人由其在承付期内审查核对，安排资金。

承付期是给予付款人审核单证、检验货物或筹措资金的时间。承付期分为验单付款和验货付款两种方式。验单付款的承付期为 3 天，从付款人开户银行发出承付通知的次日算起(承付期内遇法定节假日顺延)；验货付款的承付期为 10 天，从运输部门向付款人发出提货通知的次日算起。具体采用哪种方式，由收付双方协商，并在合同中明确规定。

无论是验单付款还是验货付款，付款人都可以在承付期内提前向银行表示承付，并通知银行提前付款，银行应立即办理划款，但是，付款人不得在承付货款中，扣抵其他款项或以前托收的款项。

4. 邮划托收承付凭证的填制要求

收款人采用邮划方式办理托收承付结算，应将填制的邮划托收承付凭证及有关单证提交开户银行。邮划托收承付凭证一式五联，第一联回单，第二联贷方凭证，第三联借方凭证，第四联收账通知和第五联承付通知。具体填写要求如下：

(1) 委托日期。即办理邮划托收承付凭证的日期。

(2) 第　号。为本期办理邮划托收承付凭证的顺序编号。

(3) 付款人。本栏应根据双方签订的购销合同提供的有关资料，正确填写付款人全称、账号和开户银行名称。

(4) 收款人。本栏次应规范填写收款人本单位的全称、账号、开户银行名称及行号，以便于托收承付款项的划回。

(5) 托收金额。本栏次填写的大小写金额数字应与附寄的增值税专用发票和运费发票等单证的合计金额数字相等。

(6) 附寄单证张数或册数。根据随同邮划托收承付凭证交付开户银行的增值税专用发票、运费发票等单证的实际张数或册数填写。

(7) 商品发运情况。应注明商品实际发运情况，商品是否发运，采用何种运输方式。收款人对银行提供的购货方不负担运费的发票，需要取回进行账务处理，或自行将运费发票寄给付款人的，应在该栏注明发运日期和证件号码。

(8) 合同名称号码。该栏应注明向付款人发运商品依据的购货或销货合同名称及号码。

(9) 收款人盖章。第二联邮划托收承付凭证“收款人盖章”处加盖单位的财务专用章或者公章加其法定代表人或其授权代理人的名章。

(10)验货付款。合同规定验货付款的，必须在各联邮划托收承付凭证上加盖明显的“验货付款”字样戳记。

【例 1-2-15】12 月 20 日，郑州中原公司收到开户银行转来收账通知一份，为兰州黄河公司承付的托收款项 254 000 元。兰州黄河公司开户银行为工商银行兰州市西固分理处，账号 18-3156。

郑州中原公司开户银行工商银行郑州市二七分理处，账号 036×816，行号 89。办理托收时附寄有关单证 4 张，合同名称号码为郑中销字 019 号，商品采用汽车运输，发运日期为 12 月 1 日，托收的委托日期为 12 月 2 日。付款人开户银行在托收承付凭证上填注的收到日期为 12 月 5 日，承付期限的到期日为 12 月 16 日，支付日期亦为 12 月 16 日，托收凭证编号为 12-03。

要求：根据以上资料填写证 1-2-15 邮划托收承付凭证(收账通知)。

证 1-2-15 电划托收承付凭证（收账通知）

邮

托收承付 凭证（收账通知） 4 第 号 托收号码：

承付期限
到期 年 月 日

委托日期 年 月 日

付款人	全称		收款人	全称											
	账号或地址			账号											
	开户银行			开户银行		行号									
托收金额	人民币（大写）					千	百	十	万	千	百	十	元	角	分

附件		商品发运情况	合同名称号码
附寄单证张数或册数			

备注：	本托收款项已由付款人开户行全额划回并收入你账户内。 收款人开户银行盖章 月 日	科目 对方科目 转账 年 月 日 单位主管 会计 复核 记账

付款人开户行收到日期 年 月 日 支付日期 年 月 日

此联是收款人开户银行在款项收妥后给收款人的收账通知

(十六) 电划托收承付凭证

电划托收承付凭证是托收承付凭证的一种。是收款人根据购销合同发货后委托银行向付款人收取款项，由付款人开户银行对付款人承付的托收款项采用拍发电报方式划回而填制的一种凭证。

电划托收承付和邮划托收承付是托收承付结算的两种形式。两种凭证的作用、填制要求和开户银行审查的方式相同。由于对托收款项划回的方式要求不同，因而两种凭证有关联次的用途也相应有所区别。

1. 电划托收承付凭证和邮划托收承付凭证的联系

电划托收承付凭证和邮划托收承付凭证属于托收承付凭证的两种不同收款方式，两者的联系有以下方面：

(1) 凭证的作用相同。两种凭证的作用是相同的，均需要根据凭证的回单联和收账通知联填制相应的记账凭证，并据以登记有关账簿。

(2) 凭证的填写要求相同。收款人对电划和邮划托收承付凭证的填制方法是相同的，没有什么区别。

(3) 银行的审查及办理方式相同。收款人开户银行对收款人提交的两种凭证按同一标准审查无误后，均采用邮寄的方式寄给付款人开户银行。

2. 电划托收承付凭证和邮划托收承付凭证的区别

电划托收承付凭证和邮划托收承付凭证的区别，主要是付款人开户银行对托收款项划回的方式和第四联托收承付凭证的用途不同。

(1) 款项划回的方式不同。付款人开户银行对付款人在承付期或逾期付款期支付的托收款项，对收款人办理的邮划托收承付凭证采用邮寄方式将款项划回，对收款人办理的电划托收承付凭证采用拍发电报的方式将款项划回。

(2) 凭证联次的用途略有不同。邮划托收承付凭证一式五联，第一联回单、第二联贷方凭证、第三联借方凭证、第四联收账通知和第五联承付通知。电划托收承付凭证也是一式五联，除第四联凭证为发电依据外，其他各联的名称和用途与邮划托收承付凭证相同。

【例 1-2-16】12 月 20 日，郑州中原公司根据津海购字 039 号购货合同向天津海河公司发出甲商品一批，金额 310 000 元，税额 52 700 元，代垫汽车运费 2 800 元，并将填写的一式五联电划托收承付凭证，连同增值税专用发票的发票联、抵扣联和运费发票的付款人记账凭证、付款人抵扣凭证一并送交开户银行。

开户银行于当日审查无误后，将托收凭证第一联回单加盖业务公章后退回。天津海河公司的开户银行为工商银行天津市南开分理处，账号 623486-8；郑州中原公司开户银行工商银行郑州市二七分理处，行号 89，账号 036×816，托收凭证编号 12-6。

要求：根据以上资料填制证 1-2-16 电划托收承付凭证(回单)。

证 1-2-16 电划托收承付凭证（回单）

托收承付 凭证（回单）　　**1**　　第　　号

托收号码

电　　委托日期　　年　　月　　日

付款人	全　　称		收款人	全　　称											
	账号或地址			账　　号											
	开户银行			开户银行		行号									
托收金额	人民币（大写）					千	百	十	万	千	百	十	元	角	分
附　　件		商品发运情况		合同名称号码											
附寄单证张数或册数															
备注：电划		款项收妥日期　年　月　日		收款人开户银行盖章　月　日											

此联是收款人开户银行给收款人的回单

单位主管　　会计　　复核　　记账

(十七) 拒绝付款理由书

拒绝付款理由书是付款人在托收承付或委托收款承付期内，由于收款人违反购销合同发货，或所发货物的品种、规格、数量、质量、价格与合同规定不符等原因，向开户银行提出全部或部分拒绝付款填制的一种凭证。

1. 托收承付拒绝付款的条件

付款人在承付期内，对托收承付提出的拒绝付款应符合下列条件：

(1) 收付双方没有签订购销合同，或购销合同未订明采用托收承付结算方式的款项。

(2) 未经双方达成协议，收款人提前交货或因逾期交货付款人不再需要该项货物的款项。

(3) 收款人未按购销合同规定的到货地址进行交货的款项。

(4) 代销、寄销、赊销商品的款项。

(5) 验货付款，经查验货物与合同规定或发货清单不符的款项。

(6) 验单付款，发现发票所列货物的品种、规格、数量、价格与合同规定不符，或货物已到，经查验货物与合同规定或发货清单不符的款项。

(7) 货款已经支付或计算错误的款项。

不属于上述情况的，付款人不得向银行提出拒绝付款。

对外贸部门办理托收的进口商品款项，在承付期内订货单位对商品的质量问题不能提出拒绝付款，应当另行向外贸部门提出索赔，属于上述其他情况，可以向银行提出全部或部分拒绝付款。

2. 拒绝付款理由书的填制

拒绝付款理由书一式四联。第一联回单或付款通知，如付款人全部拒绝付款则作为回单，部分拒绝付款则作为付款通知；第二联借方凭证；第三联贷方凭证；第四联代通知或收账通知，如付款人全部拒绝付款则作为收款人的代通知，部分拒绝付款则作为收款人的收账通知。

拒绝付款理由书应按下列方式填制：

(1) 拒绝付款理由书种类。由于拒绝付款理由书的格式由托收承付和委托收款两种结算方式共同使用，因此付款人如办理托收承付拒付，应将“委托收款”字样划去；办理委托收款拒付，须将“托收承付”字样划去；全部拒绝付款的，应将“部分”字样划去；部分拒绝付款的，可划去“全部”字样。

(2) 拒付日期。应填写在承付期内向开户银行申请办理拒绝付款的实际日期。

(3) 原托收号码。应填写所办理拒绝付款的托收承付凭证的托收号码或委托收款凭证的委收号码。

(4) 付款人。本栏次的付款人全称、账号、开户银行应与所办理拒绝付款的托收承付或委托收款凭证填写的内容一致。

(5) 收款人。本栏次的收款人全称、账号、开户银行和行号应按照所拒付的托收承付或委托收款凭证的资料进行填写。

(6) 托收金额。应根据所办理拒绝付款的托收承付凭证的托收金额或委托收款凭证的委收金额填写。

(7) 拒付金额。应根据符合拒绝付款条件规定所应拒付货物的金额、税额及货物运费之和填写。

(8) 部分付款金额。部分付款金额等于托收金额减去拒付金额的差额，大小写金额数字应一致。

(9) 附寄单证。应依据付款人办理拒绝付款向开户银行提交的拒付证明、拒付部分商品的清单以及退回的托收承付或委托收款凭证和有关单证的实际张数填写。

(10) 拒付理由。该栏次应填写付款人办理拒绝付款的原因，涉及合同的应引证合同上的有关条款。并在1～4联拒绝付款理由书拒付理由栏的“付款人盖章”处加盖预留银行印鉴。

3. 托收承付结算方式付款人对拒绝付款的办理

付款人在承付期内，以正当理由向开户银行提出全部或部分拒绝付款的，应填写一式四联拒绝付款理由书，注明拒绝付款理由。涉及合同的应引证合同上的有关条款；属于商品质量问题，需要提交商品检验部门的检验证明；属于商品数量问题，需要提交数量问题的证明及有关数量的记录；属于外贸部门进口商品，应当提交国家商品检验或运输部门的证明。在1～4联拒绝付款理由书加盖预留银行印鉴后，全部拒付须另将第五联托收承付凭证(付款通知)和所附单证及拒付证明，部分拒付须将部分拒付的商品清单和证明，一并送交开行银行办理全部或部分拒绝付款手续。

4. 委托收款结算方式付款人对拒绝付款的办理

委托收款是收款人凭已承兑的商业汇票、债券、存单等付款人债务证明办理款项的结算，其中商业汇票的付款期最长为6个月，属于先购货、后付款的结算方式。由于付款人在承付期内对债务证明审核后可以提出拒绝付款，银行对付款人的拒绝付款理由不予审查，采用退票的方式，因此，委托收款与托收承付的拒绝付款办理有相同之处，但也存在一定的差别。

付款人在接到开户银行转来的委托收款凭证(付款通知)及债务证明的次日起 3 日内，对债务证明进行审核，如发现商业汇票背书转让不连续或已注明“不得转让”的票据进行背书转让等问题提出拒绝付款时，应填写一式四联拒绝付款理由书加盖预留银行印鉴后，连同第五联委托收款凭证(付款通知)及债务证明一并送交开户银行办理拒绝付款手续。

5. 托收承付和委托收款办理拒绝付款的区别

付款人对托收承付和委托收款办理拒付手续填写拒绝付款理由书的方法是相同的，所不同的有以下几点：

(1) 付款人向银行提出的拒付理由不同。付款人对委托收款提出的拒付理由是在对债务证明审核后，如发现商业汇票背书转让不连续，或已注明“不得转让”的票据进行背书转让等问题可以提出拒绝付款；对托收承付提出的拒付理由必须符合托收承付拒绝付款的七项规定，不符合规定的不得拒绝付款。

(2) 付款人向银行提出的拒付方式不同。付款人对委托收款向银行提出的拒绝付款方式一般为全部拒付；对托收承付向银行提出的拒绝付款方式应根据实际情况分为全部拒付和部分拒付，对符合部分拒付的不得办理全部拒付。

(3) 付款人向银行办理拒付的期限不同。委托收款的承付期限为 3 天，付款人应在 3 天的承付期限内向银行提出拒绝付款；托收承付分为验单付款和验货付款，验单付款的承付期限为 3 天，验货付款的承付期限为 10 天，付款人可以根据付款的方式分别在 3 天或 10 天的期限内向银行提出拒绝付款。

(4) 付款人向银行提交的拒付手续不同。付款人办理委托收款拒付，除向银行提交拒绝付款理由书外，还应退回第五联委托收款凭证(付款通知)及所附的债务证明；办理托收承付拒付，除向银行提交拒绝付款理由书外，全部拒付的，应退回第五联托收承付凭证(付款通知)及所附的相关单证并提交拒付证明。部分拒付的，应提交拒付部分的商品清单和有关证明。

【例 1-2-17】12 月 20 日，郑州中原公司对福州榕城公司的托收承付办理部分拒付手续。拒付理由为：丙材料合同价格每千克 46 元，增值税专用发票每千克 48 元，丙材料重量为 2 000 千克，多计金额 4 000 元，税额 680 元，拒付金额 4 680 元。托收金额 112 320 元，部分付款金额为 107 640 元。福州榕城公司开户银行为工行银行福州市仓山分理处，账号 916249，行号 632；郑州中原公司开户银行为工商银行郑州市二七分理处，账号 036×816，行号 89。原托收号码 12-36。

要求：根据以上资料填制证 1-2-17 拒绝付款理由书(回单或付款通知)。

证 1-2-17 拒绝付款理由书（回单或付款通知）

托收承付/委托收款 结算 全部/部分 拒绝付款理由（回单或付款通知） 1

拒付日期 年 月 日 原托收号码

<table>
<tr><td rowspan="3">付款人</td><td>全称</td><td colspan="3"></td><td rowspan="3">收款人</td><td>全称</td><td colspan="12"></td></tr>
<tr><td>账号</td><td colspan="3"></td><td>账号</td><td colspan="12"></td></tr>
<tr><td>开户银行</td><td></td><td>行号</td><td></td><td>开户银行</td><td colspan="6"></td><td colspan="3">行号</td><td colspan="3"></td></tr>
<tr><td>托收金额</td><td></td><td>拒付金额</td><td colspan="3"></td><td>部分付款金额</td><td>千</td><td>百</td><td>十</td><td>万</td><td>千</td><td>百</td><td>十</td><td>元</td><td>角</td><td>分</td><td></td></tr>
<tr><td>附寄单证</td><td>张</td><td>部分付款金额(大写)</td><td colspan="16"></td></tr>
<tr><td colspan="5">拒付理由：

付款人盖章</td><td colspan="14"></td></tr>
</table>

此联银行给付款人的回单或付款通知

(十八) 应付款项证明单

应付款项证明单是付款人在托收承付逾期付款期满无力付清托收款项，但已将单证进行账务处理或部分支付托收货款不能退还原托收单证时，应向收款人填制的一种欠款证明。

1.付款人在扣款期满时应退回有关单证的处理

付款人在托收承付期满日银行营业终了时，如无资金支付即为逾期付款。付款人开户银行对逾期未付的托收款项负责扣款的期限为 3 个月。付款人在扣款期满时仍无足够资金支付该笔托收尚未付清的欠款，应于开户银行发出索取单证通知的次日起 2 日内(到期日遇节假日延顺，邮寄的加邮程)，向开户银行退回第五联托收承付凭证(付款通知)及有关交易单证。付款人对单证已进行账务处理或部分支付货款，可以填制应付款项证明单，加盖单位公章或财务专用章后送交开户银行。

2.应付款项证明单的填制要求

应付款项证明单一式两联。第一联通过银行转交收款人作为应收款项的证明，第二联付款人留存作为应付款项的凭据。付款人应按以下要求填制应付款项证明单：

(1) 日期。为填写应付款项证明单的实际日期。

(2) 第　号。为本期填写应付款项证明单的顺序编号。

(3) 收款人名称。应填写未退回托收承付凭证载明的收款人名称。

(4) 付款人名称。应填写未退回托收承付凭证载明的付款人名称。

(5) 单证名称。应填写未退回的托收承付凭证及所附的原始凭证名称。

(6) 单证编号。应填写未退回托收承付凭证的编号。

(7) 单证日期。应填写未退回托收承付凭证载明的日期。

(8) 单证内容。应填写未退回单证的主要内容，如购货物等。

(9) 单证未退回原因。应填写未退回单证的主要原因，如货款已部分支付或货款未付单证已进行账务处理等。

(10) 我单位应付款项。应以中文大写填写原托收凭证金额减去开户银行在逾期付款期内已扣收款项后的差额(不含开户银行同时扣收的逾期付款赔偿金)，同时在该栏次付款人盖章处加盖单位公章或财务专用章。

【例 1-2-18】12 月 20 日，郑州中原公司接到开户银行索取单证的通知，西安延河公司 9 月 12 日办理的托收承付凭证逾期付款期已满。托收承付凭证编号为 12-06，附增值税专用发票的发票联和抵扣联，发票上载明 3mm 钢板金额 500 000 元，税额 85 000 元，已支付部分货款 300 000 元，银行为西安延河公司扣收逾期付款赔偿金 2 280 元。公司将填写的应付款项证明单当日送交开户银行，证明单的本期顺序编号 12-03。

要求：根据以上资料填制证 1-2-18 应付款项证明单。

证 1-2-18 应付款项证明单

应付款项证明单 1

年 月 日 第 号

收款人名称		付款人名称	
单证名称		单证编号	
单证日期		单证内容	
单证未退回原因：	我单位应付款项： 人民币 （大写） 付款人盖章		

此联通过银行转交收款人作为收款人应收款项的凭据

(十九) 借款凭证

借款凭证是借款人向银行申请信用贷款或担保贷款，经银行审批同意发放贷款时填制的一种凭证。

1.借款人申请借款应遵循的有关事项

借款人向银行申请借款时，应填写包括借款用途、偿还能力、还款方式等主要内容的借款申请书，同时向银行信贷部门提供有关资料。银行信贷部门应依据审贷分离、分级审批的要求进行审批，数额较大的，须经贷款审查委员会集体审议。同意向借款人借款的，应与借款人签订借款合同。在借款合同中应约定贷款用途、金额、利率、还款方式及期限、违约责任和双方认为需要约定的其他有关事项，并按借款合同规定的期限发放贷款。

借款人应按银行通知发放贷款的时间填制一式四联借款凭证，并在第一联借款凭证(借据)加盖预留银行印鉴后送交银行。

2.借款凭证填制的要求

借款凭证一式四联。第一联借据，第二联借方凭证，第三联贷方凭证，第四联回单。借款凭证只有在银行同意发放贷款时，借款人才能填制。借款人对借款凭证的内容应正确填写，具体要求如下：

(1) 贷款。应根据贷款的期限长短在贷款前面分别填写“短期”、“中期”或“长期”字样。

(2) 日期。应填写接到银行通知同意发放贷款的日期。

(3) 单位编号。为借款人本年度向银行借款的顺序编号。

(4) 银行编号。为银行本年度发放不同贷款的顺序编号。

(5) 借款人、收款人。对从开户银行取得的各种借款，借款人与收款人栏次的名称与开户银行应填写一致，所不同的是借款人栏应填写放款户账号，收款人栏应填写往来户账号。此外，收款人栏还应填写开户银行行号。

(6) 约定还款期限。依据借款合同约定的期限填写。

(7) 借款计划指标。为借款人申请经银行核准该年度某种贷款的计划指标。

(8) 借款申请金额。应为借款合同约定金额，大写与小写金额数字应一致。

(9) 借款用途。为借款合同中约定的用途，如购材料等。

此外，借款人还须在第一联借款凭证(借据)的贷款单位预留往来账户印鉴处加盖预留银行印鉴。

【例 1-2-19】12 月 20 日，郑州中原公司接到开户银行工商银行郑州市二七分理处通知，同意当日办理半年期借款 850 000 元，用于购置材料。银行对公司核定的全年短期贷款计划指标为 600 万元。公司的存款户账号为 036×816，贷款户账号为 036×815，开户银行行号为 89，约定明年 6 月 20 日将该贷款一次还清。借款凭证的单位编号为 006，银行编号为 0698 号。

要求：根据以上资料填制证 1-2-19 借款凭证(借据)。

证 1-2-19　借款凭证

（　　　贷款）借款凭证

单位编号：　　　　日期　　　年　　月　　日　　　　银行编号：

借款人	名　　称		收款人	名　　称		
	放款户账号			往来户账号		
	开户银行			开户银行		行号
约定还款期限		年　月　日	借款计划指标			

借款申请金额	人民币（大写）		千	百	十	万	千	百	十	元	角	分
借款用途		银行核定金额	千	百	十	万	千	百	十	元	角	分

日期		分次还款记录		银行审批意见	
月	日	偿还金额	未还金额		
					负责人　信贷部门主管　信贷员

兹借到上列借款，到期请凭此借款凭证收回。 （贷款单位预留往来账户印鉴）	科目（借） 对方科目（贷） 会计　复核　记账

第一联借据

(二十) 还款凭证

还款凭证是借款合同到期，借款人归还银行贷款填制的一种凭证。

1.借款人主动归还到期贷款的处理

借款人应按照借款合同的有关规定，在借款到期前积极筹备资金，分次或一次归还借款，避免形成逾期借款，支付罚息，降低企业的信用等级。

贷款到期借款人主动归还贷款时，应填写还款凭证并加盖预留银行印鉴或开具转账支票，送交开户银行办理还款手续。

2.还款凭证填写的要求

还款凭证一式四联。第一联借方凭证，第二联贷方凭证，第三联还款记录，第四联回单。借款人还款时，要对还款凭证的内容正确填写，不得缺项。填写要求如下：

(1) 贷款。应根据原借款凭证的内容，在还款凭证贷款前填写“短期”、“中期”或“长期”字样。

(2) 日期。应填写归还贷款的当日时间。

(3) 原借款凭证单位编号、银行编号。应依据原借款凭证的资料填写。

(4) 付款人、借款人。付款人和借款人栏次的名称与开户银行应填写一致，所不同的是付款人栏填写往来户账号，借款人栏填写放款户账号。

(5) 计划还款日期。应与借款合同的计划还款日期一致。

(6) 还款顺序。应填写本次还款属于该项贷款的第几次还款。

(7) 偿还金额。为本次实际归还借款的金额，大小写金额数字应一致。

(8) 还款内容。应填写本次归还的借款种类，如短期借款、中期借款、长期借款或逾期借款等。

此外，借款人主动归还贷款时，借款凭证应加盖预留银行印鉴；由银行扣回贷款时，免盖预留银行印鉴。

【例 1-2-20】12 月 21 日，郑州中原公司向开户银行工商银行郑州市二七分理处归还到期的 1 年期借款 1 500 000 元，该项借款约定的计划还款日期为当日，属于一次还清借款，原借款凭证单位编号 009，银行编号 0812，该公司的存款户账号为 036×816，贷款户账号为 036×815。

要求：根据以上资料填写证 1-2-20 还款凭证（回单）。

证 1-2-20　还款凭证（回单）

（短期贷款）还款凭证（回单）　4

原借款凭证单位编号　　日期　　年　月　日　原借款凭证银行编号

付款人	名　称		借款人	名　称	
	往来户账号			放款户账号	
	开户银行			开户银行	
计划还款日期		年　月　日	还款顺序		第　次还款
偿还金额		人民币（大写）			千 百 十 万 千 百 十 元 角 分
还款内容					
由借款人往来户内转还上述借款 （银行主动转还时免盖借款单位预留往来账户印鉴）			科目（借） 对方科目（贷） 会计　复核　记账		

借款人回单

(二十一) 贷款利息通知单

贷款利息通知单，是银行依据借款人在一定时期的借款金额，按规定的贷款利率计算贷款利息，从借款人存款账户支付的一种凭证。

贷款利率是指一定时期贷款利息与贷款本金的比率。利率由国务院授权中国人民银行制定并公布，各金融机构执行。利率用年利率、月利率、日利率表示。利率换算的相互关系为：

年利率 ÷ 12=月利率

月利率 ÷ 30=日利率

1.贷款利息的计算

贷款利息的计算，采用定期结息和利随本清两种方法。在实际工作中，采用前种方法的较多。

（1）定期结息

定期结息是按月或季度为结息期（一般为月末或季末月的 20 日）结计利息的一种方法。该种方法一般采用计息余额表或在贷款分户账上按实际天数，先累计出利息积数，再乘以日利率即可得出利息数。其计算公式为：

利息=累计利息积数 × 日利率

对借款人的逾期贷款，应单独编制逾期贷款余额表，积数单独计算，并按有关规定加收一定比例的利息。逾期贷款利息原规定是以原贷款利率加20%，从1997年12月以后按每日万分之五计收罚息。其计算公式为：

利息=逾期贷款利息积数×日利率×（1+罚息率）

（2）利随本清

利随本清是指银行按规定的贷款期限，于贷款归还的同时计收利息的一种方法。对贷款期限采用逐笔对年对月对日的方式，对年按360天，对月按30天，零头天数按实际天数计算，算头不算尾，即从贷款之日起至还款日前一天止的贷款天数。其计算公式为：

利息=本金×日数×日利率

对借款人的逾期贷款，在利息的计算上要考虑对罚息的处理，即从贷款到期日起至还款日止，贷款利息不仅包括原规定利率的计息，还应包括实际逾期的天数和规定的罚息率万分之五计算的罚息。其计算公式为：

利息=逾期贷款金额×逾期天数×原贷款利率×（1+罚息率）

2.贷款利息通知单的填制方法

贷款利息通知单一式三联。第一联借方凭证，用以登记借款人存款账户的利息支出；第二联贷方凭证，用以登记银行部门账户的利息收入；第三联回单加盖银行转讫章后作付款通知交给借款人。银行会计部门应按下列方式填制贷款利息通知单：

(1) 日期。为填写贷款利息通知单的实际日期。

(2) 户名。应填写借款人在银行开立账户的名称。

(3) 账号。为借款人在银行的往来户账号。

(4) 利息计算时间。按月结息的，利息计算时间为上月的21日至本月的20日；按季结息的，时间为上季末月的21日至本季末月的20日，如6月21日起至9月20日止。

(5) 利息积数。如采用定期结息，应根据计息余额表或贷款分户账上的累计利息积数填写。

(6) 利率。应根据借款合同约定的利率填写。

(7) 利息金额。应根据累计利息积数乘以日利率计算填制，金额大小写数字应一致，大写金额数字紧接“人民币(大写)”字样填写，不得留有空白，小写金额数字前面应填写人民币符号“￥”。

(8) 银行盖章。在该栏应加盖银行转讫章，并填写日期。

【例1-2-21】12月20日，工商银行郑州市二七分理处计算出郑州中原公司11月21日至12月20日的累计计息积数为6 000 000元，借款合同约定的贷款利率6.31%，据以计算该公司的贷款利息填制贷款利息通知单，郑州中原公司的往来户账号036×816。

要求：根据以上资料填制证1-2-21贷款利息通知单。

证 1-2-21　贷款利息通知单

中国工商银行贷款利息通知单

年　月　日

<table>
<tr><td>户　名</td><td colspan="3"></td><td>账号</td><td colspan="8"></td></tr>
<tr><td>利息计
息时间</td><td>年　月　日起
年　月　日止</td><td>利息
积数</td><td colspan="3"></td><td colspan="7">利率</td></tr>
<tr><td rowspan="2">利　息
金　额</td><td colspan="4" rowspan="2">人民币
（大写）</td><td>十</td><td>万</td><td>千</td><td>百</td><td>十</td><td>元</td><td>角</td><td>分</td></tr>
<tr><td></td><td></td><td></td><td></td><td></td><td></td><td></td><td></td></tr>
<tr><td colspan="3">以上利息已从你单位存款账户扣除
银行盖章
年　月　日</td><td colspan="10">科目
对方科目
记账　复核　制单</td></tr>
</table>

(二十二) 存款利息通知单

存款利息通知单，是银行根据存款人一定时期的存款金额，按规定的存款利率计算的存款利息转入存款人账户的一种凭证。

企业从银行取得不同种类的借款，应定期向银行支付贷款利息；企业存入银行的款项，也应从银行取得一定的存款利息。由银行以存款利息通知单的方式将企业的存款利息转入企业存款账户。

1.存款利息的计算

存款利息的计算公式为：

利息=本金×存期×利率

本金、存期和利率是计算存款利息的三要素，三者均与利息成正比。本金越大、存期越长、利率越高，计算的利息也就越多。

本金是存款人一定时期的存款金额。

存款利率是一定时期存款利息与存款本金的比率。以年利率、月利率和日利率表示。年利率、月利率、日利率的符号分别为%，‰和‱。如对逾期借款，每日按万分之五计收罚息。

存期是存款人的存款日期，存期“算头不算尾”，也就是存款的当日算利息，取款日不算利息。计算利息时存款利率应与存期保持一致性，存期以年计算，用年利率；存期以月计算，用月利率；存期以天数计算，用日利率。

单位活期存款一般按季结算利息，结息日为每季末月 20 日，计算出来的利息 21 日入账。按季结息有余额表计息法和乙种账页计息法两种。

（1）余额表计息法

余额表也称甲种余额表，是银行利用计息余额表计算累计计息积数，结计利息的一种方法。

采用这种方法计息是每日营业终了，将各存款人分户账的最后余额抄列在余额表内（该表分存款人设置，当日余额未变动的，照抄上日余额），每旬末、月末，加计累计未计息积数，余额表中各户余额逐日相加即为各存款人的累计积数。如遇错账冲正或补记账款使记账日期和计息日期不一致时，应在余额表的“应加积数”、“应减积数”栏内调整利息积数。结息日根据本期末计息累计积数乘以日利率，即为应计利息数。其计算公式为：

利息=累计应计息积数×日利率

（2）乙种账页计息法

乙种账页计息法，是银行对存款人账户使用带积数的乙种账页计算累计利息积数，结计利息的一种方法。

乙种账页的基本格式包括借方、贷方、余额、日数和积数等栏次。采用这种方法是在存款人的存款账户发生资金收付后，按上次最后余额乘以该余额的实存天数，即为积数，并分别把日数与积数记入账页上的“日数”和“积数”栏内。如本月 13 日的最后余额为 18 万元，14 日和 15 日没有变动，16 日的余额为 21 万元。应在 13 日账页中的日数栏内填写“3”，积数栏内填写“54 万元”。如更换账页，应将累计积数过入新账页第一行内，待结息日营业终了，再计算出全季的累计天数和累计积数，以累计积数乘以日利率，即为存款人的存款利息。计算公式和上式相同。

2.存款利息通知单的填写方法

存款利息通知单一式三联。第一联贷方凭证，用以登记存款人存款账户的利息收入；第二联借方凭证，用以登记银行部门账户的利息支出；第三联代收账通知，加盖银行转讫章后交存款人，由其作为填制利息收入记账凭证的附件，并据以登记银行存款日记账和财务费用明细账。

存款利息通知单与贷款利息通知单的填写方法基本相同，具体要求如下：

(1) 日期。为银行填写存款利息通知单的日期，一般为季末月的 21 日。

(2) 户名。应填写存款人存款账户的名称。

(3) 账号。应填写存款人往来户账号。

(4) 利息计息时间。单位活期存款一般按季结息，利息计息时间应从上季末月 21 日起至本季末月 20 日止。

(5) 利息积数。应依据甲种余额表或乙种账页计算的累计积数填写。

(6) 利率。为中国人民银行总行公布的存款利率。

(7) 利息金额。应根据利息积数乘以利率计算，如利率调整，应分段计息。大写金额数字应紧接“人民币(大写)”字样填写，小写金额数字前应填写人民币符号“￥”，大小写金额数字应一致。

(8) 银行盖章。应在银行盖章处加盖银行转讫章，并填写转账日期。

【例 1-2-22】12 月 21 日，工商银行郑州市二七分理处计算出郑州中原公司 9 月 21 日至 12 月 20 日的存款累计积数为 36 850 000 元，存款利率 0.54%，据以计算该公司 4 季度的存款利息，并填制存款利息通知单，郑州中原公司的账号 036×816。

要求：根据以上资料填制证 1-2-22 存款利息通知单。

证 1-2-22　存款利息通知单

中国工商银行存款利息通知单

年　月　日

<table>
<tr><td>户　　名</td><td colspan="3"></td><td>账　号</td><td colspan="8"></td></tr>
<tr><td>利　息　计
息　时　间</td><td colspan="2">年　　月　　日起
年　　月　　日止</td><td colspan="4">利息
积数</td><td colspan="6">利率</td></tr>
<tr><td rowspan="2">利　　息
金　　额</td><td rowspan="2" colspan="4">人民币
（大写）</td><td>十</td><td>万</td><td>千</td><td>百</td><td>十</td><td>元</td><td>角</td><td>分</td></tr>
<tr><td></td><td></td><td></td><td></td><td></td><td></td><td></td><td></td></tr>
<tr><td colspan="3">以上利息已存入你单位账户

银行盖章

年　月　日</td><td colspan="10">科目＿＿＿＿＿＿＿

对方科目＿＿＿＿＿＿

记账　　　复核　　　制单</td></tr>
</table>

(二十三) 银行邮电费、手续费付款通知

银行邮电费、手续费付款通知，是银行为开户单位办理各项支付结算业务时，应收取的邮寄费、电报费、手续费等结算业务费用而填制的一种收费凭证。

企业通过银行办理的各项支付结算业务，应按一定的标准向银行支付手续费或邮电费。银行可以在办理相关业务时随时收取，也可以定期收取。对定期收取的结算费用应填制银行邮电费、手续费付款通知从企业存款账户中扣除。

1.银行对结算费用收取的方式

银行受理开户单位的结算业务，应按规定的标准收取相关费用，可以随时收，也可以定期收取。

对开户单位的银行结算业务费用，收费方式有以下三种。

(1) 财政金库的各种结算业务费用全部免收；

(2) 开户单位存款不计息的账户免收邮电费、手续费；

(3) 其他在银行开设账户的单位和个人，办理支付结算业务均按有关规定收取费用。

2.银行对结算费用收取的标准

银行对开户单位收取邮电费、手续费应符合邮政部门和中国人民银行的规定。

(1) 邮电费的收取标准。邮电费包括邮费和电报费两种，具体收费标准如下：

①邮费的收取标准。银行汇票和信汇查询（单位主动查询）的普通邮费每笔 0.50 元，快件每笔 2.50 元。托收承付和委托收款的邮寄划回，普通邮费每笔 1 元，快件每笔 5 元，并按往返邮程收费；如附寄的单证过多，按邮局规定标准加收超重邮费；如发生付款人全额拒付或无款支付时，对已收取的电报费，应扣除邮费后退给客户。

②电报费的收取标准。托收承付、委托收款的电报划回，电汇查询（单位主动查询）

和电报退汇的普通电报费每笔 5.85 元，加急电报费每笔 11.70 元。

对邮电部门规定的邮电费附加，由银行按附加标准向客户收取。

(2) 手续费的收取标准。手续费的收取标准，由国家有关部委和中国人民银行制定，各商业银行执行，具体收费标准如下：

银行汇票、托收承付和委托收款的邮寄或电报划回每笔 1 元；电报退汇、信汇或电汇查询（单位主动查询）每笔 0.50 元；本票、支票每笔 0.60 元，使用清分机的每笔 1 元。

银行承兑汇票的手续费，每笔按票面金额的 0.5‰收取；符合挂失规定的汇票、本票、支票的手续费，按票面金额的 1‰收取，不足 5 元的，按 5 元收取。

电汇的每笔收费标准为：1 万元（含）以下 5 元，1 万元～10 万元的 10 元，10 万元～50 万元的 15 元，50 万元～100 万元的 20 元，100 万元以上的按万分之零点二收取，最高不超过 200 元。对上述各种电汇，银行另收取手续费 0.50 元。对需要 2 小时到账的电子汇划，按每笔收费标准加 30%的服务费。

未在银行开户的个人汇款和办理银行汇票的手续费，每笔金额在 5 000 元以下的，按票面金额 1%收取，不足 1 元的收取 1 元；5 000 元（含）以上的，每笔收取 50 元。

【例 1-2-23】12 月 31 日，工商银行郑州市二七分理处本月份为郑州中原公司办理以下结算业务：邮划托收承付和委托收款各 5 笔，每笔单价 3.60 元；电划托收承付 6 笔，每笔单价 12.80 元；信汇 8 笔，每笔单价 2.50 元；电汇 3 笔，每笔单价 15.50 元；银行汇票 1 笔，单价 3.50 元，该公司账号 036×816。

要求：根据以上资料填写证 1-2-23 银行邮电费、手续费付款通知。

证 1-2-23 银行结算手续费付款通知

中国工商银行邮电费、手续费（付款通知）

年 月 日

<table>
<tr><td colspan="3">缴款单位名称</td><td colspan="9">账号</td></tr>
<tr><td rowspan="2">结 算 内 容</td><td rowspan="2">单 价</td><td rowspan="2">笔 数</td><td colspan="8">金 额</td><td rowspan="9">款项已从你单位账户划出

收款银行（盖章）

年 月 日</td></tr>
<tr><td>十</td><td>万</td><td>千</td><td>百</td><td>十</td><td>元</td><td>角</td><td>分</td></tr>
<tr><td>托 收、委 托（邮）</td><td></td><td></td><td></td><td></td><td></td><td></td><td></td><td></td><td></td><td></td></tr>
<tr><td>托 收、委 托（电）</td><td></td><td></td><td></td><td></td><td></td><td></td><td></td><td></td><td></td><td></td></tr>
<tr><td>信 汇</td><td></td><td></td><td></td><td></td><td></td><td></td><td></td><td></td><td></td><td></td></tr>
<tr><td>电 汇</td><td></td><td></td><td></td><td></td><td></td><td></td><td></td><td></td><td></td><td></td></tr>
<tr><td>银 行 汇 票</td><td></td><td></td><td></td><td></td><td></td><td></td><td></td><td></td><td></td><td></td></tr>
<tr><td>银 行 本 票</td><td></td><td></td><td></td><td></td><td></td><td></td><td></td><td></td><td></td><td></td></tr>
<tr><td>合 计</td><td></td><td></td><td></td><td></td><td></td><td></td><td></td><td></td><td></td><td></td><td></td></tr>
<tr><td colspan="12">人民币
（大写）</td></tr>
</table>

(二十四) 银行空白凭证领购单

银行空白凭证领购单是在银行开设账户的存款人根据资金结算业务的需要，到开户银行领购票据和结算凭证填制的一种凭证。

1.银行空白凭证的种类及领购规定

银行空白凭证包括票据和结算凭证两类。票据有支票(包括转账支票和现金支票)、银行本票(包括定额银行本票和不定额银行本票)、银行汇票和商业汇票(包括商业承兑汇票和银行承兑汇票)。结算凭证有汇兑凭证(包括信汇凭证和电汇凭证)、委托收款凭证(包括邮划委托收款凭证和电划委托收款凭证)和托收承付凭证(包括邮划托收承付凭证和电划托收承付凭证)。

银行空白凭证一般由银行印制。存款人向银行领购时，单位应转账支付空白凭证工本费，个人可交付现金。对现金支票和转账支票等重要空白凭证，每个账户只准一次领购一本，业务量大的可以适当放宽。

2.银行空白凭证领购单的填制要求

存款人到银行领购空白凭证时，应填写一式三联银行空白凭证领购单，第一联代缴费回单，第二联代转账贷方凭证，第三联代转账借方凭证。具体填制要求如下：

(1) 单位。应填写在银行开设账户的单位名称。

(2) 日期。为填制凭证的当日。

(3) 凭证名称。为领购凭证的具体名称，如信汇凭证、商业承兑汇票、不定额银行本票等。

(4) 起止号码。为银行部门对存款人领购的支票等重要空白凭证填写的起止号码。

(5) 每本页(份)数。对支票、本票等单联式凭证应填写页数，信汇凭证、托收承付凭证等多联式凭证填写份数。

(6) 单位、数量、单价、金额。空白凭证的单位一般为本，数量为本次领购某种凭证的数量，单价为领购某种凭证的每本价格，金额为领购某种空白凭证的数量与单价的乘积。

(7) 合计。为本次领购各种凭证的金额合计，金额数字前应填写人民币符号“¥”。

(8) 人民币(大写)。大写金额数字应与合计栏小写金额数字一致。

此外，单位应在第三联银行空白凭证领购单上加盖预留银行印鉴。

【例 1-2-24】12 月 31 日，郑州中原公司在开户银行领购现金支票一本，起讫号码为 00823151~00823175；转账支票二本，起讫号码为 01635200~01635250；现金支票和转账支票每本 25 页，单价 20 元。

要求：根据以上资料填写证 1-2-24 银行空白凭证领购单。

证 1-2-24 银行空白凭证领购单

银行空白凭证领购单（代缴费回单）

单位　　　　　　　　　　年　　月　　日

凭证种类				单位	数量	单价	金额							
凭证名称	起止号码		每本页（份）数				十	万	千	百	十	元	角	分
	起号	止号												
合计														
人民币（大写）														

单位（盖章）　　　　　　　　　　收款人

三、发票类原始凭证

发票是指从事生产经营的单位和个人，在销售商品、提供劳务以及从事其他业务活动取得收入时，向付款人开具的销货票据或营业收款凭证。发票是确认会计收入的重要原始凭证。发票类原始凭证分类方法较多，本部分包括 11 种原始凭证，按增值税是否进行抵扣分为以下三类：

(1) 增值税专用发票，是指增值税一般纳税人销售商品、提供应税劳务开具的载明销货金额、增值税税额的发票。增值税专用发票对销货方是增加销项税额的依据，对购货方是抵扣进项税额的凭证。

(2) 其他专用发票，是指不能或不需要进行增值税抵扣的其他行业发票。包括社会保险费专用缴款书、工业统一发票、房地产开发企业统一发票、广告业专用发票、电信专用发票、高等院校专用收据、电费结算单、水费结算单、排放污水设施有偿使用收据等九种发票类原始凭证。

(3) 特殊专用发票，是指按发票上载明的有关金额和税法规定的扣除率，可以计算抵扣进项税额的发票，如公路、内河货物运输业统一发票等。

(一) 增值税专用发票

增值税专用发票，是增值税一般纳税人销售货物、提供应税劳务时，向购买方开具的注明销售金额、增值税税额的专用发票。具体可分为手工填写的非防伪税控专用发票和电脑打印的防伪税控专用发票两种。

增值税专用发票是实行增值税抵扣制度的重要凭证。专用发票中注明的增值税税额对销货方属于收取的销项税额，对购货方属于支付的进项税额。增值税专用发票对企业增值税的计算和管理起着决定性的作用，是实施增值税抵扣制度的重要保证。增值税专用发票(以下简称专用发票)实行最高开票限额管理，最高开票限额分为一千元、一万元、十万元、一百万元、一千万元和一亿元六种，单份专用发票开具的销售额合计数不得达到上限额度。最高开票限额由增值税一般纳税人申请，税务机关审批。最高开票限额为 10 万元及以下的，由区、县级税务机关审批；最高开票限额为 100 万元的，由地、市级税务机关审批；最高开票限额为 1 000 万元及以上的，由省级税务机关审批。

企业必须认真掌握有关增值税专用发票的各项规定，杜绝代开、虚开、伪造、买卖专用发票的违法现象发生，正确使用增值税专用发票。

1. 增值税专用发票的开具范围

增值税一般纳税人销售货物(包括视同销售货物在内)、应税劳务，以及根据增值税实施细则规定应当征收增值税的非应税劳务(以下简称销售应税项目)，必须向购买方开具专用发票。但下列情形不得开具专用发票：

(1) 向消费者销售应税项目。

(2) 销售免税货物。

(3) 销售报关出口的货物，在境外销售应税项目。

(4) 将货物用于非应税项目。

(5) 将货物用于集体福利或个人消费。

(6) 提供非应税劳务(应当征收增值税的除外)、转让无形资产或销售不动产。

(7) 商业企业零售的烟、酒、食品、服装、鞋帽(不包括劳保专用的部分)、以及化妆品等消费品。

此外，向增值税小规模纳税人销售应税项目，可以不开具专用发票。

增值税小规模纳税人需要开具专用发票的，可向主管税务机关申请代开。

2. 增值税专用发票开具要求

增值税一般纳税人应严格按照《增值税专用发票使用规定》开具专用发票，不得错开、代开、虚开。具体要求如下：

(1) 项目齐全，与实际交易相符。

(2) 字迹清楚，不得压线、错格。

(3) 发票联和抵扣联加盖财务专用章或者发票专用章。

(4) 按照增值税纳税义务规定的时限开具。专用发票开具时限规定如下：

① 采用预收货款、托收承付、委托银行收款结算方式的，为货物发出的当天。

② 采用交款提货结算方式的，为收到货款的当天。

③ 采用赊销、分期收款结算方式的，为合同约定收款日期的当天。

④ 将货物交付他人代销，为收到受托人送交的代销清单的当天。

⑤ 设有两个以上机构并实行统一核算的纳税人，将货物从一个机构移送其他机构用于销售，按规定应当征收增值税的，为货物移送的当天。

⑥ 将货物作为投资提供给其他单位或个体经营者，为货物移送的当天。

⑦ 将货物分配给股东，为货物移送的当天。

增值税一般纳税人必须按规定时限开具专用发票，不得提前或滞后。对已开具专用发票的销售货物，要及时、足额计入当期销售额计税。凡开具了专用发票，其销售额未按规定计入销售账户核算的，一律按偷税论处。对代开、虚开专用发票的，一律按票面所列货物的适用税率全额征补税款，并按《中华人民共和国税收征收管理法》的有关规定，按偷税给予处罚。

3. 非防伪税控增值税专用发票的开具办法

非防伪税控增值税专用发票（即手工填写发票）一式四联。第一联存根联，由销售方留存备查；第二联发票联，作为购买方核算采购成本和增值税进项税额的记账凭证；第三联抵扣联，作为购买方报送主管税务机关认证后留存备查的凭证；第四联记账联，作为销售方核算销售收入和增值税销项税额的凭证。专用发票全部联次一次填开，上、下联的内容和金额一致。有关栏次的开具方法如下：

(1) 开票日期。为填开专用发票的具体日期。

(2) 购货单位。本部分包括购货单位的名称、纳税人登记号、地址电话和开户银行及账号等四项内容，应根据购货单位提供的资料填写。购货单位的名称应写全称，不得简写。如果单位名称较长，可以在名称栏分上下两行填写，必要时可以出该栏的上下横线；纳税人登记号为购货单位税务登记证上填写的纳税人识别号码15位数字；地址为购货单位详细营业地址；电话为购货单位注册地或营业地的电话号码；开户银行及账号为购货单位开户银行名称及在该行的结算账户号码。

(3) 货物或应税劳务名称。填写销售货物或应税劳务的具体名称。如果销售货物或应税劳务的名称较多，可按照不同商品的税率进行汇总开具专用发票。该栏可不填写销售货物或应税劳务的具体名称，可填写“汇总”或“某某类”。如制药厂向医药商业公司销售种类繁多的药片、注射针剂，可写成“片剂类”、“针剂类”。

(4) 计量单位。填写销售货物或应税劳务的计量单位，如吨、千克、台、辆、件、瓶、盒等。如汇总开具专用发票，此栏可以不填写。

(5) 数量。填写销售货物或应税劳务的数量。如汇总开具专用发票，此栏可以不填写。

(6) 单价。填写销售货物或应税劳务的不含税单价。如汇总开具专用发票，此栏可以不填写。

(7) 金额。填写按销售货物或应税劳务的数量乘以同一行次的单价计算的金额。

(8) 税率。填写销售货物或应税劳务的适用税率。

(9) 税额。填写同一行次的金额乘以税率所计算的数字。如汇总开具专用发票的，应开具《销售货物或者提供应税劳务清单》，标明不同货物或劳务的名称、规格型号、单位、数量、单价、金额、税率和税额。清单的金额、税额合计数应与专用发票一致。

(10) 合计。填写销售货物或应税劳务的销售金额、税额的各自合计数。在“金额”、“税额”栏合计(小写)数字前用“￥”符号封顶，未封顶的专用发票将不得作为购货方的扣税凭证。由于不得超面额开具专用发票，因此，销售额合计数不得超过专用发票规定的最高限额。

(11) 价税合计。价税合计大写金额应与小写金额一致。大写合计数前用“※”符号封顶，在发生销货退回或销售折让需要开具红字专用发票时，用“负数”字样封顶，未封顶的专用发票将不得作为购货方的扣税凭证。

(12) 销货单位。本部分包括销货单位的“名称、纳税人登记号、地址、电话和开户银行及账号”，基本与购货单位的栏次内容相同，区别是填写方式不同。增值税一般纳税人领购专用发票(电脑版专用发票除外)，必须在专用发票的1～4联该栏次内加盖蓝色印泥的专用发票销货单位栏戳记，经税务机关检验无误后方可使用，不得使用未加盖上述戳记或印迹不清晰的专用发票。

专用发票销售单位栏戳记是指按专用发票“销货单位”栏的内容和格式刻制的专用印章。国家税务总局规定，自1995年11月1日起，凡手工填写“销货单位”栏的，属于未按规定开具专用发票，购货方不得作为扣税凭证。

(13) 收款人。填写办理收款事项人员的姓名。

(14) 开票单位。以财务专用章或发票专用章覆盖“开票单位”栏，不得加盖其他财务印章，如“现金收讫”章等，否则不得作为购货方的扣税凭证。

(15) 备注。填写需要说明的有关事项。如“已预收货款 150 000 元”，“对某单位进行投资”等。

4.防伪税控增值税专用发票的开具

防伪税控增值税专用发票（即机打专用发票）一式三联。第一联发票联，第二联抵扣联，第三联记账联。纳税人在运用防伪税控系统（以下简称系统）开具专用发票时，应认真检查系统中的电子发票代码、号码与纸质专用发票是否一致。如双方一致时，应将相关开票信息输入并确定后，将一式三联纸质专用发票放入打印机进行打印。该种专用发票有关栏次的开具方法如下：

(1) 开票日期。为开具专用发票的实际日期，从系统中取得，不需要操作人员输入。

(2) 购货单位。本部分包括购货单位名称，纳税人识别号，地址、电话，开户银行及账号。在常用管理信息中已经输入了购货单位信息的，可以从下拉列表框中选择。对首次进行购货的单位，应依据该单位提供的相应资料直接输入。

(3) 密码区。系统依据输入的发票明细资料所得，不需要操作人员输入。

密码设定参数包括，发票代码、号码，开票日期，购货单位纳税人识别号，销货单位纳税人认别号，金额、税额、价税合计等。如由税务机关代开发票，还应包括主管税务机关代码。系统根据录入的有关开票信息和设定的参数，自动打印出密码。

在发票上设置密码区，是该种专用发票与非防伪税控专用发票的主要区别。

(4) 货物或应税劳务名称、规格型号、单位、数量单价。本部分由操作人员根据该次销售的货物或应税劳务的种类、计量单位、数量、单价逐项输入。

(5) 金额、税率、税额、价税合计。本部分不需输入，由系统自动生成。

(6)销货单位。本部分包括销货单位名称，纳税人识别号，地址、电话，开户银行及账号。由系统提供，不需要操作人员输入。

(7)开票人。由系统提供，不需要操作人员输入。

【例 1-3-1】12 月 5 日，郑州中原公司向南京长江公司销售甲产品 300 只，单位售价 420 元；乙产品 600 只，单位售价 560 元；销售货物适用的增值税税率 17%，货款已全部收到。

南京长江公司的纳税人识别号 320113369912108，公司地址为南京市应天路 36 号，电话 025-85826339，开户银行工商银行南京市栖霞分理处，账号 34968236；郑州中原公司的纳税人识别号 410103354535629，公司地址为郑州市陇海中路 89 号，电话 0371-66858266，开户银行工商银行郑州市二七分理处，账号 036×816，收款人李佳。

要求：根据以上资料填写证 1-3-2 增值税专用发票(记账联)。

证 1-3-1 增值税专用发票(发票联)

上海市增值税专用发票 NO.06132516

发票联

开票日期 20 年 1 月 1 日

购货单位	名 称	郑州东方公司	纳税人登记	410102354333621
	地址电话	郑州市颍河路256号66358216	开户银行及账	工行郑州市中原分理处684952

货物或应税劳务名称	计量单位	数量	单价	金额 百	十	万	千	百	十	元	角	分	税率(%)	税额 百	十	万	千	百	十	元	角	分
数控机床	台	3	520	1	5	6	0	0	0	0	0	0	17		2	6	5	2	0	0	0	0
合 计				1	5	6	0	0	0	0	0	0		¥	2	6	5	2	0	0	0	0

价税合计（大写）	※仟壹佰捌拾贰万伍仟贰佰零拾零元零角零分 ¥1 825 200 .00			
销货单位	名 称	上海机床设备公司	纳税人登记	310109352133608
	地址电话	上海市邯郸路88号64913265	开户银行及账	工行上海市虹口分理处
备 注				

收款人 开票单位（未盖章无效）上海机床设备公司

第二联 发票联 购货方记账凭证

证 1-3-2 增值税专用发票证（记账联）

河南省增值税专用发票 NO. 00315212

开票日期 年 月 日

购货单位	名 称		纳税人登记号	
	地址电话		开户银行及账号	

货物或应税劳务名称	计量单位	数量	单价	金额 十	万	千	百	十	元	角	分	税率(%)	税额 十	万	千	百	十	元	角	分
合 计																				

价税合计（大写）	佰 拾 万 仟 佰 拾 元 角 分 ¥			
销货单位	名 称		纳税人登记号	
	地址电话		开户银行及账号	
备 注				

收款人 开票单位（未盖章无效）

第四联 记账联 销货方记账凭证

(二) 社会保险费专用缴款书

社会保险费专用缴款书，是企业向社会保险经办机构缴纳医疗保险、养老保险、失业保险、工伤保险和生育保险等社会保险费填制的一种专用缴款凭证。

社会保险费涉及到职工的切身利益，对应由单位负担的或代扣职工的各种社会保险费，企业应在规定时间内及时、足额地向社会保险经办机构缴纳，切实解决职工的后顾之忧，以利于更好地协调企业和劳动者之间的关系。

1. 社会保险费的有关规定

社会保险费包括医疗保险费、养老保险费、失业保险费、工伤保险费和生育保险费，是企业按照国务院、各地方政府或企业年金计划规定的基准和比例计算，向社会保险经办机构缴纳的五险费用。其中医疗保险费、养老保险费(包括基本养老费和补充养老费)、失业保险费由企业和职工个人按照有关规定共同缴纳。

我国养老保险主要分为三个层次：第一层次是社会统筹与职工个人账户相结合的基本养老保险；第二层次是企业补充养老保险；第三层次是个人储蓄性养老保险，属于职工个人的行为，与企业无关。

根据我国养老保险制度的相关规定，企业为职工缴纳基本养老保险费的比例，一般不得超过企业工资总额的 20%(包括划入个人账户的部分)，具体比例由省、自治区、直辖市人民政府确定。职工个人缴纳比例也应根据当地政府的有关规定确定。

为更好地保障职工退休后的生活，经有关部门批准，单位可申请建立企业年金。企业年金是企业及其职工在依法参加基本养老保险的基础上，自愿建立的补充养老保险制度。根据国家有关规定，企业建立年金所需资金由企业和职工个人共同缴纳，其中，企业缴费每年不超过本企业上年度职工工资总额的 1/12，企业和职工个人缴费合计一般不超过本企业上年度职工工资总额的 1/6。

企业为职工建立的医疗保险、失业保险、工伤保险和生育保险等社会保险，也是根据国务院的有关规定，由社会保险经办机构负责收缴、发放和保值增值，企业和职工个人缴纳的比例应按照当地政府的有关规定确定。

2. 社会保险费专用缴款书的填写方法

社会保险费专用缴款书一式三联。第一联由开票人存查，第二联作为交款单位付款凭证，第三联作为收款单位记账的原始凭证。具体填写方法如下：

(1) 年月日。填写单位缴纳社会保险费的具体日期，一般在次月 1～15 日内缴纳。

(2) 缴款单位。本部分包括缴款单位全称、开户银行和账号三个栏次。缴款单位的全称不得简写，开户银行为缴款单位开户银行的名称，账号为缴款单位在开户银行的结算账户号码。

(3) 收款单位。本部分包括收款单位的全称、开户银行和账号三个栏次，填写方法与缴款单位相同。

(4) 缴费所属日期。填写缴纳社会保险费月份的月初日起至月末日止。

(5) 缴费项目。填写缴纳社会保险费的具体内容，如医疗保险费等。

(6) 缴费单位职工人数。填写缴纳社会保险费的职工实际人数。

(7) 缴费单位工资基数。指应计算缴纳社会保险费的上述职工的月工资总额。单位以上年度工资总额为缴费基数，由社会保险机构每年核定一次。职工本人一般以上年度本人月平均工资为缴费工资基数。

(8) 缴费比例。填写当地政府规定的单位和个人应缴费项目的比例。如养老保险费缴费比例，单位 20%、职工个人 8%；医疗保险费缴费比例，单位 8%、职工个人 2%。

(9) 应缴金额。分别按单位或个人应缴社会保险费金额填写。单位应缴金额为缴费单位工资基数乘以单位缴费比例所计算的金额，个人应缴金额为缴费单位工资基数乘以个人缴费比例计算的金额。

(10) 实缴金额。分别按单位和个人实际缴纳的社会保险费金额填写。

(11) 实缴金额合计(大写)。以汉字大写填写单位和个人实际缴纳的各种社会保险费金额的合计数字，应与小写金额合计一致。

(12) 缴款书签名盖章。收款单位经办人应在表下端填写姓名，并在收款单位处覆盖收款单位财务专用章或单位公章。

【例 1-3-2】12 月 6 日，郑州中原公司按规定缴纳上月份应由单位和职工个人负担的养老保险费和失业保险费。社会保险机构核定的该月份应缴费职工人数 388 人，工资基数 858 800 元。养老保险费的缴费比例，单位 20%，职工个人 8%；失业保险费缴费比例，单位 2%，职工个人 1%。该公司开户银行为工商银行郑州市二七分理处，账号 036×816；收款单位为郑州市社会保障服务中心，开户银行工商银行郑州市二七分理处，账号 036×931。

要求：根据以上资料填写证 1-3-3 社会保险费专用缴款书。

证 1-3-3　社会保险费专用缴款书

社会保险费专用缴款书

年　月　日　　　　NO:00005698

<table>
<tr><td rowspan="3">缴款单位</td><td>全　称</td><td colspan="3"></td><td rowspan="3">收款单位</td><td>全　称</td><td colspan="2"></td></tr>
<tr><td>开户银行</td><td colspan="3"></td><td>开户银行</td><td colspan="2"></td></tr>
<tr><td>账　号</td><td colspan="3"></td><td>账　号</td><td colspan="2"></td></tr>
<tr><td colspan="9">缴费所属日期　　年　月　日至　　年　月　日</td></tr>
<tr><td rowspan="2">缴费项目</td><td rowspan="2">缴费单位职工人数</td><td rowspan="2">缴费单位工资基数</td><td colspan="2">缴费比例</td><td colspan="2">应缴金额</td><td colspan="2">实缴金额</td></tr>
<tr><td>单位</td><td>个人</td><td>单位部分</td><td>个人部分</td><td>单位部分</td><td>个人部分</td></tr>
<tr><td></td><td></td><td></td><td></td><td></td><td></td><td></td><td></td><td></td></tr>
<tr><td></td><td></td><td></td><td></td><td></td><td></td><td></td><td></td><td></td></tr>
<tr><td></td><td></td><td></td><td></td><td></td><td></td><td></td><td></td><td></td></tr>
<tr><td colspan="9">实缴金额合计
（大写）　　　　¥________</td></tr>
</table>

二 交款单位

收款单位（盖章）　　　　经办人

(三) 工业统一发票

工业统一发票，是工业企业向购货单位或个人销售货物或提供劳务时，以含税售价开具的普通发票。

1.工业统一发票的用途

由于工业统一发票不能抵扣增值税进项税额，可以作为增值税一般纳税人对不符合开具增值税专用发票规定的销售货物或提供劳务的发票，也可以作为增值税小规模纳税人销售货物或提供劳务的发票。

工业统一发票一式六联，前三联为基本联次。第一联存根联，由开票单位存查；第二联发票联，作为购货人的付款凭证；第三联记账联，作为销货单位的收入凭证；第四联仓库存查，作为销货单位仓库发货并登记仓库存货账簿的凭证；第五联出门证，作为门卫检查运出货物与发票是否一致的凭证；第六联随货同行，作为运输单位送交购货单位查验运送货物的证明。

2.工业统一发票的填写方法

工业统一发票不得转借、转让、代开，具体填制方法如下：

(1) 客户名称。填写购货单位的全称或购货人的姓名。

(2) 开票日期。填写销售货物或提供劳务开具发票的具体日期。

(3) 货号。填写销货单位对销售货物的编号。

(4) 品名规格。填写销售货物或提供劳务的名称及规格型号。

(5) 单位。填写销售货物或提供劳务的具体计量单位，如吨、袋、只、辆等。

(6) 数量。填写销售货物或提供劳务的实际数量。

(7) 单价。填写销售货物或提供劳务的含税单价。含税单价=不含税单价×(1+适用的增值税税率或征收率)，增值税一般纳税人适用的增值税税率为17%或13%，小规模纳税人的征收率为3%。

(8) 金额。填写销售货物或提供劳务同一行次的销售数量与单价相乘所计算的金额。

(9) 人民币(大写)。人民币大写金额数字应符合汉字大写的规定，并与小写合计金额一致。

(10) 发票签名盖章。开票人、收款人应在表下相应位置签字，并在单位盖章处加盖销货单位财务专用章或单位公章。

【例 1-3-3】12 月 8 日，郑州中原公司向增值税小规模纳税人洛阳金丹公司售出甲产品 5 只、乙产品 2 只，不含税单价分别为 420 元和 560 元，郑州中原公司销售商品适用的增值税税率为 17%，货款已通过银行收到。开票人楚萧，收款人李佳。

要求：根据以上资料填写证 1-3-4 工业统一发票。

证 1-3-4　工业统一发票

河南省郑州市工业统一发票　　发票代码：141010916123

发票号码：00355129

发票联（豫国税 161）

客户名称　　　　开票日期　　　年　月　日

货号	品名规格	单位	数量	单价	金额								备注
					十	万	千	百	十	元	角	分	
人民币（大写）					¥								

二发票联

单位（盖章）　　　开票人　　　收款人

(四) 房地产开发企业统一发票

房地产开发企业统一发票，是房地产开发企业向单位或个人出售房地产开具的一种行业专用发票。

房屋不论对单位和个人，都是一项重要的资产。使用者可以自行建造，也可以直接从房地产开发企业购置，以满足生产或生活的需要。

1.房地产开发企业统一发票各联次的用途

房地产开发企业统一发票一式三联。第一联存根联，由开票方存查；第二联发票联，作为购房方的付款凭证，是其取得某处房地产所有权的重要依据，并据以缴纳契税，办理房产证；第三联记账联，由售房单位作为收入的原始凭证，并作为依法计算缴纳营业税和土地增值税的依据。

2.房地产开发企业统一发票的填写方法

该种发票的具体填写方法如下：

(1) 客户名称。填写购买房产的单位全称或个人姓名。

(2) 开票日期。填写开具发票的具体日期。

(3) 商品名称。填写出售房产的实际楼层及位置，如 1 号楼 3 单元 501 室。

(4) 规格。填写出售某套房产的实际面积，如 120 平方米等。

(5) 单位。填写出售房产的计量单位，如套、栋等。

(6) 数量。填写出售房产的实际套数或栋数。

(7) 单价。填写出售每套或每栋房产的售价。

(8) 金额。填写房产出售数量乘以单价计算的房产价款。

(9) 合计。填写本联发票的小写金额合计数，并以“￥”符号封顶。

(10) 人民币(大写)。应符合汉字大写的有关规定，并与小写金额合计数字一致。

(11) 发票签名盖章。开票人、收款人应在发票上相应的位置签字，并在单位盖章处加盖财务专用章。

【例 1-3-4】12 月 18 日，郑州中原公司为引进高级管理人员，向河南建业房地产开发公司购买商品房 2 套，分别为 6 号楼 2 单元 301 室和 8 号楼 1 单元 202 室；面积均为 160 ㎡，每套单价 768 000 元。房款已支付并取得房地产发票，开票人方贵，收款人吴良。

要求：根据以上资料填写证 1-3-5 房地产开发企业统一发票。

证 1-3-5 房地产开发企业统一发票

郑州市房地产开发企业统一发票 NO.02211516

发 票 联

客户名称 年 月 日

商品名称	规格	单位	数量	单价	金额									
					千	百	十	万	千	百	十	元	角	分
合计														
人民币（大写）														

二 购房方

单位（盖章） 收款人 开票人

(五) 广告业专用发票

广告业专用发票，是从事广告业务的单位对相关企业或个人的品牌、商品或项目，进行广告宣传收取相关费用所开具的一种行业专用发票。

1.广告的作用

广告由工商管理部门批准的专门机构制作，有电视播放、报纸宣传等多种方式。广告宣传是搞好市场营销的一个重要手段，对进一步促进商品销售、扩大市场占有率、提高企业盈利水平起着重要的作用。

2.广告业专用发票的填写方法

广告业专用发票一式三联。第一联存根联，由开票方存查；第二联发票联，作为客户付款后的报销凭证；第三联记账联，作为广告传播机构的收入凭证。广告业专用发票的填写要求如下：

(1) 客户名称。填写进行广告宣传的单位名称或个人姓名。

(2) 开票时间。填写开具发票的具体日期。

(3) 项目。填写客户要求广告宣传的内容。

(4) 单位。填写广告宣传的计量单位。如电视广告为“次”，报刊广告为“字”等。

(5) 数量。填写电视播放广告的次数或报刊载登广告的字数等。

(6) 单价。填写电视播放广告每次或报刊刊登每字的价格。

(7) 金额。填写某种广告的数量乘以单价所计算的金额。

(8) 人民币(大写)。应与小写金额合计数字一致。小写金额合计前填写“¥”符号，汉字大写紧接人民币(大写)字样填写，不得留有空白。

(9) 发票签字盖章。开票人、收款人应在发票下端相应的位置签字，并在单位(盖章)处加盖财务专用章或单位公章。

【例 1-3-5】12 月 10 日，河南电视台收到郑州中原公司甲产品广告费 5 600 元，本月播放 20 次，每次费用 280 元，已开具广告业专用发票。开票人宣广，收款人新欣。

要求：根据以上资料填写证 1-3-6 广告业专用发票。

证 1-3-6　广告业专用发票

郑州市广告业专用发票　NO.02160315

客户名称　　　　　　　　　　　年　月　日

项目	单位	数量	单价	金额							
				十	万	千	百	十	元	角	分
人民币（大写）											

二 报销凭证

单位（盖章）　　　　　　开票人　　　　　　收款人

(六) 电信专用发票

电信专用发票，是电信部门向固定电话使用客户，收取通讯话费所开具的一种行业专用发票。

目前的通讯方法虽然存在着多种形式，但固定电话对政府部门、企业、事业及相关单位进行市内、国内、国际等有关事项的联系，仍然起着极为重要的作用。

1.电信专用发票各联项的作用

电信专用发票一式三联。第一联存根联，由业务开票部门存查；第二联发票联，为客户交付款项的凭证，作为客户填制相应付款记账凭证的附件；第三联记账联，为电信部门的收入凭证，作为该单位填制相应收款记账凭证的附件，并在月末作为计算应交营业税的依据。

2.电信专用发票的填写方法

电信专用发票，是反映电信部门对客户一定时期应收取的固定电话费用开具的发票。该种发票的具体填写方法如下：

(1) 开票日期。填写开具专用发票的具体时间。

(2) 单位名称。客户为单位的，填写单位名称；客户为个人的，填写个人姓名。

(3) 计费月份。填写应收取话费的某一月份。

(4) 结转方式。客户交付现金的，结转方式填写“现金”；如与使用方签订合同，采用特约委托收款方式收取话费的，填写“转账”。

(5) 时间。应分别按市话、国内长途、国际长途等实际通话时间填写，时间单位目前仍按“分”计算。

(6) 单价。填写不同种类话费规定的每分钟价格。

(7) 金额。填写某种话费的通话时间乘以该种话费规定的单价所计算的金额。

(8) 滞纳金。填写客户未按规定时间交费所进行的罚款。

(9) 人民币(大写)。以汉字大写填写客户应交的各种话费与滞纳金所计算的金额，应与小写金额合计数字一致。

(10) 发票签字盖章。开票人、收款人应在票尾的相应位置签字，以明确各自的经济责任。并在单位盖章处加盖财务专用章或单位公章。

【例 1-3-6】12 月 10 日，郑州中原公司收到郑州电信公司特约委托收款凭证一份，应支付 11 月份固定电话费 16 400 元。其中市话 58 000 分钟，国内长途 16 000 分钟，每分钟话费分别为 0.20 元和 0.30 元。开票人常通、收款人连殿。

要求：根据以上资料填制 1-3-7 电信专用发票。

证 1-3-7 电信公司专用发票

郑州电信公司专用发票

年 月 日　　　　单位：元

单位名称		计费月份 月	结算方式		
项目	时间（分）	单价（元/分）	金额	滞纳金	二发票联
市话费					
国内长途					
国际长途					
其他					
人民币（大写）				￥	

单位（盖章）　　收款　　开票

(七) 高等院校专用收据

高等院校专用收据，是有关院校在学校开学时，对注册报到学生收取学费、住宿费等有关费用开具的一种收款凭证。

1. 高等院校有关收费要求

高等院校向学生收取学费、住宿费等有关费用，一般在每学年的第一学期学生注册报到时进行，书籍费分学期收取。学校应严格按照有关部门规定收费，不得擅自提高收费标准。

2. 高等院校专用收据的填写方法

高等院校专用收据一式三联。第一联由学校开票部门存查，第二联作为学生缴款的收据，第三联作为学校财务部门记账凭证。该种收据的填写要求如下：

(1) 收款日期。为学校财务部门收款的具体日期。

(2) 缴费人姓名。填写注册报到缴费学生的姓名。

(3) 所在班级。填写缴费人所在的院系及班级。

(4) 金额。填写各缴费项目收费标准金额，各项金额之和填入合计金额栏，并以人民币符号“￥”封顶。

(5) 人民币(大写)。应与小写合计金额一致，大写金额紧接人民币(大写)字样填写，不得留有空白。

(6) 收据签名盖章。收款人应在专用收据表尾相应位置签字，并在收款单位处加盖学校财务专用章。

【例 1-3-7】8 月 29 日，河南经济管理学院收到会计系 6 班学生杨扬学费 5 300 元，住宿费 1 200 元，书籍费 360 元，收款人董博。

要求：根据以上资料填写证 1-3-8 高等院校专用收据。

证 1-3-8　高等院校专用收据

河南省高等院校专用收据

收款日期　　　　年　　月　　日

缴费人姓名									
所在班级	院　　系　　班								
缴费项目	收费标准	金额							
		十	万	千	百	十	元	角	分
学费									
住宿费									
书籍费									
其他									
合计									
人民币（大写）									

二 交款方

收款单位（财务公章）　　　　　　　　收款人

(八) 公路、内河货物运输业统一发票

公路、内河货物运输业统一发票，是指在中华人民共和国境内提供公路、内河货物运

输劳务的单位和个人，在结算运输劳务费用时所开具的一种发票。

公路、内河货物运输业统一发票(以下简称货运发票)必须采用计算机和税控器具开具，手写无效。发票开具方式可分为自开发票和代开发票两种。自开发票由自开票纳税人领购货运发票并开具；代开发票由税务机关或税务机关指定的单位领购货运发票并代开，纳税人需要代开发票时，应当到税务机关或其指定的单位办理代开发票事项。

1. 公路、内河货物运输业统一发票有关印章的使用

货运发票一式四联。第一联发票联，印色为棕色，作为付款人记账凭证；第二联抵扣联，印色为绿色，作为付款人抵扣凭证；第三联记账联，印色为红色，作为收款人记账凭证；第四联存根联，印色为黑色，作为收款人留存备查。发票规格为 241 ㎜×177 ㎜。

由于第二联抵扣联作为付款人抵扣支付运费增值税进项税额的凭证，为避免印泥压盖代码和合计(小写)等栏目，影响国税机关受理货运发票的认证业务，开具货运发票时应在发票联左下角加盖财务专用章或发票专用章或代开发票专用章，抵扣联一律不加盖印章。

2. 公路、内河货物运输业统一发票的信息输入、打印

货物发票的信息输入应正确，开具应规范。发票票面内容未打印在对应区域内，打印偏移或倾斜，会导致国税机关无法对抵扣联进行自动扫描认证，增加国税机关的认证工作量并给纳税人带来不便。因此，开票单位要正确输入信息并规范打印货运发票。下面对发票输入内容说明如下：

(1) 开票日期。为开具货运发票的实际日期，从税控盘中取得，不需要操作人员输入。

(2) 发票代码、发票号码。货运发票代码为 14 位数字，发票号码是发票的序号 8 位数字，从税控盘中取得，不需要操作人员输入。

(3) 机打代码、机打号码。机打代码与发票代码一致为 14 位数字，机打号码与发票号码一致为 8 位数字，从税控盘中取得，不需要操作人员输入。

(4) 机器编号。为税控盘编号的 12 位数字，从税控盘中取得，不需要操作人员输入。

(5) 税控码。税控盘依据输入的发票明细所得，不需要操作人员输入。控码设定参数包括：发票代码、发票号码、开票日期、承运人纳税人识别号、主管税务机关代码、收货人纳税识别号或发货人纳税人识别号(即有“+”号标记的一方代码)、代开单位代码(或代开税务机关代码)、运费小计、扣缴税额。其中，自开发票 7 个参数(不包括上述代开单位代码或代开税务机关代码、扣缴税额两个参数)，代开发票 9 个参数。税控盘根据自开票纳税人和代开单位录入的有关开票信息和设定的参数，自动打印出税控码；税控码通过“税控收款机管理系统”可以还原成设定参数的打印信息。

纳税人自开发票的税控码为 144 位，票面打印 4 行每行 36 位符号；代开发票的税控码为 180 位，票面打印 5 行每行 36 位符号。发票开票单位应正确地设置打印机和页边距，确保税控码打印完整。打印信息不完整及打印信息与还原信息不符的，为无效发票，国税机关在审核进项税额时不予抵扣。对于无法认证的发票，特别是税控码打印不完整的发票，国税机关应退还发票并要求纳税人重新开具。

(6) 收货人及纳税人识别号。收货人应填开全称，纳税人识别号为收货人税务登记证填写的识别号 15 位数字，可以直接输入，也可以从下拉列表框中选择(在常用信息管理中已经输入了收货人信息才可以选择)。当收货人纳税人识别号是从下拉列表框中选择的，收货人名称自动输入。其后选择框的受票人如选收货人表示其为抵扣方，否则不是。

(7) 发货人及纳税人识别号。发货人应填开全称，纳税人识别号为发货人税务登记证填写的识别号 15 位数字，可以直接输入，也可以从下拉列表框中选择(在常用信息管理中已经输入了发货人信息才可以选择)。当发货人纳税人识别号是从下拉列表框中选择的，发货人名称自动输入。其后选择框的受票人如选发货人表示其为抵扣方，否则不是。

(8) 承运人及纳税人识别号。承运人应填开全称，纳税人识别号为承运人税务登记证识别号 15 位数字。从税控盘中取得，不需要操作人员输入。

(9) 主管税务机关及代码。主管税务机关为主管承运人的地方税务机关，代码为 9 位数字，系统提供，不需要操作人员输入。

(10) 运输项目及金额。本部分应横向排列四行项目及金额，输入内容如下：

① 货物名称。为承运货物的具体名称，如钢材、电视机等。可以直接输入，也可以直接从下拉列表框中选择(运输项目信息中已输入相关货物名称信息才可以选择)。

② 数量(重量)。为承运某种货物的具体数量(重量)，需要操作人员根据实际情况输入。可以输入小数，小数点后最多 4 位。

③ 单位运价。需要操作人员根据实际情况输入。可以输入小数，小数点后最多 4 位。

④ 计费里程。需要操作人员根据实际情况输入。可以输入小数，小数点后最多 3 位，单位为公里。

⑤ 金额。系统自动根据数量(重量)、单位运价、计费里程计算得到。单位为元，精确到分。

(11) 其他项目及金额。本部分应输入相关费用名称及金额，输入内容如下：

① 费用名称。本部门包括装卸费、仓储费、保险费、其他等费用名称，可以直接输入，也可以从下拉列表框中选择(其他项目信息中已输入相关的费用名称信息才可以选择)。

② 金额。为上述相关费用的金额，需要操作人员根据实际情况输入。单位为元，精确到分。

(12) 运费小计、其他费用小计、合计。系统计算给出，不需要操作人员输入。

(13) 备注。需要操作人员根据实际情况输入，如运输车船的车船号。

(14) 开票人。系统提供，不需要操作人员输入。

(15) 受票方。为负担运费的一方。在收货人及纳税人识别号和发货人及纳税人识别号栏后方显示。如收货人负担运费，收货人为受票方；如发货人自行负担运费，则发货人为受票方。受票方如为增值税一般纳税人，可以对支付的运费和建设基金按规定的扣除率进行相应的增值税进项税额抵扣。

3. 公路、货物运输业统一发票作废、查验及红字发票开具

开票人在填开和打印货运发票时发现有误的，应及时予以作废，并在废票全部联次监制章部位做剪口处理，在领购新票时交主管税务机关查验。在已填开货运发票且发票数据已报送主管税务机关需要开具红字发票的，应按红字发票开具规定进行处理，在价税合计的大写金额第一字前加“负数”字样，在小写金额前加“－”号。在开具红字发票前，收回已开出货运发票的发票联和抵扣联，在全部联次监制章部位作剪口处理。

【例 1-3-8】12 月 12 日，重庆力达汽运公司为重庆山城公司运输甲材料 6 吨，每吨公里运费 0.85 元，计费里程 1 390 公里。收货人郑州中原公司的纳税人识别号为 410103354535629，发货人重庆山城公司的纳税人识别号为 500102324012265，重庆力达汽运公司的纳税人识别号为 500101520072226，主管税务机关为重庆市地方税务局万州分局，代码为 250010100，运输甲材料的车辆牌号为渝 A15625，运费由郑州中原公司负担。

要求：根据以上资料填开 1-3-9 公路、内河货物运输业统一发票(第一联，付款人记账凭证)。

证 1-3-9　公路、内河货物运输业统一发票

公路、内河货物运输业统一发票

发票联

发票代码 25001010810042

开票日期　　　年　　　月　　　日　　　发票号码 00004908

机打代码 机打号码 机器编号	25001010810042 00004908 820683118803	税控码			
收货人及纳税人识别号		承运人及纳税人识别号			
发货人及纳税人识别号		主管税务机关及代码			
运输项目及金额		其他项目及金额	装卸费 仓储费 保险费 其他		备注： 运输车辆
运费小计		其他费用小计			
合计（大写）				(小写)¥	

第一联 付款人记账凭证

承运人（盖章）　　　　开票人

(九) 电费结算单

电费结算单是电业部门对用电单位一定时期的耗电量，按物价部门规定的电价计算的电费结算凭证。

1. 电费结算单的主要作用

电费结算单是根据电业部门的抄表人员，每月在规定时间到用电单位对所安装的动力

电、照明电等各种电表的实际耗电量的抄录数据填写的，反映用电单位的实际耗电量及应支付的电费金额。是填写增值税专用发票的货物或应税劳务名称、数量、单价、金额等栏次的重要依据，并对用电单位的各种用电数量起到了补充说明作用，便于用电单位对电费的审核和及时支付。

2. 电费结算单的填写方法

电费结算单属于电业部门的自制原始凭证，一般一式三联。第一联由制表人留存；第二联作为财务部门办理特约委托收款凭证的单据；第三联作为财务部门编制记账凭证的附件。电费结算单的填写要求如下：

(1) 开票日期。填写开具电费结算单的具体年、月、日。

(2) 单位名称。填写用电单位的全称。

(3) 类别。填写用电单位的行业分类，如工业、商业等。

(4) 计费月份。填写抄录用电单位电表的实际月份。

(5) 电表起止数码。填写所抄录电表的上期期末起至本期期末止的有关耗电量数据。

(6) 用电量(度)。填写抄录电表的本期期末数减去上期期末数所计算的耗电量。

(7) 单价。填写经物价部门审批的每度 (千瓦时)电价格。

(8) 金额。填写用电量乘以单价计算的金额。

(9) 人民币(大写)。填写根据各电表用电量计算的金额合计数，应符合汉字大写的有关规定。

(10) 结算单签名。电费结算单的制表人、审核人和单位主管应在表格下端的相应栏次签字，以明确各自的责任。

【例 1-3-9】12 月 10 日，郑州中原电力公司对郑州中原公司 11 月份用电量抄表资料为：动力电 10 月末 2 516 380 度，11 月末 2 836 380 度；照明电 10 月末 358 520 度，11 月末 396 520 度。动力电和照明电每度电的价格分别为 0.56 元和 0.50 元。郑州中原公司为工业企业。

要求：根据以上资料填写证 1-3-10 电费结算单。

证 1-3-10　电费结算单

中原电力公司电费结算单

年　月　日

单位名称		类别	计费月份　　月份
电表起止数码	用电量（度）	单价	金额
人民币（大写）			

单位主管　　　　审核　　　　制表

(十) 水费结算单

水费结算单是自来水公司对用水单位一定时期的用水量，按规定的单位水费价格计算的水费结算单据。

1. 水费结算单的主要作用

水费结算单是由自来水公司工作人员到用水单位对水表显示的当期用水量实际查看后填写的，一般每月查看抄写一次，便于及时向用户结算当月的水费。水费结算单具有与电费结算单类似的作用，既是填制增值税专用发票的货物或应税劳务名称、数量、单价、金额等栏次的重要资料，又是计算专用发票税额栏的依据，并补充说明客户的用水数量。

2. 水费结算单的填写方法

水费结算单一式三联。第一联制表人留存，第二联财务部门作为对用水单位办理特约委托收款凭证的附件，第三联作为财务部门编制记账凭证的原始凭证。水费结算单的具体填写要求如下：

(1) 开票日期。填写开具水费结算单的具体年、月、日。

(2) 单位名称。填写用水单位的全称。

(3) 计费月份。填写抄录用水单位水表的实际月份。

(4) 水表起止号码。填写所抄录水表的上期期末起至本期期末止的用水量数据。

(5) 用水量(立方米)。填写抄录水表的本期期末数减去上期期末数所计算的耗水量。

(6) 单价。填写物价部门核定的每立方米水费价格。

(7) 金额。填写用水量乘以单位水费价格所计算的水费金额。

(8) 滞纳金。填写用水单位未按合同规定期限支付水费应收取的滞纳金。

(9) 人民币(大写)。以汉字大写填写水费金额与滞纳金的合计数字。

(10) 结算单签名。制表人、审核人和单位主管应分别在票尾的相应栏次签名，以明确各自的经济责任。

【例 1-3-10】12 月 10 日，郑州市银龙供水公司对郑州中原公司 11 月份水表抄录资料显示，10 月末水表号码为 56 965 立方米，11 月末水表号码为 59 865 立方米，物价部门核定的水价为每立方米 1.50 元(不含排污设施有偿使用费)。

要求：根据以上资料填写证 1-3-11 水费结算单。

证 1-3-11 水费结算单

郑州市银龙公司水费结算单

年 月 日

单位名称			计费月份 月份	
水表起止号码	用水量（立方米）	单 价	金 额	滞 纳 金
人民币（大写）				

单位主管 审核 制表

(十一) 排放污水设施有偿使用收据

排放污水设施有偿使用收据，是自来水公司对用水单位按用水量收取水费的同时，并按一定比例将其用水量折算为污水排放量，代替当地财政部门收取排污设施有偿使用费所开具的收费单据。

1. 污水排放费收取的依据

城市的污水排放设施由财政部门拨款修建，对城市的污水排放设施按排污量收取一定的费用可以更好地保证污水排放设施的正常建造、维护。物价部门对自来水公司核定的水费价格分为两种情况，一是将污水排放费作为水费价格的组成部分，自来水公司所开具水费发票收取的水费已包括了污水排放费；二是水费价格不含污水排放费，将其价格另行核定，自来水公司在开具发票收取水费的同时，对排污费另开收据收取。不论采用哪种形式，自来水公司在收取水费的同时也相应收取了排污费，应将其定期上缴当地财政部门，以保证城市污水排放设施的正常使用。

2. 排放污水设施有偿使用收据的填写方法

排放污水设施有偿使用收据一式四联。第一联发票联，作为用水单位的付款凭证；第二联记账联，作为自来水公司账务处理的原始凭证；第三联财政部门存查，作为财政部门审核自来水公司缴纳排污费的依据；第四联存根联，由自来水公司开具收据的部门留存。该项收据的填写要求如下：

(1) 开票日期。填写开具收据的具体年、月、日。

(2) 单位名称。填写用水单位的名称，应与增值税专用发票和水费结算单一致。

(3) 计费月份。填写抄录用水单位水表的实际月份，与水费结算单一致。

(4) 水表起止号码。填写所抄录水表的上期期末起至本期期末止的用水量数据，与水费结算单该项数据一致。

(5) 用水量(立方米)。填写所抄录水表的本期期末数减去上期期末数所计算的自来水耗用量，应与水费结算单该项数据一致。

(6) 折排水量。填写用水量乘以规定的污水排放比例所计算的污水排放量。

(7) 单价。填写物价部门核定的每立方米排放污水价格。

(8) 金额。填写折排水量乘以每立方米排放污水价格所计算的排污费用金额。

(9) 人民币(大写)。以汉字大写填写所计算的排污费金额。

(10) 收据签名。制表人、审核人、单位主管应在收据下端的相应位置签字，以保证收据填写的正确性。

【例 1-3-11】12 月 10 日，郑州市银龙供水公司对郑州中原公司 11 月份抄录水表数据显示，该单位的水表号码 10 月末为 56 965 立方米，11 月末为 59 865 立方米。用水量折排水量比例为 80%，物价部门核定的排污费每立方米 0.75 元。

要求：根据以上资料填写证 1-3-12 排放污水设施有偿使用收据

证 1-3-12　排放污水设施有偿使用收据

郑州市财政局

排放污水设施有偿使用收据

年　月　日

<table>
<tr><td colspan="3">单位名称</td><td colspan="2">计费月份　　　　月份</td></tr>
<tr><td>水表起止号码</td><td>用水量（立方米）</td><td>折排水量（80%）</td><td>单　价</td><td>金　额</td></tr>
<tr><td></td><td></td><td></td><td></td><td></td></tr>
<tr><td colspan="5">人民币
（大写）</td></tr>
</table>

单位主管　　　　　　　　　　审核　　　　　　　　　　制表

四、材料类原始凭证

材料类原始凭证，是指企业的原材料、包装物、低值易耗品等物资购进入库及发出的原始凭证。

由于材料购进涉及入库材料的成本计算，对按计划成本核算发出材料的企业，又涉及到发出材料应分摊材料成本差异的计算，因此，本部分包括的13种原始凭证可分为材料入库类，材料出库类和材料成本计算类凭证。

(1) 材料入库类原始凭证，是指企业购进、委托加工收回、接受捐赠等实际增加原材料、包装物、低值易耗品库存的原始凭证。包括收料单、委托加工物资入库单、废料入库单和货到未付款清单等。

(2) 材料出库类原始凭证，是指企业生产领料、售出材料、发出委托加工材料等实际减少材料库存的原始凭证。包括领料单、销售材料出库单和委托加工物资发料单等。

(3) 材料成本计算类原始凭证，是指企业计算入库或出库材料实际成本的原始凭证。包括材料采购运杂费分配表、材料采购成本计算表、原材料成本差异率计算表、领用(出售)材料计划成本应负担成本差异计算表、低值易耗品成本差异率计算表和领用低值易耗品计划成本应负担成本差异计算表等。

(一) 材料采购运杂费分配表

材料采购运杂费分配表，是指企业支付的按税法规定扣除允许抵扣进项税额后的运杂费，依据一定的分配标准，在同一批次购进的两种或两种以上材料之间进行分配的一种计算表。

1. 材料采购运杂费的构成及分配标准

企业购进材料的采购成本由买价和运杂费两部分组成。运杂费包括运输费、装卸费、保险费、包装费、仓储费等，不包括根据运输费的一定比例计算的允许抵扣的增值税进项税额。材料采购成本计算的是否正确，对企业的产品成本核算、利润的形成有着直接的影响。正确计算材料采购成本的关键就是对所支付的运杂费如何分配的问题。材料运杂费分配的标准可采用重量、体积等，采用的分配标准应力求合理，符合实际情况。

2. 材料采购运杂费分配表的填写方法

材料采购运杂费分配表为单联式自制原始凭证，资料来源于企业购进材料取得的增值税专用发票，公路、内河货物运输业统一发票等运费结算票据和企业填制的运费抵扣增值税计算表，具体填写方法如下：

(1) 年月日。为填制分配表的具体日期。

(2) 材料名称。根据购进材料取得的增值税专用发票“货物或应税劳务名称”栏注明的各种材料名称填写。

(3) 分配标准。根据增值税专用发票“货物或应税劳务名称”栏所列材料名称同一行次“数量”栏的有关数据对应填写。

(4) 分配率。根据分配金额合计数除以各材料分配标准之和所计算的数据填写。

(5) 分配金额。合计栏金额根据公路、内河货物运输业统一发票及其他运费单据金额合计数减去“运费抵扣增值税计算表”中的“准予抵扣的进项税额”的差额填写。各材料应分配金额等于各该材料的分配标准乘以分配率计算的数额。各材料应分配金额相加之和应等于合计栏金额。

(6) 分配表签名。材料采购运杂费分配表的制表人对该表填写并签名后，经审核人员和会计主管核对无误后，应分别在表上相应位置签名，以保证各材料应分配运杂费计算的正确性。

【例 1-4-1】12 月 2 日，郑州中原公司从北京燕山公司购进材料一批，增值税专用发票注明甲材料 1 500 千克，乙材料 2 500 千克，丙材料 1 000 千克。公路、内河货物运输业统一发票表明材料运输费 2 600 元，装卸费 200 元。公司会计主管邹青、审核吕美、制表凤环。

要求：根据以上资料填制证 1-4-1 材料采购运杂费分配表。

证 1-4-1　材料采购运杂费分配表

材料采购运杂费分配表

年　月　日　　　　单位：元

材料名称	分配标准（重量）	分配率	分配金额
合　　计			

会计主管　　　　审核　　　　制表

(二) 材料采购成本计算表

材料采购成本计算表，是指企业计算同一批次所购进的不同材料实际成本和单位成本的一种计算凭证。

1. 材料采购成本计算的重要性

产品制造企业的成本计算包括材料采购成本计算、产品生产成本计算和商品销售成本计算。材料采购成本计算是对企业购进各种材料实际成本和单位成本的计算，其成本计算的准确程度对其他两项成本计算有着重要的影响，同时也影响企业利润总额计算的准确性。

2. 材料采购成本计算表的填写方法

材料采购成本计算表为单联式自制原始凭证，资料来源于企业购进材料取得的增值税专用发票和企业填制的材料采购运杂费分配表。具体填写要求如下：

(1) 年月日。为填制该计算表的具体日期。

(2) 材料名称。根据购进材料取得的增值税专用发票“货物或应税劳务名称”栏注明的各材料名称依次填写。

(3) 规格型号。是指国家有关部门为区分不同物资的性能、直径、长度、面积、体积、使用范围等所规定的具体标准。如对小尺寸螺纹塞规和螺纹环规均设置了M0.25～0.35、M0.35～0.55、M0.55～0.95 等规格型号。对企业取得的防伪税控增值税专用发票，应依据所设置的“规格型号”栏的内容与同一行次的材料名称对应填写；对企业取得的非防伪税控增值税专用发票，应依据“货物或应税劳务名称”栏内的某种材料规格型号进行填写。

(4) 单位。即某种材料的计量单位。根据增值税专用发票“货物或应税劳务名称”栏所列材料名称的同一行次“计量单位”栏的有关内容进行填写。如吨、千克、件、只、立方米等

(5) 数量。根据增值税专用发票“货物或应税劳务名称”栏所列材料名称的同一行次“数量”栏的有关数据对应填写。

(6) 买价。即某种材料不含增值税的购买价格。根据增值税专用发票“货物或应税劳务名称”栏所列材料名称的同一行次“金额”栏的有关数据对应填写。

(7) 运杂费。根据“材料采购运杂费分配表”中该种材料“应分配金额”的数据填写。

(8) 实际成本。计算表内某种材料的买价与运杂费相加之和，即为该材料的实际成本。

(9) 单位成本。计算表内某种材料的实际成本除以该种材料的数量所计算的数额，即为该种材料的单位成本。

(10) 计算表签名。材料采购成本计算表由制表人填写签名后，经审核人员和会计主管核对无误后签名，以保证材料采购成本计算的正确性。

【例 1-4-2】12 月 5 日，郑州中原公司从福州闽江公司购进材料取得的增值税专用发票注明甲材料、乙材料、丙材料的数量分别为 2 000 千克、2 500 千克、1 000 千克，金额分别为 96 800 元、112 500 元和 68 000 元；“材料采购运杂费分配表”中三种材料应分配的运杂费分别为 1 700 元、2 125 元、850 元。公司会计主管邹青、审核吕美、制表凤环。

要求：根据以上资料填制证 1-4-2 材料采购成本计算表。

证 1-4-2　材料采购成本计算表

材料采购成本计算表

年　月　日　　　　单位：元

材料名称	规格型号	单位	数量	买价	运杂费	实际成本	单位成本

会计主管　　　　审核　　　　制表

(三) 收料单

收料单，是指企业材料仓库对所购进的材料验收入库所出具的一种证明。

1. 收料单反映的相关内容

收料单反映的内容，因企业对材料收发核算的方法不同而存在一定的区别。按实际成本进行材料收发核算的企业，收料单反映材料仓库应收和实际收到材料的数量及实际成本；按计划成本进行材料收发核算的企业，收料单还反映材料入库的计划成本，以及计划成本与实际成本所形成的材料超支或节约额。本部分的收料单，主要反映企业按计划成本进行材料收发核算的相关内容。

2. 收料单的填写方法

收料单为企业的自制原始凭证，一般为一式三联。第一联仓库存查，第二联会计记账，第三联供应部门存查。收料单可以由企业材料仓库记账人员填制，也可以由仓库和会计部门分别填制，即"数量"基本内容由仓库收料人员填写，实际成本、计划成本、材料成本差异等栏次由会计人员填写。具体填写方法如下：

(1) 年月日。填写收到供货单位发运材料的当日。

(2) 供应单位。即材料销售单位，根据增值税专用发票注明的"销货单位"名称填写。

(3) 发票号码。根据增值税专用发票印制的票据号码填写。

(4) 材料名称。根据增值税专用发票"货物或应税劳务名称"栏表明的材料名称顺序填写。

(5) 规格型号。根据增值税专用发票"货物或应税劳务名称"栏填列的材料规格型号，或发票中设置"规格型号"栏的有关内容对应填写。

(6) 单位。即材料计量单位。根据增值税专用发票"计量单位"栏的内容与其材料名称对应填写。

(7) 数量。本部分的数量包括应收和实收两项内容。应收数量根据增值税专用发票"货物或应税劳务名称"所列材料名称同一行次的"数量"栏有关数据对应填写；实收数量根据仓库收料人员收到某种材料的实际数量填写 。

(8) 实际成本。本部分包括入库材料的单价、买价、运杂费和合计四项内容。单价根据增值税专用发票"货物或应税劳务名称"所列材料名称同一行次的"单价"栏有关数据对应填写，其他三项内容根据"材料采购成本计算表"同一材料名称的相应栏次的有关数据对应填写。

(9) 计划成本。本部分包括单价和合计两项内容。单价根据企业制定的该种材料计划单价填写；合计即为某种入库材料的计划成本合计，根据该种材料的实际数量乘以其计划单价计算的数据填写。

(10) 材料成本差异。本部分包括超支差异和节约差异两项内容。某种材料的实际成本合计大于其计划成本合计的差额，填入该材料的"超支差异"；反之填入该材料的"节约差异"。各种入库材料的超支差异大于其节约差异的数额，填入超支合计栏；反之，填入节约合计栏。

(11) 收料单签名。收料单应由仓库收料人员、业务采购人员和仓库主管分别在相应位置签字，以明确各自的经济责任。

【例 1-4-3】12 月 5 日，郑州中原公司从福州闽江公司购进的材料验收入库。增值税专用发票号码 092185，甲、乙、丁材料的购进单价分别为 48.40 元、45 元和 68 元；计划单价分别为 50 元、46 元和 70 元。入库材料应收数量和实际数量一致。仓库收料人李方、业务采购常明、仓库主管计祥。

要求：根据以上资料和例 1-4-2 所填制的“材料采购成本计算表”的有关资料，填制证 1-4-3 收料单。

证 1-4-3　收料单

中原公司收料单

供应单位
发票号码　　　　年　月　日　　　　编号

材料名称	规格型号	单位	数量		实际成本				计划成本		材料成本差异	
			应收	实收	单价	买价	运杂费	合计	单价	合计	超支	节约
合计												

仓库主管　　　　记账　　　　收料　　　　业务采购

(四) 委托加工物资发料单

委托加工物资发料单，是反映企业发出委托其他单位加工所需物资实际成本的一种材料出库凭证。

1. 委托加工物资发料单的主要作用

企业以现存材料加工所需用的另一种物资时，由于不具备相应的加工能力，一般应委托其他单位代为加工。由于委托加工物资要求采用实际成本核算，按计划成本进行材料收发核算的企业，应将发出委托加工材料的计划成本调整为实际成本，通过委托加工物资发料单反映发出材料的计划成本应负担的超支或节约差异及实际成本状况，并据以填制相应的记账凭证，分别登记“委托加工物资”、“原材料”和“材料成本差异”等明细账进行相应的核算。

2. 委托加工物资发料单的填写方法

委托加工物资发料单为企业的自制原始凭证，一般一式三联。第一联仓库存查，第二联会计记账，第三联供应部门存查。发料单中的材料数量等基本内容由材料仓库有关人员填写，金额部分由会计人员填写。具体填写方法如下：

(1) 年月日。填写发出委托加工物资的当天。

(2) 加工单位。填写对企业进行所需物资加工的单位名称。

(3) 加工要求。填写企业所需加工物资的名称。

(4) 材料名称。填写企业发出委托加工材料的名称。

(5) 规格型号。根据材料明细账填写所发出委托加工材料的规格型号。

(6) 单位。即发出委托加工材料的计量单位，如吨、千克、米、只、张等，根据材料明细账的相应内容填写。

(7) 数量。填写发出委托加工材料的实际数量。

(8) 计划成本。本部分包括单位成本和合计两项内容。单位成本根据企业制定的该种材料计划单价填写；合计即发出委托加工材料的计划成本合计，根据发出委托加工材料的数量乘以其计划单价计算的数据填写。

(9) 成本差异。本部分包括超支和节约两项内容。根据发出委托加工材料计划成本合计乘以其材料成本差异率计算的数据填写。如为超支差异率，计算的数据填入超支差异；如为节约差异率，计算的数据填入节约差异。

(10) 实际成本。根据发出委托加工材料的计划成本合计加超支差异或减节约差异所计算的数据填写

(11) 发料单签名。由制表人、发料人和仓库主管分别在发料单上相应的位置签字，以明确各自的经济责任。

【例 1-4-4】12 月 6 日，郑州中原公司委托郑州金属材料加工厂加工辛材料一批，发出丙材料 500 千克，丙材料的计划单价为每千克 68 元，材料成本差异率为 -2%，制表赵阳、发料周华、仓库主管计祥。

要求：根据以上资料填写证 1-4-4 委托加工物资发料单。

证 1-4-4 委托加工物资发料单

委托加工物资发料单

加工单位

加工要求　　　　年　月　日　　　　NO.

材料名称	规格型号	单位	数量	计划成本		成本差异		实际成本
				单位成本	合计	超支	节约	

仓库主管　　　　发料　　　　制表

(五) 委托加工物资入库单

委托加工物资入库单，是指企业收回委托其他单位加工完工物资入库成本的一种材料入库凭证。

1. 委托加工物资入库单的主要作用

填制委托加工物资入库单，说明企业委托其他单位加工的所需物资已全部完工。对采用计划成本进行材料收发核算的企业，在委托加工物资入库单上既要填写收回委托加工物资的实际成本，还应填写入库物资的计划成本及由此产生的材料成本差异。据该入库单的会计记账联填制相应的转账凭证，分别登记“原材料”、“材料成本差异”和“委托加工物资”明细账，进行相应核算。

2. 委托加工物资入库单的填写方法

委托加工物资入库单为企业的自制原始凭证，一般一式三联。第一联仓库存查，第二联会计记账，第三联供应部门存查。入库单的基本内容由仓库有关人员填写，金额部分由会计人员填写。具体要求如下：

(1) 年月日。填写收到委托加工物资的具体日期。

(2) 加工单位。即对企业发出物资进行加工的受托加工单位。根据取得的增值税专用发票的“销货单位”名称填写。

(3) 收回委托加工物资计划成本。本部分包括入库材料名称、规格型号、单位、数量、计划单位成本和计划成本总额等内容。

① 入库材料名称。根据受托加工单位开具的增值税专用发票“货物或应税劳务”栏注明的物资名称填写。

② 规格型号。根据受托加工单位开具的增值税专用发票“货物或应税劳务”栏注明所列物资名称的规格型号，或发票中所设“规格型号”栏的相应内容填写。

③ 单位。即收回委托加工物资的计量单位。根据受托加工单位开具的增值税专用发票“货物或应税劳务”栏，所列物资名称同一行次的“计量单位”栏的内容填写。

④ 数量。本栏包括应收和实收数量两部分。应收数量根据受托加工单位开具的增值税专用发票“货物或应税劳务”栏，所列物资名称同一行次的“数量”栏的有关数据填写；实收数量根据仓库收料人员实际收到的物资数量填写。

⑤ 计划单位成本。根据企业对该项物资制定的计划单价填写。

⑥ 计划成本总额。根据入库单中某项收回物资实际数量乘以其同一行次的计划单位成本计算的数据填写。

(4) 收回委托加工物资实际成本。本部分包括发出加工材料名称、规格型号、数量、计划成本、运杂费、加工费和实际成本总额等内容。

① 发出加工材料名称、规格型号、数量。根据该项材料的“委托加工物资发料单”上所注明的相关内容填写。

② 计划成本。根据该项材料的“委托加工物资发料单”的计划成本“合计”栏的金额填写。

③ 成本差异。根据该项材料的“委托加工物资发料单”的“成本差异”栏的金额填写，如为节约差异，以“－”号表示。

④ 运杂费。根据支付该项委托加工物资运费的“公路、内河货物运输业统一发票”注明的运杂费金额合计，减去准予抵扣的进项税额的数额填写。

⑤ 加工费。根据受托加工单位开具的增值税专用发票“货物或应税劳务名称”栏，所列物资名称同一行次的“金额”栏有关数据填写。

⑥ 实际成本总额。根据入库单某项物资同一行次的计划成本、成本差异、运杂费、加工费相加后的数据填写，成本差异如为节约差异应予减去。

(5) 材料成本差异。根据入库单某项物资同一行次的实际成本总额减去计划成本总额的差额填写。如前者大于后者，为超支差异；反之，则为节约差异。

(6) 入库单签名。制表人、收料人和仓库主管应在表下相应位置签字，以明确各自的经济责任。

【例 1-4-5】12 月 16 日，郑州中原公司委托郑州金属材料加工厂加工的辛材料 500 千克全部收回验收入库，该材料的计划单位成本每千克 82.50 元。收到郑州金属材料加工厂开具的增值税专用发票注明加工费金额 8 000 元，税额 1 360 元。支付该材料运输费 800 元，装卸费 100 元。仓库主管计祥、收料周华、制表赵阳。

要求：根据以上资料和例 1-4-4 填制的委托加工物资发料单的有关资料填制证 1-4-5 委托加工物资入库单。

(六) 货到未付款清单

货到未付款清单，是指企业上月份已收到所购材料，购货发票暂未收到，以收到材料的计划价格或合同价格反映尚未支付供货单位货款的一种单据。

1. 货到未付款清单的主要作用

对于上月末估价入账的材料，财会部门应在次月初依据材料仓库开具的红字收料单，填制货到未付款清单冲销上月估价入账款，以便在次月收到供货单位开具的购货发票时填制相应的记账凭证，登记“原材料”、“材料成本差异”和“材料采购”等明细分类账。

2. 货到未付款清单的填写方法

货到未付款清单为单联式自制原始凭证。应按以下要求进行填写：

(1) 年月日。填写已估价入账材料的次月一日。

(2) 供货单位。填写企业估价入账材料所签订供货合同注明的供货单位名称。

(3) 材料名称、单位。根据材料仓库开具的红字收料单的材料名称和计量单位分别填写。

(4) 数量。根据材料仓库红字收料单的实际数量以蓝字填写。

证 1-4-5 委托加工物资入库单

委托加工物资入库单

加工单位　　　　验收日期　　年　月　日　　　　单位：元

收回委托加工物资计划成本							收回委托加工物资实际成本								材料成本差异	
入库材料名称	规格型号	单位	数量		计划单位成本	计划成本总额	发出加工材料名称	规格型号	数量	计划成本	成本差异	运费	加工费	实际成本总额	超支	节约
			应收	实收												

仓库主管　　　　记账　　　　收料　　　　制表

(5) 暂估价款。本部分包括单价和合计两项内容。根据材料仓库的红字收料单某种材料的单价、金额合计以蓝字填写。

(6) 估价入账原因。填写对暂未收到购货发票的材料估价入账的具体原因。如材料收到，购货发票暂未收到等。

(7) 单据签名。制表人、审核人和会计主管应在该单据相应的位置签字，以明确各自的经济责任。

【例 1-4-6】12 月 1 日，郑州中原公司收到材料仓库转来的红字收料单。上月昆明三江公司发来甲材料 2 000 千克、乙材料 8 000 千克，由于月末未收到购货发票，将甲、乙材料分别按每千克 50 元和 46 元估价入账。会计主管邹青、审核吕美、制表凤环。

要求：根据以上资料填制证 1-4-6 货到未付款清单。

证 1-4-6　货到未付款清单

中原公司货到未付款清单

年　月　日　　　　单位：元

材料名称	规格型号	单位	数量	暂估价款		估价入账原因
				单价	合计	
合计						

会计主管　　　　记账　　　　审核　　　　制表

(七) 废料入库单

废料入库单，是指企业材料仓库收回车间或部门按规定交送废旧物资所填制的废料入库凭证。

1. 废料入库单的主要作用

为了加强有关物资的管理，企业对车间、部门领用的可以多次使用的工具、刃具、量具等低值易耗品采用交旧领新的方式。这种方式既可以防止上述物资的对外流失，又可以对收回的废料和其他材料熔化后用于浇注铸件或作为废旧物资出售处理。对收回的废料应填写废料入库单，依据该入库单的会计记账联填制相应的记账凭证，冲销“制造费用”、“低值易耗品”等明细分类账，为正确计算产品成本提供相应的基础资料。

2. 废料入库单的填写方法

废料入库单为企业的自制原始凭证，一般一式三联。第一联仓库存查，第二联会计记账，第三联交料单位存查。具体填写要求如下：

(1) 年月日。填写车间或部门实际交送废料的日期。

(2) 交料单位。填写交送废料的车间或部门的名称。

(3) 材料名称、单位。填写车间或部门交送废料的名称和相应的计量单位。

(4) 数量。填写车间或部门交送废料的实际数量。

(5) 实际成本。本部分包括单价和合计两项内容。单价按照某项废料的现行市场单位价格填写；合计即某项废料的实际成本合计，根据车间或部门交送某项废料的数量乘以其现行单价计算的金额填写。

(6) 计划成本。本部分包括单价和合计两项内容。单价按照企业为该项废料制订的计划单价填写；合计即某项废料的计划成本合计，根据车间或部门交送某项废料的数量乘以其计划单价计算的金额填写。

(7) 入库单签名。车间或部门的交料人、仓库的收料人、仓库主管应在废料入库单相应的位置签字，以保证单据内容的真实性。

【例 1-4-7】12 月 8 日，郑州中原公司材料仓库收到一车间交送废铁 500 千克，该种废料的计划与实际单价均为每千克 1.80 元。一车间交料人马良、仓库收料人李方、仓库主管计祥。

要求：根据以上资料填制证 1-4-7 废料入库单，编号 12-01。

证 1-4-7　废料入库单

废料入库单

交料单位　　　　　　　　　　　　年　　月　　日　　　　　　　　　　编号

材料名称	单位	数量	实际成本		计划成本	
			单价	合计	单价	合计

二　会计记账

仓库主管　　　　　　　　收料　　　　　　　　交料　　　　　　　　制表

(八) 领料单

领料单，是指企业的车间为制造产品、提供劳务或公司管理部门根据经营管理需要领取所需用材料填写的一种领料凭证。

1. 领料单的作用

企业的材料仓库根据领料单向车间或部门发出所需材料，既可以保证车间加工产品、提供劳务以及公司经营管理的需要；又可以对仓库的各种物资加强管理，使其做到账实相符，以保证企业储备资金的安全完整。

2. 领料单的填写方法

领料单为企业的自制原始凭证，一般一式四联。第一联仓库存查，第二联会计记账，第三联领用单位存查，第四联供应部门存查。领料单的具体填写要求如下：

(1) 年月日。填写车间或部门领用材料的当天。

(2) 领用单位。填写领用材料的车间或部门名称。

(3) 材料名称、规格型号、单位。根据仓库设置的材料账簿对车间或部门领取的材料名称及规格型号和相应的计量单位进行填写。

(4) 数量。本部分包括请领和实发数量两项内容。请领按车间或部门申请领取的某种材料数量填写；实发按仓库实际发出的该种材料数量填写。

(5) 计划成本。本部分包括单价和合计两项内容。单价按照企业制定的该种材料的计划单价填写；合计即领取某种材料的计划成本合计，根据某种材料的实发数量乘以计划单价计算的数据填写。

(6) 备注。填写领用某种材料的具体用途，如制造某产品领料、车间修理领料等，便于财会部门填写记账凭证时准确使用会计科目。

(7) 领料单签名。车间或部门的领料人、仓库发料人和仓库主管应在领料单的相应位置签字，以明确相应的经济责任。

【例 1-4-8】12 月 10 日，郑州中原公司材料仓库向一车间发放甲材料、乙材料、丙材料、丁材料的数量分别为 1 000 千克、2 000 千克、800 千克和 100 千克，车间申请领用材料数量和实发材料数量一致。甲、乙、丙、丁材料的计划单价分别为每千克 50 元、46 元、68 元和 70 元。甲、乙、丙材料用于生产甲产品，丁材料属于车间一般耗用材料。一车间领料人马良、仓库发料人周华、仓库主管计祥。

要求：根据以上资料填制证 1-4-8 领料单。

证 1-4-8　领料单

中原公司领料单

领用单位　　　　　　　　　　年　　月　　日　　　　　　　　　编号

材料名称	规格型号	单位	数量		计划成本		备注
			请领	实发	单价	合计	
合计							

二 会计记账

仓库主管　　　　　　记账　　　　　　发料　　　　　　领料

(九) 销售材料出库单

销售材料出库单，是指企业对外售出材料填制的一种材料出库凭证。

1. 企业对外销售材料的依据

企业购进材料是为了满足本身的生产需要，一般不对外售出生产所需材料。对外售出材料的原因主要有三个方面，一是企业不再生产某种产品时，对外转让生产该种产品的专用材料，以便加速企业的资金周转；二是生产某种产品的材料库存较大，售出其多余的材料物资，减少该种材料的资金占用；三是其他企业临时求助时，售出的小批量材料。

2. 销售材料出库单的填写方法

销售材料出库单是企业的自制原始凭证，一般一式三联。第一联仓库存查，第二联会计记账，第三联供应部门存查。由仓库的制单人员根据销售部门开具的材料销售通知单填写，具体填写要求如下：

(1) 年月日。填写向购货单位售出材料的当日。

(2) 购货单位。填写购买材料单位的详细名称。

(3) 材料名称、规格型号、单位。根据销售部门开具的材料销售通知单并结合仓库设置的材料账簿有关资料，对售出材料名称、规格型号及计量单位逐项填写。

(4) 数量。填写材料仓库依据材料销售通知单实际发出的某种材料数量。

(5) 售价。本部分包括单位售价和合计两项内容。单位售价根据企业规定的某种材料的单位销售价格填写。合计即售出某种材料的销售金额合计，根据该种材料的售出数量乘以其单位售价计算的数据填写。在销售材料出库单上设置材料售价的目的，是为了加强材料销售的管理，防止企业有关人员将某种材料以低于计划成本的价格出售，给企业造成不必要的损失。

(6) 计划成本。本部分包括单位成本和合计两项内容。单位成本根据企业制定的某种材料的单位计划成本填写；合计即售出某种材料的计划成本总额，根据该种材料的售出数量乘以其单位计划成本的数据填写。

(7) 出库单签名。制单人、发料人和仓库主管应在销售材料出库单的相应位置签字，以明确各自的经济责任。

【例 1-4-9】12 月 18 日，郑州中原公司向南阳宛城公司售出甲材料 500 千克、乙材料 400 千克。甲、乙材料的单位售价分别为 60 元和 85 元，单位计划成本分别为 50 元和 70 元。材料仓库制单人赵阳、发料人周华、仓库主管计祥。

要求：根据以上资料填制证 1-4-9 销售材料出库单。

证 1-4-9 销售材料出库单

销售材料出库单

购货单位　　　　　　　　　　　　年　月　日　　　　　　　　NO.

材料名称	规格型号	单位	数量	售价		计划成本	
				单位售价	合计	单位成本	合计

二 会计记账

仓库主管　　　　　　　记账　　　　　　　发料　　　　　　　制单

(十) 原材料成本差异率计算表

原材料成本差异率计算表，是指企业根据月初库存材料、本月购入材料、收回委托加工材料等库存材料的计划成本所负担的材料成本差异额之和与上述库存材料计划成本之和，计算该月材料成本差异率的一种计算凭证。

1. 相关因素对月末原材料成本差异率计算的影响

在实际工作中，由于会计制度规定“委托加工物资”以实际成本进行核算，企业在发出“委托加工物资”结转其计划成本的同时，也在结转其应负担的材料成本差异，将其调整为实际成本；为了正确核算“在建工程”成本，在结转“在建工程”领用生产材料计划成本的同时，也对其负担的材料成本差异同时进行结转。上述两种情况，在月内相应减少了库存材料的计划成本及其材料成本差异，对月末材料成本差异的计算存在着不同程度的影响。

2. 原材料成本差异率计算表的填写方法

原材料成本差异率计算表为单联式自制原始凭证，应依据“原材料”、“材料成本差异——原材料成本差异”明细账的有关资料填写，具体要求如下：

(1) 年月日。填写该月的月末日。

(2) 月初结存材料。本部分包括计划成本和材料成本差异两项内容。计划成本是指月初库存原材料计划成本总额，根据原材料明细账期初余额(即上月末余额)之和填写，也可根据原材料总账期初余额(即上月末余额)直接填写；材料成本差异是指月初库存原材料计划成本总额应负担的材料超支或节约差异，根据“材料成本差异——原材料成本差异”明细账期初余额(即上月末余额)填写；如为节约差异，以“－”号表示。

(3) 本月购入材料。本部分包括计划成本和材料成本差异两项内容。计划成本是指企业本月购进并验收入库材料的计划成本总额，根据原材料明细账本月购进入库材料的计划成本合计数填写，也可以根据本月购入材料计划成本汇总表的合计数填写；材料成本差异是本月购进并入库材料计划成本与实际成本的超支或节约差异，根据“材料成本差异——原材料成本差异”明细账本月入库材料的原材料成本差异之和填写，如为节约差异，以“－”号表示。

(4) 在建工程领料。本部分包括计划成本和材料成本差异两项内容。计划成本是指在建工程领用生产材料的计划成本，根据原材料明细账中在建工程领用各种材料的计划成本之和填写；材料成本差异是指在建工程领用生产材料计划成本应负担的材料成本差异，根据“材料成本差异——原材料成本差异”明细账中在建工程领料转出的材料成本差异数字填写，如为节约差异，以“－”号表示。由于上述两项内容已在“在建工程”明细账中进行登记，也可以依据该明细账的有关资料进行填写。

(5) 发出委托加工材料。本部分包括计划成本和材料成本差异两项内容。计划成本是指发出委托加工物资的计划成本，根据“原材料”明细账的有关资料进行填写；材料成本差异是指发出委托加工物资计划成本应负担的材料成本差异，根据“材料成本差异——原材料成本差异”明细账中相应的数据填写，如为节约差异，以“－”号表示。

(6) 收回委托加工材料。本部分包括计划成本和材料成本差异两项内容。计划成本是指收回并验收入库的委托加工物资的计划成本，根据“原材料”明细账相应资料进行填写；材料成本差异是指收回并验收入库的委托加工物资的计划成本与实际成本形成的超支差异额或节约差异额，根据“材料成本差异——原材料成本差异”明细账的有关数据填写，如为节约差异，以“－”号表示。如收回并验收入库的委托加工物资属于“低值易耗品”或“包装物”，则不属于本部分填写的内容。

(7) 合计。本部分包括计划成本和材料成本差异两项内容。计划成本是指计算企业原材料成本差异率的计划成本总额。根据计算表内的“月初结存材料计划成本+本月购入材料计划成本－在建工程领料计划成本－发出委托加工材料计划成本+收回委托加工材料计划成本”计算的数据填写；材料成本差异是指企业计算该月原材料成本差异率的材料成本超支差异额或节约差异额。根据计算表内的“月初结存材料成本差异+本月购入材料成本差异－在建工程领料成本差异－发出委托加工材料成本差异+收回委托加工材料成本差异”计算的数据填写。计算公式中的某项材料成本差异如为节约差异，以“－”号表示。

(8) 材料成本差异率。本部分包括超支差异率和节约差异率两项内容。根据计算表的合计栏的材料成本差异合计除以计划成本合计计算的数据填写。如合计栏的材料成本差异为超支差异额，计算出的数据为超支差异率，填入“超支”栏；如为节约差异额，计算出的数据为节约差异率，则填入“节约”栏。

(9) 计算表签名。企业会计部门的制表人、审核人和会计主管应依次在表上相应位置签字，以保证计算数据的正确性。

【例 1-4-10】12 月 31 日，郑州中原公司有关明细账资料如下:月初结存材料计划成本 1 250 000 元，材料成本差异额 12 500 元；本月购进验收入库材料计划成本 3 750 000 元，材料成本差异额-62 800 元，在建工程领用材料计划成本 146 800 元，材料成本差异额-1 112 元；发出委托加工材料计划成本 34 000 元，材料成本差异额-680 元；收回委托加工材料计划成本 41 250 元，材料成本差异额 914 元。公司会计主管邹青、审核吕美、制表凤环。

要求：根据以上资料填制证 1-4-10 原材料成本差异率计算表。

证 1-3-10　原材料成本差异率计算表

原材料成本差异率计算表

年　月　日　　　　单位：元

月初结存材料		本月购入材料		在建工程领料		发出委托加工材料		收回委托加工材料		合　计		材料成本差异率	
计划成本	材料成本差异	计划成本	材料成本差异	计划成本	材料成本差异	计划成本	材料成本差异	计划成本	材料成本差异	计划成本	材料成本差异	超支（%）	节约（%）

会计主管　　　　审核　　　　制表

(十一) 领用(出售)材料计划成本应负担成本差异计算表

领用(出售)材料计划成本应负担成本差异计算表，是指企业的车间或部门在一定时期内领用以及对外出售材料的计划成本，应负担材料成本差异额的一种计算凭证。

1. 领用（出售）材料计划成本应负担成本差异计算表的作用

采用计划成本进行材料收发核算的企业，由于平时计入有关成本费用的材料价值均为计划成本，月末应计算出本月发出材料计划成本应负担的材料成本超支差异或节约差异，将原计入有关成本、费用的计划成本通过领用（出售）材料计划成本应负担成本差异计算表调整为实际成本，并据以填制相应的转账凭证，登记“材料成本差异——原材料成本差异”、“生产成本”、“制造费用”、“劳务成本”、“其他业务成本”、“销售费用”和“管理费用”等明细分类账，以便正确计算产品成本和有关费用。

2. 领用（出售）材料计划成本应负担材料成本差异计算表的填写方法

领用(出售)材料计划成本应负担成本差异计算表为单联式自制原始凭证，具体填写要求如下：

(1) 年月日。填写该月的月末日。

(2) 领料单位。分车间或部门进行填写。对制造产品或提供劳务的车间，应按产品、劳务用料和车间一般耗用材料分别填写，以便归集不同产品、劳务或车间制造费用应负担的材料成本差异。

(3) 领用材料计划成本。是指车间或部门一定时期领用不同材料的计划成本。根据原材料明细账(或领用材料计划成本汇总表)分车间、部门对其领用不同种类材料的计划成本逐项填写，并将该行次填写的不同材料的计划成本相加后填入该行的合计栏。

(4) 成本差异率。是指企业一定时期材料成本差异额占库存材料计划成本的比重。根据“原材料成本差异率计算表”相应栏次的数据填写，如为节约差异率，以“－”号表示。

(5) 成本差异额。是指企业按计划成本发出的材料应负担的材料成本超支差异额或节约差异额。根据产品、劳务、车间或部门领用材料计划成本合计分别乘以材料成本差异率计算的数据填写。如为节约材料成本差异率，计算出的各行成本差异额均以“—”号表示。

(6) 计算表签名。制表人、审核人和会计主管应依次在表上相应位置签字，以保证计算表相关数字的正确性。

【例 1-4-11】12 月 31 日，郑州中原公司各车间、部门本月份领用材料计划成本的有关资料如下：一车间：甲产品领用甲材料 260 000 元、乙材料 140 000 元；乙产品领用丙材料 210 000 元、丁材料 230 000 元；车间一般耗用戊材料 15 000 元。二车间：丙产品领用甲材料 220 000 元、丙材料 65 000 元、戊材料 45 000 元；车间一般耗用丁材料 8 000 元。修理车间：修理劳务领用乙材料 53 000 元、丙材料 36 000 元、 丁材料 18 000 元；车间一般耗用戊材料 3 000 元。供电车间：生产电力领用柴油 38 000 元，车间一般耗用汽油 850 元。对外销售：甲材料 12 000 元、丁材料 18 000 元。培训科：领用甲材料 3 000 元、戊材料 2 000 元。销售科：领用汽油 300 元、柴油 4 600 元。公司：领用汽油 2 600 元、柴油 280 元。公司会计主管邹青、审核吕美、制表凤环。

要求：根据以上资料和例 1-4-10 填制的“原材料成本差异率计算表”的材料成本差异率填制证 1-4-11 领用(出售)材料计划成本应负担成本差异计算表。

证 1-4-11 领用(出售)材料计划成本应负担成本差异计算表

领用（出售）材料计划成本应负担成本差异计算表

年 月 日

单位：元

领料单位		领用材料计划成本								成本差异率%	成本差异额
		甲材料	乙材料	丙材料	丁材料	戊材料	汽油	柴油	合计		
一车间	甲产品用料										
	乙产品用料										
	一般耗用										
二车间	丙产品用料										
	一般耗用										
修理车间	修理劳务用料										
	一般耗用										
供电车间	生产电力用料										
	一般耗用										
对外销售材料											
培训科用料											
销售科用料											
公司管理部门											
合计											

会计主管　　记账　　审核　　制表

(十二) 低值易耗品成本差异率计算表

低值易耗品成本差异率计算表，是指企业根据月初结存、本月购进入库低值易耗品的材料成本差异合计与月初结存、本月购进入库低值易耗品的计划成本合计，计算该月份低值易耗品成本差异率的一种计算凭证。

1. 计算低值易耗品成本差异率的作用

计算低值易耗品成本差异率，是为了计算企业车间、部门一定时期领用低值易耗品计划成本应负担的材料成本差异额，将已计入有关费用的低值易耗品计划成本调整为实际成本，以便正确归集、分配或结转有关费用。

2. 低值易耗品成本差异率计算表的填写方法

低值易耗品成本差异率计算表为单联式自制原始凭证。主要依据“低值易耗品”、“材料成本差异——低值易耗品成本差异”等明细账的有关资料填写，具体填写要求如下：

(1) 年月日。填写该月的月末日。

(2) 月初结存。本部分包括计划成本和成本差异两项内容。计划成本是指企业月初结存的低值易耗品的计划成本总额。根据低值易耗品明细账期初余额(即上月末余额)之和填写。成本差异是月初库存低值易耗品计划成本应负担的材料成本差异额，根据“材料成本差异——低值易耗品成本差异”明细账期初余额(即上月末余额)填写，如为节约差异，以“－”号表示。

(3) 本月购入。本部分包括计划成本和成本差异两项内容。计划成本是指企业本月购进并验收入库的低值易耗品的计划成本总额。根据“低值易耗品”明细账本月购进入库计划成本合计数填写，也可以根据“购入低值易耗品计划成本汇总表”的合计数填写；成本差异是本月购进并验收入库低值易耗品计划成本与实际成本形成的超支或节约差异额，根据“材料成本差异——低值易耗品成本差异”明细账本月购进并入库低值易耗品的成本差异之和填写，如为节约差异，以“－”号表示。

(4) 合计。本部分包括计划成本和成本差异两项内容。计划成本(合计)是指企业计算本月低值易耗品成本差异率的低值易耗品计划成本总额，根据计算表中的“月初结存”和“本月购入”的低值易耗品计划成本相加后的合计数填写；成本差异是指企业计算本月低值易耗品成本差异率的低值易耗品超支成本差异或节约成本差异，根据计算表中的“月初结存”和“本月购入”的低值易耗品成本差异相加后的合计数填写，如为节约差异，以“－”号表示。

(5) 成本差异率。本部分包括超支差异率和节约差异率。根据计算表“合计”栏的成本差异合计除以计划成本所计算的数据填写。合计栏的成本差异如为超支差异，计算出的成本差异率为超支差异率，应填入超支差异率栏；反之，合计栏的成本差异为节约差异，计算出的成本差异率为节约差异率，应填入节约差异率栏。

(6) 计算表签名。制表人、审核人和会计主管应依次在表下的相应位置签字，以保证计算表有关数据的准确性。

【例 1-4-12】12 月 31 日，郑州中原公司有关资料如下：“低值易耗品”明细账的月初结存计划成本125 000元，本月购进入库计划成本275 000元；“材料成本差异——低值易耗品成本差异”明细账月初结存成本差异22 000元，本月购进入库成本差异－28 000元。会计主管邹青、审核吕美、制表凤环。

要求:根据以上资料填制证1-4-12低值易耗品成本差异率计算表。

证1-4-12　低值易耗品成本差异计算表

低值易耗品成本差异率计算表

年　月　日

月初结存		本月购入		合计		成本差异率	
计划成本	成本差异	计划成本	成本差异	计划成本	成本差异	超支(%)	节约(%)

会计主管　　　　审核　　　　制表

(十三) 领用低值易耗品计划成本应负担成本差异计算表

领用低值易耗品计划成本应负担成本差异计算表，是指计算企业各车间一定时期领用低值易耗品计划成本应负担成本差异额的一种计算凭证。

1. 领用低值易耗品计划成本应负担成本差异表的作用

企业采用计划成本进行低值易耗品的日常收发核算，在一定程度上减轻了核算工作量。由于在月末应把已计入有关费用的低值易耗品计划成本调整为实际成本，因此，应通过该计算表计算其计划成本应负担的低值易耗品超支或节约成本差异额。并依据该计算表填制相应的转账凭证，登记“制造费用”、“材料成本差异——低值易耗品成本差异”等明细账，以便正确计算产品成本。

2. 领用低值易耗品计划成本应负担成本差异表的填写方法

领用低值易耗品计划成本应负担成本差异计算表为单联式自制原始凭证，根据“低值易耗品”明细账和“低值易耗品成本差异率计算表”的有关资料填制。具体填制方法如下：

(1) 年月日。为填制该计算表的具体日期，应填写该月的月末日。

(2) 车间名称。填写本期领用低值易耗品的有关车间名称。

(3) 领用低值易耗品计划成本。本部分包括该月份各有关车间领用的工作服、刃具、游标卡尺、盒尺等低值易耗品的计划成本。根据“低值易耗品”明细账按车间领用的低值易耗品具体种类的计划成本填写。

(4) 成本差异率。根据“低值易耗品成本差异率计算表”计算的成本差异率填写，如为节约差异率，以“－”号表示。

(5) 成本差异额。本部分包括工作服、其他、合计三项内容。由于各车间领用的工作服在“制造费用——劳动保护费”科目核算，领用的刃具、游标卡尺和盒尺等应计入“制造费用——低值易耗品摊销”科目核算；因此，各车间领用工作服计划成本乘以成本差异率计算的数据填入“工作服”栏；各车间领用的刃具、游标卡尺和盒尺等计划成本合计数乘以成本差异率计算的数据填入“其他”栏。各车间的“工作服”和“其他”相加的数据，即为该车间的成本差异额合计数，应填入该行的“合计”栏。如成本差异率为节约差异率，计算的成本差异额，以“－”号表示。

(6) 计算表签名。制表人、审核人和会计主管应在计算表的相应位置签字，以明确各自的经济责任。

【例 1-4-13】12 月 31 日，郑州中原公司低值易耗品明细账中各车间领用工作服、刃具、游标卡尺、盒尺的计划成本资料如下：一车间分别为 16 500 元、4 500 元、480 元和 60 元；二车间分别为 9 600 元、2 600 元 360 元和 40 元；修理车间分别为 3 000 元、2 800 元、180 元和 80 元；供电车间分别为 900 元、0 元、60 元和 10 元。会计主管邹青、审核吕美、制表凤环。

要求：根据以上资料和例 1-4-12 填制的“低值易耗品成本差异率计算表”的有关资料填制证 1-4-13 领用低值易耗品计划成本应负担成本差异计算表。

证 1-4-13　领用低值易耗品计划成本应负担成本差异计算表

领用低值易耗品计划成本应负担成本差异计算表

年　月　日　　　　单位:元

车间名称	领用低值易耗品计划成本				成本差异率（%）	成本差异额		
	工作服	刃具	游标卡尺	盒尺		工作服	其他	合计
合计								

会计主管　　　　记账　　　　审核　　　　制表

五、产成品类原始凭证

产成品类原始凭证，是指生产企业产成品出入库及销售的原始凭证。包括产成品入库类、产成品出库类和产成品其他销售类原始凭证，本部分的11种原始凭证具体划分情况如下：

(1) 产成品入库类原始凭证，是指企业生产车间加工完工的产成品经检验合格入库，以及本期或以前月份售出商品退回入库的原始凭证。包括产成品入库单、完工入库产成品成本汇总表和产成品销售退库单等原始凭证。

(2) 产成品出库类原始凭证，是指企业由于商品销售而发生产成品出库的原始凭证。包括产成品销售出库单、委托代销商品出库单、产成品销售数量汇总表和产成品销售成本汇总表等原始凭证。

(3) 产成品其他销售类原始凭证，是指企业采用支付手续费的委托代销及现金折扣等方式进行商品销售的原始凭证。包括代销商品销售清单、委托代销商品手续费计算表、委托代销商品成本结转计算表和现金折扣计算表等原始凭证。

(一) 产成品销售出库单

产成品销售出库单，是企业对有关单位进行商品销售时填制的一种产成品出库凭证。

1. 产成品销售出库单的主要作用

企业对外销售商品时，产成品库依据销售部门开具的“产成品销售通知单”等有关内容要求，填制“产成品销售出库单”据以向购货单位及时发出所需商品，以加速成品资金的周转。并将该出库单作为企业编制“产成品销售数量汇总表”的依据，以便正确结转商品销售成本。

2. 产成品销售出库单的填写方法

产成品销售出库单为自制原始凭证，一般一式三联。第一联仓库存查，第二联会计记账，第三联销售部门存查。应根据销售部门开具的“产成品销售通知单”的有关内容填写，具体填写方法如下：

(1) 年月日。填写向购货单位发出产成品的当日。

(2) 购货单位。根据销售部门开具的“产成品销售通知单”上载明的购货单位名称填写。

(3) 产品名称、规格型号、计量单位。根据销售部门开具的“产成品销售通知单”的相关栏次内容，并结合产成品库设置的“库存商品”数量账的有关内容填写。

(4) 出库数量。本部分包括应出库和实出库两项内容。二者一般情况下是一致的，但在实际工作中可能存在一定的差别。如以吨为计量单位的钢材等有关物资，购货单位需要量和出库商品的实际重量可能存在一定的区别。“应出库”数量根据销售部门开具的“产成品销售通知单”的数量填写，“实出库”数量根据仓库实际发出的数量填写。

(5) 备注。填写向购货单位发货的方式。根据销售部门开具的“产成品销售通知单”的要求填写。如“自提”或“代为发货”等。

(6) 出库单签名。制表人、提货人(采用自提方式发货填写)、发货人和仓库主管应在表上的相应位置依次签字，以明确各自的经济责任。

【例 1-5-1】12 月 1 日，郑州中原公司根据销货合同“豫中销字 068 号”的规定，向长春松花江公司发出甲产品 300 只、乙产品 200 只、丙产品 500 只 ，应出库和实出库的数量一致。产成品库主管杨帆、发货杜亮、制单丛笑。

要求：根据以上资料填制证 1-5-1 产成品销售出库单。

证 1-5-1　产成品销售出库单

产成品销售出库单 NO.

购货单位　　　　　　　　　　　　年　　月　　日

产品名称	规格型号	计量单位	出库数量		备注
			应出库	实出库	

仓库主管　　　　　　　　发货　　　　　　　　提货　　　　　　　　制单

二　会计记账

(二) 委托代销商品出库单

委托代销商品出库单，是指委托方企业采用支付手续费方式向受托方单位发出委托代销商品的一种商品出库凭证。

1. 委托代销商品的意义

委托有关单位代销商品是企业进行商品促销的一种手段，有利于企业增加商品销售，扩大市场占有率。产成品库依据销售部门的“委托代销商品通知单”填写“委托代销商品出库单”，并及时向受托方发出有关代销商品，以利于该部分资金尽快收回。

2. 委托代销商品出库单的填写方法

委托代销商品出库单为自制原始凭证，一般一式三联。第一联仓库存查，第二联会计记账，第三联销售部门存查。具体填写方法如下：

(1) 年月日。填写向受托单位发出商品的当日。

(2) 代销单位。根据销售部门开具的“委托代销商品通知单”注明的代销单位填写。

(3) 产品名称、规格型号、单位。根据销售部门开具的“委托代销商品通知单”相关栏次的内容，并结合“库存商品”数量式明细账的有关资料填写。

(4) 代销数量。根据销售部门开具的“委托代销商品通知单”注明的某种商品的代销数量填写。

(5) 单位成本。即某种委托代销商品的月初平均单位成本。根据财会部门提供的相关资料填写。

(6) 代销商品总成本。根据某种委托代销商品的代销数量乘以其单位成本计算的数据填写。

(7) 备注。根据销售部门开具的“委托代销商品通知单”相应栏次的内容填写。如代销商品的发货方式或某种代销商品的单位售价等。

(8) 出库单签名。制表人、提货人(采用自提方式发货填写)、发货人、仓库主管应分别在该出库单的相应位置签字，以保证该凭证的规范性。

【例 1-5-2】12 月 5 日，郑州中原公司采用支付手续费的方式委托徐州淮海公司代销甲产品 200 只、乙产品 500 只。甲、乙产品的单位成本分别为 280 元和 125 元，单位售价(不含税)分别为 350 元和 160 元，货物已被受托方自行运回，提货人方正、制单人丛笑、发货人杜亮、仓库主管杨帆。

要求：根据以上资料填制证 1-5-2 委托代销商品出库单。

证 1-5-2　委托代销商品出库单

委托代销商品出库单 NO.

代销单位　　　　　　　　　　年　　月　　日　　　　　　　　　　单位：元

产品名称	规格型号	单位	代销数量	单位成本	代销商品总成本	备注

二 会计记账

仓库主管　　　　　　发货　　　　　　提货　　　　　　制表

(三) 代销商品销售清单

代销商品销售清单，是指委托方企业收到受托方单位在代销协议规定的日期内填制的代销商品的销售量及销售额的一种销售单据。

1. 代销商品销售清单的主要作用

根据代销协议的规定，受托方应在规定日期内填制代销商品销售清单，用以反映其受托代销商品的销售量和销售额，并及时送交委托方，以便于双方进行代销商品货款及手续费的结算。

2. 代销商品销售清单的填写方法

代销商品销售清单对委托方属于外来原始凭证，由受托方填写。该清单一式两联，第一联受托单位存查，第二联委托单位存查。具体填写要求如下：

(1) 年月日。为填制代销商品销售清单的实际日期。

(2) 代销商品名称。根据代销协议所注明的某种商品的名称填写。

(3) 代销数量。根据代销协议规定的某种商品的代销数量填写。

(4) 本次销售量。如代销协议规定本次应完成某种代销商品销售量的，按协议规定的销售量填写；如代销协议未对某种代销商品的销售量进行明确规定的，按其实际销售量填写。

(5) 销售单价。根据代销协议规定的某种代销商品的不含税销售单价填写。

(6) 销售额。即某种代销商品的本次不含税销售额。根据代销商品销售清单的该种代销商品的本次销售量乘以其销售单价计算的金额填写。

(7) 备注。本部分包括上次销售量和累计销售量两项内容。上次销售量根据上次填写的代销商品销售清单的“本次销售量”的数据填写；累计销售量是指某种代销商品的本次累计销售数量，与该种商品的代销数量相比，可以反映尚未售出的该种代销商品的数量，应根据上次代销商品的销售清单的“累计销售量”与本次代销商品销售清单的“本次销售量”相加之和的数据填写，如受托方第一次填写代销商品销售清单，其本次销售量即为本次的累计销售量。

(8) 单据签名。受托方的制表人、审核人在表上的相应位置签字后，并由受托方在“代销单位(盖章)”处加盖单位公章，以保证代销商品销售清单的规范性。

【例 1-5-3】12 月 15 日，徐州淮海公司根据代销协议规定，向委托方郑州中原公司填制第一次代销商品销售清单。代销协议规定，甲产品和乙产品的代销数量分别为 200 只和 500 只；甲、乙产品的本次销售量分别为 100 只和 200 只，单位售价分别为 350 元和 160 元。制表人柳青、审核人何鸿。

要求：根据以上资料填制证 1-5-3 代销商品销售清单。

证 1-5-3　代销商品销售清单

代销商品销售清单

年　月　日　　　　单位：元

代销商品名称	单位	代销数量	本次销售量	单位售价	销售额	备注	
						上次销售量	累计销售量

二委托单位

代销单位(盖章)　　　　审核　　　　制表

(四) 委托代销商品手续费计算表

委托代销商品手续费计算表，是委托方依据受托方送交的代销商品销售清单的不含税销售额，以及代销协议规定的手续费计提比例，计算应支付受托方代销商品手续费的一种计算凭证。

1. 计算委托代销商品手续费的意义

委托方收到受托方的代销商品销售清单后，除开具增值税专用发票向受托方寄出外，还应及时计算应支付委托方的代销商品手续费，以便尽快收回委托代销商品的资金，并维护双方的正当收益。

2. 委托代销商品手续费计算表的填写方法

委托代销商品手续费计算表为一式两联自制原始凭证，一联委托方留存，一联受托方存查，由委托方填制。具体填写方法如下：

(1) 年月日。为填制该计算表的实际日期。

(2) 委托代销单位。根据代销商品销售清单注明的代销单位名称填写。

(3) 代销商品名称。根据代销商品销售清单的某种代销商品的名称填写。

(4) 本次销售量。根据代销商品销售清单的某种代销商品的“本次销售量”的数据填写。

(5) 单位售价。根据代销商品销售清单某种代销商品的“单位售价”，并与代销协议的规定核对无误后填写。

(6) 销售额。根据代销商品销售清单某种代销商品的“销售额”审核无误后填写。

(7) 计提比例。根据代销协议对某种代销商品规定的计提比例填写。

(8) 应计提手续费。根据某种代销商品的销售额乘以计提比例计算的数据填写。

(9) 计算表签名。制表人、审核人和会计主管应在计算表下端相应位置签字，以保证计提的委托代销商品手续费的正确性。

【例 1-5-4】12 月 18 日，郑州中原公司收到徐州淮海公司的第一次代销商品销售清单，单上注明甲产品、乙产品的本次销售量分别为 100 只和 200 只，不含税单位售价分别为 350 元和 160 元。代销协议规定按代销商品不含税销售额的 10%计提代销商品手续费。公司会计主管邹青、审核吕美、制表凤环。

要求：根据以上资料填制证 1-5-4 委托代销商品手续费计算表。

证 1-5-4　委托代销商品手续费计算表

委托代销商品手续费计算表

年　　月　　日　　　　单位：元

委托代销单位	代销商品名称	单位	本次销售量	单位售价	销售额	计提比例	应计提手续费

会计主管　　　　审核　　　　制表

(五) 委托代销商品成本结转表

委托代销商品成本结转表，是指企业依据受托方送交的代销商品销售清单的某种代销商品的本次销售额及其销售成本率，计算应结转的委托代销商品成本的一种计算凭证。

1. 委托代销商品成本结转表的作用

企业依据受托方送交的代销商品销售清单的本次销售额确认商品销售收入时，也应按配比原则填制委托代销商品成本结转表，结转其相应的商品销售成本，以便正确计算某种委托代销商品的盈利或亏损。

2. 委托代销商品成本结转表的填写方法

委托代销商品成本结转表为单联式自制原始凭证。具体填写要求如下：

(1) 年月日。为填制该表的具体时间。

(2) 委托代销单位。根据受托方送交的代销商品销售清单注明的代销单位名称填写。

(3) 代销商品名称。根据代销商品销售清单某种代销商品名称填写。

(4) 本次销售额。根据代销商品销售清单某种代销商品“销售额”核对无误后填写。

(5) 委托代销商品销售成本率。即某种委托代销商品成本占其代销商品收入的比率。根据委托代销商品出库单注明的某种委托代销商品的总成本除以该种代销商品收入总额的计算比率填写。

(6) 应结转代销商品成本。根据某种委托代销商品的本次销售额乘以其销售成本率计算的数据填写。

(7) 结转表签名。委托方的制表人、审核人和会计主管应在委托代销商品成本结转表的相应位置签字，以保证结转的委托代销商品成本与其收入相配比。

【例 1-5-5】12 月 18 日，郑州中原公司收到徐州淮海公司的代销商品销售清单注明的甲产品、乙产品的本次销售额分别为 35 000 元和 32 000 元。公司会计主管邹青、审核吕美、制表凤环。

要求：根据以上资料和例 1-5-2 填制的委托代销商品出库单的有关资料填制证 1-5-5 委托代销商品成本结转表。

证 1-5-5　委托代销商品成本结转表

委托代销商品成本结转表

年　月　日　　　　单位：元

委托代销单位	代销商品名称	本次销售额	委托代销商品销售成本率	应结转代销商品成本

会计主管　　　　审核　　　　制表

(六) 现金折扣计算表

现金折扣计算表，是指企业采用现金折扣的方式售出商品，在规定的折扣期限内收到货款后，依据不含税销售额和规定的折扣率，计算购货方应取得现金折扣的一种计算凭证。

1. 现金折扣的特点

现金折扣是在商品收入金额确定的情况下，销货方为鼓励购货方在规定的期限内付款提供的债务扣除。购货方在不同的期限内付款可以享受不同比例的折扣。企业采用现金折扣方式销售商品，是一种较好的商品促销方式。一方面可以促使购货单位在规定的折扣期限内支付购货款，使其以低于正常价格的方式购进所需物品，节约采购资金；另一方面销货单位可以尽快收回销货款，避免形成商品积压的现象，逐步扩大市场占有率。

2. 现金折扣计算表的填写方法

现金折扣计算表是单联式自制原始凭证，具体填制要求如下：

(1) 年月日。为该计算表的实际填写时间。

(2) 购货单位。根据现金折扣购货合同注明的供货单位名称填写。

(3) 购货日期。根据对供货单位开具的增值税专用发票的日期填写。

(4) 支付日期。根据收到购货方支付货款的转账支票、银行汇票、银行本票或汇款凭证注明的日期填写。

(5) 货款总额。即不含增值税的货款总额。根据对购货方开具的增值税专用发票“金额”栏的合计数填写。

(6) 折扣率。即售出某种商品规定的现金折扣额占不含税销售额的比率。根据现金折扣购货合同规定的折扣率填写。

(7) 现金折扣额。根据该计算表某种商品的货款总额乘以其折扣率计算的数据填写。

(8) 计算表签名。制表人、审核人和会计主管应在现金折扣计算表的相应位置签字，以保证所计算的现金折扣额的正确性。

【例 1-5-6】12 月 20 日，郑州中原公司收到河南淮河公司送交的以现金折扣方式购货的转账支票 1 份。合同规定现金折扣的付款期限为 2/10、1/20、n/30，增值税专用发票注明的购货日期为 12 月 11 日，购货金额为 680 000 元、税额 115 600 元。公司会计主管邹青、审核吕美、制表凤环。

要求：根据以上资料填制证 1-5-6 现金折扣计算表。

证 1-5-6　现金折扣计算表

现金折扣计算表

年　月　日　　　　单位：元

购货单位	购货日期	付款日期	货款总额（不含税）	折扣率（%）	现金折扣额

会计主管　　　　记账　　　　审核　　　　制表

(七) 产成品销售退库单

产成品销售退库单，是指企业未按合同规定提前或延期发货，或对某种产成品超过合同规定数量发货，或产品质量存在一定问题等原因引起购货单位退货所填制的一种产成品退库凭证。

1. 产成品销售退库单的主要作用

对于购货方进行的全部或部分退货，销货方产成品库应检验购货方退回的货物品种、数量是否正确。有无短缺或损坏现象，是否为本企业生产的产品，对合格品应及时入库，对需要返修的产品送交车间返修合格后，予以入库，对合格品和返修品的数量应在产成品退库单中分别填写。只有在产成品销售退库单与购货方所在地国家税务局“开具红字增值税专用发票通知单”注明的退货品种、数量一致时，销货方才能开具红字增值税专用发票。未收到货款的作为“应收账款”的冲销；已收到货款的，将该部分货款予以退回。

2. 产成品销售退库单的填写方法

产成品销售退库单为企业的自制原始凭证，由产成品库填写。该凭证一般一式三联，第一联仓库存查，第二联会计记账，第三联销售部门存查。具体填写方法如下：

(1) 年月日。填写实际收到退货的日期。

(2) 退货单位。根据企业收到的“托收承付结算全部(部分)拒绝付款理由书”注明的付款人或负责退货的运输单位提供的退货单位名称填写。

(3) 产品名称。根据实际收到退回的产成品名称填写。

(4) 规格型号。根据实际收到退回的产成品规格型号填写。

(5) 单位。根据实际收到退回产成品的计量单位填写，如件、吨、千克、千件、张、箱等。

(6) 退库数量。根据实际收到的退回货物数量填写，并在“其中栏”注明合格品和返修品数量。

(7) 退货原因。根据退货方所在地国家税务局“开具红字增值税专用发票通知单”注明的退货理由填写。

(8) 退货单签名。产成品库的仓库主管、制单人、收货人、质检人员均应在退货单的相应位置签字，以明确各自的责任。

【例 1-5-7】12 月 22 日，郑州中原公司收到兰州金城公司的“托收承付结算部分拒绝付款理由书”及其附件。由于甲产品超合同发货 100 只，拒付货物金额 35 000 元、税额 5 950 元。产成品库已收到全部退货，货物在退回运输过程中未发生损坏，均为合格品。产成品库主管杨帆、质检员言鸥、制单丛笑。

要求：根据以上资料填制证 1-5-7 产成品销售退库单。

证 1-5-7 产成品销售退库单

产 成 品 销 售 退 库 单　　NO.

退货单位　　　　年　月　日

产品名称	规格型号	单位	退库数量	其中		退货原因
				合格品	返修品	

二 会计记账

仓库主管　　质检员　　收货　　制单

(八) 产成品入库单

产成品入库单，是指企业产成品库将生产车间按期交送，并符合质量标准的产成品验收入库所填制的一种凭证。

1. 填制产成品入库单的作用

生产车间定期将一定数量的合格产品交送仓库，有利于产成品库及时向购货单位发出所需商品，满足市场需求，进一步加速企业资金的循环与周转。产成品库应对生产车间交送的合格产品及时入库，填制产成品入库单。便于会计部门依据各种产成品的入库数量，期末进行成本核算，正确计算各种产品成本。

2. 产成品入库单的填写方法

产成品入库单为自制原始凭证，有产成品库填制。该入库单一般一式五联，第一联仓库存查，第二联会计记账，第三联车间存查，第四联生产部门存查，第五联销售部门存查。具体填制要求如下：

(1) 年月日。填写收到生产车间交货的实际日期。

(2) 交货单位。填写交货车间的名称。

(3) 产品名称。填写车间交送货物的具体名称。

(4) 规格型号。填写车间交送货物所规定的规格型号。

(5) 计量单位。填写车间交送货物所规定的计量单位，如钢材的计量单位为吨，卷烟的计量单位为标准箱，标准件的计量单位为千件等。

(6) 交送数量。填写生产车间交送某种产成品的实际数量。

(7) 检验结果。本部分包括合格和不合格两项内容。对生产车间交送的产成品经质量检查员检验符合质量规定标准的部分，填入“合格”栏；经检验不符合质量规定标准的部分，填入“不合格”栏，对不合格产品应退回交货车间。

(8) 实收数量。即实际收到某种合格产成品的数量。根据检验结果的“合格”栏的数量填写。

(9) 入库单签名。车间经办人，质量检查员，仓库保管员应在产成品入库单的相应位置签字，以履行各自的职责。

【例 1-5-8】12 月 25 日，郑州中原公司产成品库收到一车间交送甲产品 1 200 只，乙产品 1 500 只。经检验，全部为合格品，并验收入库。仓库保管员高明，质检员言鹂，车间经办人向阳。

要求：根据以上资料填制证 1-5-8 产成品入库单。

证 1-5-8　产成品入库单

产 成 品 入 库 单

交货单位　　　　　　　　　年　月　日　　　　　　　　编号

产品名称	规格型号	计量单位	交送数量	检验结果		实收数量
				合格	不合格	

二 会计记账

仓库保管员　　　　　　　　质检员　　　　　　　　车间经办人

(九) 完工入库产成品成本汇总表

完工入库产成品成本汇总表，是指企业月末依据本月份各产品成本计算表的完工产品数量、成本、单位成本，将完工入库的各种产成品成本加计汇总的一种凭证。

1. 完工入库产成品成本汇总表的作用

由于企业生产规模、经营性质不同，生产的产成品种类存在较大的区别。一些企业产品比较单一、品种较少；另一些企业产品种类繁多，有几十种，甚至上百种。如将当月完工入库产成品的数量、成本通过“完工入库产成品成本汇总表”进行汇总，可以减轻企业的核算工作量，进一步提高企业的管理水平。

2. 完工入库产成品成本汇总表的填写方法

完工入库产成品成本汇总表为单联式自制原始凭证。具体填制要求如下：

(1) 年月日。填写该月份的月末日。

(2) 产品名称。根据该月份各产品成本计算表注明的产成品名称填写。

(3) 计量单位。根据各产成品适用的计量单位填写，如只、件、箱等。

(4) 入库数量。根据各产成品成本计算表的“完工入库产成品数量”栏的数据填写。

(5) 总成本。根据各产成品成本计算表的“完工产成品成本”合计栏的数据填写。将各产品的完工成本加计汇总，即为当月完工入库产成品的总成本。

(6) 单位成本。根据各产成品成本计算表的“完工产成品单位成本”合计栏的数据填写。

(7) 汇总表签名。企业的会计主管、审核人、制表人应在表上相应位置签字，以保证入库产成品成本的真实性。

【例 1-5-9】12 月 31 日，郑州中原公司本月份产品成本计算表中的甲产品、乙产品、丙产品本月完工产成品的数量分别为 4 200 只，8 500 只和 6 500 只；完工产品的成本分别为 1 203 300 元、1 067 770 元和 730 925 元。公司会计主管邹青、审核吕美、制表凤环。

要求：根据以上资料填制证 1-5-9 完工入库产成品成本汇总表。

证 1-5-9 完工入库产成品成本汇总表

完工入库产成品成本汇总表

年 月 日　　单位：元

产品名称	计量单位	入库数量	总成本	单位成本
合计				

会计主管　　记账　　审核　　制表

(十) 产成品销售数量汇总表

产成品销售数量汇总表，是指企业依据本月产成品销售出库单的各种产成品销售数量，减去产成品销售退库单的相关产成品退货数量的一种销售数量汇总凭证。

1. 填制产成品销售数量汇总表的作用

企业的销售业务繁多，如通过“产成品销售数量汇总表”将日常各种产成品的销售数量进行汇总，有利于企业月末规范编制“产成品销售成本汇总表”,使销售成本的结转与销售收入相配比，正确反映企业的盈利或亏损。

2. 产成品销售数量汇总表的填写方法

产成品销售数量汇总表为单联式自制原始凭证，应分产成品种类填写售出日期、凭证字号和销售数量。具体填写要求如下:

(1) 年月日。根据该月份销售商品记账凭证上的具体日期填写。

(2) 凭证号。根据同一日期销售商品记账凭证的凭证编号填写。如现收××号、银收××号、转××号以及归还购货方退货款的银付××号。

(3) 销售数量。根据同一日期销售商品记账凭证所附的“产成品销售出库单”的某产品“实出库”数量，或“产成品销售退库单”的某产品退库数量进行填写。前者用蓝字，表示销售；后者应用红字，表示销售退回。

(4) 合计。即某产品本月份销售数量合计，应分产成品种类加计汇总后填写，对表示销售退回的红字数量应从合计数据中扣除。

(5) 汇总表签名。公司的会计主管、审核人、制表人应在表上各自的位置签字，以保证该月份各种产成品销售数量的准确性。

【例 1-5-10】12 月 31 日，郑州中原公司该月份有关销售商品的记账凭证日期、凭证号及所附的产成品销售出库单的销售数量，产成品销售退库单的退货数量资料如下：

12 月 5 日，银收 5 号凭证，甲产品，乙产品的销售数量分别为 300 只和 600 只；12 月 8 日，转 15 号凭证，甲产品，乙产品、丙产品的销售数量分别为 600 只、500 只和 1 200 只；12 月 12 日，银收 18 号凭证，乙产品、丙产品的销售数量分别为 900 只和 800 只；12 月 18 日，转 36 号凭证，甲产品、丙产品的销售数量分别为 800 只和 600 只；12 月 22 日，转 48 号凭证，甲产品发生退货 100 只；12 月 25 日，银收 56 号凭证，甲产品、乙产品、丙产品的销售量分别为 500 只、800 只和 1 000 只；12 月 26 日，银收 66 号凭证，甲产品、乙产品销售数量分别为 1 200 只和 1 500 只；12 月 28 日，转 88 号凭证，乙产品、丙产品的销售数量分别为 1 200 只和 1 600 只；12 月 31 日，银收 96 号凭证，甲产品、丙产品的销售数量分别为 200 只和 800 只。公司会计主管邹青、审核吕美、制表凤环。

要求：根据以上资料填制证 1-5-10 产成品销售数量汇总表。

证 1-5-10　产成品销售数量汇总表

产成品销售数量汇总表

年　月　日　　　　单位：只

甲产品			乙产品			丙产品		
日期	凭证号	销售数量	日期	凭证号	销售数量	日期	凭证号	销售数量

续表

甲产品			乙产品			丙产品		
日期	凭证号	销售数量	日期	凭证号	销售数量	日期	凭证号	销售数量
合计			合计			合计		

会计主管　　　　　　　　　　审核　　　　　　　　　　制表

(十一) 产成品销售成本汇总计算表

产成品销售成本汇总计算表，是指企业月末依据当月“产成品销售数量汇总表”的各种产成品实际销售数量与其相应的加权平均单位成本，计算、结转产成品销售成本的一种汇总计算凭证。

1. 企业正确计算产成品销售成本的条件

企业准确计算产成品销售成本取决于两个因素，一是该期各种产成品的实际销售数量，二是该期各种产成品的加权平均单位成本。对企业该月发生的某种委托代销商品，应将其成本及数量采用先进先出法从“库存商品”明细账中转出后，再计算该种产成品的加权平均单位成本。

2. 产成品销售成本汇总表的填写方法

产成品销售成本汇总表为单联式自制原始凭证，具体填制要求如下：

(1) 年月日。填写该月份的月末日。

(2) 产品名称。根据本月份实际销售的产成品名称填写。

(3) 计量单位。根据该月份实际销售产成品适用的计量单位填写，如吨、件、箱、千克、辆、台等。

(4) 月初结存。即某种产成品月初(即上月末)结存的数量和金额。本部分的数量和成本，根据“库存商品”明细账上月末“结存”栏的“数量”和“金额”数据分别填写。

(5) 委托代销商品。即本月发出委托代销商品的数量和金额。本部分数量和成本根据“库存商品”明细账某种商品的摘要栏注明的“发出委托代销商品”字样行次的“发出”栏的“数量”和“金额”的数据分别填写。

(6) 本月入库。即本月入库产成品的数量和金额。本部分的数量和成本，根据“库存商品”明细账相关产成品“收入”栏的“数量”和“金额”的本月合计数分别填写。

(7) 合计。本部分包括数量、成本和加权平均单位成本三项内容。数量合计根据某种产成品的月初结存数量减去委托代销商品数量加上本月入库数量所计算的数据填写。成本合计根据某种产成品的月初结存成本减去委托代销商品成本加上本月入库成本所计算的数据填写。加权平均单位成本根据同一行次的成本合计除以数量合计所计算的数据填写。

(8) 本月销售。即本月某种产成品的销售数量和成本。数量根据“产成品销售数量汇总表”同一产成品的合计数填写；成本根据同一行次的本月销售数量乘以其加权平均单位成本计算的数据填写。

(9) 计算表签名。公司的会计主管、审核人、制表人应在该计算表上相应的位置签字，以保证产成品销售成本的真实性。

【例 1-5-11】12 月 31 日，郑州中原公司该月份“库存商品”明细账中，甲产品、乙产品和丙产品上月末结存数量分别为 1 000 只、2 000 只和 2 500 只，金额分别为 280 000 元、250 000 元和 285 000 元；本月甲产品、乙产品和丙产品的入库数量分别为 4 200 只、8 500 只和 6 500 只，金额分别为 1 203 300 元、1 067 770 元和 730 925 元；本月发出委托代销商品的甲产品、乙产品的数量分别为 200 只和 500 只，金额分别为 56 000 元和 62 500 元。公司会计主管邹青、审核吕美、制表凤环。

要求：根据以上资料和例 1-5-10 填制的产成品销售数量汇总表的有关资料填制证 1-5-11 产成品销售成本汇总计算表。

证 1-5-11　产成品销售成本汇总计算表

产成品销售成本汇总计算表

年　　月　　日　　　　　　单位：元

产品名称	计量单位	月初结存		委托代销商品		本月入库		合计			本月销售	
		数量	成本	数量	成本	数量	成本	数量	成本	加权平均单位成本	数量	成本
合计												

会计主管　　　　记账　　　　审核　　　　制表

六、工资薪金类原始凭证

工资薪金类原始凭证，是指企业一定时期的工资薪金发放、分配、结转代扣款项及计算货币性职工薪酬的原始凭证。

工资薪金类原始凭证一般应由职工薪酬结算表、职工薪酬结算汇总表、代扣款项汇总表、职工薪酬分配表、货币性职工薪酬计算汇总表和非货币性职工薪酬分配表等凭证组成。

工资薪金类原始凭证数据联系紧密，职工薪酬结算汇总表根据车间、部门的职工薪酬结算表填制，代扣款项汇总表根据职工薪酬结算汇总表的代扣款项部分填写，职工薪酬分配汇总表根据职工薪酬结算汇总表的应付职工薪酬部分进行分配，货币性职工薪酬计算汇总表根据职工薪酬结算汇总表的应付职工薪酬和有关部门规定的各种货币性职工薪酬计提比例计算的数据填列。

本部分仅对职工薪酬汇总表、职工薪酬分配汇总表和货币性职工薪酬计算汇总表等三种原始凭证的填制要求等进行以下阐述。

(一) 职工薪酬结算汇总表

职工薪酬结算汇总表，是反映企业某月份各个车间、部门的应付职工薪酬、代扣款项和实发职工薪酬的一种汇总计算凭证。

1. 职工薪酬的意义

职工薪酬是企业与职工之间经济利益分配的一种形式，是企业职工一定时期所付出的劳动应得到的报酬，企业应根据职工薪酬结算汇总表的实发职工薪酬，及时、足额向职工发放工资薪金，以保证职工的正当权益。

2. 职工薪酬结算汇总表的填写方法

职工薪酬结算汇总表为自制原始凭证，根据车间、部门的职工薪酬结算表汇总填写。该汇总表的总体结构分为应付职工薪酬、代扣款项和实发职工薪酬三部分，具体填写要求如下：

(1) 年、月。企业一般按月支付职工的工资薪金，职工薪酬结算表汇总表的填制时间为某年某月，不填写具体日期。

(2) 车间部门。应分车间、部门填写，车间应分清某种产品或劳务的生产工人和管理人员，以便进行工资薪金分配和计提相应的货币性职工薪酬。

(3) 职工人数。根据车间、部门的职工薪酬结算表的职工人数填写。

(4) 应付职工薪酬。即企业该月份应支付职工的工资薪金总额。本部分包括车间或部门的计时工资、计件工资、物价补贴、夜班津贴、奖金、加班工资、应扣病、事假工资等内容，应根据车间、部门的职工薪酬结算表相应栏次的合计数填写。应付职工薪酬等于某产品或劳务生产工人、车间或部门管理人员的计时工资(计件工资)加上物价补贴、夜班津贴、奖金、加班工资，减去应扣病、事假工资所计算的数据。

(5) 代扣款项。即从职工工资薪金中代为扣除并缴纳的“三险一金”和个人所得税等款项。本部分包括医疗保险费、养老保险费、失业保险费、住房公积金、个人所得税和代扣款项小计等内容，应根据车间、部门的职工薪酬结算表相应栏次的合计数填写。“三险一金”依据车间、部门职工的上年度本人月平均应付职工薪酬乘以国家有关部门规定的计提比例计算，代扣款项小计根据某产品或劳务生产工人、车间或部门管理人员的“三险一金”和个人所得税等栏次的的数据相加之和填写。

(6) 实发职工薪酬。即企业该月份向职工实际发放的工资薪金。根据车间、部门的职工薪酬结算表相应栏次的合计数填写。实发职工薪酬等于某产品或劳务生产工人、车间或部门管理人员的应付职工薪酬减去代扣款项小计的差额。

(7) 汇总表签名。公司的会计主管、审核人、制表人应分别在表上的相应位置签字，以保证表内的数据计算的正确性。

【例 1-6-1】12 月 25 日，郑州中原公司根据各车间、部门的“职工薪酬结算表”的有关资料已将职工薪酬结算汇总表的应付职工薪酬部分和代扣款项的个人所得税部分按规定填制合格。当地政府规定职工个人按每月工资薪金缴纳“三险一金”的费率分别为：养老保险费 8%，医疗保险费 2%，失业保险费 1%，住房公积金 10%。假定该月份各车间、部门的应付职工薪酬与上年度职工本人月平均工资之和一致。公司会计主管邹青、审核吕美、制表凤环。

要求：根据以上资料填制证 1-6-1 职工薪酬结算汇总表。

证 1-6-1 职工薪酬结算汇总表

职工薪酬结算汇总表

年 月　　　　单位：元

车间部门		职工人数	计时工资	计件工资	物价补贴	夜班津贴	奖金	加班工资	应扣工资		应付职工薪酬	代扣款项						实发职工薪酬
									病假	事假		医疗保险费	养老保险费	失业保险费	住房公积金	个人所得税	小计	
一车间	甲产品工人	85		170 000	3 400	1 700	17 000	12 750			204 850					1 572.50		
	乙产品工人	76		148 200	3 040	1 520	16 720	11 200			180 680					1 282		
	管理人员	9	17 350		360		1 880	1 170	200	80	20 480					106		
二车间	丙产品工人	80		154 400	3 200	1 600	16 800	11 600			187 600					1 220		
	管理人员	5	9 650		200		1 100	700	100	40	11 510					65.50		
修理车间	生产工人	23		43 240	920	450	4 370	2 600			51 580					243		
	管理人员	2	3 900		80		380	260			4 620					17		
供电车间	生产工人	9		16 920	360	200	1 530	1 300			20 310					109		
	管理人员	1	1 920		40		170	140			2 270							
在建工程人员		4	8 500		160		720				9 380					61		
医务室人员		3	6 400		120		480				7 000					44		
公司管理人员		45	94 500		1 800		9 000		300	180	104 820					651		
其中：培训科人员		3	6 200		120		600				6 920					21		
合计		342	142 220	532 760	13 680	5 470	70 150	41 720	600	300	805 100					5 371		

会计主管　　　　记账　　　　审核　　　　制表

(二) 职工薪酬分配汇总表

职工薪酬分配汇总表，是指企业将某月份的应付职工薪酬，按照产品品种、劳务名称、车间、部门进行分配的汇总凭证。

1. 职工薪酬分配的原则

职工薪酬按照单位或部门受益多少、分配多少的原则进行分配。如制造某产品生产工人的工资应分配记入为该产品设置的“生产成本——基本生产成本”科目，某车间管理人员的工资薪金应分配记入为该车间设置的“制造费用”科目等，以便正确计算产品成本和有关费用。

2. 职工薪酬分配汇总表的填写方法

职工薪酬分配汇总表为自制原始凭证，根据该月份的“职工薪酬结算汇总表”的有关资料填制。具体填写要求如下:

(1) 年、月。企业的应付职工薪酬按月进行分配，该表的填制时间应为某年某月，不填写具体日期。

(2) 车间、部门、产品名称。填写车间、部门及当月生产的产品品种名称。

(3) 应借科目。即该月应付职工薪酬应分配记入的借方会计科目。借方科目包括“生产成本——基本生产成本、辅助生产成本”、“制造费用”、“在建工程”、“应付职工薪酬——职工福利”、“管理费用”、“劳务成本”等，各会计科目的填写内容如下：

① 生产成本——基本生产成本。即应分配的本期生产某种产品的基本生产车间生产工人工资。根据“职工薪酬结算汇总表”某种产品生产工人的应付职工薪酬，按该表设置的产品名称对应填写。

② 生产成本——辅助生产成本。即应分配的本期提供某种劳务的辅助车间生产工人工资。根据“职工薪酬结算汇总表”辅助生产车间提供某种劳务的生产工人的应付职工薪酬，填入该栏及相对应车间的行次中。

③ 制造费用。即应分配的某车间管理人员的工资薪金。根据“职工薪酬结算汇总表”各车间管理人员的应付职工薪酬，在该栏及相对应车间的行次中填写。

④ 在建工程。即本期应分配的在建工程有关人员的工资薪金。根据“职工薪酬结算汇总表”在建工程人员的应付职工薪酬，填入本栏及相对应的“固定资产工程”行次中。

⑤ “应付职工薪酬——职工福利”。即应付公司医务室等福利部门人员的工资薪金。根据“职工薪酬结算汇总表” 医务室的应付职工薪酬，填入本栏及相对应的“医务室”行次中。

⑥ 劳务成本。即本期应分配的培训部门等有关人员的工资。根据“职工薪酬结算汇总表”培训科人员的应付职工薪酬，填入本栏及相对应的“培训科”行次中。

⑦ 管理费用。即本期应分配的公司管理人员的工资薪金。根据“职工薪酬结算汇总表”公司管理人员的应付职工薪酬(如包含培训科人员工资薪金的，应从中扣除)，填入该栏及相对应的“公司管理人员”行次中。

(4) 分配表签名。公司的会计主管、审核人、制表人应在职工薪酬分配表上的相应位置签字，以保证应付职工薪酬分配的合理性。

【例 1-6-2】12 月 31 日，郑州中原公司依据当月“职工薪酬结算汇总表”的有关资料，填制职工薪酬分配汇总表。公司会计主管邹青、审核吕美、制表凤环。

要求：根据证 1-6-1 职工薪酬结算汇总表的应付职工薪酬资料填制证 1-6-2 职工薪酬分配汇总表。

证 1-6-2

职工薪酬分配汇总表

年　　月　　　　　　单位：元

车间、部门	应借科目							
产品名称	生产成本——基本生产成本	生产成本——辅助生产成本	制造费用	在建工程	应付职工薪酬——职工福利	劳务成本	管理费用	合计
甲产品								
乙产品								
丙产品								
一车间								
二车间								
修理车间								
供电车间								
固定资产工程								
医务室								
培训科								
公司管理部门								
合计								

会计主管　　　　记账　　　　审核　　　　制表

(三) 货币性职工薪酬计算汇总表

货币性职工薪酬计算汇总表，是指企业根据该期职工薪酬结算汇总表的应付职工薪酬及国家有关部门的规定标准，计算本期各种货币性职工薪酬的计算凭证。

1. 货币性职工薪酬的主要内容

企业计提的货币性职工薪酬，主要包括“五险一金”、“工资薪金附加费”等。“五险一金”是企业负担并为职工缴纳的医疗保险费、养老保险费、 失业保险费、工伤保险费、生育保险费和住房公积金。“工资薪金附加费”是我国历次会计制度均规定按企业工资薪金总额比例计提的职工福利、工会经费和职工教育经费。“五险一金”和“工资薪金附加费”应严格按照国家有关部门规定的标准计算提取，不得任意提高提取比例。

2. 货币性职工薪酬计算汇总表的填制方法

货币性职工薪酬计算汇总表为自制原始凭证，以“职工薪酬结算汇总表”各车间、部门的应付职工薪酬作为计算货币性职工薪酬的基础，分别乘以有关规定标准所计算的数据进行填制。具体填写要求如下：

(1) 年月日。为填制该汇总表的具体时间，一般为月末日。

(2) 车间、部门。依据“职工薪酬结算汇总表”所设置的车间、部门相对应填写，对公司管理部门所属的“其中：培训科”，应单独列示，以便规范会计处理。

(3) 应付职工薪酬。计提“五险一金”的职工薪酬应按有关部门核定的上年度工资总额填写，“工资薪金附加费”应填写该月份的应付职工薪酬。

(4) 应计提货币性职工薪酬。本部分包括医疗保险费、养老保险费、 失业保险费、工伤保险费、生育保险费、住房公积金、职工福利、工会经费、职工教育经费等栏次。各栏依据产品或劳务生产工人、车间、部门的管理人员的应付职工薪酬乘以有关规定标准计算的数据填写。

(5) 汇总表签名。公司的会计主管、审核、制表等有关人员应在该汇总表上的相应位置签字，以保证应计提的各种货币型职工薪酬的准确性。

【例 1-6-3】12 月 31 日，郑州中原公司依据该月的“职工薪酬结算汇总表”和有关部门规定的各种货币性职工薪酬计提比例，编制货币性职工薪酬计算汇总表。(假定有关部门核定的上年度工资总额与该月的应付职工薪酬一致。)

有关部门对企业规定的货币性职工薪酬计提比例分别为：医疗保险费 8%、养老保险费 20%、失业保险费 2%、工伤保险费 0.5%、生育保险费 0.5%、住房公积金 10%、职工福利 14%、工会经费 2%、职工教育经费 2.5%;公司会计主管邹青、审核吕美、制表凤环。

要求：根据以上资料和证 1-6-1“职工薪酬结算汇总表”的有关资料填制证 1-6-3 货币性职工薪酬计算汇总表。

证 1-6-3 货币性职工薪酬计算汇总表

货币性职工薪酬计算汇总表

年 月 日　　　　单位：元

车间部门		应付职工薪酬	应计提货币性职工薪酬									
			医疗保险费	养老保险费	失业保险费	工伤保险费	生育保险费	住房公积金	职工福利	工会经费	职工教育经费	合计
一车间	甲产品工人											
	乙产品工人											
	管理人员											
二车间	丙产品工人											
	管理人员											
修理车间	生产工人											
	管理人员											
供电车间	生产工人											
	管理人员											
固定资产工程												
医务室												
培训科												
公司管理部门												
合计												

会计主管　　　　记账　　　　审核　　　　制表

七、固定资产和在建工程类原始凭证

固定资产和在建工程类原始凭证，是指企业固定资产增加或减少以及尚未完工工程的凭证。具体可分为固定资产增加类、固定资产减少类和在建工程类原始凭证。

(1) 固定资产增加类原始凭证，是指企业购进房屋或不需安装设备，以及建造、安装完工等原因增加固定资产的有关凭证。包括固定资产安装工程竣工交接单、固定资产(房屋)验收单和固定资产(运输设备)验收单。

(2) 固定资产减少类原始凭证，是指企业由于报废、毁损、出售等原因减少固定资产的有关凭证。包括固定资产清理单、出售设备增值税计算表、出售设备净收益计算表等。

(3) 在建工程类原始凭证，是指企业建造或安装固定资产工程的有关凭证。由于在建工程人员的工资、工程领用材料已分别在工资薪金类和材料类原始凭证中进行了反映，本部分主要包括在建工程领用材料应结转成本差异计算表、在建工程领用材料应转出进项税计算表、在建工程分配辅助生产费用应转出增值税计算表等。

(一) 固定资产安装工程竣工交接单

固定资产安装工程竣工交接单，是指企业设备管理部门向设备使用部门移交已安装完工设备数量、价值的凭证。

1. 固定资产安装工程竣工交接方式

对企业购进需要安装的设备安装调试合格后，应及时交付设备使用单位，使设备尽快投入生产使用，形成相应的生产能力。在固定资产安装工程竣工交接单上应反映所安装设备的开工、竣工日期，设备数量和价值，并由主管部门和使用部门领导签字办理相关交接手续。

2. 固定资产安装工程竣工交接单的填写方法

固定资产安装工程竣工交接单为自制原始凭证。该凭证一式三联，第一联设备管理部门存查，第二联会计记账，第三联使用单位存查。具体填写方法如下：

(1) 年月日。为填制该交接单的具体日期。

(2) 设备名称。根据需要安装设备增值税专用发票的“货物或应税劳务名称”栏注明的设备名称填写。

(3) 规格型号。根据防伪增值税专用发票设置的“规格型号”栏，或非防伪增值税专用发票的“货物或应税劳务名称”栏注明的某种设备规格型号填写。

(4) 单位。根据需要安装设备增值税专用发票的“计量单位”填写，如台、套等。

(5) 数量。根据需要安装设备的数量填写。

(6) 开工日期。根据将需要安装设备交付安装单位的日期填写。

(7) 竣工日期。根据设备安装完工经试用达到规定标准的日期填写。

(8) 实际成本。即安装完工设备的实际成本。本部分包括设备费、运杂费、安装费、实际成本合计四项内容。可按以下内容填写：

① 设备费。即购进需要安装设备的价格。根据增值税专用发票该设备的“金额”栏数

据填写。

② 运杂费。即购进需要安装设备支付的运输费、装卸费、保险费等运输成本。根据支付该设备运杂费取得的公路、内河货物运输业统一发票或其他运费票据的合计金额，减去准予抵扣的进项税额的数据填写。

③ 安装费。即某种设备发生的安装成本。设备安装可委托外部安装单位安装，也可以由企业自行安装。如委托外单位安装的，可依据取得安装单位开具发票的金额合计数填写；如企业自行安装的，应根据“在建工程——某安装工程”归集的材料、人工和费用的合计数填写。

④ 实际成本合计。根据设备费、运杂费、安装费相加之和的数据填写。

(9) 移交单位。即负责向设备使用单位办理设备移交手续的管理部门。本部分应填写实际移交设备的数量，并由设备部门主管、经办人分别在表中相应位置签字，明确各自的经济责任。

(10) 接收单位。即实际使用安装完工设备的单位。本部分应由设备使用单位依次填写部门名称、接收设备名称、数量、并由使用单位领导签收。

(11) 交接单签名。公司的会计主管、审核人员应在表上相应的位置签字，以保证交付使用设备数量、成本的正确性。

【例 1-7-1】12 月 6 日，郑州中原公司设备科本月 3 日在修理车间交付安装的 2 台 X61W 250×1 000 万能铣床安装调试合格，交付该车间使用。增值税专用发票注明万能铣床每台金额 180 000 元，税额 30 600 元；公路、内河货物运输业统一发票注明万能铣床运输费 3 200 元，装卸费 200 元；支付市安装公司设备安装费每台 1 250 元。设备主管常青、经办人叶盛、修理车间主任史强。公司会计主管邹青、审核吕美。

要求:根据以上资料填制证 1-7-1 固定资产安装工程竣工交接单。

证 1-7-1　固定资产安装工程竣工交接单

固定资产安装工程竣工交接单

年　　月　　日

<table>
<tr><td rowspan="2">设备名称</td><td rowspan="2">规格型号</td><td rowspan="2">单位</td><td rowspan="2">数量</td><td rowspan="2">开工日期</td><td rowspan="2">竣工日期</td><td colspan="4">实际成本（元）</td></tr>
<tr><td>设备费</td><td>运杂费</td><td>安装费</td><td>合计</td></tr>
<tr><td></td><td></td><td></td><td></td><td></td><td></td><td></td><td></td><td></td><td></td></tr>
<tr><td></td><td></td><td></td><td></td><td></td><td></td><td></td><td></td><td></td><td></td></tr>
</table>

<table>
<tr><td rowspan="3">移交单位</td><td>设备科主管</td><td></td><td rowspan="3">接收单位</td><td>部门</td><td>设备名称</td><td>数量</td><td>部门领导</td></tr>
<tr><td>设备科经办</td><td></td><td rowspan="2"></td><td rowspan="2"></td><td rowspan="2"></td><td rowspan="2"></td></tr>
<tr><td>移交数量</td><td></td></tr>
</table>

会计主管　　　　　　　　　　审核　　　　　　　　　　记账

(二) 固定资产清理单

固定资产清理单，是指企业由于出售、报废、毁损等原因，将某项固定资产转入清理的凭证。

1. 填制固定资产清理单的作用

企业因出售、报废、毁损等原因处置某项固定资产时，应在固定资产清理单上填写清理原因、固定资产名称、数量、预计使用年限、已使用年限、原始价值和已提折旧等有关资料，由会计部门据以填制相应的转账凭证，登记“固定资产清理”、“累计折旧”和“固定资产”明细分类账，以便进行相应的处理。

2. 固定资产清理单的填写方法

固定资产清理单为自制原始凭证。该凭证一式三联，第一联固定资产管理部门存查，第二联会计记账，第三联使用单位存查。具体填写方法如下：

(1) 年月日。填写清理某项固定资产的当日。

(2) 固定资产名称。根据固定资产明细账或卡片，填写所清理固定资产的具体名称。

(3) 规格型号。根据固定资产明细账或卡片，填写所清理固定资产的规格型号。

(4) 数量。填写所清理固定资产的实际数量。

(5) 预计使用年限。根据固定资产明细账或卡片，填写所清理固定资产的预计使用年限。

(6) 已使用年限。填写所清理固定资产的实际使用年限。

(7) 原始价值。即所清理固定资产的入账价值。根据所清理固定资产的明细账余额栏的金额除以数量计算的数据填写。如该账页的固定资产全部转入清理，则不需要计算单台(辆、套、幢)的固定资产原值，应将其全部余额填入该清理单。

(8) 已提折旧。即所清理固定资产已提取的累计折旧额。由于当月减少的固定资产应照提折旧。应根据所清理固定资产累计折旧明细账上月末累计已提取折旧加上该项资产本月应提但尚未提取的折旧之和填写。

(9) 固定资产清理原因。填写清理该项固定资产的具体原因，如出售等。

(10) 清理单签名。固定资产使用单位、主管部门领导应对所清理固定资产签写同意清理的意见，并经公司领导审批后，将该项固定资产转入清理。

【例 1-7-2】12 月 10 日，郑州中原公司二车间的 C630 车床 1 台长期未使用，经车间领导齐新、设备科主管常青签署意见，并经公司领导翟宁审批同意转入出售清理。该设备预计使用年限 10 年，已使用 49 个月；固定资产明细账中该设备原值为 90 000 元，累计折旧明细账表明该设备上月末累计已提折旧额 34 560 元，月折旧率为 0.8%。

要求：根据以上资料填制证 1-7-2 固定资产清理单。

(三) 出售设备增值税计算表

出售设备增值税计算表，是指企业对收到的出售设备价款，按税法有关规定计算应缴纳增值税的计算凭证。

证 1-7-2　固定资产清理单

固定资产清理单

年　月　日　　　　　　　　　　编号

固定资产名称	规格型号	单位	数量	预计使用年限	已使用年限	原始价值	已提折旧
固定资产清理原因							
使用部门意见		设备部门意见		公司领导意见			

单位主管　　　　　　　审核　　　　　　　制表

1. 企业出售设备应交增值税的计算

按增值税的有关规定，企业出售 2009 年 1 月 1 日以后购进的设备，应按出售设备价款 17%的税率计算应交增值税；出售 2009 年 1 月 1 日前购进尚未进行增值税抵扣的设备，按出售设备价款 4%的征收率减半计算缴纳增值税税额。

2. 出售设备增值税计算表的填写方法

出售设备增值税计算表为单联式自制原始凭证。具体填写方法如下:

(1) 年月日。为填写该计算表的具体日期。

(2) 设备名称。填写所出售设备的具体名称，应与该设备的固定资产清理单名称一致。

(3) 规格型号。填写所出售设备的规格型号。应与该设备固定资产清理单的设备规格型号相同。

(4) 出售金额。填写所出售设备的实际收到的价款。

(5) 出售设备增值税税率或征收率。根据税法的规定填写，税率为 17%，征收率为 4%。

(6) 增值税销项税额。如企业出售 2009 年 1 月 1 日后购进的设备，其销项税额依据公式“设备出售金额/（1+17%）×17%”计算的数据填写；如出售 2009 年 1 月 1 日前尚未进行增值税抵扣的设备，按征收率减征 50%计算其增值税销项税额。依据公式“(设备出售金额/1+4%)×4%×50%”计算的数据填写。

(7) 实际设备转让净收入。即不含增值税的设备转让收入。根据设备出售金额减去增值税销项税额后的数据填写。

(8) 计算表签名。公司的会计主管、审核、制表等有关人员，应在表上相应的位置签字，以保证增值税销项税额计算的正确性。

【例 1-7-3】12 月 12 日，郑州中原公司将转入清理的二车间 C630 车床 1 台售出，收到设备转让款 78 000 元。该设备属于 2009 年 1 月 1 日前购进，未进行增值税抵扣。公司会计主管邹青、审核吕美、制表凤环。

要求:根据以上资料填制证 1-7-3 出售设备增值税计算表。

证 1-7-3　出售设备增值税计算表

出售设备增值税计算表

年　月　日　　　　　　　　　　　　单位：元

设备名称	规格型号	出售金额	出售设备的增值税税率或征收率	计算的增值税销项税额	备注
					实际设备转让净收入

会计主管　　　　　　　记账　　　　　　　审核　　　　　　　制表

(四) 出售设备净收益计算表

出售设备净收益计算表，是指企业从出售设备净收入中扣除出售设备净值，清理费用后所计算的净收益或净损失的计算表。

1. 出售设备净收益（净损失）的计算

企业取得出售设备款后，应按税法的有关规定计算应缴纳的增值税，并计算其净收入。在出售设备净收益计算表中，以出售设备净收入与出售设备净值和清理费用相减计算其收益或损失，如前者大于后者，则为出售设备净收益；如前着小于后者，则为出售设备净损失。

2. 出售设备净收益计算表的填写方法

出售设备净值收益计算表为单联式自制原始凭证，其填制方法如下：

(1) 年月日。为填写该计算表的实际日期。

(2) 设备名称。填写出售设备的具体名称，应与该设备固定资产清理单填写的设备名称一致。

(3) 规格型号。填写出售设备的规格型号，应与该设备固定资产清理单填写的规格型号相同。

(4) 设备原值。根据出售设备“固定资产”明细账余额栏的金额除以数量计算的数据填写，应与该设备固定资产清理单填写的原始价值一致。

(5) 已提折旧。根据出售设备“累计折旧”明细账的上月末累计已提折旧加上本月应提但尚未提取折旧相加之和填写，应与该项设备固定资产清理单填写的“已提折旧”数据一致。

(6) 设备净值。根据该计算表的设备原值减去已提折旧的差额填写，应与该设备已记入“固定资产清理”明细账的净值数据一致。

(7) 清理费用。根据出售设备“固定资产清理”明细账中登记的清理费用数据填写。

(8) 转让净收入。根据“固定资产清理”明细账登记的出售设备价款减去计提出售设备销项税额的差额填写，应与“出售设备增值税计算表”的“实际设备转让净收入”数据一致。

(9) 转让净收益。根据该计算表的转让净收入减去设备净值和清理费用的差额填写，如为净损失，以“－”号表示。

(10) 计算表签名。公司的会计主管、审核、制表等有关人员应在表上相应的位置签字，以保证出售设备净收益或净损失计算的正确性。

【例 1-7-4】12 月 12 日，郑州中原公司收到出售 C630 车床 1 台的转让款 78 000 元，该设备支付清理费用 1 200 元，公司会计主管邹青、审核吕美、制表凤环。

要求：根据以上资料并结合例 1-7-2 填制的固定资产清理单和例 1-7-3 填制的出售设备增值税计算表的有关资料，填制证 1-7-4 出售设备净收益计算表。

证 1-7-4　出售设备净收益计算表

出售设备净收益计算表

年　月　日　　　　单位：元

设备名称	规格型号	设备原值	已提折旧	设备净值	清理费用	转让净收入	转让净收益

会计主管　　　记账　　　审核　　　制表

(五) 在建工程领用材料应结转成本差异计算表

在建工程领用材料应结转成本差异计算表，是指企业房屋、建筑物、自制设备等在建工程，领用材料计划成本应负担相应材料成本差异额的计算表。

1. 结转在建工程应负担材料成本差异的方法

企业购进不同产地、不同批次的同一种材料所支付的材料价款存在一定的差别，可能高于该种材料的计划成本形成超支差异，也可能低于该种材料的计划成本形成节约差异。为了正确计算企业房屋、建筑物、自制设备等在建工程成本，应采用先进先出法对其领用材料的计划成本，分别按领用月初结存及本月购进材料的批次计算应结转的材料成本差异额。

2. 在建工程领用材料应结转成本差异计算表的填制要求

在建工程领用材料应结转成本差异计算表为自制原始凭证。整体结构分为“领用月初库存材料应结转成本差异额”、“领用本月购进材料应结转成本差异额”、“应结转材料成本差异额合计”三部分。具体填写方法如下：

(1) 年月日。为填写该计算表的实际日期。

(2) 材料名称。依据“原材料”明细账中某项在建工程实际领用的材料名称填写。

(3) 计量单位。依据“原材料”明细账中某项在建工程领用材料的计量单位填写，如吨、件、只等。

(4) 领用月初库存材料应结转成本差异额。本部分包括领用月初库存材料的数量、计划单价、计划成本、成本差异率和成本差异额五项内容。各项内容按以下方式填写：

① 数量。即某项在建工程领用月初结存某种材料的数量，如领用该种材料数量小于或等于其“原材料”明细账的月初结存数量时，在“数量”栏填写该项在建工程实际领用的该种材料数量；如领用该种材料数量大于其“原材料”明细账的月初结存数量时，将与该种材料月初结存量相等部分填入该“数量”栏，其大于该种材料月初结存量的部分填入“领用本月购料计划成本”的“数量”栏。

② 计划单价。即某项在建工程领用某种材料的计划单价。根据“原材料”明细账中的该种材料的计划单价填写。

③ 计划成本。根据领用某种材料数量乘以其计划单价计算的数据填写。

④ 成本差异率。即月初材料成本差异额与月初库存材料计划成本的比率。根据“材料成本差异——原材料成本差异”明细账的月初余额除以“原材料”明细账月初结存材料计划成本总额(或原材料总账月初余额)计算的数据填写。如为节约成本差异率，以“－”号表示。

⑤ 成本差异额。即某项在建工程领用月初库存材料计划成本应负担的材料成本差异额。根据领用某种材料的计划成本乘以其成本差异率计算的数据填写。如为节约成本差异额，以“－”号表示。

(5) 领用本月购进材料应结转成本差异额。本部分包括领用本月购料计划成本、领用本月第一次购料实际成本、领用本月第二次购料实际成本、领用本月购进材料实际成本合计和成本差异额等五项内容。各项内容按以下要求填写。

① 领用本月购进材料计划成本。该项内容包括领用材料数量、计划单价和计划成本合计三个栏次。

数量，指某项在建工程领用本月购进某种材料的数量。如领用的某种材料已无月初结存数量。应将“原材料”明细账中该种材料的领用数量填入“数量”栏；如领用某种材料时存在月初结存数量，应将扣除月初结存数量后的部分填入该栏。

计划单价，根据某项在建工程领用某种材料的“原材料”明细账的计划单价填写。

计划成本合计。根据领用某种材料的数量乘以其计划单价计算的数据填写。

② 领用本月第一次购料实际成本。该项内容包括领用材料数量、实际单价、实际成本合计三个栏次。

数量，指某项在建工程领用本月第一次购进某种材料的数量。如某项在建工程领用丁材料1 000千克，丁材料月初结存数量300千克，本月第一次购进丁材料800千克，扣除月初结存数量300千克后，应在该“数量”栏填写700千克；如其他条件不变，本月购进丁材料第一次500千克，第二次600千克，应在领用月初库存材料“数量”栏填写300千克，在该“数量”栏填写500千克，填入“领用本月第二次购料实际成本”的“数量”栏200千克。

实际单价，依据某项在建工程领用该种材料的“原材料”明细账记载的凭证字号，查找该记账凭证所附的“材料采购成本计算表”的该种材料的“实际单位成本”填写。

实际成本合计，根据领用该种材料的数量乘以其实际单价计算的数据填写。

③ 领用本月第二次购料实际成本。该项内容包括领用材料数量、实际单价、实际成本合计三个栏次。

“数量”栏的填写已在“领用本月第一次购料实际成本”的“数量”栏的填写方法中

进行说明；“实际单价”、“实际成本合计”栏的填写与“领用本月第一次购料实际成本”的“实际单价”和“实际成本合计”栏的填写要求相同。

④ 领用本月购进材料实际成本合计。根据领用某种材料的第一次与第二次实际成本相加之和的数据填写。

⑤ 成本差异额。即某项在建工程领用本月购进材料实际成本与计划成本的差异额。根据某种材料的“领用本月购进材料计划成本”的“合计”栏数据减去“领用本月购进材料实际成本合计”的差额填写。如前者小于后者，为超支成本差异额；如前者大于后者，为节约成本差异额，以“－”号表示。

(6) 应结转材料成本差异额合计。即某项在建工程领用生产材料计划成本应结转的材料成本差异额。根据某种材料的“领用月初库存材料应结转成本差异额”与“领用本月购进材料应结转成本差异额”两部分的“成本差异额”相加之和填写，如为节约成本差异额，以“－”号表示。

(7) 计算表签名。公司的会计主管、审核人、制表人应在该计算表相应的位置签字，以保证在建工程领用生产材料计划成本应负担的成本差异额计算的客观、公正。

【例 1-7-5】12 月 8 日，郑州中原公司生产车间在建工程领用甲材料 1 200 千克，其中：领用本月第一次购料 660 千克，第二次购料 540 千克，实际单价分别为每千克 49.20 元和 48.90 元；领用月初库存乙材料 1 000 千克，成本差异率为 1%；领用丙材料 600 千克，为本月第一次购进材料，实际单价为每千克 67.25 元；甲、乙、丙材料的计划单价分别为每千克 50 元、46 元、68 元。公司会计主管邹青、审核吕美、制表凤环。

要求：根据以上资料填制证 1-7-5 在建工程领用材料应结转成本差异计算表。

(六) 在建工程领用材料应转出进项税计算表

在建工程领用材料应转出进项税计算表，是指企业按照房屋、建筑物等在建工程领用生产材料的实际成本及适用的增值税税率，计算转出应由在建工程负担的增值税进项税额的计算表。

1. 填制在建工程领用材料应转出进项税计算表的作用

根据增值税的有关规定，企业的房屋、建筑物等在建工程领用生产材料的增值税不能抵扣，应通过“在建工程领用材料应转出进项税计算表”计算后予以转出，由会计人员根据该计算表填制相应的转账凭证，登记“在建工程”和“应交税费——应交增值税”明细分类账。转出的增值税进项税额，由在建工程成本负担。

2. 在建工程领用材料应转出进项税计算表的填写方法

在建工程领用材料应转出进项税计算表，为单联式自制凭证。具体填写方法如下：

(1) 年月日。为填写该计算表的实际日期。

(2) 领用材料计划成本。根据“在建工程”明细账该项在建工程领用各种材料的计划成本之和填写，应与“在建工程领用材料应结转成本差异计算表”中的领用月初库存材料和领用本月购进材料两部分的计划成本合计数相等。

证 1-7-5　在建工程领用材料应结转成本差异计算表

在建工程领用材料应结转成本差异计算表

年　　月　　日　　　　单位：元

<table>
<tr><th rowspan="3">材料名称</th><th rowspan="3">计量单位</th><th colspan="5" rowspan="2">领用月初库存材料应结转成本差异额</th><th colspan="11">领用本月购进材料应结转成本差异额</th><th rowspan="3">应结转材料成本差异额合计</th></tr>
<tr><th colspan="3">领用本月购料计划成本</th><th colspan="3">领用本月第一次购料实际成本</th><th colspan="3">领用本月第二次购料实际成本</th><th rowspan="2">领用本月购进材料实际成本合计</th><th rowspan="2">成本差异额</th></tr>
<tr><th>数量</th><th>计划单价</th><th>计划成本</th><th>成本差异率</th><th>成本差异额</th><th>数量</th><th>计划单价</th><th>合计</th><th>数量</th><th>实际单价</th><th>合计</th><th>数量</th><th>实际单价</th><th>合计</th></tr>
<tr><td></td><td></td><td></td><td></td><td></td><td></td><td></td><td></td><td></td><td></td><td></td><td></td><td></td><td></td><td></td><td></td><td></td><td></td><td></td></tr>
<tr><td></td><td></td><td></td><td></td><td></td><td></td><td></td><td></td><td></td><td></td><td></td><td></td><td></td><td></td><td></td><td></td><td></td><td></td><td></td></tr>
<tr><td></td><td></td><td></td><td></td><td></td><td></td><td></td><td></td><td></td><td></td><td></td><td></td><td></td><td></td><td></td><td></td><td></td><td></td><td></td></tr>
<tr><td>合计</td><td></td><td></td><td></td><td></td><td></td><td></td><td></td><td></td><td></td><td></td><td></td><td></td><td></td><td></td><td></td><td></td><td></td><td></td></tr>
</table>

会计主管　　　　记账　　　　审核　　　　制表

(3) 应负担材料成本差异。根据“在建工程”明细账该项在建工程领用生产材料计划成本应负担的材料成本差异填写，应与“在建工程领用材料应结转成本差异计算表”的“应结转材料成本差异额合计”栏的合计数字一致。节约差异额以“－”号表示。

(4) 实际成本。根据该计算表的“领用材料计划成本”和“应负担的材料成本差异”两者计算的数据填写。如为超支差异，两者相加；如为节约差异，应从领用材料计划成本中减去。

(5) 适用的增值税税率。填写该项在建工程领用的生产材料购进时的增值税税率。

(6) 应转出进项税额。根据该计算表的实际成本乘以适用的增值税税率计算的数据填写。

(7) 计算表签名。公司的会计主管、审核人、制表人应在该计算表的相应位置签字，以保证在建工程领用材料应转出增值税进项税额计算的准确性。

【例 1-7-6】12 月 8 日，郑州中原公司查明生产车间在建工程本月领用甲材料、乙材料和丙材料购进时的增值税税率为 17%，公司会计主管邹青、审核吕美、制表凤环。

要求：根据以上资料和例 1-7-5 填制的在建工程领用材料应结转成本差异计算表的有关资料，填写证 1-7-6 在建工程领用材料应转出进项税计算表。

证 1-7-6　在建工程领用材料应转出进项税计算表

在建工程领用材料应转出进项税计算表

年　　月　　日　　　　　　　　　　单位：元

领用材料计划成本	应负担材料成本差异	实际成本	适用的增值税税率	应转出进项税额

会计主管　　　　记账　　　　审核　　　　制表

(七) 在建工程分配辅助生产费用应转出增值税计算表

在建工程分配辅助生产费用应转出增值税计算表，是指企业依据房屋、建筑物等在建工程分配辅助生产费用的材料实际成本及适用的增值税税率，计算转出应由在建工程成本负担增值税进项税额的计算凭证。

1. 填制在建工程分配辅助生产费用应转出增值税计算表的作用

企业辅助生产车间为提供有关劳务领取了一定数量的材料。月末，对生产车间、公司管理部门、在建工程分配的辅助生产费用中含有一定比重的材料成本。按现行税法的规定，企业的房屋、建筑物等在建工程耗用生产材料不能进行增值税抵扣，应通过在建工程分配辅助生产费用应转出增值税计算表计算出应由在建工程成本负担的增值税进项税额。由会计人员将该计算表作为填制转账凭证的依据，登记“在建工程”和“应交税费——应转出增值税”明细账，将转出的增值税进项税额，计入相应的在建工程成本。

2. 在建工程分配辅助生产费用应转出增值税计算表的填写方法

在建工程分配辅助生产费用应转出增值税计算表为自制原始凭证，具体填写方法如下：

(1) 年月日。为填写该计算表的具体日期，一般为月末日。

(2) 辅助生产车间名称。填写为在建工程提供劳务的辅助车间。

(3) 在建工程分配辅助生产费用。根据辅助生产费用分配表中的各辅助生产车间对在建工程分配的费用对应填写。

(4) 材料占辅助生产费用比重。根据各辅助生产车间设置的"生产成本——辅助生产成本"明细账中的"直接材料合计"除以本月发生的辅助生产费用总额，计算的比例数据对应填写。

(5) 分配辅助生产费用中的材料实际成本。根据某辅助生产车间的"在建工程分配辅助生产费用"乘以该车间"材料占辅助生产费用比重"计算的数据填写。

(6) 适用增值税税率。根据辅助生产车间领用材料购进时适用的增值税税率填写。

(7) 应转出增值税进项税额。根据该计算表某辅助生产车间的"分配辅助生产费用中的材料实际成本"乘以其"适用的增值税税率"计算的数据填写。

(8) 计算表签名。公司的会计主管、审核人、制表人应在表上的相应位置签字，以保证该计算表应转出增值税进项税额计算的正确性。

【例 1-7-7】12 月 31 日，郑州中原公司的修理车间和供电车间，在"辅助生产费用分配表"中向生产车间在建工程提供劳务应分配的辅助生产费用分别为 162 024 元和 4 080 元；材料占辅助生产费用比重分别为 54.2%和 53.6%；辅助生产车间领用的材料购进时的增值税税率均为 17%，公司会计主管邹青、审核吕美、制表凤环。

要求：根据以上资料填制证 1-7-7 在建工程分配辅助生产费用应转出增值税计算表。

证 1-7-7 在建工程分配辅助生产费用应转出增值税计算表

在建工程分配辅助生产费用应转出增值税计算表

年 月 日 单位：元

辅助生产车间名称	在建工程分配辅助生产费用	材料占辅助生产费用比重	分配辅助生产费用中的材料实际成本	适用的增值税税率	应转出增值税进项税额
合计					

会计主管 记账 审核 制表

(八) 固定资产(房屋)验收单

固定资产(房屋)验收单，是指企业对购置、自建完工或接受捐赠等不同方式取得的厂房、办公楼、住宅房等房屋资产填制的验收凭证。

1. 取得房屋资产的主要途径

企业取得房屋资产主要有两个途径，一是购置，二是自建。个别企业可能会得到少量的捐赠房屋资产，不论以何种方式取得，均应在固定资产(房屋)验收单上反映房屋的名称、价值、使用部门、预计使用年限、验收和使用日期，以便加强对房屋资产的管理。

2. 固定资产（房屋）验收单的填写方法

固定资产(房屋)验收单为自制原始凭证。该凭证一式三联，第一联后勤部门存查，第二联会计记账，第三联使用单位存查。具体填写方法如下：

(1) 年月日。为填制该验收单的实际日期。

(2) 固定资产名称。填写取得房屋资产的具体名称。

(3) 规格型号。填写取得房屋资产的规格型号，如 120m^2 住宅房。

(4) 单位。填写取得房屋资产的具体单位，如套、幢、座等。

(5) 数量。填写取得房屋资产的实际数量。

(6) 单价。以外购方式取得的房屋资产，按发票注明的单价填写；自建完工的房屋资产，按该项房产的“在建工程”明细账的完工成本作为单价。

(7) 金额。即取得房屋资产的价值，应根据取得房屋资产的不同方式填写。对购置的房屋资产，根据发票金额填写；对自建完工的房屋资产，根据“在建工程”明细账的有关资料填写；对接受捐赠的房屋资产，取得发票的，按发票金额填写，没有发票的，按评估价值填写。

(8) 取得方式。填写该项房屋资产的实际取得方式，如购入、自建、接受捐赠等。

(9) 生产单位。填写该项房屋资产的建设单位。

(10) 使用单位。填写该项房屋资产的实际使用单位。

(11) 预计使用年限。根据不同房屋结构确定其使用年限，但不得低于税法规定的固定资产折旧的最低年限。

(12) 使用日期。填写移交使用单位后开始使用的日期。

(13) 验收单签名。公司的后勤主管、审核人、制表人应在验收单上相应的位置签字，以明确其相应的经济责任。

【例 1-7-8】12 月 18 日，郑州中原公司从河南建业房地产开发公司购进 160m^2 的住宅房两套，每套价格 768 000 元。由技术科引进的两名高级工程师免费使用，预计使用年限为 50 年。验收和使用日期均为 12 月 20 日。后勤主管陆通、管理员郑明、经办人秦管。

要求：根据以上资料填制证 1-7-8 固定资产(房屋)验收单。

证 1-7-8 固定资产（房屋）验收单

固定资产（房屋）验收单

年 月 日　　　　单位：元

固定资产名称	规格型号	单位	数量	单价	金额	取得方式	生产单位
使用部门		预计使用年限			验收日期		使用日期
					年 月 日		年 月 日

二 会计记账

后勤主管　　　　管理员　　　　经办人

(九) 固定资产(运输设备)验收单

固定资产(运输设备)验收单，是指企业对不同方式取得的运输设备，由设备管理部门验收后移交有关使用部门的资产验收凭证。

1. 企业运输设备的来源及验收方式

企业的运输设备主要有乘人运输设备和载货运输设备，一些企业根据业务需要也有一定数量的客货两用汽车。运输设备的来源方式主要是购入，个别企业也存在着受赠或获奖取得方式。企业不论以何种方式取得的运输设备，均应通过设备管理部门填写固定资产(运输设备)验收单进行验收，在该验收单上注明该项运输设备的名称、价值、取得方式、生产单位、使用部门、预计使用年限、验收和使用日期，并及时移交有关部门使用。

2. 固定资产（运输设备）验收单的填写方法

固定资产(运输设备)验收单为自制原始凭证。该凭证一般一式三联，第一联设备管理部门存查，第二联会计记账，第三联使用单位存查。具体填写方法如下：

(1) 年月日。为填制该验收单的实际日期。

(2) 固定资产名称。根据取得发票注明的运输设备名称填写。

(3) 规格型号。根据取得发票注明的该运输设备的规格型号填写。

(4) 单位。即该项运输设备的计量单位，如台、辆等。根据取得发票注明的计量单位填写。

(5) 单位价格。根据取得发票注明的该运输设备的单价填写。

(6) 实际成本。本部分包括运输设备价款、车辆购置税、实际成本合计三项内容。

① 运输设备价款。即某项运输设备的不含增值税价款。如从生产单位购置的运输设备，应根据取得的增值税专用发票“金额”栏的数据填写；如从汽车销售公司购置的运输设备，应根据取得的“机动车销售统一发票”注明的“价税合计金额÷(1+17%)”所计算的数据填写。

② 车辆购置税。根据企业购买某项运输设备实际缴纳的车辆购置税填写。税额依据企业购买某项运输设备的不含增值税价款乘以10%的税率计算。

③ 实际成本合计。根据某项运输设备的价款与车辆购置税相加之和计算的数据填写。

(7) 取得方式。根据某项运输设备实际取得的方式填写，如购入、受赠、获奖等。

(8) 生产单位。即某项运输设备的生产厂家。国产车辆填写国内生产企业名称，进口车辆填写国外生产企业名称。

(9) 使用单位。填写该项运输设备的具体使用单位。

(10) 预计使用年限。根据不同类型的运输设备确定相应的使用年限，但不能低于税法规定的该类资产的最低固定资产折旧年限。

(11) 验收时间。填写设备管理部门对该运输设备验收的具体日期。

(12) 使用日期。填写使用单位对该项运输设备的实际使用日期。

(13) 验收单签名。公司的设备管理部门主管、管理员、经办人应在该项验收单上签字，以保证所填写内容的正确性。

【例 1-7-9】12 月 22 日，郑州中原公司购进东风汽车制造总公司生产的东风金刚 4102 载货汽车一辆，取得的“机动车销售统一发票”注明的价税合计金额为 128 700 元，车辆购置税已按规定缴纳，该车辆经设备科验收后移交销售科使用，预计使用 6 年，验收和使用日期均为 12 月 22 日。公司设备主管常青、管理员鲁山、经办人叶盛。

要求：根据以上资料填制证 1-7-9 固定资产(运输设备)验收单。

证 1-7-9　固定资产（运输设备）验收单

固定资产（运输设备）验收单

年　　月　　日　　　　　　　　　　单位：元

<table>
<tr><td rowspan="2">固定资产名称</td><td rowspan="2">规格型号</td><td rowspan="2">单位</td><td rowspan="2">数量</td><td rowspan="2">单位价格</td><td colspan="3">实际成本</td></tr>
<tr><td>价款</td><td>车辆购置税</td><td>合计</td></tr>
<tr><td></td><td></td><td></td><td></td><td></td><td></td><td></td><td></td></tr>
<tr><td>取得方式</td><td colspan="3"></td><td colspan="2">生产单位</td><td colspan="2"></td></tr>
<tr><td>使用部门</td><td colspan="3"></td><td colspan="2">预计使用年限</td><td colspan="2"></td></tr>
<tr><td>验收日期</td><td colspan="3">年　月　日</td><td colspan="2">使用日期</td><td colspan="2">年　月　日</td></tr>
</table>

设备主管　　　　　　　　管理员　　　　　　　　经办人

二 会计记账

八、成本计算类原始凭证

成本计算类原始凭证，是指企业对有关生产费用归集分配和产品成本计算的凭证。本部分主要包括费用分配类、劳务供应量分配类和成本计算类三类原始凭证。

(1) 费用分配类原始凭证。是指企业对一定时期归集的有关费用，在车间、部门及有关产品之间进行分配的原始凭证。包括水费分配表、电费分配表、辅助生产车间制造费用结转表、辅助生产费用分配表和基本生产车间制造费用分配表等。

(2) 劳务供应量分配类原始凭证。是指企业辅助生产车间提供的劳务量在车间、部门和产品之间分配的原始凭证，如辅助生产车间劳务供应量分配表。

(3) 成本计算类原始凭证。是指计算企业某种产品的完工产品成本和月末在产品成本的原始凭证，如产品成本计算表等。

(一) 水费分配表

水费分配表，是指企业对一定时期支付的水费，按照车间、部门的用水量，分配各用水单位应负担相应水费的计算表。

1. 填制水费分配表的作用

由于不同企业的产品加工过程不同，耗水量存在较大的差别，水费占费用的比重也有明显的区别。企业每月支付的水费，应通过水费分配表，计算各车间、部门应分配的水费，并据以填制相应的记账凭证，登记“制造费用 ”、“管理费用”、“在建工程”等有关明细账，以利于有关费用的归集、分配和产品成本及有关工程成本的计算。

2. 水费分配表的填写方法

水费分配表为单联式自制原始凭证，具体填制方法如下：

(1) 年月日。为填制该项分配表的实际日期。

(2) 车间、部门。填写本期实际用水的车间、部门名称。

(3) 用水量。根据各车间、部门水表反映的用水量填写。

(4) 分配率。根据本期应分配水费总额(不含支付的增值税、排污费)除以各车间、部门用水量之和计算的数据填写。

(5) 应分配金额。根据车间或部门的用水量乘以分配率计算的数据对应填写。各车间、部门的应分配金额相加之和应等于本期应分配水费总额。

(6) 分配表签名。公司的会计主管、审核人、制表人应在水费分配表的相应位置签字，以保证水费分配的合理性。

【例 1-8-1】12 月 31 日，郑州中原公司当月的用水总量为 18 200 立方米，其中：一车间 2 580 立方米，二车间 1 960 立方米，修理车间 210 立方米，供电车间 60 立方米，在建工程 6 300 立方米，其余为公司管理部门耗用，本月应分配水费总额 45 136 元。公司会计主管邹青、审核吕美、制表凤环。

要求：根据以上资料填制证 1-8-1 水费分配表。

证 1-8-1 水费分配表

水 费 分 配 表

年 月 日 单位：元

车间部门	用水量（立方米）	分配率	应分配金额
合计			

会计主管 审核 制表

(二) 电费分配表

电费分配表，是指企业按照车间、部门及有关车间制造产品、提供劳务的耗电量，分配该期电费的计算表。

1. 电费分配的方式

电是企业制造产品的动力，除少数企业在供电量不足的情况下，自行生产一定的电力外，大多企业主要依靠从供电部门购进使用。企业外购的电力费用，应通过电费分配表在车间、部门、产品、劳务之间进行分配。生产车间的照明用电，记入该车间的“制造费用”科目后，再按照一定的分配方法计入有关产品制造成本；产品耗用的动力用电，直接计入相应的产品制造成本。对电费的分配是否合理，直接影响到产品成本计算的准确性。

2. 电费分配表的填写方法

电费分配表是单联式自制原始凭证。车间制造产品或提供劳务，需耗用一定数量的动力电，为制造产品服务，还需耗用一定数量的照明电。因此，电费分配表既涉及动力电的费用分配，还涉及照明电的费用分配。具体填写方法如下：

(1) 年月日。为填制该项分配表的实际日期。

(2) 车间、部门。填写本期耗用电量的车间、部门的名称。对于制造产品或提供劳务的车间，先填写车间名称，再填写该车间本期生产的产品或提供劳务的名称，便于分别登记车间耗用的照明电和产品、劳务耗用的动力电。

(3) 动力电。根据产品或劳务的电表耗用的动力电数量填写。如某车间生产的几种产品用电共同在一只电表反映，可以采用生产工时分配法、机器马力工时分配法、定额比例分配法计算出各产品应分配的耗电量后进行填写。

(4) 动力电分配率。即耗用每千瓦时动力电应分配的费用。根据该期应分配的动力电费总额，除以各产品、劳务耗用动力电数量之和计算的数据填写。

(5) 应分配(动力电)金额。根据各产品、劳务耗用的动力电数量乘以动力电分配率计算的数据对应填写。各产品、劳务应分配动力电金额之和应等于本期分配的动力电费总额。

(6) 照明电。根据各车间、部门电表耗用的照明电数量填写。

(7) 照明电分配率。即耗用每千瓦时照明电应分配的费用。根据本期应分配照明电费总额除以各车间、部门耗用的照明电数量之和计算的数据填写。

(8) 应分配(照明电)金额。根据车间、部门耗用的照明电数量乘以照明电分配率计算的数据分别填写。各车间、部门应分配照明电金额之和应等于本期分配照明电费总额。

(9) 分配表签名。公司的会计主管、审核、制表等有关人员应在电费分配表上相应的位置签字，以保证电费分配的合理性、准确性。

【例 1-8-2】12 月 31 日，郑州中原公司本月份耗用动力电总量 320 000 度，其中：一车间生产的甲产品、乙产品分别耗用 92 000 度和 86 000 度，二车间生产的丙产品耗用 88 000 度，修理车间的修理劳务耗用 36 000 度，其余为生产车间在建工程耗用。本月份耗用照明用电总量 62 000 度，其中：一车间、二车间、修理车间分别耗用 21 000 度、9 500 度和 5 200 度，生产车间在建工程耗用 1 800 度，其余为公司管理部门耗用。本期支付电费的增值税专用发票注明动力电和照明电金额分别为 185 600 元和 31 000 元。公司会计主管邹青、审计吕美、制表凤环。

要求：根据以上资料填制证 1-8-2 电费分配表。

证 1-8-2 电费分配表

电 费 分 配 表

年 月 日　　单位：元

车间部门	动力电	分配率	应分配金额	照明电	分配率	应分配金额
合计						

会计主管　　记账　　审核　　制表

(三) 辅助生产车间制造费用结转表

辅助生产车间制造费用结转表，是指企业提供一种劳务的辅助生产车间，将本期归集的制造费用，直接转入该车间有关劳务成本的凭证。

1. 辅助生产车间制造费用的分配方法

企业的供水、供电、供汽、修理、工具、运输等辅助生产车间主要是为生产车间服务的。以上辅助生产车间，除修理车间、工具车间可能会提供两种或两种以上的劳务外，其他辅助生产车间只能提供一种劳务。辅助生产车间发生的制造费用，应通过该车间设置的“制造费用”明细账进行归集，月末分配转入该车间的劳务成本。如果该车间只提供一种劳务，月末应填制辅助生产车间制造费用结转表，将该车间归集的制造费用全部转入该种劳务的“生产成本——辅助生产成本”明细账的“制造费用”项目中；如果该车间提供两种或两种以上的劳务，应填制辅助生产车间制造费用分配表，按一定的标准将车间归集的制造费用，分配转入该车间各种劳务的“生产成本——辅助生产成本”明细账的“制造费用”项目中，以便正确计算各种劳务的实际成本。

2. 辅助生产车间制造费用结转表的填写要求

辅助生产车间制造费用结转表为单联式自制原始凭证，具体填写方法如下：

(1) 年月日。为填制该项结转表的时间，应为当月的月末日。

(2) 车间名称。填写本期提供某种劳务的辅助生产车间名称。

(3) 本月发生制造费用。即某辅助生产车间本月归集的制作费用。根据该辅助生产车间设置的“制造费用”明细账的本月借方发生额合计减去车间退回一般耗用材料等贷方发生额合计的数据填写。

(4) 应转入“生产成本——辅助生产成本(制造费用)”金额。即该车间本期发生的制造费用应转入该车间提供的某种劳务成本的金额。对于提供一种劳务的辅助生产车间，根据该车间本月发生的“制造费用”金额直接填入；对于提供两种或两种以上劳务的辅助生产车间，对本月发生的制造费用按照生产工时分配法、生产工人工资分配法等分配方法分配的费用金额，分别填入各种劳务成本。

(5) 结转表签名。公司的会计主管、审核、制表等有关人员应在该结转表的相应位置签字，以保证辅助生产车间制造费用转入有关劳务成本的规范性。

【例 1-8-3】12 月 31 日，郑州中原公司本月份修理车间和供电车间分别提供修理劳务和电力供应，发生的制造费用分别为 21 200 元和 11 080 元。公司会计主管邹青，审核吕美，制表凤环。

要求：根据以上资料，填制证 1-8-3 辅助生产车间制造费用结转表。

(四) 辅助生产车间劳务供应量分配表

辅助生产车间劳务供应量分配表，是指企业有关辅助生产车间向基本生产车间、其他辅助生产车间及有关部门分配所提供实际劳务供应量的凭证。

证 1-8-3 辅助生产车间制造费用结转表

辅助生产车间制造费用结转表

年 月 日 单位：元

车间名称	本月发生制造费用	应转入"生产成本——辅助生产成本（制造费用）"金额
合计		

会计主管 记账 审核 制表

1. 辅助生产车间劳务供应量的分配

企业的供电、供水、供汽、修理、工具、运输等辅助生产车间，对基本生产车间、其他辅助生产车间和有关部门提供的劳务供应量应合理分配，属于直接为某种产品提供的劳务量，应直接计入该种产品；对生产车间提供的劳务量，无法分清具体服务对象的，应作为生产车间的一般耗用处理；对其他辅助生产车间提供的劳务量，应按实际数量计入该辅助生产车间；对固定资产工程、公司管理部门提供的劳务量，应按实际数量计入各受益部门，以保证辅助生产费用的合理分配。

2. 辅助生产车间劳务供应量分配表的填写方法

辅助生产车间劳务供应量分配表为单联式自制原始凭证，依据各辅助生产车间提供的有关劳务供应量填写。该表的受益单位分别按有关基本生产车间、辅助生产车间、固定资产工程和公司管理部门设置。具体填写方法如下：

(1) 年月日。为填制该分配表的时间，一般为月末日。

(2) 辅助生产车间名称。填写本期提供有关劳务的辅助生产车间名称。

(3) 一车间。本部门包括一车间生产的甲、乙两种产品和车间一般耗用等栏次。某辅助生产车间直接对甲、乙两种产品提供的劳务量，应分别填入甲、乙两种产品与该辅助生产车间相对应的行次；对该车间提供的劳务量没有具体服务对象的，填入该车间的一般耗用并与提供劳务的辅助生产车间相对应的行次。

二车间包括丙产品和一般耗用等栏次，填写方法与一车间相同。

(4) 修理车间。填写其他辅助生产车间为该车间提供的劳务量，并与提供劳务的辅助生产车间保持同一行次。

供电车间的填写方法与修理车间相同。

(5) 固定资产工程。填写各辅助生产车间为固定资产在建工程提供的劳务量，并与提供劳务量的辅助生产车间保持同一行次。

(6) 公司管理部门。填写各辅助生产车间为公司管理部门提供的劳务量，应与提供劳务量的辅助生产车间保持同一行次。

(7) 劳务供应量合计。填写各辅助生产车间本期提供的劳务总量，应与该辅助生产车间分配给各受益单位的劳务量之和相等。

(8) 分配表签名。公司的会计主管、审核人、制表人应在该分配表的相应位置签字，以保证各受益部门分配劳务量的准确性。

【例 1-8-4】12 月 31 日，郑州中原公司本月份修理车间对各受益单位提供的劳务量为 3 550 工时，其中：一车间 350 工时，二车间 280 工时，供电车间 50 工时，固定资产工程 2 580 工时，公司管理部门 290 工时；供电车间本月份提供电量 164 600 度，其中：制造甲产品、乙产品、丙产品分别耗用 43 500 度、39 000 度和 42 000 度，一车间、二车间照明分别耗用 11 500 度和 9 500 度，修理车间耗用 4 600 度，固定资产工程耗用 8 500 度，其余为公司管理部门耗用。公司会计主管邹青，审核吕美，制表凤环。

要求：根据以上资料填制证 1-8-4 辅助生产车间劳务供应量分配表。

证 1-8-4　辅助生产车间劳务供应量分配表

辅助生产车间劳务供应量分配表

年　月　日

<table>
<tr><td rowspan="2">受益
车间、部门</td><td colspan="3">一车间</td><td colspan="2">二车间</td><td rowspan="2">修理车间</td><td rowspan="2">供电车间</td><td rowspan="2">固定资产工程</td><td rowspan="2">公司管理部门</td><td rowspan="2">合计</td></tr>
<tr><td>甲产品</td><td>乙产品</td><td>一般耗用</td><td>丙产品</td><td>一般耗用</td></tr>
<tr><td></td><td></td><td></td><td></td><td></td><td></td><td></td><td></td><td></td><td></td><td></td></tr>
<tr><td></td><td></td><td></td><td></td><td></td><td></td><td></td><td></td><td></td><td></td><td></td></tr>
<tr><td></td><td></td><td></td><td></td><td></td><td></td><td></td><td></td><td></td><td></td><td></td></tr>
</table>

会计主管　　　　　　　　审核　　　　　　　　制表

(五) 辅助生产费用分配表

辅助生产费用分配表，是指企业各辅助生产车间依据对有关产品、车间、部门提供的劳务数量及相应的分配率(单位成本)，计算各受益单位应分配本期辅助生产费用的计算表。

1. 辅助生产费用的分配方法

辅助生产费用也称辅助生产成本，是辅助生产车间提供某种劳务耗费的材料、人工、制造费用等劳务成本。分配辅助生产费用的方法主要有直接分配法、一次交互分配法和计划成本分配法。企业采用何种方法分配辅助生产费用，应结合企业的管理特点，力求辅助生产费用分配的正确性。如企业能制定比较准确的劳务计划单位成本，可以采用计划成本分配法分配辅助生产费用。

由于辅助生产费用的分配方法较多，其分配表的格式也存在着相应的区别。这里的辅助生产费用分配表是按照直接分配法的特点设置的。直接分配法是对各辅助生产车间之间相互提供的劳务费用不进行交互分配，而将各辅助生产车间归集的辅助生产费用直接分配给受益的基本生产车间、在建工程、公司管理部门的一种分配方法。这种方法计算比较简便，但各辅助车间的费用不够完整，分配给各受益部门的辅助生产费用也不够准确，只能适用于各辅助生产车间相互提供劳务不多的企业。

2. 辅助生产费用分配表的填写要求

辅助生产费用分配表为单联式自制原始凭证，该分类表的结构较为复杂，具体填写方法如下：

(1) 年月日。为填制该分配表的具体时间，一般填写月末日。

(2) 辅助生产车间。填写本期对有关车间、部门提供劳务的辅助生产车间名称。

(3) 分配费用。即某辅助生产车间本期应分配某种劳务的成本。根据辅助生产车间设置某种劳务的“生产成本——辅助生产成本”明细账的本期应分配辅助生产费用合计数填写。分配费用等于各受益单位所分配辅助生产费用相加之和。

(4) 分配数量。即辅助生产车间本期提供某种劳务总量。因辅助生产费用的分配方法不同，分配数量的填写存在一定的区别。采用一次交互分配法和计划成本分配法分配辅助生产费用的企业，填写辅助生产车间本期对有关受益单位提供的某种劳务供应总量；采用直接分配法分配辅助生产费用的企业，应从该辅助生产车间提供的某种劳务供应总量扣除对其他辅助生产车间提供的劳务供应量的数据填写。分配数量等于各受益单位所分配的劳务数量相加之和。

(5) 单位成本。即辅助生产车间提供某种劳务的单位成本，也称为分配率。根据该辅助生产车间的分配费用除以分配数量所计算的数据填写。

(6) 产品耗用。即某种产品本期应分配的辅助生产费用，本表包括甲产品、乙产品和丙产品，每种产品包括数量和金额两个栏次，数量依据“辅助生产车间劳务供应量分配表”所分配某辅助生产车间的劳务数量对应填写，金额为该种产品分配某辅助生产车间的劳务数量乘以其单位成本计算的数据填写。

(7) 一般耗用。即基本生产车间应分配的辅助生产费用，本表包括一车间和二车间两个基本生产车间，每个车间包括数量和金额两个栏次。填写方法与“产品耗用”部分相同。

(8) 固定资产工程。即固定资产在建工程应分配的辅助生产费用，包括数量和金额两个栏次，填写方法与“产品耗用”部分相同。

(9) 公司管理部门。即公司管理部门应分配的辅助生产费用。本部分包括数量和金额两个栏次。数量的填写方法与“产品耗用”部分相同，金额的填写方法可分为以下两种情况。如计算的单位成本不属于四舍五入的数据，金额为公司管理部门分配某辅助生产车间的劳务数量乘以其单位成本计算的数据；如计算的单位成本为四舍五入的数据，金额为某辅助生产车间的分配费用减去产品、基本生产车间、固定资产工程分配金额之和的差额，单位成本四舍五入计算的误差均由公司管理部门负担。

(10) 分配表签名。公司的会计主管、审核、制表等有关人员应在辅助生产费用分配表的相应位置签字，以保证辅助生产费用分配的真实性。

【例 1-8-5】12 月 31 日，郑州中原公司本月份修理车间、供电车间应分配的辅助生产费用分别为 219 800 元和 76 800 元。公司会计主管邹青，审核吕美，制表凤环。

要求：根据以上资料和例 1-8-4 填制的“辅助生产车间劳务供应量分配表”的有关资料填写证 1-8-5 辅助生产费用分配表(直接分配法)。

证 1-8-5　辅助生产费用分配表

辅助生产费用分配表（直接分配法）

年　　月　　日　　　　单位：元

辅助生产车间	分配费用	分配数量	单位成本	产品耗用						一般耗用				固定资产在建工程		公司管理部门	
				甲产品		乙产品		丙产品		一车间		二车间					
				数量	金额	数量	金额	数量	金额	数量	金额	数量	金额	数量	金额	数量	金额
合　计																	

会计主管　　　　记账　　　　审核　　　　制表

(六) 基本生产车间制造费用分配表

基本生产车间制造费用分配表，是指企业对基本生产车间归集的制造费用，按照一定的标准在本期生产的产品之间进行分配的计算凭证。

1. 基本生产车间制造费用的分配方法

制造费用，是企业生产车间(部门)为组织产品生产和提供劳务而发生的各项间接费用。月末，应将基本生产车间“制造费用”明细账所归集的费用转入有关产品成本。如基本生产车间只生产一种产品，应填制基本生产车间制造费用结转表，将归集的制造费用全部转入该种产品的“生产成本——基本生产成本”明细账的“制造费用”项目；如该车间同时生产几种产品，应填制基本生产车间制造费用分配表采用合理的分配标准将当月发生的制造费用分配记入相关产品的“生产成本——基本生产成本”明细账的“制造费用”项目。制造费用的分配标准有产品生产工时、生产工人工资、机器工时、产品产量、产品重量、耗用原材料成本等。除季节性生产企业外，当月发生的制造费用应在当月全部分配，不得留有余额。

2. 基本生产车间制造费用分配表的填写要求

基本生产车间制造费用分配表为单联式自制原始凭证，具体填写方法如下：

(1) 年月日。为填制该表的具体日期，一般填写月末日。

(2) 产品名称。填写基本生产车间本月生产的有关产品名称。

(3) 分配标准。填写能够合理分配制造费用的有关标准，如产品生产工时、产品产量、产品重量等。

(4) 分配率。即基本生产车间本月应分配制造费用与各产品应分配标准之和的比率。本月应分配制造费用为基本生产车间“制造费用”明细账借方发生额合计减去交回废料等贷方发生额合计的差额。

(5) 应分配费用。即某种产品应分配的制造费用。根据某产品的分配标准乘以分配率所计算的数据填写。各产品应分配费用相加之和应等于该生产车间本月份应分配的制造费用。

(6) 分配表签名。公司的会计主管、审核、制表等有关人员应在基本生产车间制造费用分配表的相应位置签字，以保证各产品应分配制造费用的合理性。

【例 1-8-6】12 月 31 日，郑州中原公司本月份一车间应分配制造费用为 116 200 元，该车间生产的甲产品、乙产品的生产工时分别为 26 500 工时和 23 500 工时。公司会计主管邹青，审核吕美，制表凤环。

要求:根据以上资料填制证 1-8-6 基本生产车间制造费用分配表。

(七) 产品成本计算表

产品成本计算表，是指企业采用一定的成本计算方法，将产品的月初在产品成本和本月发生费用在完工产品和月末在产品之间进行分配的计算凭证。

证 1-8-6　基本生产车间制造费用分配表

基本生产车间制造费用分配表

年　月　日　　　　单位：元

产品名称	分配标准（生产工时）	分配率	应分配费用
合计			

会计主管　　　　记账　　　　审核　　　　制表

1. 产品成本计算方法

产品成本计算的方法较多，包括品种法(简单法)、分批法(订单法)、分步法三种基本方法和分类法、定额法两种辅助方法。在实际工作中，由于企业生产特点的复杂性和成本管理要求的多样性，一个企业往往同时采用几种成本计算方法计算产品成本，或者将几种成本计算方法结合起来计算一种产品成本。各种基本方法之间，以及基本方法与辅助方法之间的相互结合、相互渗透，会派生出各种各样的成本计算方法。例如为了简化成本计算，将分类法与分批法结合起来计算某类小批量电子元件产品成本，形成了“分批分类法”；小批量多步骤生产的机械产品的成本，管理上又要求分步核算，将分批法与分步法结合起来形成“分批分步法”计算该批机械产品的成本；为了加强定额管理和成本控制，企业在采用品种法、分批法、分步法的基础上，结合定额法，形成了“定额品种法”、“定额分批法”、“定额分步法”等成本计算方法。

完工产品和月末在产品之间费用的分配，是成本计算工作中一个重要而又比较复杂的问题。企业应当根据在产品数量的多少、各月在产品数量变化的大小、各项费用比重的高低以及定额管理基础的好坏等具体条件，选择既合理又简便的方法。常用的方法有：不计算在产品成本法、在产品成本按年初数固定计算法、在产品材料成本法、在产品定额成本法，约当产量法、定额比例法等。

由于成本计算方法不同，各种方法的产品成本计算表也存在着一定的区别，这里的产品成本计算表是按品种法设置的。品种法也称简单法，是成本计算最基本的方法。是以产品品种为成本计算对象，将本期归集的应分配生产费用，在完工产品与月末在产品之间进行分配的一种成本计算方法。

企业按照品种法计算产品成本，应先设置产品成本计算表。由于产品成本计算表上的月初在产品成本和本月发生费用来源于该种产品设置的“生产成本——基本生产成本”明细账的相应资料，因此，设置的产品成本计算表数量应与“生产成本——基本生产成本”

明细账的数量一致。由于品种法也称简单法，应分配费用在完工产品与月末在产品之间的分配也较为简便。如投入的某种产品在当月全部完工，没有月末在产品，则当月的应分配费用即为完工产品成本，除以完工产品产量，即为完工产品单位成本；如投入的某种产品当月全部没有完工，则当月的应分配费用全部作为该种产品的月末在产品成本；如投入的某种产品在当月已部分完工入库，则采用一定的方法将应分配费用在完工产品与月末在产品之间进行分配，计算完工产品成本和月末在产品成本。

2. 产品成本计算表的填写方法

产品成本计算表为单联式自制原始凭证，表内设置直接材料、直接人工、制造费用三个成本项目及合计栏，与“生产成本——基本生产成本”明细账一致。具体填写方法如下：

(1) 年、月。由于产品成本按月计算，时间填写为某年某月份。

(2) 产品名称。填写本月生产的有关产品名称。

(3) 完工数量。根据本月份产量资料的某产品实际完工数量填写。

(4) 月初在产品成本。即上月末该产品的月末在产品成本。根据该产品的“生产成本——基本生产成本”明细账上月份的月末在产品成本的直接材料、直接人工、制造费用以及合计等栏的数据对应填写。

(5) 本月发生费用。即本月生产某产品耗用的直接材料、直接人工、制造费用。根据该产品“生产成本——基本生产成本”明细账归集的本月发生费用的直接材料、直接人工、制造费用以及合计栏的数据对应填写。

(6) 合计。即本月某产品的应分配费用合计。根据该计算表的月初在产品成本与本月发生费用的各成本项目以及合计栏相加后的数据填写，横向合计与纵向合计的数据应相等。

(7) 完工产成品成本。即某种完工入库的产成品成本应分配的直接材料、直接人工、制造费用的成本。根据完工产品与月末在产品分配费用的方法所计算的数据填写。如月初在产品和本月投入的在产品全部完工入库，本月应分配费用合计即为完工产成品成本。

(8) 完工产成品单位成本。根据完工产成品成本合计除以完工产量计算的数据填写。

(9) 月末在产品成本。即某种产品的月末在产品应分配的直接材料、直接人工、制造费用的成本。根据本月应分配费用合计各项目减去完工产成品成本各项目的数据填写。如月初在产品和本月投入的在产品全部未完工，本月应分配费用合计即为该产品的月末在产品成本。

【例 1-8-7】9 月 30 日，郑州中原公司本月份二车间生产的 1 600 件丁产品全部完工入库，月初在产品成本 125 000 元，其中：直接材料 78 000 元，直接人工 35 000 元，制造费用 12 000 元；本月发生费用 280 216 元，其中：直接材料 196 151.20 元，直接人工 56 043 元，制造费用 28 021.80 元。

要求：根据以上资料填制证 1-8-7 产品成本计算表(品种法)。

证 1-8-7　产品成本计算表（品种法）

产品成本计算表（品种法）

产品名称　　　　　　　　　　　　年　月　　　　　　　　　完工产量

项　目	直接材料	直接人工	制造费用	合　计
月初在产品成本				
本月发生费用				
合　计				
完工产成品成本				
完工产成品单位成本				
月末在产品成本				

九、证券交易类原始凭证

证券交易类原始凭证，是指企业通过证券市场买入、卖出证券的有关原始凭证。

证券是证明特定经济权利的凭证。广义的证券一般指财务证券(如货运单、提货单等)、货币证券(如支票、汇票、本票等)和资本证券(如股票、公司债券、投资基金份额等)。狭义的债券仅指资本证券。我国证券法规定的证券为股票、公司债券和国务院依法认定的其他证券。其他证券主要是指投资基金份额、非公司企业债券、国家政府债券等。

证券市场是指证券发行与交易的场所。证券市场可分为发行市场和流通市场。证券发行市场也称为一级市场，是发行新证券的市场，证券发行人通过证券发行市场将已获准公开发行的证券第一次销售给投资者，以获取所需求的资金。证券流通市场也称为二级市场，是对已发行的证券进行买卖、转让交易的场所。投资者在一级市场取得的证券可以在二级市场进行交易。

证券发行人是发行证券的单位，一般有企业、金融机构和政府部门。投资者是证券的购买者，也是资金的供应者。投资者分为个人投资者和机构投资者。个人投资者可以依法直接参与证券的买卖，也可以通过证券经纪人买卖证券。机构投资者是指有资格进行证券投资的法人单位。

企业通过证券市场买卖证券的凭证，可以分为证券买入类原始凭证和证券卖出类原始凭证。

(1) 证券买入类原始凭证，是指企业通过证券市场购入证券的有关原始凭证。包括客户存款凭条和买入证券成交过户交割凭单两种原始凭证。

(2) 证券卖出类原始凭证，是指企业通过证券市场售出所持有证券的原始凭证。包括客户取款凭条和卖出证券成交过户交割凭单两种原始凭证。

(一) 客户存款凭条

客户存款凭条，是指投资者将购买证券的资金转入在证券公司开设的资金账户后，由证券公司出具的存款证明。

1. 证券交易须开设的账户

由于我国上海证券交易所和深圳证券交易所都已实现无纸化交易，证券交易都以转账的方式进行，因此，要进行证券交易，必须先开设账户，包括开设证券账户和资金账户两种账户。

证券账户，是用于记载投资者所持有证券的种类、名称、数量及相应权益变动情况的账户。证券账户分为个人账户和法人账户两种。一般的证券账户只能进行 A 股、债券和基金现货交易，如要进行 B 股交易和债券回购交易需另行开户和办理相关手续。每个投资者只能开设一个证券账户，不得重复开户。

资金账户，是用以存放买入证券所需资金和卖出证券取得价款的账户。投资者要进行股票交易须在证券公司开设账户，开设资金账户应持证券账户和有效身份证件及一定的保证金办理。

2. 客户存款凭条的填写方法

客户存款凭条为企业的外来原始凭证，由证券公司的有关人员填写，具体填写方法如下：

(1) 年月日。填写收到客户银行进账单(收账通知)的日期。

(2) 流水号。填写为客户办理存款凭条的顺序号。

(3) 户名。即转入资金的客户名称，根据客户的银行进账单(收账通知)注明的单位名称填写。

(4) 资金账号。根据客户在证券公司开设的资金账户的账号填写。

(5) 存款金额。即客户本次转入购买证券的资金数额。根据客户转交的银行进账单(收账通知)的金额填写。

(6) 余额。即客户所开设的资金账户的全部资金余额。根据客户本次转入资金前的资金账户存款余额加上本次转入金额之和填写。

(7) 上海账号。填写上海证券交易所的银行存款账号。

(8) 深圳账号。填写深圳证券交易所的银行存款账号。

(9) 委托人姓名。填写办理客户存款凭条的客户经办人姓名。

(10) 操作员。填写办理客户存款凭条的电脑操作人员编号。

(11) 复核员。填写对客户存款凭条进行复核的人员姓名。

【例 1-9-1】12 月 3 日，郑州中原公司委托本单位职工苗雨办理有关证券交易事项，开出转账支票一份，向资金账户存入购买证券款 560 000 元，收到郑州证券公司营业部开具的存款凭条一份，流水号 118，资金账号 036×559，深圳账号 0000229616，操作员编号 618，复核员程皎。

要求：根据以上资料填制证 1-9-1 客户存款凭条。

证 1-9-1 客户存款凭条

深圳特区证券公司

郑州营业部客户存款凭条　　（存款）

流水号　　　　　　　　　　年　　月　　日

户名	资金账号	委托人签名
存款金额	余额	
上海账号	深圳账号	

操作员　　　　　　　　　　复核员

(二) 买入证券成交过户交割凭单

买入证券成交过户交割凭单，是指投资者购买证券交易成功后，由证券公司出具载有成交证券名称、数量、成交金额、佣金、过户费用及资金结余额的证券交割凭证。

我国在境内上市的股票包括A股和B股两种，在境外上市的股票包括H股、N股和S股三种。投资者以人民币认购和买卖的股票称为内资股，一般标为A股；以外币在境内购入的上市股票称为外资股，一般标为B股；在境外上市的外资股一般以境外上市地的英文名称中的第一个字母命名，其中有在香港上市的H股，在纽约上市的N股，在新加坡上市的S股等。

1. 证券交易方式

证券交易是指证券的买卖与转让。可分为现货交易和期货交易两种情况。证券的现货交易即买卖双方必须是一方有证券，一方有资金，双方达成交易后，在规定的时间内交割，一方付钱取得证券，一方交出证券取得资金。《中华人民共和国证券法》(以下简称《证券法》)规定证券交易应以现货和国务院规定的其他方式进行，目前不能进行期货交易。

证券包括股票、公司债券、企业债券和证券投资基金等。股票是股份有限公司签发的证明股东所持份额享有权利和承担义务的书面凭证。

进行股票交易只能委托证券交易所的会员即证券公司进行。投资者对证券公司的委托指令必须指明买进或卖出股票的名称(或代码)、数量和价格。股票的名称，一般用不超过4个字的简称，股票代码在上海证券交易所和深圳证券交易所统一为6位数。委托方式一般有柜台递单委托、电话自动委托、电脑自动委托和远程终端委托四种。

证券公司接到委托后，即将委托指令传送到证券交易所的撮合主机，经过自动检测系统检测合法无误后，即可进行交易。

在股票交易成功后，其卖出方卖出的股票应转到买入方的账户上，同时将买入方买入股票所需要支付的资金划转到卖出方的账户上。对实物股票交易的结算，需要对股票进行清点鉴别，并在买卖双方之间交付。对记名股票所载持有人姓名还须进行更改。对无纸化股票的交易结算，由证券登记结算机构对电脑记载的有关数据资料进行更改。

2. 买入证券成交过户交割凭单的填写方法

买入证券成交过户交割凭单是企业的外来原始凭证，由证券公司的有关人员填制，具体填制方法如下：(本部分以股票为例说明)

(1) 年月日。填写股票购买申请人购买某种股票成交的当日。

(2) 股东编号。填写股票购买申请人本次申请购买某种股票的代码。上海和深圳的证券交易所将股票代码统一规定为6位数，如A823659，A代表内资股即A股，823659表示某种股票的代码。

(3) 电脑编号。填写撮合本次股票交易业务的电脑编号。

(4) 公司编号。填写本次申请购买某种股票公司的编号。

(5) 申请编号。填写申请购买某种股票的顺序编号。

(6) 申报时间。填写股票购买申请人申请购进股票当日的具体时间，如9时40分50秒，填写9:40:50。

(7) 成交时间。即股票购买申请人购进股票当日的具体成交时间。应比照申报时间的方式填写。

(8) 上次结转。填写股票购买申请人本次股票交易成交前，同一种股票的实际结存数量。

(9) 本次成交。填写股票购买申请人本次购进某种股票的具体数量。

(10) 本次结存。即股票购买申请人本次购进某种股票的实际结存数量。根据该种股票上次结存数量加上本次成交的数量之和填写。

(11) 成交证券。填写股票购买申请人本次购进该种股票的名称，一般用不超过 4 个字的简称，如辽西股份等。

(12) 成交数量。即股票购买申请人购进某种股票的实际数量。应与“本次成交”填写的该种股票数量一致。

(13) 成交价格。填写该种股票的每股交易价格。

(14) 成交金额。即股票购买申请人购买某种股票实际支付的款项。根据该种股票的成交数量乘以成交价格计算的金额填写。

(15) 标准佣金。即证券公司受股票购买申请人委托代为交易成功后，按国务院有关部门规定收取的佣金。依照股票成交金额乘以规定的佣金支付比率计算的金额填写。

(16) 过户费用。即证券公司应收取股票购买申请人购进股票，从卖出方证券账户转入买入方证券账户的过户费用。应按照国务院有关部门规定的收费标准填写。

(17) 应付金额。即客户购进某种股票应支付的股票价款和其他费用。根据该种股票的成交金额、标准佣金与过户费用相加之和的金额填写。

(18) 实收金额。即证券公司收取股票购买申请人购买股票的金额。根据股票购买申请人资金账户的全部存款余额填写。

(19) 资金余额。即股票购买申请人购买某种股票后资金账户的结余款项。根据实收金额减去应付金额的差额填写。

(20) 凭证签章。股票购买单位委托办理证券交易的人员应对该交割凭单的相关内容确认无误后签章，并由证券公司加盖其财务专用章，以保证买入证券成交过户交割凭单的真实性和合法性。

【例 1-9-2】12 月 5 日，郑州中原公司委托郑州证券公司营业部首次购进齐鲁股份 20 万股，每股成交价格 2.65 元，应支付成交股票标准佣金 530 元，过户费用 50 元。股东编号 A627956，电脑编号 9658，公司编号 639，申请编号 852，申报时间 10 时 38 分 20 秒，成交时间 10 时 39 分 50 秒。公司经办人苗雨。

要求：根据以上资料填制证 1-9-2 买入证券成交过户交割凭单。

(三) 卖出证券成交过户交割凭单

卖出证券成交过户交割凭单，是指证券卖出人对所持有的证券卖出交易成功后，由证券公司出具载有卖出证券名称、数量、价格、成交金额及应付卖出证券的佣金、过户费用、印花税的证券交割凭证。

证 1-9-2 买入证券成交过户交割凭单

深圳证券中央登记清算公司

年 月 日

成交过户交割凭单	买	
股东编号 电脑编号 公司编号	成交证券 成交数量 成交价格	客户联
申请编号 申报时间 成交时间	成交金额 标准佣金 过户费用	
上次结存 本次成交 本次结存	应付金额 实收金额 资金余额	

经办单位__________ 客户签章__________

1. 证券交易的有关规定

证券交易，是指在证券市场买卖与转让证券现货的行为。证券可以在市场上依法买进、卖出和转让，其价格随市场行情的变化而变化。由于我国上海证券交易所和深圳证券交易所都已实现完全的电子化交易，投资者只有将自己所持的证券办理托管后，才能进入上海和深圳的证券交易所的结算系统进行交易。

根据《证券法》的有关规定，交易的证券必须合法。合法的标准应符合以下内容：

首先，上市交易的证券必须是依法发行并交付的证券。所谓依法发行是依照我国《证券法》、《公司法》等有关法律法规发行的证券。所谓交付的证券，即证券卖出人卖出的证券必须是卖出人已经取得所有权的证券，在证券交易活动中，只有“交付”之后，买入者才算取得了对该证券的所有权。

其次，非依法发行的证券，不得买卖。

再次，依法发行的证券，法律对其转让期限有限制规定的，在规定期限内不得买卖。如《公司法》规定，发起人持有的本公司股份，自公司成立之日起 1 年内不得转让；公司董事、监事、高级管理人员在任职期间每年转让其持有的本公司股份总数不得超过规定的比例等。

《证券法》第四十五条规定，为股票发行出具审计报告、资产评估报告或者法律意见书等文件的证券服务机构和人员，在该股票承销期内和期满后 6 个月内，不得买卖该种股票。为上市公司出具审计报告、资产评估报告或者法律意见书等文件的证券服务机构和人员，自接受上市公司委托之日起至上述文件公开后 5 日内，不得买卖该种股票。

2. 卖出证券成交过户交割凭单的填写方法

卖出证券成交过户交割凭单为企业的外来原始凭证，由证券公司根据企业卖出证券的种类、数量、价格及应支付的相关费税等资料填制。具体填制方法如下：

(1) 年月日。填写证券卖出人卖出证券的当日。

(2) 股东编号。填写证券卖出人申请卖出证券的代码。按上海和深圳的证券交易所统一规定的6位数表示，如某种上市的内资股票代码A623958。

(3) 电脑编号。填写撮合本次卖出证券交易的电脑编号。

(4) 公司编号。填写申请卖出某种证券公司的编号。

(5) 申请编号。填写证券卖出人申请卖出证券的顺序编号。

(6) 申报时间。填写证券卖出人当日申报卖出某种证券的具体时间。

(7) 成交时间。即卖出某种证券当日成交的具体时间。如卖出证券的成交时间为10时20分36秒，填写10:20:36。

(8) 上次结存。填写证券卖出人对该种证券申请卖出前的结存数量。

(9) 本次成交。填写卖出该种证券的本次成交数量。

(10) 本次结存。即本次卖出该种证券成交后实际结存数量。根据该种卖出证券的上次结存减去本次成交后的数量填写。

(11) 成交证券。填写证券卖出人申请卖出该种证券的名称，一般用不超过4个字的简称，如川东股份等。

(12) 成交数量。即证券卖出人卖出该种证券的实际数量。应与“本次成交”的数量一致。

(13) 成交价格。填写卖出该种证券的每股交易价格。

(14) 成交金额。即证券卖出人卖出该种证券收到的价款。根据该种证券成交数量乘以每股成交价格计算的金额填写。

(15) 标准佣金。即证券公司受客户委托代为卖出证券应收取的有关费用。根据该种卖出证券成交金额乘以规定的佣金支付比率计算的佣金数额填写。

(16) 过户费用。即证券公司应收取客户卖出证券，从卖出方证券账户转入买入方证券账户的费用。按照国务院有关部门规定的标准填写。

(17) 印花税。即按照税法有关规定对客户卖出证券代收代缴的印花税。按现行规定，股票购进方暂免购进股票应缴纳的印花税，股票卖出方应按该种股票成交金额的1‰计算缴纳印花税。

(18) 应收金额。即证券卖出人可收回资金账户的存款余额。根据该种证券卖出前资金账户余额，加本次卖出该种证券的成交金额，减证券交易成功应支付的标准佣金、过户费用、印花税等费税后的差额填写。

(19) 实收金额。填写证券卖出人从资金账户实际转出的金额。

(20) 资金余额。即证券卖出人资金账户的实际存款余额。资金余额应分以下不同情况填写。如证券卖出人将卖出证券款项继续存放在证券公司资金账户，准备用于购进其他种类证券，实收金额填0，资金余额填写应收金额；如证券卖出人将资金账户存款余额全部取回，实收金额填写应收金额，资金余额填写0；如证券卖出人从资金账户转回部分款项，资金余额根据应收金额减去实收金额的差额填写。

(21) 凭单签章。证券卖出人应对该交割凭单的相关内容确认无误后签章，并由证券公司加盖财务专用章，以保证卖出证券成交过户交割凭单的合法性。

【例 1-9-3】12 月 15 日，郑州中原公司委托郑州证券公司营业部卖出所持有的全部三江股份证券 26 000 股，每股成交价格 8.65 元，应支付佣金 2 249 元，过户费用 50 元，应缴纳印花税 2 249 元。公司经办人苗雨，股东编号 A956382，电脑编号 9658，公司编号 639，申请编号 916，申报时间 9 时 25 分 20 秒，成交时间 9 时 26 分 36 秒。公司将本次卖出证券款项转回 220 000 元。

要求：根据以上资料填制证 1-9-3 卖出证券成交过户交割凭单。

证 1-9-3 卖出证券成交过户交割凭单

深圳证券中央登记清算公司

年 月 日

成交过户交割凭单	卖
股东编号 电脑编号 公司编号	成交证券 成交数量 成交价格
申请编号 申报时间 成交时间	成交金额 标准佣金 过户费用
上次结存 本次成交 本次结存	印花税 应收金额 实收金额 资金余额

经办单位__________ 客户签章__________

(四) 客户取款凭条

客户取款凭条，是指证券卖出人从资金账户中取回卖出证券资金，由证券公司出具的取款凭证。

1. 证券卖出人对资金账户存款的处理

证券卖出人委托证券公司卖出某种证券后，对资金账户的存款，应分两种方式处理。如准备购买其他种类的证券，应将卖出证券资金继续存放在证券公司开设的资金账户中；如暂不进行其他种类证券的购买，可将卖出证券资金转回企业开户银行的往来账户，将该部分资金用于企业正常的经营活动。

2. 客户存款凭条的填写方法

客户取款凭条为企业的外来原始凭证，由证券公司有关人员填制，具体填制方法如下：

(1) 年月日。填写为证券卖出人办理取款凭条的当日。

(2) 流水号。填写为证券卖出人办理取款凭条的顺序编号。

(3) 户名。填写证券卖出人的单位名称。

(4) 资金账号。填写证券卖出人在证券公司开设资金账户的账号。

(5) 取款金额。即证券卖出人本次从资金账户转出的资金。根据卖出证券成交过户交割凭单的实收金额填写。

(6) 余额。即证券卖出人资金账户结存的资金余额。根据证券卖出人资金账户存款减去本次取款金额后的余额填写。应与卖出证券成交过户交割凭单的资金余额一致。

(7) 上海账号。填写上海证券交易所的银行存款账号。

(8) 深圳账号。填写深圳证券交易所的银行存款账号。

(9) 委托人姓名。填写办理客户取款凭条的客户经办人姓名。

(10) 操作员。填写电脑操作人员的编号。

(11) 复核员。填写证券公司对客户取款凭条进行核对人员的姓名。

【例 1-9-4】12 月 15 日，郑州中原公司委托职工苗雨从郑州证券公司营业部办理卖出三江股份证券资金转回的相关手续。郑州证券公司营业部为该单位办理了客户取款凭条，流水号 1562，资金账号 036×559，深圳账号 0000229616，操作员编号 618，复核员程皎。

要求：根据以上资料并结合例 1-9-3 填制的卖出证券成交过户交割凭单的有关资料，填制证 1-9-4 客户取款凭条。

证 1-9-4　客户取款凭条

深 圳 特 区 证 券 公 司

郑州营业部客户取款凭条　（取 款）

流水号　　　　　　　　年　　月　　日

户　　名		资金账号		委托人签名
取款金额		余　额		
上海账号		深圳账号		

操作员　　　　　　　　复核员

十、税收类原始凭证

税收类原始凭证，是纳税人按照税法的有关规定，计算、申报、缴纳及抵扣有关税费的原始凭证。本部分包括19种原始凭证，具体分为以下五类：

(1) 税收计算类原始凭证。是纳税人在凭证中详细计算有关税收形成的原始凭证。包括企业所得税计算表和扣缴个人所得税报告表两种原始凭证。

(2) 税收申报类原始凭证。是纳税人向税务部门申报有关税费的原始凭证。包括增值税纳税申报表、营业税纳税申报表、城市维护建设税纳税申报表、教育费附加申报表、城镇土地使用税纳税申报表、房产税纳税申报表、车船税纳税申报表、车辆购置税纳税申报表、契税纳税申报表、企业所得税预缴纳税申报表和印花税纳税申报表等十一种原始凭证。

(3) 税收完税类原始凭证。是纳税人按照税法的有关规定进行税收缴纳的原始凭证。包括税收通用缴款书和印花税销售凭证两种原始凭证。

(4) 税收抵扣类原始凭证。是纳税人按照税法的有关规定，计算进项税额抵扣的原始凭证。包括固定资产进项税额抵扣情况表和运费抵扣增值税计算表两种原始凭证。

(5) 开具红字发票通知单。是主管税务机关对购货方或销货方(受票方或开票方)因退货、销售折让及开票有误等原因，申请开具红字发票所填写的通知单。包括开具红字增值税专用发票通知单和开具红字公路、内河货物运输业发票通知单两种原始凭证。

(一) 税收通用缴款书

税收通用缴款书，是在设有国库经收处的银行和其他金融机构开立账户的纳税人及扣款义务人对代收代扣税额汇总后直接向国库经收处缴纳税款、滞纳金和罚款等税收时使用的一种通用缴款票证。

国库经收处是指收纳预算收入的商业银行分支机构和信用社机构。国库经收处一般设在专业银行的基层银行，如办事处、分理处、营业所等处所，便于纳税人在所在开户银行办理税款缴纳。

税收通用缴款书是税款缴纳的基本凭证，适用于会计账簿、凭证等会计核算制度比较健全，能够如实核算企业的收入、成本费用、财务成果，并能正确计算应纳税款和如实履行纳税义务的纳税人。

1. 税收通用缴款书的填写要求

税收通用缴款书有手工填写和电脑制单两种方式。手工填写时应六联一起复写。缴款书的项目应填写齐全、字迹端正、清晰；因计算错误少缴的税款，不得在原票证上涂改、挖补，应在填开的补税凭证上填写补缴税款，并注明原票证的填发日期、编号；作废的票证应在各联注明“作废”字样，妥善保存，严禁自行销毁。具体填写方法如下：

(1) 隶属关系。填写企业与有关部门的隶属关系，如郑州铁路局隶属铁道部等。

(2) 经济类型。填写企业在工商管理部门注册登记的经济类型。如国有企业，集体企业，股份制企业，联营企业，港、澳、台商投资企业，外商投资企业，私营企业等。

(3) 填发日期。填写开具税收通用缴款书的实际年、月、日。

(4) 征收机关。填写向纳税人依法征税的税务机关或基层税务机关。

(5) 缴款单位(人)。本栏次填写的内容包括代码、全称、开户银行和账号。代码为技术监督部门对企业统一核定的15位数字组织机构代码。全称，单位应填写单位全称，不得简写；个人，应填写个人的真实姓名。开户银行和账号应正确填写，以便税款的及时缴纳。

(6) 预算科目。本栏次填写的内容包括编码、名称和级次。编码为某种税种的预算科目代码，如消费税编码，国有企业消费税为101020101，集体企业消费税为101020102。名称为某种税收预算科目的名称，如增值税包括国有企业增值税，集体企业增值税，股份制企业增值税，联营企业增值税，港、澳、台和外商投资企业增值税，私营企业增值税和其他增值税等。级次，是该种税收属于中央收入、地方收入或中央和地方共享收入，如地、市企业缴纳的的所得税，中央60%，地方40%；县区企业缴纳的增值税，中央75%，市和县、区各12.5%。

(7) 收缴国库。填写收缴税款的国库名称。国库是国家金库的简称，是经营国家预算收入和预算支出的机构。根据《国家金库条例》和《银行管理暂行条例》的规定，由中国人民银行经理国库业务，各级国库的主任，由同级人民银行行长兼任。国库分为中央、省、市和县四级，中央设立总库，省、直辖市、自治区设立分库，地区、省辖市、自治州设立中心支库，县、区、自治县和县级市设立支库，支库以下设立经收处。

(8) 税款所属时期。纳税人的税款如按月缴纳，所属时期为该月的 1 日起至月末最后日止，如6月份税款所属时期为6月1日至6月30日；税款如按季缴纳，所属时期为该季的季初月1日起至季末月的最后日止，如1季度的税款所属时期为1月1日至3月31日。

(9) 税款限缴日期。填写税法规定缴纳某种税种的纳税期限，如增值税、营业税、按月缴纳的所得税应在月末终了15日内缴纳。

(10) 品目名称。应按设置税目的税种、不设置税目的税种、没有征收对象的税种的不同分别填写。对设置税目的税种，应填写该税种所设置的税目，如营业税的交通运输业、建筑业等，资源税的原油、煤炭、天然气等。对不设置税目的税种，如房产税应按自用房产或出租房产填写，增值税应按不同行业的货物生产、货物加工、修理修配、货物批发、货物零售等生产或销售的环节填写。对设有征收对象的城市维护建设税、教育费附加是按当期实际缴纳的增值税、消费税、营业税的比例来征收的，应填写当期缴纳的税种名称。

(11) 课税数量。对计税依据是实物形态的纳税对象填写课税数量。如计征土地使用税的土地面积按平方米，计征车船税的载客汽车按辆，计征资源税的天然气按千立方米，计征消费税的卷烟按标准箱，计征关税的进口的“冻的整只鸡”按千克等。

(12) 计税金额或销售收入。对计税依据为实物形态的纳税对象，如计征所得税，应填写计税金额(即应税所得额)；计征营业税，应填写销售收入(即收入额)。

(13) 税率或单位税额。对以计税金额或销售收入为计税依据的，应填写税率，如交通运输业缴纳营业税，适用税率为3%；企业缴纳增值税，一般税率为17%，低税率为13%等。对以课税数量为计税依据的，应填写一定单位的固定税额(即单位税额)。如北京市的一级土地，计征土地使用税每平方米每年税额 7 元；载客汽车计征车船税，每辆每年税额60～660元；天然气计征资源税，每千立方米2～15元；进口的“冻的整只鸡”计征关税，每千克1.30元(最惠国税率)。

(14) 已交或扣除额。增值税应填写准予扣除的进项税额，其他税种应根据相应的纳税申报表本期已纳税额填写。

(15) 实缴金额。从量计征的实缴金额为课税数量与单位税额的乘积减去已交税额的差额；从价计征的实缴金额为计税金额或销售收入与适用税率的乘积减去已缴或扣除额的差额。

(16) 金额合计(大写)。本栏印有固定的金额计量单位，大写中文汉字应用正楷或行书填写，前面没有填写金额数字的多余空位必须删除，可用“×”外面加一个圆圈的符号表示，也可用“×”表示，金额数字中间或者末尾的“0”应写为零字，有多少个“0”，就填写多少个“零”字。并与小写金额合计数字相等(小写金额合计数字前面填写人民币符号“￥”)。

此外，缴款单位(人)栏要加盖单位公章和经办人章，第二联付款凭证该栏应加盖预留银行印鉴；税务机关栏应加盖开具缴款书的税务机关章和填票人章；国库(银行)盖章栏应由国库经收处在税款收妥后加盖收讫或转讫章并填写收款日期。

2. 纳税人对纳税申报的办理

纳税人应在规定的纳税期限内，按国家税务局和地方税务局的税收管理范围办理纳税申报，如实填写应缴税收的纳税申报表，并根据不同的税收种类相应报送下列有关证件、资料：

(1) 财务报表及其说明材料；

(2) 与纳税人有关的合同、协议书及凭证；

(3) 税控装置的电子报税资料；

(4) 外出经营活动税收管理证明和异地完税凭证；

(5) 境内或者境外公证机构出具的有关证明文件；

(6) 扣缴义务人办理代扣代缴、代收代缴报告时，应当如实填写代扣代缴、代收代缴税款报告表，并报送代扣代缴、代收代缴税款的合法凭证以及税务机关规定的其他有关证件、资料。

税务机关对纳税人报送的纳税申报表及有关证件、资料审查核实后，填写一式六联税收通用缴款书，加盖税务机关征税专用章及填票人章，第六联存根联留存，其余各联交纳税人由其到国库经收处缴纳税款(对纳税人采用邮寄申报或数据电文申报纳税的，其余各联缴款书由税收机关送国库经收处扣缴税款)。

由国库经收处收款盖章后的缴款书才是合法的完税凭证，既是纳税人已按税法规定履行了纳税义务的书面证明，也是税务机关检查纳税人是否在纳税期内缴纳税款的重要依据。

【例 1-10-1】12 月 12 日，郑州市国税局直属分局收到郑州中原公司 11 月份的《增值税纳税申报表》、《增值税专用发票使用明细表》、《增值税专用发票和运费发票抵扣明细表》三个附表及已开具增值税专用发票的存根联，符合抵扣条件并在本期申报的增值税专用发票抵扣联，公路、内河货物运输业统一发票的付款人抵扣凭证等附报资料。经审核，附表及附报资料与增值税纳税申报表有关数字一致。

郑州中原公司 11 月份销售商品的不含税销售收入 8 600 000 元，适用的增值税税率 17%，已认证准予抵扣的增值税进项税额为 825 000 元，税款限缴期限本月 15 日，该公司代码为 410103354535629，开户银行工商银行郑州市二七分理处，账号 036×816，经济性质为国有企业，国有企业增值税编码 101010101，级次中央 75%、地方 25%，收款国库为国库郑州市中心支库。

要求：根据以上资料填写证 1-10-1 税收通用缴款书。

证 1-10-1　税收通用缴款书

中华人民共和国
税收通用缴款书

国

隶属关系　　　　　　　　　　　　　　　　　　　　　　　　豫国缴字第 09462 号

经济类型　　　　　填发日期　　年　月　日　　　　　　征收机关 市国税局直属分局

缴款单位（人）	代码		预算科目	编码	
	全称			名称	
	开户银行			级次	
	账号		收缴国库		

税款所属时期　　年　月　日至　　年　月　日	税款限缴日期　　年　月　日

品目名称	课税数量	计税金额或销售收入	税率或单位税额	已缴或扣除额	实缴金额 千	百	十	万	千	百	十	元	角	分
金额合计（大写）　仟　佰　拾　万　仟　佰　拾　元　角　分														

缴款单位（人）（盖章） 经办人（章）	税务机关（盖章） 填票人（章）	上列款项已收妥并划转收款单位账户 国库（银行）盖章 年　月　日	备注：

逾期不缴按税法规定加收滞纳金

无银行收讫章无效

第一联（收据）国库（经收处）收款盖章后退缴款单位（人）作完税凭证

(二) 增值税纳税申报表

增值税纳税申报表是反映企业一定时期增值税应税及免税货物或劳务销售额、税款计算、税款缴纳情况的一种税务报表。

一定时期对增值税一般纳税人为1个月，对增值税小规模纳税人为1个月或1个季度。

根据《增值税暂行条例》的有关规定，增值税的纳税期限分别为1日、3日、5日、10日、15日、1个月或1个季度。以1个季度为纳税期限的规定仅适用于小规模纳税人，由主管税务机关根据其应纳税额的大小核定按月或季缴纳。以1个月或1个季度为纳税期限的，自期满之日起15日内申报纳税，以1日、3日、5日、10日、15日为纳税期限的，自期满之日起5日内预缴税款，于次月1日起15日内申报纳税并结清上月应纳税款。对按日预缴税款的企业，申报纳税的时间与按月申报纳税企业的要求相同。

由于增值税纳税人分为一般纳税人和小规模纳税人，纳税申报表也相应分为两种不同内容的表格。这里只对增值税一般纳税人纳税申报表的有关内容进行阐述，因此，这里的增值税纳税申报表仅指适用于增值税一般纳税人的有关报表。

1. 填制增值税纳税申报表需要的有关账簿资料

增值税纳税申报表的主要内容包括销售额、税款计算和税款缴纳三部分，填制纳税申报表的账簿资料为“主营业务收入”、“其他业务收入”、“应交税费——应交增值税”以及“固定资产清理”等有关明细账。纳税申报表的销售额部分应依据“主营业务收入”明细账的商品或劳务销售收入和 “其他业务收入”明细账的材料销售、包装物销售等有关资料填写，对“固定资产清理”明细账按4%征收率减半征收增值税的销售额，应作为填写“按简易征收办法货物销售额”项目的部分资料。税款计算和税款缴纳两部分主要依据“应交税费——应交增值税”明细账的有关资料进行填写。

2. 增值税纳税申报表的填制方法

增值税一般纳税人不论当月有无销售额，均应在次月1日起15日内向当地税务机关进行纳税申报，销售按简易办法缴纳增值税的货物，也使用本表。具体填写方法如下：

(1) 税款所属时间。是指纳税人申报的增值税应纳税款的所属时间，应填写具体起止年、月、日。

(2) 填报日期。指纳税人填写本表的具体日期。

(3) 纳税人识别号。填写税务机关为纳税人确定的识别号，即税务登记证上该号码的15位数字。

(4) 所属行业。按照国民经济行业分类与代码中的最细项填写，仅填写行业代码。如金矿采选0921，纺织服装制造1810，汽车整车制造3721。

(5) 纳税人名称。填写纳税人单位名称全称，不得简写。

(6) 法定代表人姓名。填写纳税人法定代表人的姓名。

(7) 注册地址。填写纳税人税务登记证所注明的详细地址。

(8) 营业地址。填写纳税人营业地的详细地址。

(9) 开户银行及账号。填写纳税人开户银行的名称和纳税人在该银行的结算账户号码。

(10) 企业登记注册类型。按税务登记证的注册类型填写，如国有企业、集体企业、股份制企业等。

(11) 电话号码。填写纳税人注册地和经营地的电话号码。

(12) 一般货物及劳务。指享受即征即退的货物及劳务以外的货物及劳务。该栏所属各行应分别按本月数或本月数和本年累计填写，本年累计应为年度内各月有关数据之和。

(13) 即征即退货物及劳务。指纳税人按照税法规定享受即征即退税收优惠政策的货物及劳务。按有关政策规定，国家为了鼓励资源综合利用、节能减排、促进环保，对销售以工业废气为原料生产的高纯度二氧化碳产品、以垃圾为燃料生产的电力或者热力(包括用垃圾发酵产生的沼气生产销售的电力或者热力)，以煤炭开采过程中伴生的舍弃物油母页岩为原料生产的页岩油等自产货物实行增值税即征即退的政策。该栏所属各行应分别按本月数或本月数和本年累计填写，本年累计为年度内各月有关数据之和。

(14) (一)按适用税率征税货物及劳务销售额。填写纳税人本期按适用税率缴纳增值税的应税货物和应税劳务销售额(销货退回的销售额用负数表示)，包括在财务上不作销售但按规定应缴纳增值税的视同销售货物和价外费用销售额，外资企业作价销售进料加工复出口的货物，税务、财政、审计部门检查按适用税率计算调整的销售额。

(15) 应税货物销售额。填写纳税人本期按适用税率缴纳增值税的应税货物的销售额(销货退回的销售额用负数表示)。包括在财务上不作销售但按税法规定应缴纳增值税的视同销售货物和价外费用的销售额，以及外资企业作价销售进料加工复出口的货物。

(16) 应税劳务销售额。填写纳税人本期按适用税率缴纳增值税的应税劳务的销售额。

(17) 纳税检查调整的销售额。填写纳税人本期因税务、财政、审计部门检查并按适用税率计算调整的应税货物和应税劳务的销售额。但享受即征即退税收优惠政策的货物及劳务经税收稽查发现偷税的，不得填入“即征即退货物及劳务”部分，而应将该部分销售额在“一般货物及劳务”栏中反映。

(18) (二)按简易征收办法征收货物销售额。填写纳税人本期按简易征收办法征收增值税货物的销售额(销货退回的销售额用负数表示)。包括税务、财政、审计部门检查按简易征收办法计算调整的销售额。

(19) 纳税检查调整的销售额。填写纳税人本期因税务、财政、审计部门检查并按简易征收办法计算调整的销售额。但享受即征即退税收优惠政策的货物及劳务经税务检查发现偷税的，不得填入“即征即退货物及劳务”部分，而应将该部分销售额在“一般货物及劳务”栏中反映。

(20) (三)免、抵、退办法出口货物销售额。填写纳税人本期执行免、抵、退办法出口货物的销售额(销货退回的销售额用负数表示)。

(21) (四)免税货物及劳务销售额。填写纳税人本期按照税法规定直接免征增值税的货物及劳务的销售额及适用零税率的货物及劳务的销售额(销货退回的销售额用负数表示)，但不包括适用免、抵、退办法出口货物的销售额。

(22) 免税货物销售额。填写纳税人本期按照税法规定直接免征增值税货物的销售额及适用零税率货物的销售额(销货退回的销售额用负数表示)，但不包括适用免、抵、退办法出口货物的销售额。

(23) 免税劳务销售额。填写纳税人本期按照税法规定直接免征增值税劳务的销售额及适用零税率劳务的销售额。

(24) 销项税款。填写纳税人本期按适用税率计征的销项税额。该数据应与“应交税费——应交增值税”明细账贷方“销项税额”专栏本期发生额合计数一致。

(25) 进项税额。填写纳税人本期申报抵扣的进项税额，该数据与“应交税费——应交增值税”明细账借方“进项税额”专栏本期发生额合计数一致。

(26) 上期留抵税额。为纳税人前一申报期的“期末留抵税额”数，该数据应与“应交税费——应交增值税”明细账期初借方余额一致。

(27) 进项税额转出。填写纳税人已经抵扣但按税法规定应作进项税转出的进项税额数，但不包括销售折扣、折让、进货退出等应负数冲减当期进项税额的数额。该数据应与“应交税费——应交增值税”明细账贷方“进项税额转出”专栏本期发生额合计数一致。

(28) 免、抵、退货物应退税款。填写退税机关按照出口货物免、抵、退办法审批的应退税额，该数据应与“应交税费——应交增值税”明细账贷方“出口退税”专栏本期发生额合计数一致。

(29) 按适用税率计算的纳税检查应补缴税额。填写纳税人本期因税务、财政、审计部门检查按适用税率计算的纳税检查应补缴税额。

(30) 应抵扣税额合计。填写纳税人本期应抵扣进项税额合计。应为本表的“进项税额＋上期留抵税额－进项税额转出－免、抵、退货物应退税额＋按适用税率计算的纳税检查应补缴税额”计算的数据填写。

(31) 实际抵扣税额。填写纳税人本期实际抵扣的进项税额，如“应抵扣税额合计”栏数字小于“销项税额”栏数字，本栏填写“应抵扣税额合计”栏数字；反之，本栏填写“销项税额”栏数字。

(32) 应纳税额。填写纳税人本期按适用税率计算并应缴纳的增值税，根据本表“销项税额”数字减去“实际抵扣税额”栏数字的差额填写，应与“应交税费——应交增值税”明细账期末贷方余额一致。

(33) 期末留抵税额。为纳税人在本期销项税额中尚未抵扣完，留待下期继续抵扣的进项税额。根据本表“应抵扣税额合计”栏数字减去“实际抵扣税额”栏数字的差额填写，应与“应交税费——应交增值税”明细账期末借方余额一致。

(34) 按简易征收办法计算的应纳税额。填写纳税人本期按简易征收办法计算并应缴纳的增值税额，但不包括按简易征收办法计算的纳税检查应补缴税额。

(35) 按简易征收办法计算的纳税检查应补缴税额。填写纳税人本期因税务、财政、审计部门检查并按简易征收办法计算的纳税检查应补缴税额。

(36) 应纳税额减征额。填写纳税人本期按税法规定减征的增值税应纳税额。

(37) 应纳税额合计。填写纳税人本期应缴增值税的合计数，根据本表“应纳税额”栏数字减去“应纳税额减征额”栏数字的差额填写。

(38) 期初未缴税额(多缴为负数)。为纳税人前一申报期的“期末未缴税额(多缴为负数)”。应与“应交税费——应交增值税”明细账期初贷方余额一致。

(39) 实收出口开具专用缴款书退税额。填写纳税人本期实际收到税务机关退回的，因开具出口货物税收专用缴款书而多缴的增值税款。

(40) 本期已缴税款。指纳税人本期实际缴纳的增值税额，但不包括本期入库的查补税款。本栏数据应与以下四项数据之和相等，即：本期已缴税额＝①分次预缴税额＋②出口开具专用缴款书预缴税额＋③本期缴纳上期应纳税额＋④本期缴纳欠缴税额，并与“应交税费——应交增值税”明细账借方“已交税金”专栏的本期发生额合计数减去本期入库的查补税款的差额一致。

①分次预缴税额。填写纳税人本期分次预缴的增值税。

②出口开具专用缴款书预缴税额。填写纳税人本期销售出口货物而开具专用缴款书向主管税务机关预缴的增值税额。

③本期缴纳上期应纳税额。填写纳税人本期上缴上期应缴未缴的增值税款，包括缴纳上期按简易征收办法计算的应缴未缴的增值税额。

④本期缴纳欠缴税额。填写纳税人本期实际缴纳的增值税欠税额，但不包括缴纳入库的查补增值税额。①～④各行的有关数据应根据“应交税费——应交增值税”明细账借方“已交税金”专栏的有关数字分析计算填写。

(41) 期末未缴税额(多缴为负数)。为纳税人本期期末应缴未缴的增值税额，但不包括纳税检查应缴未缴的税额，根据本表“应纳税额合计＋期初未缴税额(多缴为负数) ＋实收出口开具专用缴款书退税额－本期应纳税额”计算的数据填写。

(42) 欠缴税额(≥0)。为纳税人按照税法规定已形成欠税的数额。根据本表“期初未缴税额(多缴为负数)＋实收出口开具专用缴款书退税额－本期应纳税额”计算的数据填列。

(43) 本期应补(退)税额。为纳税人本期应纳税额中应补缴或应退回的数额，根据本表“应纳税额合计－①分次预缴税额－②出口开具专用缴款书预缴税额”计算的数据填列。

(44) 即征即退实际退税额。填写纳税人本期因符合增值税即征即退优惠政策规定，而实际收到的税务机关返还的增值税额。

(45) 期初未缴查补税额。为纳税人前一申报期的“期末未缴查补税额”，该数据根据“应缴税费——应交增值税”明细账的期初贷方余额减去本表“期初未缴税额(多缴为负数)”栏数据的差额填写。

(46) 本期入库查补税额。填写纳税人本期因税务、财政、审计部门检查而实际入库的增值税款，包括：①按适用税率计算并实际缴纳的查补增值税款；②按简易征收办法计算并实际缴纳的查补增值税款。应根据“应交税费——应交增值税”明细账借方“已交税金”

专栏中的有关数字填写。

(47) 期末未缴查补税额。为纳税人纳税检查本期期末应缴未缴的增值税额，根据本表“按适用税率计算的纳税检查应补缴税额+按简易征收办法计算的纳税检查应补缴税额＋期初未缴查补税额－本期入库查补税额”的计算数据填写，并与“应交税费——应交增值税”明细账的期末贷方余额减去本表“期初未缴税额(多缴为负数)”的差额一致。

3. 纳税人进行纳税申报应报送的相关资料

按照国家税务总局的有关规定，增值税一般纳税人进行纳税申报时应报送以下资料：

(1) 增值税纳税申报表及其所附的本期销售情况明细表、本期进项税额明细表和固定资产进项税额抵扣情况表，以及与增值税销项税额和进项税额相关联的发票领用存月报表、增值税(专用/普通)发票使用明细表和增值税(专用发票/收购凭证/运费发票)抵扣情况明细表。

(2) 附报资料：

① 已开具的增值税专用发票和普通发票存根联；

② 符合抵扣条件并且在本期申报抵扣的增值税专用发票抵扣联；

③ 海关进口货物完税凭证的复印件；

④ 公路、内河货物运输业统一发票的付款人抵扣凭证和其他运输发票的复印件；

⑤ 收购凭证的存根联或报查联；

⑥ 收购农产品的普通发票复印件；

⑦ 主管税务机关要求报送的其他资料。

经营规模大的纳税人，如上述附报资料较多，报送确有困难的，经县级国家税务机关批准，由主管国家税务机关派人到企业审核。

【例 1-10-2】12 月 12 日，郑州中原公司准备进行增值税纳税申报，该单位有关账簿资料如下：主营业务收入 11 月份 8 600 000 元，1—10 月累计 84 500 000 元；“应交增值税”明细账年初借方余额 115 000 元，11 月初贷方余额 900 000 元；“销项税额”11 月份 1 462 000 元，1—10 月累计 14 365 000 元；进项税额 11 月 825 000 元，1—10 月累计 9 600 000 元；“进项税额转出”1—10 月累计 850 000 元；“已交税金”11 月份 900 000 元，1—10 月累计 4 600 000 元。

该单位属于增值税一般纳税人，不属于享受增值税即征即退货物及劳务优惠政策的单位。纳税人识别号 410103354535629，法定代表人翟宁，开户银行工商银行郑州市二七分理处，账号 036×816，注册地址和营业地址均为郑州市陇海中路 89 号，电话号码 0371-66858266，登记注册类型为国有企业，所属行业代码 3561。

要求：根据以上资料填制证 1-10-2 增值税纳税申报表。

证 1-10-2 增值税纳锐申报表

增值税纳税申报表

（适用于增值税一般纳税人）

根据《中华人民共和国增值税暂行条例》第二十二条和二十三条的规定制定本表，纳税人不论有无销售额，均应按主管税务机关核定的纳税期限填报本表，并于次月一日起十五日内，向当地税务机关申报。

填表日期　　年　月　日　　　　　　　　　　　　　　　　　　金额单位：元（列至角分）

纳税人识别号		税款所属期：自　年　月　日至　年　月　日	
纳税人名称	（公章）	法定代表人姓名	
开户银行及账号		电话号码	
注册地址		营业地址	
登记注册类型		所属行业	

项目			一般货物及劳务		即征即退货物及劳务	
			本月数	本年累计	本月数	本年累计
销售额	（一）按适用税率征税货物及劳务销售额	1				
	其中：应税货物销售额	2				
	应税劳务销售额	3				
	纳税检查调整的销售额	4				
	（二）按简易征收办法征税货物销售额	5				
	其中：纳税检查调整的销售额	6				
	（三）免、抵、退办法出口货物销售额	7			———	———
	（四）免税货物及劳务销售额	8			———	———
	其中：免税货物销售额	9			———	———
	免税劳务销售额	10			———	———
税款计算	销项税额	11				
	进项税额	12				
	上期留抵税额	13		———		———
	进项税额转出	14				
	免抵退货物应退税额	15			———	———
	按适用税率计算的纳税检查应补缴税额	16			———	———

续表

项目			一般货物及劳务		即征即退货物及劳务	
			本月数	本年累计	本月数	本年累计
税款计算	应抵扣税额合计	17		———		———
	实际抵扣税额	18				
	应纳税额	19				
	期末留抵税额	20		———		———
	简易征收办法计算的应纳税额	21				
	按简易征收办法计算的纳税检查应补缴税额	22			———	———
	应纳税额减征额	23				
	应纳税额合计	24				
	期初未缴税额（多缴为负数）	25				
税款缴纳	实收出口开具专用缴款书退税额	26			———	———
	本期已缴税额	27				
	①分次预缴税额	28		———		———
	②出口开具专用缴款书预缴税额	29		———	———	———
	③本期缴纳上期应纳税额	30				
	④本期缴纳欠缴税额	31				
	期末未缴税额（多缴为负数）	32				
	其中：欠缴税额（≥0）	33		———		———
	本期应补（退）税额	34		———		———
	即征即退实际退税额	35	———	———		
	期初未缴查补税额	36			———	———
	本期入库查补税额	37			———	———
	期末未缴查补税额	38			———	———

如果你已委托代理人申报，请填写下列资料： 为代理一切税务事宜，现授权（地址）　　　　为本纳税人的代理申报人，任何与本申报表有关的往来文件，都可寄予此人。 授权人签字：	申报人声明	此纳税申报表是根据《中华人民共和国增值税暂行条例》的规定填报的，我相信它是真实的，可靠的，完整的。 声明人签字：

以下由税务机关填写：

收到日期：　　　　接收人：　　　　主管税务机关盖章：

(三) 固定资产进项税额抵扣情况表

固定资产进项税额抵扣情况表，是增值税一般纳税人在一定时期从国内或国外购进设备(不包括小桥车、摩托车、游艇等)，按有关规定予以增值税抵扣的一种税务报表。

1. 固定资产进项税额抵扣情况表的报送方式

固定资产进项税额抵扣情况表与“本期销售情况明细表”、“本期进项税额明细表”同属于增值税纳税申报表的附表。该表的当期申报抵扣的固定资产进项税额属于本期进项税额明细表的申报抵扣的进项税额其中的数字，应与上述表格同时报送国家税务机关。

2. 固定资产进项税额抵扣情况表的填写方法

固定资产进项税额抵扣情况表一式两份，一份纳税人留存，一份主管税务机关留存。该表的具体填写方法如下：

(1) 纳税人识别号。填写纳税人税务登记证该编号的15位数字。

(2) 纳税人名称。填写纳税人税务登记证上的单位名称，并加盖纳税人公章或财务专用章。

(3) 填表日期。为填写该表的具体日期。

(4) 增值税专用发票。根据纳税人当期从国内购进或其他方式取得设备的增值税专用发票注明的税额，填写“当期申报抵扣的固定资产进项税额”。该栏数字加上“上期申报抵扣的累计数”，即为“当期申报抵扣的固定资产进项税额累计”。

(5) 海关进口增值税专用缴款书。根据纳税人当期从国外进口设备在海关缴纳增值税取得的“海关进口增值税专用缴款书”载明的税额填写“当期申报抵扣的固定资产进项税额”。该栏数字加上纳税人上期申报抵扣的累计数，即为“当期申报抵扣的固定资产进项税额累计”。

(6) 合计。填写“增值税专用发票”和“海关进口增值税专用缴款书”两栏的合计数字。

【例1-10-3】12月12日，郑州中原公司填写“增值税纳税申报表”时查明，11月份购进生产用设备2台，取得的增值税专用发票注明设备价款2 000 000元，税额340 000元，本年1—10月份申报抵扣的固定资产进项税额累计数为1 286 500元，该公司的纳税人识别号为410103354535629。

要求：根据以上资料填写证1-10-3固定资产进项税额抵扣情况表。

证1-10-3　固定资产进项税额抵扣情况表

固定资产进项税额抵扣情况表

纳税人识别号：　　　　　　　　　　纳税人名称（公章）：

填表日期：　　年　月　日　　　　　　　　　　金额单位：元（列至角分）

项　　目	当期申报抵扣的固定资产进项税额	当期申报抵扣的固定资产进项税额累计
增值税专用发票		
海关进口增值税专用缴款书		
合　　计		

(四) 开具红字增值税专用发票通知单

开具红字增值税专用发票通知单，是主管税务机关对增值税一般纳税人开具增值税专用发票后，发生销货退回、销售折让以及开票有误等情况须开具红字增值税专用发票的，对购买方或销售方填报的“开具红字增值税专用发票申请单”审核后填写的，作为销货方开具红字增值税专用发票的一种证明。

销售方出售商品或提供劳务开具的增值税专用发票，可能会出现纳税人识别号或增值税专用发票代码、号码认证不符的现象，或专用发票单价、金额、税额计算错误等多种原因形成增值税专用发票开票错误，应依据国税部门出具的“开具红字增值税专用发票通知单”，开具相应的红字增值税专用发票。

1. 开具红字增值税专用发票申请单的填报要求

开具红字增值税专用发票通知单是根据开具红字增值税专用发票申请单(以下简“申请单”)填写的。根据不同情况，购买方和销售方都可以作为申请方填写申请单。申请单一式两联，一联由申请方留存，一联由主管税务机关留存，据以填写开具红字增值税专用发票通知单(以下简称“通知单”)。

2. 购买方填报申请单的要求

出现下列情况，应由购买方对申报单进行填报：

(1) 购买方收到的增值税专用发票抵扣联无法认证的。

(2) 购买方所购货物不属于增值税扣税项目范围，取得的增值税专用发票未经认证的。

(3) 由于销售方未按购货合同发货，或所发货物的数量、质量不符合规定要求，以及发票单价、金额、税额计算错误，发生销货退回、销售折让或拒付货款的。

前两种情况购买方应在申请单上填写具体原因，以及相对应蓝字增值税专用发票的信息，对主管税务机关审核申请单后所开具的通知单，不作进项税额转出处理。

对第三种情况，购买方须在申请单的“开具红字专用发票理由”处填写销货退回、销售折让及拒付货款的原因。

3. 销售方填报申请单的要求

出现下列情况，应由销售方对申请单进行填报。

(1) 因开票有误，购买方拒收增值税专用发票的，销售方须在增值税专用发票认证期限内向主管税务机关填报申请单。

(2) 因开具有误等原因，尚未将增值税专用发票交付购货方的，销售方须在开具有误增值税专用发票的次月内向主管税务机关填报申请单。

对上述两种情况销售方应在申请单上填写具体原因以及相对应蓝字增值税专用发票的信息，同时前者由购买方，后者由销售方出具填写的具体理由、具体错误项目以及正确内容的书面材料，由主管税务机关审核后填写通知单，销货方据以开具红字增值税专用发票。

对发生销货退回或者销售折让的，销售方除按照相关规定进行处理外，还应在开具红字增值税专用发票后，将该笔业务的相应记账凭证复印件报送主管税务机关备案。

4. 开具红字增值税专用发票通知单的填写要求

“通知单”和“申请单”的格式、内容基本相同。所不同的是一式两联“申请单”由购买方或销售方填报，“通知单”由主管税务机关根据购买方或销售方填报的“申请单”审核后填写。“通知单”一式三联，第一联，购买方主管税务机关留存，第二联，购买方送交销售方留存，第三联，购买方留存。

主管税务机关对购买方或销售方填报的“申请单”审核后填写“通知单”时，除填开日期为填写“通知单”的具体日期外，其他各项内容应根据“申请单”的内容一一对应填写。

【例 1-10-4】12 月 15 日，郑州市国家税务局直属分局收到郑州中原公司填报的“开具红字增值税专用发票申请单”和购买方天津海河公司出具的拒收增值税专用发票理由、错误具体项目以及正确内容的书面材料。郑州中原公司 12 月 13 日向天津海河公司销售戊产品 100 件，每件价格 880 元，金额 88 000 元，税率 17%，税额 14 960 元。由于中原公司对戊产品每件价格多开 20 元，金额增大 2 000 元，税额也相应增大 340 元。郑州中原公司的纳税人识别号 410103354535629，天津海河公司的纳税人识别号 120104369912123。

要求：根据以上资料填写证 1-10-4 开具红字增值税专用发票通知单。

证 1-10-4 开具红字增值税专用发票通知单

开具红字增值税专用发票通知单

填开日期： 年 月 日 NO.

<table>
<tr><td rowspan="2">销售方</td><td>名 称</td><td colspan="2"></td><td rowspan="2">购买方</td><td>名 称</td><td colspan="2"></td></tr>
<tr><td>税务登记代码</td><td colspan="2"></td><td>税务登记代码</td><td colspan="2"></td></tr>
<tr><td rowspan="2">开具红字专用发票内容</td><td>货物（劳务）名 称</td><td>数量</td><td>单价</td><td colspan="2">金额</td><td>税率</td><td>税 额</td></tr>
<tr><td></td><td></td><td></td><td colspan="2"></td><td></td><td></td></tr>
<tr><td>说明</td><td colspan="7">一、购买方申请 □
对应蓝字专用发票抵扣增值税销项税额情况：
1. 需要作进项税额转出□
2. 不需要作进项税额转出□
（1）无法认证□
（2）纳税人识别号认证不符□
（3）增值税专用发票代码、号码认证不符□
（4）所购货物不属于增值税扣税项目范围□
对应蓝字专用发票密码区内打印的代码：
号码：
二、销售方申请 □
（1）因开票有误购买方拒收的□
（2）因开票有误等原因尚未交付的□
对应蓝字专用发票密码区内打印的代码：
号码：
开具红字专用发票理由：</td></tr>
</table>

经办人： 负责人： 主管税务机关名称（印章）：

(五) 开具红字公路、内河货物运输业发票通知单

开具红字公路、内河货物运输业发票通知单，是公路、内河货物运输业统一发票开票方由于发票填写错误须开具红字发票的，由主管税务机关对开票方或受票方填报的“开具红字公路、内河货物运输业发票申请单”审核无误后，据以填写的作为开票方开具红字货运发票的一种证明。

受票方是指承担货物运费的一方，如合同规定货物运费由收货人承担，收货人为公路、内河货物运输业统一发票（以下简称“货运发票”）的受票方，如货物运费按合同规定由发货人负担，则发货人为“货运发票”的受票方。按有关规定，如受票方为增值税一般纳税人，可以按照“货运发票”注明的运输费用（不包括装卸费、保险费、仓储费和其他杂费）和建设基金两部分，依据7%的扣除率计算可以抵扣的增值税进项税额。错开的“货运发票”由于无法认证则不能进行进项税额抵扣，须由开票方或受票方填报开具红字公路、内河货物运输业发票申请单（以下简称“申请单”），经主管税务机关审核后填写开具红字公路、内河货物运输业发票通知单（以下简称“通知单”），开票方依据通知单开具红字货运发票。

开具红字公路、内河货物运输业发票申请单一式两联，一联申请方留存；一联主管税务机关留存。

受票方或开票方根据下列不同情况，作为申请方填报申请单。

1. 受票方填报申请单的要求

受票方在下列情况下，应填报申请单：

(1) 取得的货运发票项目填写不齐全(附有运输清单的汇总开具的运输发票除外)或发票代码、号码、税控码及收货人、发货人、承运人的纳税人识别号填写错误，无法认证，不能计算、抵扣进项税额的。

(2) 货运发票中的运输项目及金额、其他项目及金额、金额大小写合计填写错误的。

2. 开票方填报申请单的要求

货运发票出现下列情况，应由开票方进行申请单的填报：

(1) 因开票有误，受票方拒收货运发票的。

(2) 因开票有误等原因，尚未将货运发票交付受票方的。

发生上述情况，开票方除按规定填写申请单外，同时前者由受票方，后者由开票方出具错误具体项目以及正确内容的书面材料，由主管税务机关审核后填写通知单，开票方据通知单填写红字公路、内河货物运输业发票。

【例 1-10-5】12 月 16 日，徐州市地方税务局泉山分局收到徐州宏达汽运公司提交的申请单以及郑州中原公司拒收公路、内河货物运输业发票的书面材料。具体内容为：该货运发票代码 23201108110042，发票号码 0007118，收货人郑州中原公司、发货人徐州彭城公司、承运人徐州宏达汽运公司，纳税人识别号分别为 410103354535629,320311324012211 和 320311522072322；主管税务机关徐州市地方税务局泉山分局代码为 232031100，郑州中原公司为受票方。运送货物名称为丁材料，数量 4 吨，运价每吨公里 0.85 元，运输里程 380 公里，金额 1 292 元，其他费用小计 264 元，合计 1 676 元。开具红字货运发票理由为：合计金额应为 1 556 元，合计金额多填写 120 元。

要求：根据上述资料填写证 1-10-5 开具红字公路、内河货物运输业发票通知单。

证 1-10-5　开具红字公路、内河货物运输业发票通知单

开具红字公路、内河货物运输业发票通知单

填开日期：　　年　　月　　日　　　　　　　　　　　　　　　　NO.

发票代码					发票号码				
收货人及纳税人识别号				是否为受票方	发货人及纳税人识别号			是否为受票方	
承运人及纳税人识别号					主管税务机关及代码				
开具红字货运发票内容	货物名称	数量	运价	里程	金额	其他费用小计	合计金额	代开单位及代码	扣缴税额税率
	合计	—	—	—					
开具红字货运发票理由								主管税务机关意见	
								同意开具□　不同意开具□	

经办人：　　　　　　　　负责人：　　　　　　　　主管税务机关名称（印章）：

(六) 营业税纳税申报表

营业税纳税申报表，是营业税纳税人根据《营业税暂行条例》的有关规定，填报的一定时期的应税营业额和应补缴税额或退回多缴税额的税务报表。

营业税是以我国境内提供应税劳务、转让无形资产或销售不动产所取得的营业额为课税对象征收的一种税。计税依据为营业额全额，征收范围为增值税征税范围以外的所有经营业务，实行同行业同税率的征收方式。

1. 营业税的税目、税率

根据《营业税暂行条例》的有关规定，我国目前只对单位和个人在境内提供应税劳务、转让无形资产或者销售不动产征收营业税。应税劳务是指交通运输业、建筑业、金融保险业、邮电通信业、文化体育业、娱乐业和服务业等七类行业提供的应缴纳营业税的劳务。加上转让无形资产和销售不动产两项业务，构成了营业税按照行业、类别不同设置的九个税目。

营业税按照行业、类别的不同，分别采用不同的比例税率，具体规定为：

交通运输业、建筑业、邮电通信业、文化体育业，税率为3%。

金融保险业、服务业、转让无形资产、销售不动产，税率为5%。

娱乐业执行5%～20%的幅度税率，由各省、自治区、直辖市人民政府根据当地的实际情况，在税法规定的幅度内决定具体使用的税率。

2. 营业税的纳税期限

营业税的纳税期限，分别为5日、10日、15日、1个月或一个季度。纳税人的具体纳税期限，由主管税务机关根据纳税人应纳税额的大小分别核定；不能按规定期限纳税的，可以按次纳税。税法对营业税规定了相应的起征点，按期纳税的，月营业额为5 000～20 000元；按次纳税的，为每次(日)营业额300～500元。营业额达到或超过起征点的，全额计算纳税，低于起征点的，则免予征税。

纳税人以1个月或1个季度为一期纳税的，自期满之日起15日内申报纳税；以5日、10日或者15日为一期纳税的，自期满之日起5日内预缴税款，于次月1日起15日内申报纳税并结清上月应纳税款。扣缴义务人的解缴税款期限，比照上述规定执行。

银行、财务公司、信托投资公司、信用社、外国企业常驻代表机构的纳税期限为1个季度，保险业的纳税期限为1个月。

3. 营业税纳税申报表的填写要求

营业税纳税申报表一式三联，第一联纳税人留存，第二联主管税务机关留存，第三联税务机关作税收会计原始凭证。纳税人应按照《营业税暂行条例》有关规定及时办理纳税申报，并如实填写营业税纳税申报表，具体填写要求如下：

(1) 纳税人识别号。填写纳税人税务登记证该号码的15位数字。

(2) 填表日期。为纳税人填写本表的具体日期。

(3) 纳税人名称。为纳税人税务登记证填写的名称，不得填写简称。

(4) 税款所属时期。为纳税人申报的营业税应纳税额的所属时间，应填写具体的起止年、月、日。

(5) 项目。填写纳税人所属行业或类别的应税税目，如建筑业、金融保险业等。

(6) 经营项目。填写纳税人所属行业或类别的应税税目的具体经营项目或类别的具体行为。如交通运输业的具体经营项目包括铁路运输、公路运输、水路运输、航空运输、管道运输、装卸搬运等；转让无形资产的具体行为可分为转让土地使用权、转让商标权、转让专利权、转让非专利技术、转让著作权、转让商誉等。

(7) 全部收入。填写纳税人一定时期取得的包括兼营收入的全部收入。

(8) 不征税项目。填写纳税人一定时期收取的不征收营业税的营业额，如金融机构的出纳长款收入，保险企业取得的追偿款，人民银行对金融机构的贷款等。

(9) 减除项目。填写税法规定允许从营业收入中扣除营业额的项目。

(10) 减免税项目。填写按税法规定予以减免税的营业额项目。如转让给农业生产者用于农业生产的土地使用权免征营业税。

(11) 应税营业额。填写本期应缴营业税的营业额。即全部收入减去不征税项目、减除项目、减免税项目的差额。

(12) 税率。填写与应税项目相对应的税率。如销售不动产的税率为 5%。

(13) 应纳税额。填写纳税人本期应缴纳的营业税税额。即同行次应税营业额与税率的乘积。

(14) 减免税额。填写按照税法规定予以减免的营业税税额，为同行次的减免税项目数额与税率的乘积。

(15) 已纳税额。填写本期按有关规定已缴纳的营业税税额。

(16) 应补(退)税额。填写本期应补缴或退回的税额。为同行次的应纳税额减去已纳税额的差额。如计算结果为正数，表示纳税人本期应补缴的税额；如计算结果为负数，表示多缴应退回的税额。

此外，本表如由纳税人填报，由办税人员、会计主管和法定代表人在相应栏次签章，并加盖单位公章；如委托代理人填报，由代理人在相应栏次填写代理人名称、地址、经办人姓名、联系电话、并加盖代理人公章。

【例 1-10-6】12 月 31 日，郑州中原公司填报营业税纳税申报表时，从有关账簿资料查明 11 月份转让甲产品商标权取得收入 1 240 000 元，适用税率为 5%，该单位纳税人识别号为 410103354535629，办税人员吕鸿、会计主管邹青、法定代表人翟宁。

要求：根据以上资料填写证 1-10-6 营业税纳税申报表。

(七) 城市维护建设税纳税申报表

城市维护建设税纳税申报表，是纳税人按一定时期缴纳的增值税、消费税、营业税（以下简称“三税”）及适用税率，计算缴纳城市维护建设税所填写的一种税务报表。

城市维护建设税(以下简称“城建税”)的纳税义务人包括国有企业、集体企业、私营企业、股份制企业、外商投资企业、外国企业、其他企业和行政单位、事业单位、军事单位、社会团体、其他单位、以及个体工商户和其他个人。

由于城建税是由纳税人在缴纳“三税”的同时缴纳的，因此，其纳税期限应分别与“三税”的纳税期限一致。根据有关规定，增值税和消费税的纳税期限均分别为 1 日、3 日、5 日、10 日、15 日、1 个月或 1 个季度；营业税的纳税期限除不包括 1 日和 3 日外，其他与

证 1-10-6 营业税纳税申报表

营业税纳税申报表

纳税人识别号 ☐☐☐☐☐☐☐☐☐☐☐☐☐☐☐ 填报日期 年 月 日 金额单位：元（列至角分）

纳税人名称						税款所属时期 年 月 日至 年 月 日					
项目	经营项目	营业额					税率%	本期应纳税额计算			
		全部收入	不征税项目	减除项目	减免税项目	应税营业额		应纳税额	减免税额	已纳税额	应补（退）税额
1	2	3	4	5	6	7=3－4－5－6	8	9=7x8	10=6x8	11	12=9－11
合计											

纳税人或代理人声明： 此纳税申报表是根据国家税收法律的规定填报的，我确定它是真实的、可靠的、完整的。 声明人签名	如纳税人填报，由纳税人填写以下各栏		如委托代理人填报，由代理人填写以下各栏				备注
	办税人员（签章）	纳税人（公章）	代理人名称			代理人（公章）	
	会计主管（签章）		地址				
	法定代表人（签章）		经办人		电话		
	以下由税务机关填写						
	受理人 受理日期 年 月 日 受理税务机关（签章）						

上述两税的纳税期限相同。但是《城市维护建设税暂行条例》是在1985年2月8日正式颁布的，1994年实行分税制后，增值税、消费税由国家税务局征收管理，城建税由地方税务局征收管理，因此，城建税与三税缴纳入库的时间上不完全一致。

1. 城建税的特点

城建税是对从事工商经营，缴纳增值税、消费税、营业税的单位和个人征收的一种税。具有以下特点：

(1) 税款专款专用。征收的城建税税款，只能用于城市公用事业和公共设施的维护和建设，不能用于其他方面的财政支出。

(2) 属于一种附加税。城建税没有特定的课税对象，以纳税人实际缴纳的增值税、消费税、营业税等三种税额为计税依据并同时征收，如果免征或减征“三税”，也要同时免征或减征城建税，但对出口退还增值税、消费税的，不退还已缴纳的城建税。

(3) 根据城镇规模设计不同的比例税率。城建税税率，是指纳税人应缴纳的城建税税额与纳税人实际缴纳的三税税额之间的比率。是根据纳税人所在城镇的规模及其资金需要设计的，城镇规模大的，税率高一些；反之，税率就低一些。使不同地区获得不同数量的城建税资金，因地制宜地进行城市的维护和建设。城建税按纳税人所在地的不同，设置了三档地区差别比例税率，即：

纳税人所在地为市区的，税率为7%；

纳税人所在地为县城、建制镇的，税率为5%；

纳税人所在地不在市区、县城、建制镇的，税率为1%。

(4) 征收范围的广泛性。城建税是对实际缴纳的增值税、消费税、营业税等三税的比例来征收的，三税占我国税收收入总额的70%左右，其征税范围基本上包括了我国境内所有经营行为的单位和个人，城建税以三税作为税基，几乎是对所有纳税人进行征收，因此，城建税的征收范围比其他任何税种都具有广泛性。

2. 城建税纳税申报表的填写要求

城建税纳税申报表一式三联，第一联纳税人留存，第二联税务机关用于税务会计核算，第三联由主管税务机关留存。本表适用于中国境内各类城建税纳税人填报，具体填写要求如下：

(1) 填表日期。为纳税人填写本表的具体时间。

(2) 纳税人识别号。为纳税人税务登记证该编号的15位数字。

(3) 纳税人名称。为纳税人税务登记证填写的名称，不得填写简称。

(4) 税款所属时期。为纳税人申报城建税应纳税额的所属时间，应填写具体的起止年、月、日。

(5) 计税金额。分别按纳税人本期实际缴纳的增值税、消费税、营业税的税额填写。

(6) 税率。填写纳税人应缴纳城建税的适用税率，如纳税人所在地为上海市的税率为7%。

(7) 应纳税额。分别按各行次计税金额乘以适用税率计算的税额填写。

(8) 已纳税额。本行次填写本期已实际缴纳的城建税税额。

(9) 应补(退)税额。填写同行次应纳税额与已纳税额所计算的差额。如计算结果为正数，表示本期应补缴的税额；计算结果如为负数，表示本期多缴应退回的税额。

此外，本表由纳税人填报，应由会计主管和经办人员签章，并加盖纳税人公章。如委托代理人填报，应由代理人填写代理人名称、地址、联系电话、经办人姓名，并加盖代理人公章。

【例 1-10-7】12 月 11 日，郑州中原公司填报城市维护建设税纳税申报表时，从有关资料上查明实际缴纳增值税 637 000 元，营业税 62 000 元，该单位适用的城市维护建设税税率为 7%，纳税人识别号 410103354535629，会计主管邹青，经办人吕鸿。

要求：根据以上资料填写证 1-10-7 城市维护建设税纳税申报表。

证 1-10-7　城市维护建设税纳税申报表

城市维护建设税纳税申报表

填表日期　　年　　月　　日

纳税人识别号 □□□□□□□□□□□□□□□　　　　金额单位：元（列至角分）

<table>
<tr><td>纳税人名称</td><td colspan="2"></td><td colspan="2">税款所属时期</td><td></td></tr>
<tr><td>计税依据</td><td>计税金额</td><td>税率</td><td>应纳税额</td><td>已纳税额</td><td>应补（退）税额</td></tr>
<tr><td>1</td><td>2</td><td>3</td><td>4=2×3</td><td>5</td><td>6=4-5</td></tr>
<tr><td>增值税</td><td></td><td></td><td></td><td></td><td></td></tr>
<tr><td>营业税</td><td></td><td></td><td></td><td></td><td></td></tr>
<tr><td>消费税</td><td></td><td></td><td></td><td></td><td></td></tr>
<tr><td></td><td></td><td></td><td></td><td></td><td></td></tr>
<tr><td>合　计</td><td></td><td></td><td></td><td></td><td></td></tr>
</table>

<table>
<tr><td colspan="3">如纳税人填报
由纳税人填写以下各栏</td><td colspan="4">如委托代理人填报
由代理人填写以下各栏</td><td rowspan="4">备注</td></tr>
<tr><td rowspan="3">会计主管
（签章）</td><td rowspan="3">经办人
（签章）</td><td rowspan="3">纳税人
（公章）
年　月　日</td><td>代理人名称</td><td colspan="2"></td><td rowspan="3">代理人
（公章）</td></tr>
<tr><td>代理人地址</td><td colspan="2"></td></tr>
<tr><td>经办人</td><td></td><td>电话</td></tr>
<tr><td colspan="8">以下由税务机关填写</td></tr>
<tr><td colspan="2">收到申报表日期</td><td colspan="2"></td><td>接收人</td><td colspan="3"></td></tr>
</table>

(八) 教育费附加申报表

教育费附加申报表，是指应交教育费附加的单位和个人，按其实际缴纳增值税、消费税、营业税等三税税额的征收比率，计算缴纳教育费附加所填写的一种申报表。

1. 教育费附加的有关征管规定

教育费附加是国家为加快地方教育事业、扩大地方教育经费而征收的一项专用基金。国家在增拨教育基本建设投资和教育经费的同时，开辟各种渠道筹措教育经费，为进一步调动企、事业单位和其他各种社会力量办学的积极性，国务院在1986年4月28日颁布了《征收教育费附加的暂行规定》，从当年7月1日起开始在全国范围内对教育费附加进行征收。

按有关规定，教育费附加是对缴纳增值税、消费税、营业税的单位和个人实际缴纳“三税”税额的3%计算征收，并分别与“三税”同时缴纳。对由于免征“三税”而发生退税的，应同时退还已征收的教育费附加；但对出口产品退还增值税、消费税的，不退还已征收的教育费附加；海关对进口商品征收的增值税、消费税，不征收教育费附加。教育费附加由地方税务局进行征收管理。

2. 教育费附加申报表的填写方法

教育费附加申报表一式三联，第一联缴费人留存，第二联税务机关用于会计处理，第三联由主管税务机关留存。该表的填写方式与城市维护建设税申报表大致相同。

(1) 填表日期。为缴费人填写该表的具体日期。

(2) 纳税人识别号。为缴费人税务登记证该编号的15位数字。

(3) 纳税人名称。为缴费人税务登记证填写的单位全称，不得简写。

(4) 计费金额。应分别填写缴费人本期实际缴纳的增值税、消费税、营业税税额。

(5) 征收比率。按现行规定，征收比率填写3%。

(6) 应交教育费附加。分别填写各行次计费金额乘以征收比率所计算的费额。

(7) 已交教育费附加。分别填写本期按“三税”比率计算的实际已交教育费附加费额。

(8) 应补(退)税额。分别按同行次应交教育费附加减去已交教育费附加的差额填写。计算结果如为正数，为本期应补缴的教育费附加；计算结果如为负数，表示本期多缴应退回的教育费附加。

此外，本表如由缴费人填报，应由会计主管和经办人在相应的栏次签章，并加盖缴费人公章；如委托代理人填报，应由代理人填写代理人名称、地址、联系电话、经办人姓名，并加盖代理人公章。

【例1-10-8】12月11日，郑州中原公司填写教育费附加申报表时，查明实际缴纳增值税637 000元，营业税62 000元，该单位的纳税人识别号为410103354535629，教育费附加的征收比率为3%，会计主管邹青，经办人吕鸿。

要求：根据以上资料，填写证1-10-8教育费附加申报表。

(九) 城镇土地使用税纳税申报表

城镇土地使用税纳税申报表，是指在城市、县城、建制镇、工矿区范围内使用土地的单位和个人，按其实际占用的土地面积及其适用的差别幅度税额，计算缴纳城镇土地使用税填写的一种纳税报表。

缴纳城镇土地使用税的单位，包括国有企业、集体企业、私营企业、股份制企业、外商投资企业、外国企业以及其他企业和事业单位、社会团体、国家机关、军队以及其他单位。

缴纳城镇土地使用税的个人，包括个体工商户以及其他个人。

城镇土地使用税实行按年计算、分期缴纳的征收方法，可以按月度、季度或半年度缴纳，具体纳税期限由当地省、自治区、直辖市人民政府确定。

证 1-10-8 教育费附加申报表

教育费附加申报表

填表日期　　年　月　日

纳税人识别号 □□□□□□□□□□□□□□□　　　　金额单位：元（列至角分）

纳税人名称					
计费依据	计费金额	征收比率	应交教育费附加	已交教育费附加	应补（退）费额
1	2	3	4=2×3	5	6=4-5
增值税					
营业税					
消费税					
合　计					

<table>
<tr><td colspan="3">如交费人填报
由交费人填写以下各栏</td><td colspan="4">如委托代理人填报
由代理人填写以下各栏</td><td rowspan="4">备注</td></tr>
<tr><td rowspan="3">会计主管
（签章）</td><td rowspan="3">经办人
（签章）</td><td rowspan="3">交费人
（公章）
年　月　日</td><td>代理人名称</td><td colspan="2"></td><td rowspan="2">代理人
（公章）</td></tr>
<tr><td>代理人地址</td><td colspan="2"></td></tr>
<tr><td>经办人</td><td></td><td>电话</td><td></td></tr>
<tr><td colspan="8">以下由税务机关填写</td></tr>
<tr><td colspan="2">收到申报表日期</td><td colspan="2"></td><td>接收人</td><td colspan="3"></td></tr>
</table>

1. 城镇土地使用税的特点

城镇土地使用税是以城镇土地为征税对象，对拥有土地使用权的单位和个人征收的一种税。它具有以下特点：

(1) 城镇土地使用税的征收对象是国有土地。城镇土地的所有权归国家，单位和个人对占用的土地只有使用权，应依法缴纳土地使用税。农业土地属于集体所有，不属于城镇土地使用税的征收范围。

(2) 城镇土地使用税的征税范围较广。根据有关规定，在城市、县城、建制镇、工矿区范围内使用土地的单位和个人，均应为城镇土地使用税的纳税人。

(3) 城镇土地使用税实行差别幅度税额。单位和个人的经营地址在不同城市，或同一城市的不同地段，对经营者的经济效益都存在着不同程度的影响。城镇的繁华地段无疑要比偏僻地段的收益高，为了税负公平，国家有关政策规定对城镇土地使用税实行差别幅度税额，对不同城镇采用不同税额，对同一城镇的不同地段，根据市政建设状况和经济繁荣程度确定不同的税负水平。城镇土地使用税按大、中、小城市和县城、建制镇、工矿区分别规定每平方米土地使用税年应纳税额，大城市 1.50～30 元，中等城市 1.20～24 元，小城市 0.90～18 元，县城、建制镇、工矿区 0.60～12 元。同一区域每平方米应纳土地使用税，最高税额为最低税额的20倍。大、中、小城市以公安部门登记在册的非农业正式户口人数为依据，按照国务院颁布的《城市规划条例》中规定的标准划分。人口在50万以上者为大城市；人口在20万～50万之间者为中等城市，人口在20万以下者为小城市。

2. 城镇土地使用税纳税申报表的填写要求

城镇土地使用税纳税申报表一式三联，第一联纳税人留存，第二联主管税务机关留存，第三联税务机关作税收会计原始凭证。纳税人应按照《城镇土地使用税暂行条例》的有关规定及时办理纳税申报，如实填写纳税申报表，具体填写方法如下：

(1) 纳税人识别号。为纳税人税务登记证的纳税人识别号15位数字。

(2) 填表日期。为纳税人填写该表的具体日期。

(3) 纳税人名称。为纳税人税务登记证填写的名称，不得简写。

(4) 税款所属时期。为纳税人申报城镇土地使用税的所属时间，应填写具体的起止年、月、日。

(5) 房产坐落地点。为纳税人房产的具体坐落地址。

(6) 占用土地地址。根据土地管理部门已核发的土地证的土地地址填写。

(7) 上期占地面积。为纳税人上期填写纳税申报表的实际占地面积(平方米，下同)。

(8) 本期增减土地面积。为纳税人本期纳税申报时，比上期实际增加或减少的土地面积。

(9) 本期实际占地面积。为纳税人上期占地面积加上本期增加或减去本期减少的土地面积。

(10) 法定免税面积。为税法规定免缴城镇土地使用税的土地面积，如供电部门的输电线路用地、变电站用地，纳税人新征用不满一年的耕地等。

(11) 应税面积。为纳税人本期实际占地面积减去法定免税面积的占地面积。

(12) 土地等级、适用税额。依据纳税人占用土地的所在地规定的土地等级以及相应的税额填写。

(13)全年应纳税额。填写纳税人占用土地的应税面积乘以适用税额计算的应纳城镇土地使用税税额。

(14) 缴纳次数。依据土地所在地的当地政府规定的纳税期限填写。如规定城镇土地使用税按季缴纳，缴纳次数填写4次。

(15) 应纳税额。依据全年应纳税额除以缴纳次数计算的数额填写。

(16) 已纳税额。为本期纳税人已缴纳的城镇土地使用税税额。

(17) 应补(退)税额。为应纳税额减去本期已纳税额的差额。如前者大于后者，为本期应补缴税额；反之，为本期多缴应退回的税额。

此外，该表如由纳税人填报，该单位的会计主管，经办人员应在相应栏次签章，并加盖纳税人公章；如委托代理人填报，应由代理人填写代理人名称、地址、经办人姓名和联系电话，并加盖代理人公章。

【例1-10-9】12月16日，郑州中原公司填写4季度城镇土地使用税纳税申报表时，从有关资料查明，上期占地面积26万平方米，本期没有增减变动，土地等级为3级，每平方米年税额4.50元，当地政府规定城镇土地使用税按季缴纳，房产坐落地点和占用土地地址为郑州市陇海中路，纳税人识别号为410103354535629。会计主管邹青，办税人员吕鸿。

要求：根据以上资料填写证1-10-9城镇土地使用税纳税申报表。

证 1-10-9 城镇土地使用税纳税申报表

城镇土地使用税纳税申报表

纳税人识别号 □□□□□□□□□□□□□□□ 填表日期 年 月 日 金额单位：元（列至角分）

纳税人名称							税款所属时期							
房产座落地点														
占用土地地址	上期占地面积	本期增减土地面积	本期实际占地面积	法定免税面积	应税面积	土地等级		适用税额		全年应缴税额	缴纳次数	本期		
						I	II	I	II			每次应纳税额	已纳税额	应补（退）税额
1	2	3	4=2+3	5	6=4−5	7	8	9	10	11=6×9或10	12	13=11÷12	14	15=13−14

如纳税人填报，由纳税人填写以下各栏			如委托代理人填报，由代理人填写以下各栏				备注
会计主管 （签章）	办税人员 （签章）	纳税人 （公章）	代理人名称		代理人 （公章）		
			代理人地址				
			经办人		电话		
以下由税务机关填写							
收到申报表日期			接收人				

(十) 房产税纳税申报表

房产税纳税申报表，是房屋产权所有人按照房屋的计税余值或租金收入，计算缴纳房产税所填写的一种税务报表。

房屋产权所有人是房产税的纳税人，简称产权人、业主或房东，是指拥有房产的使用、收益、出卖、赠送等权利的单位和个人。

缴纳房产税的单位，包括国有企业、集体企业、私营企业、股份制企业、外商投资企业以及其他企业和事业单位、社会团体、国家机关、军队以及其他单位；缴纳房产税的个人，包括个体工商户以及其他个人。

房产税实行按年计算、分期缴纳的征收方法，可以按月度、季度或半年度缴纳，具体纳税期限由当地省、自治区、直辖市人民政府确定。

1. 房产税的特点

房产税是按房产余值或租金收入征收的一种财产税。房产税有以下特点：

(1) 以房产为征收对象。房产税以房产为征收对象。所谓房产，是指有屋面和围护结构(有墙或两边有柱)，能够遮风避雨，可供人们在其中生产、学习、工作、娱乐、居住或储藏物资的场所。不包括独立于房屋之外的建筑物，如围墙、水塔、烟囱、室外游泳池等。房地产开发企业建造的商品房，在出售前不征收房产税，但对出售前房地产开发企业已使用或出租、出借的商品房，应按规定征收房产税。

(2) 征税范围限于城镇的经营性房屋。房产税的征税范围是位于城市、县城、建制镇和工矿区的经营性房屋，对农村的房屋不征税。原因是农村的房屋除了农副业生产用房外，大部分是农民居住房，为避免增加农民负担，有利于农业发展和社会稳定，税法规定对农村房屋不纳入房产税征税范围。另外，对没有经营收入，由国家拨付经费、事业经费和国防经费的单位自用房产，税法规定免予征收房产税。

(3) 按照房屋的不同经营使用方式确定计税依据。房产税的计税依据是房产的计税余值或房产的租金收入。按照房产计税余值征税的，称为从价计征，适用于纳税人经营使用的房屋；按照房产租金收入计征的，称为从租计征，适用于纳税人以收取租金出租的房屋。现行房产税采用比例税率，对于从价计征的，按房产原值一次减除 10%～30%后的余值计征，适用税率为 1.2%，扣除比例由当地省、自治区、直辖市人民政府确定；对于按房产租金收入计征的，适用税率为 12%。从 2001 年 1 月 1 日起，对个人按市场价格出租的居民住房，用于居住的，可暂减按 4%的税率征收房产税。

2. 房产税纳税申报表的填写方法

房产税纳税申报表一式三联，第一联纳税人留存，第二联主管税务机关留存，第三联税务机关作税收会计原始凭证。纳税人应按照《房产税暂行条例》的有关规定及时办理纳税申报，并如实填写房产税申报表。具体填写方法如下：

(1) 纳税人识别号。为纳税人税务登记证的纳税人识别号 15 位数字。

(2) 填表日期。为纳税人填写该表的具体日期。

(3) 纳税人名称。为纳税人税务登记证填写的名称，不得简写。

(4) 税款所属时期。为纳税人申报房产税的所属时间，应填写具体的起止年、月、日。

(5) 房产坐落地点。为纳税人房产的具体坐落地址。

(6) 建筑面积。为纳税人申报纳税房产的实际建筑面积(平方米)。

(7) 房屋结构。为纳税人申报纳税房产的建筑材料结构，如砖木结构、钢筋混凝土结构等。

(8) 上期申报房产原值(评估值)。房产原值是指纳税人按照会计制度规定，在“固定资产”账簿中记载的房屋原价，对纳税人未按会计制度规定核算并记载的，应按规定予以调整和重新评估(即评估值)。

房产原值包括与房屋不可分割的各种附属设备或一般不单独计算价值的配套设施。主要有：照明、通风、暖气、卫生、煤气等设备；各种管线，如蒸汽、压缩空气、石油、给水排水等管道及电力、电信、电缆导线；电梯、升降机、过道、晒台等。属于房屋附属设备的水管、下水道、暖气管、煤气管等应从最近的探视井或三通管起计算原值；电灯网、照明线从进线盒连接管起计算原值。

本栏依据纳税人上期房产税纳税申报表中的“本期实际房产原值”的有关数字填写。

(9) 本期增减房产原值。为本期纳税申报时比上期实际增加或减少的房产原值。纳税人自行新建房屋、委托施工企业建筑房屋、购置新建商品房或存量房，以及房地产开发企业自用本企业建造的商品房，均从次月起缴纳房产税。

(10) 本期实际房产原值。依据纳税人“上期申报房产原值加上本期增加的房产原值减去本期减少房产的原值”所计算的数字填写。

(11) 从价计征的房产原值。为纳税人用于生产经营的房产原值。

(12) 从租计征的房产原值。为纳税人出租的房产原值。纳税人出租房产以及房地产开发企业出租本企业的商品房，均从出租的次月起缴纳房产税。

(13) 规定的免税房产原值。填写纳税人符合税法规定的免税房产原值。如国家机关、人民团体、军队自用的房产免征房产税，但上述单位的出租房产以及非自身业务使用的生产、营业用房，不属于免税范围。

(14) 扣除率。为纳税人当地省、自治区、人民政府规定的10%～30%的扣除比例。

(15) 房产余值。为房产原值减除一定比例后的剩余价值。依据“从价计税的房产原值－从价计税的房产原值×扣除率”或“从价计税的房产原值×(1－扣除率)”计算的数字填写。

(16) 从价计征的“应纳税额”。依据“房产余值×1.2%”计算的数字填写。

(17) 租金收入。为房屋产权所有人出租房产使用权所得的报酬，包括货币收入和实物收入。如果是以劳务或者其他形式为报酬抵付房租收入的，由地方税务部门根据当地同类房产的租金水平确定标准租金额从租计征。

(18) 从租计征的“应纳税额”。依据“租金收入×12%(或4%)”计算的数字填写。

(19) 全年应纳税额。依据“从价计征的应纳税额加上从租计征的应纳税额”计算数字填写。

(20) 缴纳次数。依据当地政府规定的纳税期限填写。如当地政府规定房产税按季缴纳，缴纳次数填写4次。

(21) 本期应纳税额。依据“全年应纳税额除以缴纳次数”计算的数字填写。

(22) 本期已纳税额。为纳税人本期实际已缴纳的房产税税额。

(23) 本期应补(退)税额。依据“本期应纳税额减去本期已纳税额”计算的数字填写。计算结果如为正数，表示本期应补缴税额；如为负数，表示本期多缴应退回税额。

此外，本表如纳税人填报，应由会计主管和办税人员在相关栏次签章，并加盖纳税人公章；如委托代理人填报，由代理人填写代理人名称、地址、经办人和联系电话，并加盖代理人公章。

【例 1-10-10】12 月 26 日，郑州中原公司填写四季度房产税纳税申报表时从固定资产明细账中查明，上期申报房产原值 2 800 000 元，建筑面积 3 500 平方米。公司 12 月份购进的两套住宅房建筑面积 320 平方米，购进价格 1 536 000 元，缴纳契税 61 440 元，支付房产证手续费 3 000 元。公司房产全部自用，当地政府规定的扣除率为 30%，房产税按季缴纳，房产坐落地址为郑州市陇海中路，均为钢筋混凝土结构。纳税人识别号为 410103354535629。公司会计主管邹青，办税人员吕鸿。

要求：根据以上资料填写证 1-10-10 房产税纳税申报表。

(十一) 车船税纳税申报表

车船税纳税申报表，是纳税人对在我国境内拥有并使用的车辆、船舶，依据税法的相关规定，计算缴纳车船税填写的一种税务报表。

车船税的纳税人，是指在中华人民共和国境内车辆、船舶(以下简称车船)的所有人和管理人。凡依法应当在我国车船管理部门(指公安、交通、农业、渔业、军事等依法具有车船管理职能的部门)登记的车船(除规定减免的车船外)都属于车船税的征收范围。

车船税按年征收，分期缴纳。具体纳税期限各地原则规定为分季或按半年征收，也有的地方直接规定全年税款一次征收。

1. 车船税的计税依据

按车船的种类和性能分类，车船税的计税依据，应分别确定为辆、净吨位和自重吨位三种。

(1) 载客汽车、电车、摩托车、自行车、人力车和畜力驾驶车，以“辆”为计税依据。载客汽车根据载客人数分为大型客车、中型客车、小型客车和微型客车。核定载客人数大于等于 20 人的为大型客车；核定载客人数大于 9 人且小于 20 人的为中型客车；核定载客人数小于或者等于 9 人的为小型客车；发动机气缸总排气量小于或者等于 1 升的为微型客车。

(2) 机动船舶以“净吨位”为计税依据。所谓“净吨位”是指额定(或称预定)装运货物的船舶所占用的空间容积。机动船舶的净吨位，一般是额定装运货物和载运旅客的船舶所占有的空间容积，即船舶各个部门的总容积，扣除税法规定的非营业用所占容积，包括驾驶室、轮机间、业务办公室、船员生活用房等容积后的容积。

(3) 载货汽车、三轮汽车、低速汽车、专项作业车、轮式专用机械车以“自重吨位”为计税依据。所谓“自重”是指机动车的整备质量。

2. 车船税的税率

车船税采用定额税率，即对征税的车船规定单位固定税额。车船税确定税额总的原则是：非机动车船的税负轻于机动车船，如非机动驳船按船舶税额的 50%计算；人力车的税负轻于畜力车；小吨位船舶的税负轻于大船舶，如净吨位小于或者等于 200 吨的每年每吨税额 3 元，净吨位 201～2 000 吨的，每吨每年税额 4 元。

由于车辆和船舶的行驶情况不同，车船税的税额也有所不同。

证 1-10-10　房产税纳税申报表

房产税纳税申报表

纳税人识别号 □□□□□□□□□□□□□□□□　填表日期　　年　　月　　日　　　　金额单位：元（列至角分）

纳税人名称							税款所属时期										
房产坐落地点							建筑面积（m^2）						房屋结构				
上期申报房产原值(评估值)	本期增减房产原值	本期实际房产原值	其中			扣除率%	以房产余值计征房产税			以租金收入计征房产税			全年应纳税额	缴纳次数	本期		
			从价计税的房产原值	从租计税的房产原值	规定的免税房产原值		房产余值	适用税率 1.2%	应纳税额	租金收入	适用税率 12%	应纳税额			应纳税额	已纳税额	应补（退）税额
1	2	3=1+2	4＝3-5-6	5＝3-4-6	6	7	8＝4-4×7	9	10＝8×9	11	12	13=11×12	14=10+13	15	16=14-15	17	18=16-17
合计																	

如纳税人填报，由纳税人填写以下各栏			如委托代理人填报，由代理人填写以下各栏				备注
会计主管 （签章）	办税人员 （签章）	纳税人 （公章）	代理人名称		代理人 （公章）		
			代理人地址				
			经　办　人		电话		
以下由税务机关填写							
收到申报表日期			接收人				

(1) 载客汽车(包括电车)每辆每年税额 60～660 元。其中：大型客车 480～660 元，中型客车 420～660 元，小型客车 360～660 元，微型客车 60～480 元。客货两用汽车按照载货汽车的计税单位和税额标准征税。

(2) 载货汽车(包括半挂牵引车、挂车)、专项作业车、轮式专用机械车，计税单位为自重每吨每年税额 16～220 元。专项作业车，是指装置有专用设备或者器具，用于专项作业的机动车；轮式专用机械车是指具有装卸、挖掘、平整等设备的轮式自行机械。

(3) 三轮货车、低速汽车，计税单位为自重每吨每年税额 24～120 元。三轮汽车，是指在车辆管理部门登记为三轮汽车或者三轮农用运输车的机动车；低速货车，是指在车辆管理部门登记为低速货车或者四轮农用运输车的机动车。

(4) 摩托车，每辆每年税额 36～180 元。

(5) 船舶，计税单位为净吨位每年税额 3～6 元。其中：净吨位小于或者等于 200 吨的，每吨 3 元；净吨位 201～2 000 吨的，每吨 4 元；净吨位 2 001～10 000 吨的，每吨 5 元；净吨位 10 001 吨及其以上的，每吨 6 元。拖船和非机动驳船分别按船舶税额的 50%计算。拖船是指专用于拖(推)动运输船舶的专业作业船舶。

由于我国幅员辽阔，车辆种类繁多，对车辆采用幅度定额税率，由各省、自治区、直辖市在规定幅度内确定本地适用税额；根据船舶流动性较大，行程较长的特点，对船舶采用全国统一的分类分级定额税率。对车船税额的确定，还应注意以下几种情况：

(1) 车辆自重尾数在 0.5 吨(含 0.5)以下的，按照 0.5 吨计算；超过 0.5 吨的，按照 1 吨计算。船舶净吨位尾数在 0.5 吨(含 0.5)以下的不予计算，超过 0.5 吨的，按照 1 吨计算。1 吨以下的小型车船，一律按 1 吨计算。

(2) 拖船本身不能载货，按照拖船发动机功率每 2 马力折合净吨位 1 吨，并按船舶税额的 50%计算车船税。

3. 车船税纳税申报表的填写要求

车船税纳税申报表一式三联，第一联纳税人留存，第二联主管税务机关留存，第三联税务机关作税收会计原始凭证。纳税人应按照《车船税暂行条例》的有关规定及时办理纳税申报，并如实填写车船税纳税申报表，具体填写要求如下：

(1) 纳税人识别号。为纳税人税务登记证填写的纳税人识别号 15 位数字。

(2) 填写日期。为纳税人填写纳税申报表的具体日期。

(3) 纳税人名称。为纳税人税务登记证填写的名称，不得简写。

(4) 税款所属时期。为纳税人本期申报缴纳税款的所属时间，应填写具体的起止年、月、日。

(5) 车船类别。按纳税人所拥有并使用的车船类别填写，如大型客车、小型客车、载货汽车、客货两用车、拖船等。

(6) 计税单位。按纳税人本期申报车船税的车船类别的计税单位填写，如载客汽车、摩托车为“辆”，载货汽车、客货两用车为自重吨位，船舶为净吨位。

(7) 按辆计税应税台数。按纳税人填写的大型客车、小型客车、摩托车等车辆的实际数量填写。

(8) 按吨位计税应税吨数。为纳税人本期某类应税车船的净吨位或自重吨位合计数。如载货汽车 5 辆，每辆自重吨位 10 吨，本栏应税吨数为 50 吨。

(9) 年单位税额。为纳税人当地政府规定的某类应税车船的年单位税额。

(10) 全年应税额。为“按辆计税应税台数或按吨位计税应税吨数乘以年单位税额”所计算的税额。

(11) 年缴纳次数。依据当地政府核定的纳税期限填写，如车船税每半年缴纳一次，填写2次；如按季度缴纳，应填写4次。

(12) 本期应纳税额。依据“全年应纳税额除以年缴纳次数”计算的税额填写。

(13) 本期减免税额。填写纳税人符合税法规定应予以减免的车船税额。如由当地交通管理机关证明并报经税务机关核准停驶、拆毁的车、船。

(14) 本期已纳税额。为纳税人本期实际已缴纳的车船税额。

(15) 本期应补(退)税额。依据“本期应纳税额减去本期减免税额和本期已纳税额”的差额填写。如计算结果为正数，为本期应补缴税额；反之，如为负数，表示本期多缴应退回的税额。

此外，本表如纳税人填报，应由会计主管、办税人员在相应栏次签章，并加盖纳税人公章；如委托代理人填报，应由代理人填写代理机构名称、地址、联系电话和经办人姓名，并加盖代理人公章。

【例1-10-11】郑州中原公司12月16日填写四季度车船税纳税申报表时查明公司应税车辆包括：大型客车2辆，每辆年税额480元，小型客车3辆，每辆年税额320元；载货汽车5辆，每辆自重吨位10吨，每吨年税额84元；客货两用车1辆，自重吨位1.5吨，每吨年税额84元。车船税每季度缴纳一次。公司纳税人识别号为410103354535629，会计主管邹青，办税人员吕鸿。

要求：根据以上资料填写证1-10-11车船税纳税申报表。

(十二) 车辆购置税纳税申报表

车辆购置税纳税申报表，是纳税人在我国境内购置的规定车辆，依据《车辆购置税暂行条例》的有关规定，计算缴纳车辆购置税填写的一种纳税报表。

车辆购置税的纳税人是指在我国境内购置应税车辆的单位和个人。应税单位包括国有企业、集体企业、股份制企业、外商投资企业、外国企业以及其他企业和事业单位、社会团体、国家机关、部队及其他单位；应税个人包括个体工商户以及其他个人，其他个人既包括中国公民，也包括外国公民。

1. 车辆购置税计税依据的确定

由于应税车辆购置的来源不同，应税行为的发生不同，计税依据也有所不同。车辆购置税的计税依据应按以下不同情况分别确定：

(1) 购买自用应税车辆计税依据的确定。纳税人购买自用应税车辆的计税依据为纳税人购买应税车辆而支付给销售方的全部价款和价外费用(不含增值税)。价外费用是指销售方价外向购买方收取的手续费、基金、违约金、包装费、运输费、保管费、代垫款项、代收款项和其他各种性质的价外收款，但不包括增值税税款。

(2) 进口自用应税车辆计税依据的确定。纳税人进口自用的应税车辆以组成计税价格为计税依据，其计算公式为：组成计税价格=关税完税价格＋关税＋消费税。

(3) 其他自用应税车辆计税依据的确定。按现行政策有关规定，纳税人自产自用、受

证 1-10-11 车船税纳税申报表

车 船 税 纳 税 申 报 表

纳税人识别号 □□□□□□□□□□□□□□□ 填表日期　　年　　月　　日　　　　金额单位：元（列至角分）

纳税人名称（公章）								注册类型		
税款所属时期				年　月　日至　年　月　日				所属行业		
车船类别	计税单位	按辆计税应税台数	按吨位计税应税吨数	年单位税额	全年应纳税额	年缴纳次数	本期			
							应纳税额	减免税额	已纳税额	应补（退）税额
1	2	3	4	5	6=3×5或4×5	7	8=6÷7	9	10	11=8-9-10
如纳税人填报，由纳税人填写以下各栏					如委托代理人填报，由代理人填写以下各栏				备注	
申报声明：此纳税申报表是根据国家税收法律的规定填报的，我确定它是真实的、可靠的、完整的。声明人签名					税务代理机构名称（公章）					
					税务代理机构地址					
会计主管（签章）		办税人员（签章）			代理人（签章）		联系电话			
以下由税务机关填写										
收到日期	年　月　日		受理人			税收缴款书号码				

赠使用、获奖使用和以其他方式取得并自用的应税车辆，凡不能或不能准确提供车辆价格的，由主管税务机关依据国家税务总局核定的最低计税价格为计税依据。

(4) 最低计税价格作为计税依据的确定。最低计税价格由国家税务总局依据全国市场的平均销售价格制定。对几种特殊情形应税车辆的最低计税价格按以下规定确定：

① 对已缴纳并办理了登记注册手续车辆的底盘和发动机同时发生更换时，其最低计税价格按同类型新车最低计税价格的70%计算。

② 免税、减税条件消失的车辆，其最低计税价格的确定方法为：最低计税价格=同类型新车最低计税价格×[1－(已使用年限÷规定使用年限)]×100%，公式中的规定使用年限，国产车辆为10年，进口车辆为15年。超过使用年限的车辆，不再征收车辆购置税。

③ 非贸易渠道进口车辆的最低计税价格，为同类型新车最低计税价格。

在实际工作中，如纳税人申报的计税价格等于或高于最低计税价格时，按申报的价格计税；当纳税人申报的计税价格低于最低计税价格时，则按最低计税价格计税。

2. 车辆购置税纳税申报表的填写要求

车辆购置税实行一车一申报制度，税款一次缴清。纳税人以购买自用，进口自用，自产、受赠、获奖和其他方式取得并自用的车辆，应分别于购买之日(纳税人购车发票注明的销售日期)、进口之日(纳税人报关进口的当天)、取得之日起60日内申报纳税。

纳税人在办理纳税申报时应如实填写车辆购置税纳税申报表，同时提供车主身份证明、车辆价格证明、车辆合格证明及税务机关要求提供的其他资料和复印件，经车购办审核后，由税务机关保存有关复印件。

车辆购置税纳税申报表一式两份(一车一表)，一份由纳税人留存，一份由主管税务机关留存。具体填写要求如下：

(1) 填表日期。为纳税人填写纳税申报表的具体日期。

(2) 纳税人名称。填写车主姓名。纳税人为单位的，填写单位名称；如为个人的，填写居民身份证或其他身份证的姓名。

(3) 纳税人证件名称。单位车辆填写组织机构代码证书；个人车辆填写居民身份证或其他身份证件名称。

(4) 证件号码。填写组织机构代码证书、居民身份证及其他身份证件的号码。

(5) 联系电话。应税车辆属于单位的，填写单位联系电话；属于个人的，填写个人联系电话。

(6) 邮政编码。填写纳税人所在区域的邮政编码。

(7) 地址。填写纳税人所在区域的详细地址。

(8) 车辆类别。该栏包括汽车、摩托车、电车、挂车、农用运输车五个类别，纳税人应对所购置的某类别车辆划“√”。

(9) 生产企业名称。国产车辆填写国内生产企业名称，进口车辆填写国外生产企业名称。

(10) 厂牌型号、发动机号码、车架(底盘)号码。分别填写车辆整车出厂合格证或中华人民海关货物进口证明书或中华人民共和国海关监管车辆进(出)境领(销)牌照通知书或没收走私车辆、摩托车证明书中注明的产品型号、发动机号码、车辆识别代号(VIN,车架号码)。

(11) 购置日期。填写机动车销售统一发票(或有效凭证)上注明的日期。

(12) 机动车销售统一发票(或有效凭证)价格。填写机动车销售统一发票(或有效凭证)上注明的价费合计金额。

(13) 关税完税价格、关税。由进口自用车辆的纳税人根据《海关关税专用缴款书》中注明的关税完税价格和关税税额分别填写。

(14) 消费税。由进口自用车辆的纳税人根据《海关代征消费税专用缴款书》中注明的消费税税额填写。

(15) 免(减)税条件。本栏按下列项目选择字母填写：

A. 外国驻华使馆、领事馆和国际组织驻华机构及其他外交人员自用的车辆；

B. 中国人民解放军和中国人民武装警察部队列入军队武器装备订货计划的车辆；

C. 设有固定装置的非运输车辆；

D. 在外留学人员(含港、澳)回国服务购买的国产车辆；

E. 来华定居专家进口自用或境内购置的车辆；

F. 其他免税、减税车辆。

(16) 申报计税价格。本栏按下列要求填写：

① 境内购置车辆，按机动车销售统一发票注明的价费合计金额除以(1＋17%)所计算的金额填写。

② 进口自用车辆，填写进口车辆组成计税价格。

组成计税价格=关税完税价格＋关税＋消费税

③ 自产、受赠、获奖或者以其他方式取得并自用的车辆，按机动车销售统一发票(或有效凭证)注明的价费合计金额÷(1＋17%)所计算的金额填写。

(17) 特殊计税价格。本栏经税务机关辅导后填写：

① 非贸易渠道进口车辆，填写主管税务机关提供的最低计税价格。

② 发动机和底盘同时发生更换的车辆，按主管税务机关提供的最低计税价格的 70%填写。

③ 免税、减税条件消失的国产车辆，自初次办理纳税申报之日起，使用年限未满 10 年的，按主管税务机关提供的最低计税价格每满一年扣减 10%填写；未满 1 年的按主管税务机关提供的最低计税价格填写；使用年限 10 年(含)以上的，填写 0。

免税、减税条件消失的进口车辆计税价格按下列公式计算填写：

计税价格=主管税务机关提供的最低计税价格×[1－(已使用年限÷15)×100%]

(18) 税率。填写税法规定的适用税率，现行税率为 10%。

(19) 免税、减税额。填写经主管税务机关审核、批准的免、减税额。

(20) 应纳税额。本栏按下列公式计算的税额进行填写：

① 计税依据为申报计税价格的：

应纳税额=申报计税价格×税率－免税、减税额

② 计税依据为特殊计税价格的：

应纳税额=特殊计税价格×税率－免税、减税额

此外，纳税申报表有纳税人填报的，应在相应栏次签名或盖章；如委托代理人填写，由代理人在相应栏次内填写代理名称、地址、经办人姓名、联系电话号码，并加盖代理人公章。

【例 1-10-12】12 月 20 日，郑州中原公司对购进的汽车办理车辆购置税纳税申报。本月 18 日取得的机动车销售统一发票上注明的价费合计金额为 128 700 元。公司地址郑州市陇海中路 89 号，邮政编码 450029，电话号码 0371-66858266，组织机构代码证书号码为 410103354535629，购置的车辆由东风汽车制造总公司生产，产品型号为东风金刚 4102。

要求：根据以上资料填写证 1-10-12 车辆购置税纳税申报表。

证 1-10-12 车辆购置税纳税申报表

车辆购置税纳税申报表

填表日期　　年　月　日

纳税人名称：　　　　　　　　　　　　　　　　　　　　　　　　　　金额单位：元

<table>
<tr><td>纳税人证件名称</td><td colspan="2"></td><td colspan="2">证件号码</td><td colspan="2"></td></tr>
<tr><td>联 系 电 话</td><td></td><td>邮政编码</td><td colspan="2"></td><td>地 址</td><td></td></tr>
<tr><td colspan="7">车辆基本情况</td></tr>
<tr><td>车辆类别</td><td colspan="6">1.汽车　2.摩托车　3.电车　4.挂车　5.农用运输车</td></tr>
<tr><td>生产企业名称</td><td colspan="3"></td><td>机动车销售统一发票（或有效凭证）价格</td><td colspan="2"></td></tr>
<tr><td>厂牌型号</td><td colspan="3"></td><td>关税完税价格</td><td colspan="2"></td></tr>
<tr><td>发动机号码</td><td colspan="3"></td><td>关税</td><td colspan="2"></td></tr>
<tr><td>车架（底盘）号码</td><td colspan="3"></td><td>消费税</td><td colspan="2"></td></tr>
<tr><td>购置日期</td><td colspan="3">年　月　日</td><td>免（减）税条件</td><td colspan="2"></td></tr>
<tr><td>申报计税价格</td><td>特殊计税价格</td><td>税 率</td><td colspan="2">免税、减税额</td><td colspan="2">应纳税额</td></tr>
<tr><td>1</td><td>2</td><td>3</td><td colspan="2">4</td><td colspan="2">5=1×3-4 或 2×3-4</td></tr>
<tr><td></td><td></td><td>%</td><td colspan="2"></td><td colspan="2"></td></tr>
<tr><td colspan="3">申报人申明</td><td colspan="4">授权申明</td></tr>
<tr><td colspan="3">此纳税申报表是根据《中华人民共和国车辆购置税暂行条例》的规定填报的，我相信它是真实的、可靠的、完整的。

声明人签字</td><td colspan="4">如果你已委托代理人申报，请填写以下资料：
为代理一切税务事宜，现授权（　）地址（　）为本纳税人的代理申报人，任何与本申报表有关的往来文件，都可寄予此人。

授权人签字</td></tr>
<tr><td rowspan="5">纳 税 人
签名或盖章</td><td colspan="6">如委托代理人的，代理人应填写以下各栏</td></tr>
<tr><td>代理人名称</td><td colspan="3"></td><td colspan="2" rowspan="4">代 理 人
（公章）</td></tr>
<tr><td>地 址</td><td colspan="3"></td></tr>
<tr><td>经 办 人</td><td colspan="3"></td></tr>
<tr><td>电 话</td><td colspan="3"></td></tr>
<tr><td>接收人</td><td colspan="4">接收日期

年　月　日</td><td colspan="2">主管税务机关（章）</td></tr>
</table>

(十三) 契税纳税申报表

契税纳税申报表，是纳税人对在我国境内承受土地、房屋权属，依据税法的有关规定，计算缴纳契税填写的一种纳税报表。

契税的纳税人是境内转移土地、房屋权属，承受的单位和个人。土地、房屋权属是土地使用权和房屋所有权。单位是企业单位、事业单位、国家机关、军事单位和社会团体以及其他组织。个人是个体经营者及其他个人，包括中国公民和外籍人员。

1. 契税的计税依据

契税的计税依据为不动产价格。由于土地、房屋权属转移的方式不同，定价方法不同，因而具体计税依据也有所不同。

(1) 国有土地使用权出让、土地使用权出售、房屋买卖。计税依据为其权属转移合同确定的成交价格。

(2) 土地使用权赠与、房屋赠与。计税依据由征收机关参照土地使用权出售、房屋买卖的市场价格核定。

(3) 土地使用权交换、房屋交换。计税依据为交换的土地使用权、房屋的价格差额。交换价格相等时，免征契税；交换价格不等时，由支付价差的一方缴纳契税。

(4) 以划拨方式取得的土地使用权。计税依据为补交的土地使用权出让费用或者土地收益。经批准转让时，由转让者补交契税。

2. 契税应纳税额的计算

契税采用 3%～5%的幅度比例税率，由各省、自治区、直辖市人民政府按照本地区的实际情况决定。应纳税额的计算公式为：

应纳税额=计税依据×适用税率

由于计税依据不完全一致，具体的计算方法可按下列公式进行：

(1) 国有土地使用权出让、土地使用权出售、房屋买卖。

应纳税额=成交价格×适用税率

(2) 土地使用权赠与、房屋赠与。

应纳税额=征收机关核定的市场价格×适用税率

(3) 土地使用权交换、房屋交换。

应纳税额=交换的价格差额×适用税率

(4) 以划拨方式取得的土地使用权，经批准转让的。

应纳税额=补缴的土地使用权出让费用或土地收益×适用税率

3. 契税纳税申报表的填写要求

契税由纳税人土地、房屋权属所在地的财政部门或地方税务部门负责征收。纳税人应当自纳税义务发生之日(指纳税人签订土地、房屋权属转移合同的当天，或者取得其他具有土地、房屋权属转移合同性质凭证的当天)起 10 日内，向土地、房屋权属所在地的契税征收机关纳税申报，如实填写契税纳税申报表，具体要求如下：

(1) 填写日期。为填写纳税申报表的具体日期。

(2) 承受方。填写承受土地、房屋权属的单位或个人的名称、地址、联系电话；承受方属于单位的，还要根据税务登记证填写纳税人识别号。

(3) 转让方。填写土地、房屋权属转让单位或个人的名称、地址、联系电话；以及转让单位税务登记证的纳税人识别号。

(4) 合同签订时间。填写土地、房屋权属转移合同的具体签订时间。

(5) 土地、房屋地址。填写所承受土地、房屋的详细地址。

(6) 权属转移类别。填写权属转移的具体类别，如房屋买卖、房屋赠与、房屋交换、土地使用权转让以及国有土地使用权出让等。

(7) 权属转移面积。为土地、房屋权属转移的实际面积，应根据权属转移发票及有效凭证上注明的数字填写。

(8) 成交价格。按土地、房屋权属转移的计税依据填写。如国用土地使用权出让、土地使用权出售、房屋买卖，按权属转移发票的价格填写；土地使用权交换、房屋交换，按应支付的价格差额填写。

(9) 适用税率。按当地政府规定的土地、房屋权属转移规定的税率填写。

(10) 计征税额。填写成交价格乘以适用税率计算的税额。

(11) 减免税额。按符合契税优惠的一般规定或特别规定的减免税额填写。契税优惠的一般规定为：国家机关、事业单位、社会团体、军事单位承受土地、房屋用于办公、教学、医疗、科研和军事设施的，免征契税。

(12) 应纳税额。按计征税额减去减免税额的差额填写。

(13) 纳税人签章。纳税人属于单位的，加盖单位公章；如属于个人，应签字或盖章。

【例 1-10-13】12 月 20 日，郑州中原公司对 18 日购买河南建业房产开发公司的 2 套商品房办理契税纳税申报，适用的契税税率为 4%。购房发票注明商品房面积 320 平方米，成交价格 1 536 000 元。商品房位于郑州市陇海中路，购房合同签订日期为 12 月 16 日。河南建业房地产开发公司的地址为郑州市文化路 32 号、纳税人识别号为 410105721054436，联系电话 0371-68529688；郑州中原公司地址为郑州市陇海中路 89 号，纳税人识别号为 410103354535629，联系电话 0371-66858266，购进的商品房由公司引进的高级管理人员使用。

要求：根据以上资料，填写证 1-10-13 契税纳税申报表。

(十四) 扣缴个人所得税报告表

扣缴个人所得税报告表，是扣缴义务人向个人支付应税所得时，根据《个人所得税法》的有关规定，计算缴纳代扣代缴个人所得税填写的一种纳税申报表。

个人所得税是以自然人取得的各类所得为征收对象而征收的一种所得税。个人所得税的征收对象不仅包括个人还包括具有自然人性质的企业。扣缴义务人向个人支付的应税所得具体包括：工资、薪金所得；对企事业单位的承包经营、承租经营所得；劳务报酬所得；稿酬所得；特许权使用费所得；利息、股息、红利所得；财产租赁所得；财产转让所得；偶然所得和经国务院财政部门确定征税的其他所得。

1. 个人所得税应纳税额的计算

由于个人所得税的应税所得不同，适用税率不同，取得某项所得应扣除的费用标准也不同，因此，应对纳税人不同的所得应纳税额，采用不同方式计算。

(1) 工资、薪金所得。工资、薪金所得是指个人任职或者受雇而取得的工资、薪金、奖

证 1-10-13　契约税纳税申报表

契税纳税申报表

年　月　日　　　　　　　　　　　　　　单位：元

<table>
<tr><td rowspan="2">承受方</td><td>名称</td><td></td><td>纳税人识别号</td><td></td></tr>
<tr><td>地址</td><td></td><td>联系电话</td><td></td></tr>
<tr><td rowspan="2">转让方</td><td>名称</td><td></td><td>纳税人识别号</td><td></td></tr>
<tr><td>地址</td><td></td><td>联系电话</td><td></td></tr>
<tr><td rowspan="5">土地、房屋
权属转移</td><td colspan="4">合同签订时间</td></tr>
<tr><td colspan="4">土地、房屋地址</td></tr>
<tr><td colspan="4">权属转移类别</td></tr>
<tr><td colspan="4">权属转移面积</td></tr>
<tr><td colspan="4">成交价格</td></tr>
<tr><td>适用税率</td><td colspan="4"></td></tr>
<tr><td>计证税额</td><td colspan="4"></td></tr>
<tr><td>减免税额</td><td colspan="4"></td></tr>
<tr><td>应纳税额</td><td colspan="4"></td></tr>
<tr><td>纳税人签章</td><td colspan="4"></td></tr>
</table>

<table>
<tr><td colspan="6">（以下部分由征收机关负责填写）</td></tr>
<tr><td>征收机关收到日期</td><td>年　月　日</td><td>接收人</td><td></td><td>审核日期</td><td>月　日</td></tr>
<tr><td>审核记录</td><td colspan="5"></td></tr>
<tr><td>审核人员签章</td><td></td><td colspan="2">征收机关签章</td><td colspan="2"></td></tr>
</table>

金、年终加薪、劳动分红、津贴、补贴以及任职或者受雇有关的其他所得。该项所得适用3%～45%的七级超额累进税率，其应纳税额的计算公式为：

应纳税额=应纳税所得额×适用税率－速算扣除数

其应纳税所得额是以某项应税项目的收入额，减去税法规定的费用扣除标准后的余额。工资、薪金的费用扣除标准包括个人应负担的养老保险费、医疗保险费、失业保险费、住房公积金(简称“三险一金”)和个人所得税起征点(目前为3 500元)，其应纳税额所得额的计算公式为：

应纳税所得额=每月收入额－个人按规定缴纳的“三险一金”

－个人所得税起征点(3 500元)

上式中的个税起征点3 500元不适用于外籍人员和在境外工作的中国公民。

工资、薪金所得使用的速算扣除数如表1-1。

表1-1　　工资、薪金所得适用的速算扣除数表

级数	全月应纳税所得额		税率(%)	速算扣除数
	含税级距	不含税级距		
1	不超过1 500元的	不超过1 455元的	3	0
2	超过1 500元至 4500元的部分	超过1 455元至4 155元的部分	10	105
3	超过4 500元至9 000元的部分	超过4 155元至7 755元的部分	20	555
4	超过9 000元至35 000元的部分	超过7 755元至27 255元的部分	25	1 005
5	超过35 000元至55 000元的部分	超过27 255元至41 255元的部分	30	2 755
6	超过55 000元至80 000元的部分	超过41 255元至57 505元的部分	35	5 505
7	超过80 000元的部分	超过57 505元的部分	45	13 505

(2) 对企事业单位的承包经营、承租经营所得。对企事业单位的承包经营、承租经营所得，是指个人承包经营或承租经营以及转包、转租取得的所得。承包项目可分多种，如生产经营、采购、销售、建筑安装等各种承包。转包包括全部转包或部分转包。该项所得适用5%～35%的5级超额累进税率，其应纳税额的计算公式为：

应纳税额=应纳税所得额×适用税率－速算扣除数

企事业单位的承包经营、承租经营所得，是指每一纳税年度的收入总额，应按纳税年度收入额(承包经营或者承租经营不足1年的，以实际经营期为纳税年度)减除必要费用的余额作为应纳税所得额，必要费用应包括每月扣除的个税起征点3 500元和从承包(承租)收入中上缴的承包(承租)费用。其年应纳税所得额的计算公式为：

年应纳税所得额=纳税年度收入总额－从承包(承租)收入中上缴的承包(承租)费用

－该年度实际承包(承租)月份×3 500

企事业单位的承包经营、承租经营所得适用的速算扣除数，与个体工商户的生产、经营所得适用的速算扣除数相同，如表1-2所示。

(3) 劳务报酬所得。劳务报酬所得，是指个人独立从事非雇佣的各种劳务所取得的所得。包括设计、装潢、安装、制图、化验、测试、医疗、法律、会计、咨询、讲学、新闻、广播、翻译、审稿、书画、雕刻、影视、录像、演出与表演、广告、展览、技术服务、介绍服务、经纪服务、代办服务和其他劳务所得等。由于该项所得收入存在一定的差别，其

表 1-2　　个体工商户、承包户的生产、经营所得适用的速算扣除数表

级数	全年应纳税所得额		税率(%)	速算扣除数
	含税级距	不含税级距		
1	不超过 15 000 元的	不超过 14 250 元的	5	0
2	超过 15 000 元至 30 000 元的部分	超过 14 250 元至 27 750 元的部分	10	750
3	超过 30 000 元至 60 000 元的部分	超过 27 750 元至 51 750 元的部分	20	3 750
4	超过 60 000 元至 100 000 元的部分	超过 51 750 元至 79 750 元的部分	30	9 750
5	超过 100 000 元的部分	超过 79 750 元的部分	35	14 750

应纳税额的计算方式也有所不同。

① 每次收入不超过 20 000 元的，适用 20%的比例税率，其应纳税额的计算公式为：

应纳税额=应纳税所得额×适用税率

每次收入不超过 4 000 元的，其应纳税所得额为：

应纳税所得额=每次收入额－800

每次收入在 4 000 元以上的，其应纳锐所得额为：

应纳税所得额=每次收入额×(1－20%)

② 每次收入超过 20 000 元的，在 20%的税率基础上，实行加成征收。超过 20 000 元至 50 000 元的部分，按照应纳税所得额加征五成；超过 50 000 元的部分，加征十成。其应纳税额的计算公式为：

应纳税额=应纳税所得额×适用税率-速算扣除数

应纳税所得额=每次收入额×(1－20%)

该项所得适用税率及速算扣除数如表 1-3 所示。

表 1-3　　劳务报酬所得适用的速算扣除数表

级数	每次应纳税所得额	税率(%)	速算扣除数
1	不超过 20 000 元的	20	0
2	超过 20 000～50 000 的部分	30	2 000
3	超过 50 000 的部分	40	7 000

(4) 稿酬所得。稿酬所得，是指个人因其作品以图书、报刊形式出版、发表而取得的所得。该项所得适用 20%的比例税率，并按应纳税额减征 30%，其实际税率为 14%。这一规定主要是考虑作者写作或制作成作品往往需要投入较长的时间和精力，有必要给予适当的税收照顾，体现税法对这种知识性所得的特殊政策。其应纳税额的计算公式为：

应纳税额=应纳税所得额×适用税率×(1－30%)

每次收入不足 4 000 元的，其应纳税所得额为：

应纳税所得额=每次收入额－800

每次收入在 4 000 元以上的，其应纳税所得额为：

应纳税所得额=每次收入额×(1－20%)

(5) 特许权使用费所得。特许权使用费所得，是指个人提供专利权、商标权、著作权、非专利技术以及其他特许权的使用权取得的所得。提供著作权的使用权取得的所得，不包括稿酬所得。该项所得的适用税率为20%，其应纳税额的计算公式为：

应纳税额=应纳税所得额×适用税率

每次收入不足4 000元的，其应纳税所得额为：

应纳税所得额=每次收入额－800

每次收入在4 000元以上的，其应纳税所得额为：

应纳税所得额=每次收入额×(1－20%)

(6) 利息、股息、红利所得。利息、股息、红利所得，是指个人拥有债权、股权而取得的利息、股息、红利所得。其应纳税额的计算公式为：

应纳税额=应纳税所得额×适用税率

该项所得的应纳税所得额即每次收入额。适用税率，2007年8月15日前为20%，8月15日起为5%。

根据有关规定，对个人取得的教育储蓄存款利息所得以及国务院财政部门确定的其他专项储蓄存款或者储蓄性专用基金专款的利息所得，免征个人所得税。对个人投资者从上市公司取得的股息、红利所得，自2005年6月13日起暂减按50%计入个人应纳税所得额。

(7) 财产租赁所得。财产租赁所得，是指个人出租建筑物、土地使用权、机器设备、车船以及其他财产取得的所得。该项所得适用20%的比例税率，但对个人按市场价格出租的居民用房取得的所得，自2001年1月1日起暂减按10%的税率征收个人所得税。其应纳税额的计算公式为：

应纳税额=应纳税所得额×适用税率

个人出租财产取得的财产租赁收入，计算缴纳个人所得时，应依次扣除以下费用：

① 财产租赁过程中缴纳的税费，如计算缴纳的房产税、营业税、城市维护建设税及教育费附加等。

② 向出租方支付的租金。

③ 由纳税人负担的该出租资产实际开支的修缮费用，以每次800元为限，一次扣除不完的，准予在下一次继续扣除，直到扣完为止。

④ 税法规定的费用扣除标准。每次(月)收入不超过4 000元的，减除费用800元；4 000元以上的，减除20%的费用。

根据以上扣除费用，应纳税所得额的计算公式分为以下两种方式：

① 每次(月)收入不超过4 000元的，其应纳税所得额为：

应纳税所得额=每次(月)收入额－准予扣除项目－修缮费用(800元为限) －800

② 每次(月)收入超过4 000元的，其应纳税所得额为：

应纳税所得额=[每次(月)收入额－准予扣除项目－修缮费用(800元为限)]×(1-20%)

(8) 财产转让所得。财产转让所得，是指个人转让有价证券、股权、建筑物、土地使用权、机器设备、车船以及其他财产取得的所得。该项所得的适用税率为20%，其应纳税额的计算公式为：

应纳税额=应纳税所得额×适用税率

应纳税所得额=收入总额－财产原值－合理费用

上式中的财产原值是指：

① 有价证券为买入价和买进过程中按规定缴纳的有关税费；

② 建筑物为建造费用或购进价格以及其他有关费用；

③ 机器设备、车船为购进价格、运输费、安装费和其他有关费用；

④ 土地使用权，为取得土地使用权所支付的金额、开发土地的费用以及其他有关费用；

⑤ 其他财产的原值参照以上方法确定。

不能提供财产原值正确凭证的，由主管税务机关核定其财产原值。

合理费用是指卖出财产过程中按规定支付的有关费用。如转让房屋的合理费用包括实际支付的房屋装修费用、贷款利息、手续费、公证费以及转让住房时实际缴纳的营业税、城市维护建设税、教育费附加、土地增值税、印花税等税费。

(9) 偶然所得。偶然所得，是指个人得奖、中奖、中彩以及其他偶然性质的所得。该项所得的适用税率为20%，应纳税额的计算公式为：

应纳税额=应纳税所得额×适用税率

应纳税所得额即为每次收入额。

(10) 其他所得。其他所得，是由国务院财政部门确定以上各项个人应税所得外，其他确有必要征税的个人所得。该项所得的适用税率、应纳税所得额、应纳税额同偶然所得。

2. 扣缴个人所得税报告表的填写要求

扣缴义务人每月所扣的税款，应当在次月15日内缴入国库，并向主管税务机关报送扣缴个人所得税报告表、代扣代收税款凭证和包括每一纳税人姓名、单位、职务、收入、税款等内容的支付个人收入明细表以及税务机关要求报送的其他有关资料。扣缴个人所得税报告表按以下要求填写：

(1) 填报日期。为填写报告表的具体日期。

(2) 纳税人识别号。填写纳税人税务登记证的纳税人识别号15位数字。

(3) 扣缴义务人名称、地址、电话。填写扣缴义务人的单位或个人名称、详细地址和联系电话号码。

(4) 纳税义务人姓名。填写扣缴义务人本次应扣缴个人所得税的纳税人姓名。

(5) 纳税人识别号。填写纳税人的居民身份证或护照号码。

(6) 工作单位及地址。填写纳税人所在的工作单位及地址。

(7) 所得项目。填写纳税人取得的所得，如工资、薪金所得，劳务报酬所得等。

(8) 所得期间。填写纳税人取得所得的具体月份。

(9) 收入额。本栏次包括人民币和外币两部分。向个人支付所得为人民币的，在“人民币”栏次填写支付的人民币金额。以外币支付个人所得的，在“货币名称”栏次填写支付的外币种类，如美元、日元等；在“金额”栏填写支付的外币金额；如以美元、日元、港币支付个人所得的，“外汇牌价”栏填写中国人民银行公布的人民币对上述三种货币的基准汇价；“折合人民币”栏填写支付个人的外币金额乘以外汇牌价所折合的人民币金额。如支付个人所得不属于上述三种货币的，应根据美元对人民币的基准汇价和国家外汇管理局提供的纽约外汇市场美元对主要外币的汇价进行套算，按套算后的汇价折合汇率计算缴纳税额，套算公式为：

$$\text{某种货币对人民币的汇价} = \text{美元对人民币的基准汇价} \div \text{纽约外汇市场美元对该种货币的汇价}$$

将上述公式计算的汇价填入“外汇牌价”栏，乘以支付个人的该种外币金额，即为“折合人民币”栏数字。“人民币”与“折合人民币”相加的金额，即为“人民币合计”栏应填写的金额。

(10) 减费用额。填写税法对纳税人取得的所得准予扣除的费用额。如工资、薪金所得扣除费用 3 500 元；劳务报酬所得、稿酬所得、特许权使用费所得、财产租赁所得，每次收入不超过 4 000 元，减费用额 800 元；4 000 元以上的，减除 20%的费用。

(11) 应纳税所得额。填写“人民币合计与减费用额”的差额。

(12) 税率。填写纳税人取得所得的适用税率。如稿酬所得，适用税率 20%；工资、薪金所得，适用 3%～45%的七级超额累进税率。

(13) 速算扣除数。即纳税人取得的工资、薪金所得，对企事业单位的承包经营、承租经营所得，劳务报酬所得，分别按其适用的速算扣除数表中的相关“速算扣除数”填写。

(14) 扣缴所得税额。按“应纳税所得额×税率-速算扣除数”计算的结果填写。

(15) 完税证号。根据已缴纳的代扣代缴个人所得税“税收通用缴款书”的编号填写。

(16) 纳税日期。填写缴纳代扣代缴个人所得税的“税收通用缴款书”填发日期。

此外，扣缴个人所得税报告表还应有会计主管、负责人签字，以及扣缴单位(或个人)盖章。

【例 1-10-14】郑州中原公司 12 月 6 日将 11 月份代扣代缴个人所得税 8 698 元缴入国库，完税证号豫地缴字第 06865 号。11 月份支付工资 826 500 元，其中：销售科李峰 5 600 元，刘强 5 950 元，梁宏 7 280 元，张明 4 880 元。按个人工资比例的 21%计算缴纳“三险一金”，个人所得税起征点为 3 500 元。公司地址郑州市陇海中路 89 号，纳税人识别号为 410103354535629，电话 0371-66858266。会计主管邹青，公司负责人翟宁。

要求：根据以上资料填写 1-10-14 扣缴个人所得税报告表。

(十五) 企业所得税计算表

企业所得税计算表，是根据企业每期的收入、成本费用、纳税调整事项确认当期的应税所得额，并按适用税率计算应交所得税的一种计算表。

1. 填制企业所得税计算表的作用

每月月末，企业应按照税法的有关规定，根据本期损益类明细账的发生额，结合该期的纳税调整事项填制企业所得税计算表，正确计算企业应缴纳的企业所得税，并据以填制计算应交所得税的记账凭证，登记“所得税费用”和“应交税费——应交所得税”明细账，便于该项税款及时入库。

2. 企业所得税计算表的填写要求

企业所得税计算表应根据主营业务收入、其他业务收入、投资收益、营业外收入、主营业务成本、其他业务成本、营业税金及附加、销售费用、管理费用、财务费用、营业外支出等明细账的有关资料填写，具体要求如下：

(1) 营业收入。根据“主营业务收入”、“其他业务收入”明细账的本期发生额分析计算填写。如销售商品记入“主营业务收入”账户贷方 2 650 000 元，销货退回记入该

证 1-10-14　扣缴个人所得税报告表

扣缴个人所得税报告表

填表日期　　年　月　日　　　　　　　　　　　　　　　　　　金额单位：人民币元

纳税人识别号 | | | | | | | | | | | | | | | |

根据《中华人民共和国个人所得税法》第九条的规定制定本表，扣缴义务人应将本月扣缴的税款在次月 15 日内缴入国库，并向当地税务机关报送本表。

扣缴义务人名称		地址		电话	

纳税义务人姓名	纳税人识别号	工作单位及地址	所得项目	所得期间	收入额						减费用额	应纳税所得额	税率	速算扣除数	扣缴所得税额	完税证号	纳税日期
					人民币	外币				人民币合计							
						货币名称	金额	外汇牌价	折合人民币								

如果由扣缴义务人填写完税证，应在报送此表时附完税证副联______份

扣缴义务人声明	我声明，此扣缴申报表是根据《中华人民共和国个人所得税法》的规定填报的，我确信它是真实的、可靠的、完整的。 声明人签字______________________

会计主管签字　　　　　　　负责人签字　　　　　　　扣缴单位（或个人）盖章

以下由税务机关填写

收到申报日期		接收人		审核日期	
审核记录		主管税务机关（公章） 主管税务官员签字			

账户借方 120 000 元；转让材料、无形资产记入“其他业务收入”账户贷方 360 000 元，“营业收入”应填写 2 890 000 元(2 650 000－120 000＋360 000)。

(2) 营业成本。根据“主营业务成本”、“其他业务成本”明细账的本期发生额分析计算填写。如本期结转已售库存商品成本记入“主营业务成本”账户借方 1 850 000 元，销货退回冲减已售商品成本记入该账户贷方 85 000 元；结转转让材料、无形资产成本记入“其他业务成本”账户借方 296 000 元，“营业成本”应填写 2 061 000 元(1 850 000－85 000＋296 000)。

(3) 营业税金及附加。根据“营业税金及附加”明细账的本期发生额分析计算填写。

(4) 销售费用。根据“销售费用”明细账的本期发生额分析计算填写。

(5) 管理费用。根据“管理费用”明细账的本期发生额分析计算填写。

(6) 财务费用。根据“财务费用”明细账的本期发生额分析计算填写。

(7) 资产减值损失。根据“资产减值损失”明细账的本期发生额分析计算填写。如本月计提无形资产减值准备记入该账户借方 56 000 元，冲销多提取的坏账准备记入该账户贷方 8 000 元，“资产减值损失”应填写 48 000 元(56 000－8 000)。若该账户贷方发生额合计大于借方发生额合计的差额，则以“－”号表示。

(8) 投资收益。根据“投资收益”明细账的本期发生额分析计算填写。

(9) 营业外收入。根据“营业外收入”明细账的本期贷方发生额合计数填写。

(10) 营业外支出。根据“营业外支出”明细账的本期借方发生额合计数填写。

(11) 利润总额。根据“营业收入－营业成本－营业税金及附加－销售费用－管理费用－财务费用－资产减值损失＋投资收益＋营业外收入－营业外支出”计算的金额填写。

(12) 纳税调整增加数。根据“纳税调整项目明细表”的调增金额合计数字填写。

(13) 纳税调整减少额。根据“纳税调整项目明细表”的调减金额合计数字填写。

(14) 弥补以前年度亏损。根据“本年利润”明细账期初借方余额中符合亏损弥补规定的数额填写，但不得大于“利润总额＋纳税调整增加额－纳税调整减少额”计算的金额。

(15) 应纳税所得额。根据“利润总额＋纳税调整增加额－纳税调整减少额－弥补以前年度亏损”计算的金额填写。

(16) 所得税税率。填写企业适用的所得税税率。

(17) 应纳所得税。根据“应纳税所得额×所得税税率”计算的金额填写。

【例 1-10-15】郑州中原公司 12 月 31 日有关损益类明细账本期发生额资料如下：“主营业务收入”贷方发生额 3 200 000 元，“其他业务收入”贷方发生额 250 000 元，“投资收益”贷方发生额 180 000 元，“营业外收入”贷方发生额 60 000 元，“主营业务成本”借方发生额 2 550 000 元，“其他业务成本”借方发生额 160 000 元，“营业税金及附加”借方发生额 58 000，“销售费用”借方发生额 142 000 元，“管理费用”借方发生额 386 000 元，“财务费用”借方发生额 16 000 元，“资产减值损失”借方发生额 90 元，“营业外支出”借方发生额 21 810 元。无纳税调整事项，企业适用的所得税税率 25%。会计主管邹青，审核吕美，制表凤环。

要求：根据以上资料填写证 1-10-15 企业所得税计算表。

证 1-10-15　企业所得税计算表

企业所得税计算表

年　月　　　　　　　　　　　　　　　　　单位：元

项　　目	行次	金　　额
一、营业收入		
减：营业成本		
营业税金及附加		
销售费用		
管理费用		
财务费用		
资产减值损失		
加：投资收益		
营业外收入		
减：营业外支出		
二、利润总额		
加：纳税调整增加额		
减：纳税调整减少额		
弥补以前年度亏损		
三、应纳税所得额		
所得税税率		
四、应纳所得税		

会计主管　　　　　　　　　　　　　审核　　　　　　　　　　　制表

(十六) 企业所得税预缴纳税申报表

企业所得税预缴纳税申报表，指适用于查账征收企业所得税的纳税人，按月份或季度预缴企业所得税时填写的一种纳税报表。

企业所得税是对我国境内的企业和其他取得收入的组织的生产经营所得和其他所得征收的一种税。企业所得税实行比例税率，基本税率为 25%，低税率为 20%。

查账征收，是指税务机关对会计账簿、凭证等会计核算制度比较健全的纳税人，根据其报送的纳税申报表、财务报表和其他有关纳税资料，依据适用税率计算应纳税款的一种形式。

1. 企业所得税的缴纳方式

企业所得税按年计征，分月或者分季预缴、年终汇算清缴，多退少补。企业所得税按月或按季预缴的，应当自月份或者季度终了之日起 15 日内，向税务机关报送预缴企业所得税纳税申报表预缴税款。在报送企业所得税纳税申报表时，应当附送财务报告和其他有关资料。企业自年度终了之日起 5 个月内，向税务机关报送年度企业所得税纳税申报表，并汇算清缴，结清应缴应退税款。

2. 企业所得税预缴纳税申报表的填写要求

企业所得税预缴纳税申报表的表体分为两部分共 14 个项目，第一部分 1～11 行的 11 个项目由实行据实预缴的纳税人填报；第二部分的 12～14 行的 3 个项目，由实行按上年实际数分期预缴的纳税人填报。具体填写要求如下：

(1) 税款所属期间。按月申报的，填写该月份的具体起讫年月日；按季申报的，填写该季度的具体时间。

(2) 纳税人识别号。填写纳税人税务登记证上的纳税人识别号。

(3) 纳税人名称。填写纳税人税务登记证记载的单位名称，不得简写。

(4) 利润总额。填写纳税人按会计年度核算的利润总额。从事房地产开发业务纳税人的“利润总额”应包括本期取得的预售收入计算的预计利润，在将预售收入结转为销售收入的当期，减去已计算、缴纳企业所得税的原预售收入计算的预计利润。

(5) 纳税调整增加额。按照“纳税调整项目明细表”的调增金额合计数字填写。

(6) 纳税调整减少额。按照“纳税调整项目明细表”的调减金额合计数字填写。

(7) 弥补以前年度亏损。填写按税法有关规定本期可以弥补的以前年度尚未弥补的亏损额，该项金额不得大于“利润总额＋纳税调整增加额－纳税调整减少额”所计算的数字，并以正数表示。

(8) 应纳税所得额。填写“利润总额＋纳税调整增加额－纳税调整减少额－弥补以前年度亏损”所计算的金额，该数字不得为负数。

(9) 适用税率。填写企业适用的所得税税率。居民企业应填写 25%的基本税率，不得填写 20%、15%等优惠税率；非居民企业应填写 20%的低税率，不得填写 10%的优惠税率。

(10) 应纳所得税额。填写“应纳税所得额×适用税率”计算的金额，该项数字应大于或等于零。

(11) 减免所得税额。填写纳税人按照税法规定减征、免征的企业所得税税额。该项数字应小于或等于应纳所得税额。

(12) 汇总纳税成员企业就地预缴比例。填写根据税收有关规定所确定的汇总纳税成员企业所得税就地预缴比例。不实行该项规定的纳税人填写 0。

(13) 实际已预缴的所得税额。填写纳税人申报纳税所属期累计已预缴的企业所得税税额。

(14) 应补(退)所得税额。就地纳税企业该项目按照“应纳所得税额-减免所得税额-实际已预缴的所得税额”计算的金额填写；汇总纳税成员企业该项目根据“(应纳所得税额-减免所得税额)×汇总纳税成员企业就地预缴比例-实际已预缴的所得税额”计算的金额填写。

(15) 上一年度实际缴纳的企业所得税额。本项目由实行按上年实际数分期预缴的纳税人，按上一年度实际缴纳的企业所得税税额填写。

(16) 本季(月)应预缴所得税额。按季预缴所得税额的企业根据“上一年实际缴纳的企业所得税额÷4”计算的数额填写；按月预缴所得税额的企业按照“上一年度实际缴纳的企业所得税额÷12”计算的数额填写。

(17) 本期实际已预缴的所得税额。填写纳税人申报纳税所属期实际已预缴的企业所得税税额。

此外，本表由纳税人填报，应由经办人签字，注明申报日期，并加盖纳税人公章；如由代理人填报，应填写经办人执业证件号码及代理申报日期，并加盖代理人公章。

【例 1-10-16】郑州中原公司属于实行据实预缴所得税的企业，12 月 12 日填写 11 月份企业所得税预缴纳税申报表时，有关资料表明 11 月份累计利润总额 1 368 025 元，纳税调整增加额 28 500 元，纳税调整减少额 13 600 元，实际已预缴企业所得税 291 500 元，企业所得税适用税率 25%。纳税人识别号为 410103354535629，纳税经办人吕鸿。

要求：根据以上资料填写证 1-10-16 企业所得税预缴纳税申报表。

证 1-10-16　企业所得税预缴纳税申报表

企业所得税预缴纳税申报表

税款所属期间　　年　月　日至　　年　月　日

纳税人识别号 | | | | | | | | | | | | | | |　　金额单位：元（列至角分）

纳税人名称		
项　目	行次	累 计 金 额
实行据实预缴的纳税人填列以下第 1～11 行:		
利润总额	1	
加：纳税调整增加额	2	
减：纳税调整减少额	3	
减：弥补以前年度亏损	4	
应纳税所得额（1＋2－3－4）	5	
适用税率	6	
应纳所得税额（5×6）	7	
减免所得税额	8	
汇总纳税成员企业就地预缴比例	9	
实际已预缴的所得税额	10	
应补（退）的所得税额 [(7－8－10)或(7－8)×9－10]	11	
实行按上年实际数分期预缴的纳税人填列以下第 12～14 行		
上一年度实际缴纳的企业所得税	12	
本季（月）应预缴所得税额 (12 行÷4 或 12 行÷12)	13	
本年实际已预缴的所得税额	14	

纳税人公章:	代理申报中介机构公章：	主管税务机关受理专用章：
经办人:	经办人执业证件号码:	受理人:
申报日期　　年　月　日	代理申报日期　　年　月　日	受理日期　　年　月　日

(十七) 印花税纳税申报表

印花税纳税申报表，是在中国境内书立、领受使用应税经济凭证的单位和个人，按照印花税法的有关规定，申报缴纳印花税时填写的纳税报表。

印花税是以经济活动和经济交往中，书立、领受使用应税凭证的行为为征税对象征收的一种税。纳税人应在应税凭证上粘贴印花税票(简称贴花)作为缴纳税款的方式。印花税应当在书立或领受应税凭证时贴花。具体是指在合同签订时、账簿启用时和证照启用时贴花。如果合同是在国外签订，并且不便在国外贴花的，应在将合同带入境时办理贴花纳税手续。

1. 印花税的特点

印花税不论在性质上，还是在征税方法上，都有不同于其他税种的特点。

(1) 兼有凭证税和行为税性质。印花税是对单位和个人书立、领受、使用应税经济凭证征收的一种税，具有凭证税性质。另一方面，任何一种应税经济凭证反映的都是某种特定的经济行为，如借款合同，是反映借款人与银行及其他金融组织之间资金借取关系的一种经济行为。建设工程合同，是承包人进行工程建设，发包人支付价款的一种经济行为。因此，对凭证征税，实质上是对经济行为征税。

(2) 征税范围广、税率低。印花税的征收对象包括了经济活动和经济交往中的各种应税凭证，征税范围较广，具体分为经济合同、产权转移书据、营业账簿、权利许可证照和经财政部门确定征税的其他凭证等五大类。

印花税的税率较低，有比例税率和定额税率两种。比例税率分为 0.05‰，0.3‰，0.5‰，1‰四个档次。

适用 0.05‰税率的为借款合同；

适用 0.3‰税率的为购销合同、建筑安装工程承包合同、技术合同；

适用 0.5‰税率的为加工承揽合同、建筑工程勘察设计合同、货物运输合同、产权转移书据、营业账簿税目中记载资金的账簿。

适用 1‰税率的为财产租赁合同、仓储保管合同、财产保险合同及股权转移书据（包括 A 股和 B 股）。

定额税率为每件贴花 5 元，适用于权利许可证照、营业账簿中的其他账簿。

(3) 自行贴花完税。印花税的纳税方法与其他税种不同，纳税人自行计算应纳税额；自行购买印花税票，并足额在应税凭证上粘贴；自行对已粘贴的印花税票注销或者划销。

2. 印花税的计税依据及应纳税额的计算

印花税的计税依据及应纳税额的计算方式有以下三种类型：

(1) 合同或具有合同性质的凭证，以凭证所载金额为计税依据。

应纳税额=应税凭证计税金额×比例税率

(2) 营业账簿中记载资金的账簿，以“实收资本”与“资本公积”两项合计金额为计税依据。

应纳税额=(实收资本＋资本公积) ×0.5‰

(3) 政府部门发放的房屋产权证、工商营业证照、商标注册证、专利证、土地使用证等权利许可证照；营业账簿中的其他账簿如现金日记账、银行存款日记账、总分类账、各种明细分类账等，以凭证或账簿的件数为计税依据。

应纳税额=应税凭证(账簿)件数×5

3. 印花税纳税申报表的填写要求

印花税的纳税人应按照《印花税暂行条例》的有关规定及时办理纳税申报，并如实填写印花税纳税申报表，该表一式三份，一份纳税人留存，另外两份税务机关留存，申报时应附送应税凭证纳税明细登记表一份，以便税务机关对纳税申报表进行审核。印花税纳税申报表的填写要求如下：

(1) 填报日期。为填写纳税申报表的具体日期。

(2) 纳税人识别号。填写纳税人税务登记证上的纳税人识别号 15 位数字。

(3) 纳税人名称。填写税务登记证上所载纳税人的全称。

(4) 税款所属时期。填写本次申报税款的具体起讫年月日。

(5) 件数。填写其他账簿和权利许可证照的实际应税件数。

(6) 计税金额。填写合同或产权转移书据(包括财产所有权、版权、商标专用权、专利权、专有技术使用权等权利转移书据和土地使用权出让合同、土地使用权转让合同、商品房销售合同等权利转移合同)所载金额；资金账簿填写“实收资本”和“资本公积”的合计金额，如原资产账簿已贴花，所载金额有所增加的，按实际增加金额填写。

(7) 应纳税额。合同、产权转移书据及资金账簿的应纳税额，为“计税金额×适用税率”计算的税额；其他账簿、权利许可证照的应纳税额，为“件数×5 元”计算的税额。

(8) 已纳税额。填写需频繁贴花的同一种类应纳税凭证已纳印花税额。

(9) 应补(退)税额。填写“应纳税额－已纳税额”计算的金额。如为正数表示应补缴税额；如为负数，表示应退税额。根据税法的有关规定，凡多贴印花税票者，不得申请退税或者抵用。

(10) 购花贴花情况。包括“上期结存、本期购进、本期贴花、本期结存”四个栏次。其中，“本期贴花”应与(7)“应纳税额”一致；如属于频繁贴花的应税凭证，应与(9)“应补(退)税额”一致。“本期结存”填写“上期结存＋本期购进－本期贴花”计算的数额。

此外，申报表如由纳税人填报，应由会计主管、办税人员签章，并加盖纳税人公章；如委托代理人填报，应由代理人填写代理人名称、地址、经办人姓名及联系电话，并加盖代理人公章。

【例 1-10-17】郑州中原公司 12 月 6 日与有关客户签订销货合同 8 份，合同金额 8 600 000 元，与工商银行签订借款合同 1 份，借款金额 6 000 000 元。12 月 8 日准备申报缴纳印花税。该公司纳税人识别号为 410103354535629，会计主管邹青，办税人员吕鸿。

要求：根据以上资料填写证 1-10-17 印花税纳税申报表。

证 1-10-17 印花税纳税申报表

印花税纳税申报表

填表日期　　年　月　日

纳税人识别号 □□□□□□□□□□□□□□□　　　　金额单位：元（列至角分）

纳税人名称				纳税所属时期	年　月　日至　年　月　日					
应税凭证名称	件数	计税金额	适用税率	应纳税额	已纳税额	应补（退）税额	购花贴花情况			
							上期结存	本期购进	本期贴花	本期结存
1	2	3	4	5=2×4 或 5=3×4	6	7=5−6	8	9	10	11=8+9−10
购销合同			0.3‰							
加工承揽合同			0.5‰							
建设工程勘察设计合同			0.5‰							
建筑安装工程承包合同			0.3‰							
财产租赁合同			1‰							
货物运输合同			0.5‰							
仓储保管合同			1‰							
借款合同			0.05‰							
财产保险合同			1‰							

续表

应税凭证名称	件数	计税金额	适用税率	应纳税额	已纳税额	应补（退）税额	购花贴花情况			
							上期结存	本期购进	本期贴花	本期结存
1	2	3	4	5=2×4 或 5=3×4	6	7=5−6	8	9	10	11=8+9−10
技术合同			0.3‰							
产权转移书据			0.5‰							
资金账簿			0.5‰							
其他账簿			5 元							
权利许可证照			5 元							
其他										
合计										

<table>
<tr><td colspan="3">如纳税人填报，由纳税人填写以下各栏</td><td colspan="3">如委托代理人填报，由代理人填写以下各栏</td><td>备注</td></tr>
<tr><td rowspan="4">会计主管
（签章）</td><td rowspan="4">办税人员
（签章）</td><td rowspan="4">纳税人
（公章）</td><td>代理人名称</td><td></td><td rowspan="4">代理人
（公章）</td><td rowspan="4"></td></tr>
<tr><td>代理人地址</td><td></td></tr>
<tr><td>经办人</td><td></td></tr>
<tr><td>电话</td><td></td></tr>
<tr><td colspan="7">以下由税务机关填写</td></tr>
<tr><td>收到日期</td><td colspan="3">年 月 日</td><td>受理人</td><td colspan="2"></td></tr>
</table>

(十八) 印花税票销售凭证

印花税票销售凭证，是地方税务部门对纳税人购买印花税票时所开具的一种税票销售凭证。

地方税务部门收到纳税人的印花税纳税申报表时，根据纳税人的申请，对符合汇贴方式的应填写税收缴款书或完税证；需要在应税凭证上贴花的，按纳税人所需用的不同票面金额的印花税票数量开具印花税票销售凭证。

1. 印花税票的种类及使用方式

印花税票为有价证券，票面金额以人民币为单位，分为 1 角、2 角、5 角、1 元、2 元、5 元、10 元、50 元、100 元九种，由纳税人根据应税凭证贴花需要购买。如一份应税凭证的应纳税额超过 500 元的，纳税人应向当地税务机关申请填写税收缴款书或者完税证，将其中一联粘贴在凭证上，以汇贴的方式代替贴花；对某项凭证的应纳税额，不超过 500 元的，应按税法的有关规定粘贴印花税票。

纳税人向税务部门购买印花税票时，应按自行计算的应纳税额分面值种类计算所需用的不同票面金额的印花税票数量，以交付现金或通过银行转账的方式支付所购买的印花税票款，然后将购买的印花税票在应税凭证上自行粘贴，并自行注销或划销。

2. 印花税票销售凭证的填写要求

印花税票销售凭证一式三联。第一联存根，由开票人存查；第二联收据，作为购票人的报销凭证；第三联会计记账，作为税务部门会计人员记账的原始凭证。销售凭证的填写要求如下：

(1) 年月日。填写开具印花税票销售凭证的具体日期。

(2) 购买单位、购买人。纳税人为单位的，填写购买单位全称；纳税人为个人的，填写个人姓名。

(3) 购买印花税票。本部分包括九种印花税票的“面值种类、数量、税额”三个栏次，依据纳税人申请购买的不同面值种类的数量填写，以某种类印花税票的面值乘以数量，即为该种面值印花税票应填写的税额；各种面值印花税票的税额相加，即为应填入“合计栏”的小写税额数字。

(4) 人民币(大写)。应符合汉字大写的要求，并与“合计栏”的小写税额数字一致。

此外，应由地方税务部门的售票人在印花税票销售凭证上的相应栏次签章，并加盖销售单位公章。

【例 1-10-18】 郑州市地方税务局在 12 月 8 日收到郑州中原公司的印花税纳税申报表及所附的应税凭证纳税明细登记表。该公司应纳印花税额 5 580 元，其中，银行借款合同应交印花税额 3 000 元，已填写税收缴款书；购销合同应交印花税额 2 580 元，所需印花税票种类及张数为 100 元 19 张，50 元 8 张，10 元 21 张，5 元 8 张，2 元 10 张，1 元 8 张，5 角 4 张。售票人计征。

要求：根据以上资料填写 1-10-18 印花税票销售凭证。

证 1-10-18　印花税票销售凭证

郑州市地方税务局印花税票销售凭证

年　月　日　　　　　　　　　　　　单位：元

购买单位			购买人		
购买印花税票					
面值种类	数量	税额	面值种类	数量	税额
一角票			伍元票		
二角票			拾元票		
伍角票			伍拾元票		
壹元票			壹佰元票		
贰元票			合计		
人民币（大写）					
销售单位（公章）		售票人（签章）		备注	

第二联　收据　购票单位报销凭证

(十九) 运费抵扣增值税计算表

运费抵扣增值税计算表，是指增值税一般纳税人根据购进或者销售货物以及在生产过程中支付的运费结算单据上注明的运输费用、建设基金和 7%的扣除率，计算税法允许抵扣进项税额的一种计算表。

运费结算单据，是指铁路、民用航空部门开具的符合规定的运费发票，以及公路和水上运输单位开具的公路、内河货物运输业统一发票等单据。

1. 运费抵扣增值税的有关规定

增值税一般纳税人对取得的运费发票应认真审查，项目填写不齐全的运费发票(附有运输清单的汇总开具的运输发票除外)，不得计算抵扣进项税额。公路、内河货物运输业统一发票应取得第一联付款人记账凭证和第二联付款人抵扣凭证，才能进行进项税额的抵扣。

按照增值税的有关规定，企业除对支付运费中的装卸费、仓储费、保险费不得进行进项税额抵扣外，对购买免税材料(免税农业产品除外)、小桥车、摩托车、游艇或销售免税产品等负担的运费取得的发票，取得的国际货物运输代理业发票和国际货物运输发票，均不得计算抵扣进项税额。

2. 运费抵扣增值税计算表的填写要求

运费抵扣增值税计算表，是依据运费发票的有关资料和 7%的扣除率所填制的一种自制原始凭证。该计算表的填写方法也较为简单，具体要求如下：

(1) 年月日。为填写该计算表的具体时间。

(2) 运输费、建设基金。按照取得的运费发票上注明的运输费用、建设基金的金额填写。两项金额之和填入“合计”栏。

(3) 扣除率。填写税法规定的扣除率，目前为7%。

(4) 准予抵扣的进项税额。填写“合计栏数字×扣除率”所计算的进项税额抵扣数。

此外，还应由制表人、审核人、会计主管在表的下端相应位置签字，以明确各自的经济责任。

【例 1-10-19】12 月 26 日，郑州中原公司取得购进生产用材料的增值税专用发票和公路、内河货物运输业统一发票。运费由该公司负担，运费发票金额合计为 21 600 元。其中，运输费用 18 000 元，建设基金 800 元，装卸费 2 000 元，保险费 200 元，其他杂费 600 元。公司会计主管邹青，审核吕美，制表凤环。

要求：根据以上资料填写证 1-10-19 运费抵扣增值税计算表。

证 1-10-19 运费抵扣增值税计算表

运费抵扣增值税计算表

年 月 日 单位：元

运输费	建设基金	合 计	扣除率	准予抵扣的进项税额

会计主管 审核 制表

十一、结转类原始凭证

结转类原始凭证，是指企业按照税法、会计制度的有关规定，对有关会计科目的金额进行相应结转的原始凭证。

本部分原始凭证较多，具体可分为调整结转类、综合结转类、计算结转类和清查结转类四类。

(1) 调整结转类原始凭证，是指企业根据有关制度规定，对本年度或以前年度会计处理不够规范的业务进一步调整结转的原始凭证。包括：固定资产折旧调整表、无形资产摊销调整表、应交所得税调整表、未分配利润调整表和盈余公积调整表等。

(2) 综合结转类原始凭证，是指企业按照有关规定，在期末结转收入收益、成本费用、利润及利润分配的原始凭证。包括：预收账款结转表、盘盈固定资产结转表、收入收益结转表、成本费用结转表、劳务成本结转表、本年利润结转表和利润分配结转表等。

(3) 计算结转类原始凭证，是指企业根据有关制度的要求，对相关会计科目的金额进行计算提取后再进行结转的原始凭证。包括：固定资产折旧计算表、无形资产摊销表、坏账准备提取表、盈余公积提取表和应付股利计算表等。

(4) 清查结转类原始凭证，是指企业按照会计制度等有关规定，期末对有关财产进行清查盘点的原始凭证。包括：库存现金盘点报告表、存货盈亏盘存表和银行存款余额调节表等。

(一) 固定资产折旧调整表

固定资产折旧调整表，是指企业对某一时期的固定资产折旧计算错误，经有关部门查出后，按照有关规定应予以补提或冲销累计折旧的凭证。

1. 固定资产折旧计提错误的原因

企业固定资产折旧的多提或少提，对企业利润的形成和应交所得税的计算都存在一定的影响。企业计提固定资产折旧发生错误的原因有以下方面：一是企业选用的计提折旧方法与税法要求不一致；二是计算环节发生错误；三是为了提高或降低某一时期的利润，发生人为的多提或少提固定资产折旧的现象。

经企业内部审计或税务稽查部门、中介机构查明企业本年度或以前年度固定资产折旧提取错误，均应填制固定资产折旧调整表予以相应调整。

2. 固定资产折旧调整表的填制要求

固定资产折旧调整表为单联式自制原始凭证，应按以下要求填写：

(1) 年月日。为填写该项调整表的具体时间。

(2) 调整理由。即调整固定资产折旧的理由。如在本年度内发现某月份折旧计算错误，调整理由为“调增(减)某月份少(多)提折旧额”；如在年度终了经中介机构审计需调整上年度折旧错误，将调整理由的“某月份”改为“上年度”即可。

(3) 调整总账科目。填写“累计折旧”科目。

(4) 调整明细科目。填写多提或少提折旧的固定资产名称，如甲设备等。

(5) 调整金额。填写应补提或冲销的固定资产折旧额。调整金额的计算公式为：应计提(冲销)折旧额=某类(项)固定资产应提折旧额-某类(项)固定资产已提折旧额。如前者大于后者，为应计提的折旧额；反之，前者小于后者，为应冲销的多提折旧额。

(6) 调整表签名。固定资产折旧调整表由制表人填制签名后，并经审核人员和会计主管核对无误后依次签名，以保证固定资产折旧调整数字的正确性。

【例 1-11-1】1 月 26 日，郑州中原公司收到河南正大会计师事务所对企业上年度财务报表的审计意见，认为公司多提固定资产折旧 36 000 元，其中：房屋(仓库)18 000 元，机器设备(C620 车床)12 000 元，运输设备(货车)6 000 元。会计主管、审核和制表分别为邹青、吕美和凤环。

要求：根据以上资料填制证 1-11-1 固定资产折旧调整表。

证 1-11-1　固定资产折旧调整表

固定资产折旧调整表

年　月　日　　　　单位：元

调整理由	调整总账科目	调整明细科目	调整金额
合　计			

会计主管　　　　记账　　　　审核　　　　制表

(二) 无形资产摊销调整表

无形资产摊销调整表，是指企业某一时期的无形资产摊销额计算错误，应按照有关规定对累计摊销进行调整的凭证。

1. 填制无形资产摊销调整表的作用

由于各种原因的计算错误，企业一定时期的无形资产摊销额已摊销数与应摊销数存在一定的差别，相应影响了企业利润及应交所得税计算的正确性。不论企业内部审计或中介机构或税务部门查明的问题，均应填写无形资产摊销调整表，据以填制相应的记账凭证，登记“累计摊销”、“管理费用”或“以前年度损益调整”明细账，以便调整企业的无形资产摊销额。

2. 无形资产摊销调整表的填写方法

无形资产摊销调整表，是单联式自制原始凭证。该表的具体填写方法如下：

(1) 年月日。为填写该表的具体时间。

(2) 调整理由。填写调整无形资产摊销额的具体理由。如本年度某月份无形资产摊销额计算错误，调整理由为“调增(减)某月份少(多)摊无形资产摊销额”；如以前年度的无形资产摊销额计算错误，将上述调整理由的“某月份”改为“上年度”据以填写。

(3) 调整总账科目。填写“累计摊销”科目。

(4) 调整明细科目。填写多摊或少摊累计摊销额的无形资产名称，如某土地使用权等。

(5) 调整金额。填写应调增或调减的累计摊销额。

(6) 调整表签名。无形资产摊销调整表由制表人填制签名后，并经审核人员和会计主管核对无误后分别签名，以保证该表无形资产摊销调整金额的正确性。

【例 1-11-2】1 月 26 日，郑州中原公司根据河南正大会计师事务所对企业上年度财务报表的审计意见，对上年度少摊销的乙产品专利权 3 000 元进行相应的调整。公司会计主管邹青、审核吕美、制表凤环。

要求：根据以上资料填制证 1-11-2 无形资产摊销调整表。

证 1-11-2　无形资产摊销调整表

无形资产摊销调整表

年　月　日　　　　单位：元

调 整 理 由	调整总账科目	调整明细科目	调整金额

会计主管　　记账　　审核　　制表

(三) 应交所得税调整表

应交所得税调整表，是指企业对某一时期多摊或少转成本费用相应增减变动的利润，进行应交所得税调整的凭证。

1. 填制应交所得税调整表的作用

企业应按照税法和会计制度的有关规定结转成本费用，正确计算企业应交所得税。对企业内部审计部门或中介机构或税务机关查明的多摊或少转成本费用的事项，通过填制有关调整表计算出企业应调增或调减的利润，填写应交所得税调整表，并据以填制相应的记账凭证，登记“所得税费用”或“以前年度损益调整”和“应交税费——应交所得税”明细账，正确调整企业应交所得税。

2. 应交所得税调整表的填写方法

应交所得税调整表，是单联式自制原始凭证。该表的具体填写方法如下：

(1) 年月日。为填写该表的具体时间。

(2) 调整理由。填写调整应交所得税的具体理由。如本年度企业所得税计算错误，调整理由为“调增(减)某月份企业应交所得税”；如以前年度企业所得税计算错误，调整理由为“调增(减)上年度企业应交所得税”。

(3) 调整总账科目。填写“应交税费”科目。

(4) 调整明细科目。填写“应交所得税”明细科目。

(5) 调整金额。即应调整企业应交所得税的金额。根据调整利润乘以企业适用税率计算的税额填写。

(6) 调整表签名。应交所得税调整表经制表人填制签名后，由审核和会计主管对该表核对无误后分别在相应位置签名，以保证企业调整的应交所得税税额正确无误。

【例 1-11-3】1 月 26 日，郑州中原公司依据“固定资产折旧调整表”和“无形资产摊销调整表”的调整金额形成的利润，计算调整企业应交所得税，该单位企业所得税适用税率为 25%，会计主管邹青、审核吕美、制表凤环。

要求：根据以上资料及例 1-11-1 填制的固定资产折旧调整表和例 1-11-2 填制的无形资产摊销调整表的有关资料，填制证 1-11-3 应交所得税调整表。

证 1-11-3　应交所得税调整表

应交所得税调整表

年　月　日　　　　单位：元

调整理由	调整总账科目	调整明细科目	调整金额

会计主管　　　　记账　　　　审核　　　　制表

(四) 未分配利润调整表

未分配利润调整表，是指企业按照相关规定对上年度有关经济业务事项进行相应调整，对增减变动后的利润进行未分配利润调整的凭证。

1. 企业对查出不同年度利润的处理方式

企业查出本年的有关利润，已通过有关调整表转入相关费用科目，并以不同方式转入“本年利润”，形成了本年利润的一部分，年末按照会计制度的规定将本年的净利润转入“未分配利润”，不需要在查出时进行未分配利润调整。对查出的上年度应调整利润，应填制未分配利润调整表，进行相应的调整。

2. 未分配利润调整表的填写方法

未分配利润调整表为单联式自制原始凭证，具体填写方法如下：

(1) 年月日。为填写该表的具体时间。

(2) 调整理由。填写调整未分配利润的具体理由。如查出上年度应调增的利润，调整理由为“调增上年度未分配利润”

(3) 调整总账科目。填写“利润分配”科目。

(4) 调整明细科目。填写“未分配利润”明细科目。

(5) 调整金额。即应调整未分配利润的金额。根据查出的上年度应增加利润扣除应交所得税后的金额填写。

(6) 调整表签名。制表人根据未分配利润调整表填制签名后，审核和会计主管分别核对无误后依次签名，以保证未分配利润调整数字的正确性。

【例 1-11-4】1 月 26 日，郑州中原公司财务科会计凤环根据有关资料填制了未分配利润调整表，并经审核吕美，会计主管邹青核对无误后签名确认。

要求：根据例 1-11-3 计算出的上年度应调增利润和应交所得税等资料填制证 1-11-4 未分配利润调整表。

证 1-11-4　未分配利润调整表

未分配利润调整表

年　月　日　　　　单位：元

调整理由	调整总账科目	调整明细科目	调整金额

会计主管　　　　记账　　　　审核　　　　制表

(五) 盈余公积调整表

盈余公积调整表，是指企业依据上年度未分配利润调整金额和盈余公积的有关计提比例，对盈余公积进行相应调整的凭证。

1. 调整盈余公积的处理

企业对上年度未分配利润调整后，应对盈余公积进行相应调整。盈余公积包括法定盈余公积和任意盈余公积。法定盈余公积，是企业按照规定的比例从净利润中提取的盈余公积；任意盈余公积，是企业依据股东大会或类似权力机构批准的比例从净利润中提取的盈余公积。对按规定计提的法定盈余公积和任意盈余公积，通过填制盈余公积调整表进行调整。

2. 盈余公积调整表的填写方法

盈余公积调整表为单联式自制原始凭证，该调整表的具体填写方法如下：

(1) 年月日。为填写盈余公积调整表的具体时间。

(2) 调整理由。填写调整盈余公积的具体理由。如按照上年度未分配利润进行调整的理由为“调增上年度盈余公积”。

(3) 调整总账科目。填写“盈余公积”科目。

(4) 调整明细科目。填写“法定盈余公积”和“任意盈余公积”明细科目。

(5) 调整金额。即应调增法定盈余公积和任意盈余公积的金额。法定盈余公积按照上年度未分配利润调整金额的 10%的比例提取，任意盈余公积按照上年度未分配利润调整金额及公司股东大会或类似权力机构批准的比例提取。

(6) 调整表签名。未分配利润调整表由公司制表人依据有关资料填写签名后，经审核人和会计主管对该调整表核对无误后，分别在该表相应位置签字，以保证盈余公积调整数字的准确性。

【例 1-11-5】1 月 26 日，郑州中原公司财务科会计凤环根据有关资料填制了盈余公积调整表，法定盈余公积的计提比例为 10%，任意盈余公积的计提比例为 5%，审核人吕美、会计主管邹青已分别审核后在表上签名确认。

要求：根据以上资料和例 1-11-4 填制的未分配利润调整表的有关资料填制证 1-11-5 盈余公积调整表。

证 1-11-5　盈余公积调整表

盈 余 公 积 调 整 表

年　月　日　　　　　　　　　　　　　　　　单位：元

调整理由	调整总账科目	调整明细科目	调整金额

会计主管　　　　　　记账　　　　　　审核　　　　　　制表

(六) 无形资产摊销计算表

无形资产摊销计算表，是指企业对使用寿命有限的无形资产，按照预计使用年限对其应摊销金额进行摊销的计算凭证。

应摊销金额，是指无形资产的成本扣除残值后的金额。已计提减值准备的无形资产，还应扣除已计提的无形资产减值准备累计金额。

1. 无形资产残值的处理

无形资产的残值，是指企业对该项无形资产经济寿命结束之前预计进行相应的处置，并从处置中得到的一定收益。处置可分为两种情况，一是有第三方承诺在无形资产使用寿命结束时购置该项无形资产；二是根据活跃市场得到无形资产预计残值信息，并且该市场在此项无形资产使用寿命结束时可能存在。除以上两种情况外，无形资产的残值一般为零。

2. 无形资产摊销计算表的填写方法

无形资产摊销计算表为单联式自制原始凭证，该表的具体填写方法如下：

(1) 年月日。为填制该表的具体时间，一般为月末日。

(2) 无形资产名称。填写该期应计提摊销额的无形资产名称。如专利权、非专利技术、商标权、著作权、土地使用权等。

(3) 原值。即该项无形资产的账面余额。根据无形资产明细账的有关资料填写。

(4) 使用年限。填写某项无形资产的摊销年限。按税法有关规定，无形资产的摊销年限不得低于 10 年。作为投资或者受让的无形资产，有关法律规定或者合同约定了使用年限的，可以按照规定或者约定的使用年限分期摊销。

(5) 月摊销额。无形资产的摊销，采用直线法计算。某项无形资产的月摊销额为该项资产的原值(账面余额)除以其使用年限的月份之和计算的金额。

(6) 计算表签名。无形资产摊销计算表由制表人填写签名后，经审核人和会计主管核对无误后，分别在该表相应位置签字，以保证无形资产摊销额计算的准确性。

【例 1-11-6】12 月 31 日，郑州中原公司无形资产明细账的乙产品专利权和办公楼的土地使用权账面余额分别为 360 000 元和 1 200 000 元，使用年限分别为 10 年和 50 年，上述资产均未计提减值准备。公司会计主管邹青、审核吕美、制表凤环。

要求：根据以上资料填制证 1-11-6 无形资产摊销计算表。

证 1-11-6　无形资产摊销计算表

无形资产摊销计算表

年　月　日

单位：元

无形资产名称	原　值	使用年限	月摊销额	备　注

会计主管　　记账　　审核　　制表

(七) 固定资产折旧计算表

固定资产折旧计算表，是指企业按某类或某项固定资产原值及其折旧率，计提固定资产折旧额的计算凭证。

1. 企业计提折旧的有关规定

企业应按照会计制度的要求计提每月固定资产折旧额。除已提足折旧仍继续使用的固定资产和单独入账的土地外，其他所有的固定资产均应按月计提折旧。

会计制度对企业计提折旧范围的有关规定为，当月增加的固定资产，当月不计提折旧，从下月起计提折旧；当月减少的固定资产，当月仍计提折旧，从下月起不计提折旧。对提前报废的固定资产不再补提折旧。对已达到预计可使用状态，但尚未办理竣工结算的固定资产，应当按照估计价值确定其成本，并计提折旧；待办理竣工决算后再按实际成本调整原来的暂估价值，但不需要调整原已计提的折旧额。

企业计提折旧的方法包括年限平均法(直线法)、工作量法、双倍余额递减法和年限总和法等。不同的固定资产折旧方法，对固定资产使用年限及计提的折旧费用都存在着不同的影响，因此，企业计提折旧的方法一经确定，不得随意变更。

2. 固定资产折旧计算表的填写方法

固定资产折旧计算表为自制原始凭证，应分车间、部门按不同类别、项目的固定资产原值及其折旧率计提折旧。该计算表的具体填写方法如下：

(1) 年月日。为填制该表的具体时间，一般为月末日。

(2) 固定资产类别。根据固定资产明细账的固定资产类别及其包括的具体各小类资产填写。如房屋类又包括办公楼、厂房、仓库等小类固定资产。

(3) 原值。即固定资产的取得成本。根据固定资产明细账的某类或某项固定资产的

“余额”栏的金额数字填写。某类固定资产分车间、部门设置明细账的，应根据各车间、部门该类资产的“余额”栏金额相加之和填写。如某企业的一车间、二车间、三车间和修理车间固定资产明细账的C620车床均为5台，“余额”栏的金额均为600 000元，该项原值应填写2 400 000元。各车间的C620车床原值按其明细账的“余额”栏金额分别填写。

(4) 月折旧率。即某类或某项固定资产的月折旧额与其原值的比率。应根据企业选择的折旧方法所计算的月折旧率填写。

(5) 月折旧额。即某类或某项固定资产本月份应提取的折旧额。根据某类或某项固定资产的原值乘以同一行次的月折旧率计算的月折旧额填写。该类固定资产计提的月折旧额应等于各车间、部门按同类资产计提的月折旧额相加之和。

(6) 其中栏。本部分包括各车间、部门设置的固定资产原值和月折旧额两项内容，原值和月折旧额的填写方法与以上内容相同。各车间、部门填写的固定资产原值相加之和应等于该类固定资产原值，各车间、部门填写的月折旧额相加之和应等于该类固定资产计提的月折旧额。

(7) 计算表签名。固定资产折旧计算表由制表人根据有关资料计算填写签名后，经审核人和会计主管核对无误后分别签字确认，以保证固定资产折旧额计算的正确性。

【例1-11-7】12月31日，郑州中原公司财务科凤环根据固定资产明细账的有关资料，按照固定资产类别、原值以及分车间、部门的原值和月折旧率填入当月固定资产折旧计算表，准备计提该月份固定资产月折旧额。

要求：根据证1-11-7固定资产折旧计算表的有关资料计算该月份应提取的折旧额。

(八) 预收账款结转表

预收账款结转表，是指企业月末根据对外提供劳务的完成情况，结转已预收款项的凭证。

1. 预收账款结转的方式

由于企业经营性质不同，企业会根据本身的状况对外提供不同性质的劳务。如安装公司对有关企业提供设备安装的劳务，电梯生产公司会存在销售电梯的同时承担电梯安装的劳务，部分有条件的企业还对其他单位提供职工培训的劳务。对外提供劳务的企业往往会根据有关合同，取得部分预收款项，月末，应根据劳务的完成情况，填制预收账款结转表，将其结转为企业的主营业务收入。

对工业企业、商品流通企业销售商品预收的款项，销售实现时，不需要填制“预收账款结转表”应根据开具的增值税专用发票，按其实现的销售收入及增值税销项税额，增加“主营业务收入”和“应交税费——应交增值税(销项税额)”，并冲减已预收的款项。

2. 预收账款结转表的填写方法

预收账款结转表为单联式自制原始凭证，该表的具体填写方法如下：

(1) 年月日。为填制该表的具体时间，一般为月末日。

(2) 结转理由。填写结转预收账款的具体理由。如结转本期设备安装费收入等。

证 1-11-7　固定资产折旧计算表

固定资产折旧计算表

年　月　日　　　　单位：元

固定资产类别	原值	月折旧率	月折旧额	其中									
				一车间		二车间		修理车间		供电车间		公司管理部门	
				原值	月折旧额	原值	月折旧额	原值	月折旧额	原值	月折旧额	原值	月折旧额
房屋													
厂房	760 000	0.2%		200 000		200 000		200 000		160 000			
办公楼	920 000	0.2%										920 000	
仓库	600 000	0.2%										600 000	
小计	2 280 000			200 000		200 000		200 000		160 000		1 1520 000	
建筑物													
围墙	200 000	0.4%										200 000	
水塔	140 000	0.4%										140 000	
小计	340 000											340 000	
机器设备													
专用设备	750 000	1%		500 000		250 000							
C620 车床	870 000	1%		450 000		300 000		120 000					
C630 车床	150 000	1%		150 000									
C650 车床	80 000	1%		80 000									

续表

固定资产类别	原值	月折旧率	月折旧额	其中									
				一车间		二车间		修理车间		供电车间		公司管理部门	
				原值	月折旧额	原值	月折旧额	原值	月折旧额	原值	月折旧额	原值	月折旧额
万能磨床	360 000	1%		120 000		120 000		120 000					
平面磨床	120 000	1%				60 000		60 000					
万能铣床	130 000	1%						130 000					
铯　床	50 000	1%		30 000		10 000		10 000					
发电机组	600 000	1%								600 000			
小　计	3 110 000			1 130 000		740 000		440 000		600 000			
运输设备													
东风牌货车	210 000	1.24%										210 000	
雪铁龙轿车	140 000	1.24%										140 000	
小　计	350 000											350 000	
合　计	6 080 000			1 530 000		940 000		640 000		760 000		2 210 000	

会计主管　　记账　　审核　　制表

(3) 转入会计科目。即应转入与预收账款对应的会计科目。本部分包括应转入的总账科目和明细科目。如某安装公司本期对预收款项应结转的安装费收入，总账科目填写“主营业务收入”，明细科目填写“某设备安装费”。

(4) 转入金额。即应从“预收账款”转入“主营业务收入”的金额。如安装公司预收甲单位的设备安装款 800 000 元，月末根据本期完工程度应结转 300 000 元，转入金额即按 300 000 元填写。

(5) 结转表签名。预收账款结转表由制表人填写签名后，经审核人和会计主管核对无误后，应分别在该结转表签名，以保证预收账款结转的合理性。

【例 1-11-8】12 月 31 日，郑州中原公司对洛阳邙山公司职工培训结束，职工操作水平已达到公司规定要求，结转已预收的培训费 28 000 元。会计主管邹青、审核吕美、制表凤环。

要求：根据以上资料填制证 1-11-8 预收账款结转表。

证 1-11-8　预收账款结转表

预收账款结转表

年　月　日　　　　单位：元

结转理由	转入会计科目		转入金额
	总账科目	明细科目	

会计主管　　　　记账　　　　审核　　　　制表

(九) 劳务成本结转表

劳务成本结转表，是指企业对外提供劳务的收入确认后，应对其发生的劳务成本进行相应结转的凭证。

1. 填制劳务成本结转表的作用

有关企业对外提供的设备安装、软件开发、职工培训等各种劳务的当期收入确认后，填入“预收账款结转表”转入“主营业务收入”；对应转出的劳务成本填写“劳务成本结转表”转入“主营业务成本”，以便正确计算企业提供某种劳务的利润或亏损。

2. 劳务成本结转表的填写方法

劳务成本结转表为单联式自制原始凭证，具体填写方法如下：

(1) 年月日。为填制该表的具体时间，一般为月末日。

(2) 结转理由。填写结转某种劳务成本的具体理由。如结转某设备安装成本等。

(3) 转入会计科目。即应转入与劳务成本对应的会计科目。本部分包括应转入的总账科目和明细科目。总账科目填写“主营业务成本”，明细科目应和劳务成本的明细科目一致。如安装成本，培训成本等。

(4) 转入金额。即应从“劳务成本”转入“主营业务成本”的金额。某种未完工的劳务，根据完工程度结转；对当月投入并已完工的某种劳务成本，应依据“劳务成本”明细账的有关资料予以全额转出。

(5) 结转表签名。劳务成本结转表由制表人填写签名后，经审核人和会计主管分别核对无误后在相应位置签名，以保证劳务成本结转的合理性。

【例 1-11-9】12 月 31 日，郑州中原公司对洛阳邙山公司职工培训结束，劳务成本明细账记录当月进行培训共发生培训成本 21 658 元。公司会计主管邹青、审核吕美、制表凤环。

要求：根据以上资料填制证 1-11-9 劳务成本结转表。

证 1-11-9 劳务成本结转表

劳务成本结转表

年 月 日　　　　单位：元

结转理由	转入会计科目		转入金额
	总账科目	明细科目	

会计主管　　　　记账　　　　审核　　　　制表

(十) 库存现金盘点报告表

库存现金盘点报告表，是指企业对库存现金清查时，反映企业库存现金实际结存数的盘点证明，也是查明企业账款发生差异原因及调整账簿记录的重要依据。

库存现金的清查，一般采用实地盘点法进行，可以在期末，也可以选择其他日期进行清查。不论采用哪种方式，盘点现金时出纳人员必须在场，以便明确相应的经济责任。

库存现金清查时，首先盘点库存现金的实有数，然后与现金日记账的余额进行核对，检查账款是否一致并核对账款差异的具体数字。同时还应检查企业有无座支现金，库存现金超过规定限额，以白条抵库，私自挪用现金的现象。对于挪用现金，白条抵库的情况，应及时予以纠正；对于超限额留存的现金应及时送存银行。库存现金盘点结束时，应将盘点结果填入库存现金盘点报告表，并由盘点人员和出纳人员签章。

1. 对现金盈亏的处理方式

对于盘盈的现金，如能及时查明原因，应登记“其他应付款”或“营业外收入”明细账；对无法查明原因的，先记入“待处理财产损益”明细账，待原因查明后，再进行相应的处理。对于盘亏的现金，如能及时查明原因，应登记“其他应收款”明细账；如暂时无法查明原因的，应记入“待处理财产损溢”明细账，等查明具体原因后，按管理权限报经批准后再进行有关处理。

2. 库存现金盘点报告表的填写方法

库存现金盘点报告表为单联式自制原始凭证，具体填写方法如下：

(1) 年月日。为填写对库存现金进行盘点清查的当日。

(2) 账存金额。根据库存现金清查当日的现金日记账余额填写。

(3) 实存金额。根据清查当日库存现金实际盘点数额填写。

(4) 账实对比。即清查当日核对现金日记账余额与库存现金实际盘点数额是否一致的情况。本部分包括盘盈和盘亏两个栏次。“盘盈”栏根据实存金额大于账存金额的差额填写，“盘亏”栏根据实存金额小于账存金额的差额填写。

(5) 报告表签名。库存现金盘点报告表由参加现金清查的人员填写签章后，须经现金出纳认可后签章，并由会计主管核对无误后在相应位置签章，以证明该表数字填写的真实性。

(6) 公司领导审批意见。填写公司领导对库存现金盘盈或盘亏的具体处理意见。

【例 1-11-10】12 月 31 日，郑州中原公司现金日记账的账面余额为 9 380 元，库存现金实际盘点数 9 320 元，盘亏 60 元。经查明属于现金出纳李佳工作失误造成，现金盘点人龚平、会计主管邹青已在库存现金盘点表的相应位置签章，公司领导翟宁的审批意见为“现金盘亏有出纳个人负责”。

要求：根据以上资料填制证 1-11-10 库存现金盘点报告表。

证 1-11-10　库存现金盘点报告表

库存现金盘点报告表

年　月　日　　单位：元

账存金额	实存金额	账实对比		公司领导审批意见
		盘盈	盘亏	
				月　日

会计主管（签章）　　盘点人（签章）　　出纳（签章）

(十一) 盘盈固定资产结转表

盘盈固定资产结转表，是指企业依据《企业会计准则》的有关规定，对盘盈固定资产的入账价值，经报批后结转处理的原始凭证。

1. 企业盘盈固定资产的处理程序

为保证企业固定资产的安全、完整，企业应定期或者至少在每年年末对固定资产进行清查盘点一次。根据《企业会计准则第 28 号——会计政策、会计估计变更和差错更正》规定，企业在财产清查中盘点的固定资产应作为前期差错处理。

首先，在管理权限报经批准前，根据“固定资产盘盈、盘亏报告表”按重置成本确定固定资产入账价值，借记“固定资产”科目，贷记“以前年度损益调整”科目。

然后，在该项盘盈固定资产报经批准后，填制“盘盈固定资产结转表”，依据“以前年度损益调整”明细账该项盘盈固定资产入账价值及企业适用的所得税税率，计算应交所得税；按照有关规定从扣除应交所得税后的净利润中计提法定盈余公积和任意盈余公积；并将减除计提盈余公积后的金额转入“利润分配——未分配利润”。

2. 盘盈固定资产结转表的填写方法

盘盈固定资产结转表为单联式自制原始凭证，具体填写方法如下：

(1) 年月日。为填制该表的具体时间，一般为清查报经批准后的当日。

(2) 结转理由。填写结转盘盈固定资产入账价值的具体理由。

(3) 应转出“会计科目、金额”。即应从“以前年度损益调整”会计科目转出的金额。会计科目填写“以前年度损益调整”，金额依据“以前年度损益调整”明细账中该项盘盈固定资产的入账价值填写。

(4) 应转入“会计科目、金额”。即应从“以前年度损益调整”转入的相关会计科目及金额。会计科目填写“应交税费——应交所得税”、“盈余公积——法定盈余公积、任意盈余公积”和“利润分配——未分配利润”等科目。

应交所得税的金额依据“以前年度损益调整”科目的金额乘以企业适用的所得税税率计算的数据填写；法定盈余公积、任意盈余公积依据“以前年度损益调整”科目的金额减去计算的应交所得税即净利润，分别乘以规定的计提比例所计算的数据填写；未分配利润依据“以前年度损益调整”科目金额减去计算的应交所得税、计提的法定盈余公积、任意盈余公积后的差额填写。

(5) 结转表签名。盘盈固定资产结转表由制表人填写签名后，经审核人员和会计主管分别核对无误后在相应的位置签名，以保证盘盈固定资产入账价值结转的规范性。

【例 1-11-11】12 月 31 日，郑州中原公司对在财产清查中盘盈的甲设备，已报经批准进行结转处理。“以前年度损益调整”明细账登记的该项盘盈设备的重置成本为 86 000 元，该单位适用的企业所得税税率为 25%，法定盈余公积、任意盈余公积的计提比例分别为 10% 和 5%，制表凤环，审核吕美、会计主管邹青。

要求：根据以上资料填制证 1-11-11 盘盈固定资产结转表。

证 1-11-11　盘盈固定资产结转表

盘盈固定资产结转表

年　月　日　　　　单位：元

结转理由	应转出		应转入	
	会计科目	金额	会计科目	金额

会计主管　　　　记账　　　　审核　　　　制表

(十二) 存货盈亏盘存表

存货盈亏盘存表，是指企业在财产清查中，记录企业各种存货的结存状况及盘盈、盘亏的原始凭证。

由于企业存货种类繁多、收发频繁，在日常收发过程中可能发生计量错误、计算错误、自然损耗，还可能发生损坏变质以及贪污、盗窃等现象，造成账实不符，形成了存货的盘盈盘亏，企业应定期或至少每年年末对各种存货进行一次财产清查。

1. 存货清查的方法

会计人员应在财产清查前，将有关存货明细账登记完整，结出余额，并与仓库保管员管理的存货数量账核对账目。仓库保管员还应对所保管的各种财产物资整理、排列清楚，挂上标签，标明编号、品种、规格和结存数量，以便盘点核对。对于各种存货的数量清查，因其实物形态、体积、重量、堆放方式不同，一般采用实地盘点法和技术推算法进行。

为了明确经济责任，在进行存货盘点时，实物保管人员必须在场并参加盘点工作，但保管人员不能单独承担有关存货的盘点工作。对各种存货的盘点结果，应如实登记存货盈亏盘存表，并由参加盘点的人员和实物保管人员签章，以证明存货盘点的真实性。

2. 存货盈亏盘存表的填写要求

存货盈亏盘存表，由各财产清查小组以所进行存货盘点的仓库为单位进行填制。该盘存表应填写一式三份，由会计部门、仓库保管员、存货盘点人各存一份。该表的具体填写方法如下：

(1) 年月日。填写对存货进行实际盘点的当日。

(2) 仓库名称。填写进行存货实物盘点的仓库名称。如产成品库，材料库等。

(3) 物资名称。根据为该仓库设置的存货数量明细账所记录的原材料或库存商品的名称顺序填写。如材料仓库的甲材料、乙材料、丙材料等。

(4) 规格型号。根据存货明细账该种物资名称的规格型号填写。

(5) 计量单位。根据存货明细账该种物资的计量单位填写。如只、件、吨等。

(6) 单价。根据存货明细账该种物资的单价填写。

(7) 数量。本部分包括账存和实存两项内容。“账存”栏根据存货明细账该种存货的账面结存数量填写；“实存”栏根据盘点小组对该种存货的实际盘存数量填写。

(8) 盘盈。即存货的实存数量大于账存数量及按该种存货单价计算的金额。本部分包括数量和金额两项内容。“数量”栏根据某种存货的实存数量大于账存数量的数据填写；“金额”栏根据某种存货的盘盈数量乘以其单价计算的金额填写。

(9) 盘亏。即存货的实存数量小于账存数量及按该种存货单价计算的金额。本部分包括数量和金额两项内容。“数量”栏根据某种存货的实存数量小于账存数量的数据填写；“金额”栏根据某种存货的盘亏数量乘以其单价计算的金额填写。

(10) 备注。填写某种存货盈亏数量较大的原因或其他需要说明的内容。

(11) 盘存表签名。存货盈亏盘存表记录的各种存货的盈亏情况经该盘点小组认可后，由仓库保管员、盘点人、仓库主管分别签字，以证明该盘存表所记录的各种存货结存数量及盈亏状况的真实性。

【例 1-11-12】12 月 31 日，郑州中原公司对产成品库进行了清查盘点，甲产品、乙产品、丙产品、丁产品四种产成品的账面结存数量分别为 300 只、500 只、800 只和 200 只，实际盘存数量分别为 305 只、500 只、802 只和 198 只，单位平均成本分别为 286.80 元、125.40 元、112.60 元和 252.90 元。产成品仓库主管杨帆，仓库保管员杜亮，盘点人龚平。

要求：根据以上资料填制证 1-11-12 存货盈亏盘存表。

证 1-11-12 存货盈亏盘存表

存货盈亏盘存表

仓库名称　　　　　　　　　　　　　　年　月　日　　　　　　　　　　　　金额单位：元

物资名称	规格型号	单位	单价	数量		盘盈		盘亏		备注
				账存	实存	数量	金额	数量	金额	
合 计										

仓库主管（签章）　　　　　　　　保管员（签章）　　　　　　　　盘点人（签章）

(十三) 坏账准备提取表

坏账准备提取表，是指企业在资产负债表日，按照应计提坏账准备的各类应收款项的期末余额及规定比例，计算应补提或冲销坏账准备的凭证。

1. 提取坏账准备的处理

企业的坏账准备，是按照应收账款，预付账款、其他应收款、应收票据(商业承兑汇票部分)和长期应收款等应收款项的类别进行提取，“坏账准备”按上述应收款项设置明细科目。

资产负债表日，企业应根据计提坏账准备的各类应收款项的期末余额，分别乘以计提比例，计算出本期各类应收款项应计提的坏账准备金，并将各类应收款项账面结存的坏账准备余额分别填入“坏账准备提取表”进行对比分析。如某类应收款项本期应提取的坏账准备大于其账面结存的坏账准备余额，按其差额予以补提，借记“资产减值损失”科目，贷记“坏账准备—某类应收款项”科目；反之，某类应收款项本期应计提的坏账准备小于其账面结存余额的，按其差额予以冲销，借记“坏账准备—某类应收款项”科目，贷记“资产减值损失”科目。

2. 坏账准备提取表的填写要求

坏账准备提取表为单联式自制原始凭证，具体填写方法如下：

(1) 年月日。为填制该表的具体时间，一般为年末日。

(2) 项目。填写应提取坏账准备的各类应收款项，如应收账款、预付账款、应收票据(商业承兑汇票部分)等。

(3) 年末提取坏账准备的应收款项余额。根据应收账款、预付账款、其他应收款、应收票据(商业承兑汇票部分)和长期应收款等明细分类账的期末借方余额之和填写。

(4) 计提比例。根据税务部门规定的坏账准备计提比例填写。

(5) 年末应提取坏账准备金。根据各类应收款项的期末余额分别乘以坏账准备计提比例计算的数据填写。

(6) 计提前坏账准备账户余额。根据“坏账准备”明细账设置的各类应收款项明细账户的期末余额分别填写，如某类应收款项的坏账准备账户余额为借方余额，以“－”号表示。

(7) 年末应补提或冲销的坏账准备金。根据各类应收款项的“年末应提取坏账准备金”减去“提取前坏账准备账户余额”的差额填写。如前者大于后者的差额，为该类应收款项应补提的坏账准备；反之，如前者小于后者的差额，为该类应收款项应冲销的坏账准备，应以“－”号表示。

(8) 提取表签名。坏账准备提取表由制表人计算填写签名后，经审核人员和会计主管核对无误后，应分别在表上相应位置签名，以保证企业坏账准备提取的正确性。

【例 1-11-13】12 月 31 日，郑州中原公司的应收账款、预付账款、其他应收款、应收票据(商业承兑汇票部分)等账户的期末余额分别为 650 000 元、180 000 元、90 000 元和 460 000 元；未计提坏账准备前，以上各类应收款项坏账准备账户的贷方余额分别为 3 000 元、850 元、510 元和 2 450 元。税务部门规定该单位的坏账准备提取比例为 5‰，公司会计主管邹青、审核吕美、制表凤环。

要求：根据以上资料填写证 1-11-13 坏账准备提取表。

证 1-11-13 坏账准备提取表

坏账准备提取表

年　月　日　　　　单位：元

项　目	年末提取坏账准备的应收款项余额	计提比例	年末应提取坏账准备金	计提前坏账准备账户余额（借方余额以负号表示）	年末应补提或冲销的坏账准备金
	1	2	3=1×2	4	5=3-4
应收账款					
预付账款					
其他应收款					
应收票据					
合　计					

会计主管　　　　审核　　　　制表

(十四) 收入收益结转表

收入收益结转表，是指企业在期末将本期取得的各种收入、收益转入本年利润的凭证。

1. 企业收入收益的主要内容

企业的收入是指企业的营业收入，包括主营业务收入和其他业务收入。主营业务收入指企业销售商品、提供劳务取得的收入，是企业为完成经营目标所从事的经营性活动实现的收入，一般占企业总收入的比重较大。其他业务收入是企业实现的材料销售收入、包装物租金收入、固定资产租金收入、无形资产使用费收入等，属于企业日常经营活动中次要交易实现的收入，一般占企业总收入的比重较小。

企业的收益是指企业的投资收益和营业外收入。投资收益指企业进行权益性投资或债权性投资取得的现金股利收入和利息收入。营业外收入是企业发生的与其生产经营无直接关系的各种收入，主要包括非流动资产处置利得、非货币性资产交换利得、债务重组利得、政府补助、盘盈利得和捐赠利得等。

期末，企业应将本期取得的各种收入、收益填入“收入收益结转表”，转入本年利润。

2. 收入收益结转表的填写方法

收入收益结转表为单联式自制原始凭证，具体填写方法如下：

(1) 年月日。为填制该表的具体时间，应为该期期末日。

(2) 结转理由。为填写收入收益结转表的具体理由。如将本期收入、收益转入本年利润。

(3) 应转出“会计科目、金额”。即应从本期收入、收益会计科目转出的金额。会计科目填写主营业务收入、其他业务收入、投资收益和营业外收入，金额依据上述收入、收益明细账的各账户贷方发生额之和填写。售出商品如发生退货，应将退货金额从“主营业务收入”账户贷方合计数中扣除。“投资收益”明细账借方发生额合计大于贷方发生额合计的差额为投资亏损，以“－”号表示。

(4) 应转入“会计科目、金额”。即应从收入、收益转入“本年利润”的金额。会计科目填写本年利润；金额根据应转出会计科目金额相加之和填写。

(5) 结转表签名。收入收益结转表由制表人填写签名后，经审核人员和会计主管分别核对无误后签名确认，以保证本期各种收入、收益转入本年利润金额的正确性。

【例 1-11-14】12 月 31 日，郑州中原公司本期的“主营业务收入”、“其他业务收入”、“投资收益”和“营业外收入”等明细账的贷方发生额合计(均无借方发生额)分别为 3 200 000 元，250 000 元，180 000 元和 60 000 元。会计主管邹青、审核吕美、制表凤环。

要求：根据以上资料填写证 1-11-14 收入收益结转表。

证 1-11-14　收入收益结转表

收入收益结转表

年　月　日　　　　单位：元

结转理由	应转出		应转入	
	会计科目	金额	会计科目	金额
	主营业务收入		本年利润	
	其他业务收入			
	投资收益			
	营业外收入			
合计				

会计主管　　　　记账　　　　审核　　　　制表

(十五) 成本费用结转表

成本费用结转表，是指企业期末将本期有关成本、费用转入本年利润的凭证。

1. 企业期末成本、费用的处理

企业期末应转入本年利润的成本，是指企业的营业成本，包括主营业务成本和其他业务成本。应转入本年利润的费用包括：销售费用、管理费用、财务费用、营业税金及附加、资产减值损失和营业外支出等。

企业上述成本、费用在期末应填入“成本费用结转表”，转入本年利润。与同时转入本年利润的收入、收益相减后，形成企业该期的利润或亏损。

2. 成本费用结转表的填写方法

成本费用结转表为单联式自制原始凭证，该表的具体填写方法如下：

(1) 年月日。为填制该表的具体时间，应为该期期末日。

(2) 结转理由。为填写结转有关成本、费用的具体理由。如将本期成本、费用转入本年利润。

(3) 应转出“会计科目、金额”。即应从本期有关成本、费用会计科目转出的金额。会计科目填写“主营业务成本、其他业务成本、营业税金及附加、销售费用、管理费用、财务费用、资产减值损失和营业外支出”等科目；金额依据以上成本、费用明细账的各自的借方发生额之和(如有贷方发生额应予以扣除)分别填写。如“资产减值损失”明细账的贷方发生额合计大于借方发生额合计的差额，说明有关资产的价值得到恢复应转回的金额，以“－”号表示。

(4) 应转入“会计科目、金额”。即应从本期有关成本、费用会计科目转入“本年利润”的金额。会计科目填写“本年利润”；金额根据应转出会计科目金额之和填写。

(5) 结转表签名。成本费用结转表由制表人根据有关成本、费用明细账的数据资料填写签名后，经审核人员和会计主管分别核对无误后在表上相应位置签名，以保证该结转表有关成本、费用转入本年利润金额的真实性、可靠性。

【例 1-11-15】12 月 31 日，郑州中原公司本期的主营业务成本、其他业务成本、营业税金及附加、销售费用、管理费用、财务费用、资产减值损失和营业外支出等明细账的借方发生额合计数 (均无贷方发生额) 分别为 2 550 000 元、160 000 元、58 000 元、142 000 元、386 000 元、16 000 元、90 元和 21 810 元。会计主管邹青、审核吕美、制表凤环。

要求：根据以上资料填写证 1-11-15 成本费用结转表。

(十六) 所得税费用结转表

所得税费用结转表，是指企业将本期所得税费用转入本年利润的凭证。

1. 所得税费用

所得税费用包括当期所得税费用和递延所得税费用。当期所得税费用，是指企业依据当期应税利润总额及适用的企业所得税税率计算的应交所得税；递延所得税费用，是指企业因确认递延所得税资产和递延所得税负债发生的递延所得税。所得税费用是企业当期利润总额的扣除项目，期末企业应将所得税费用填入“所得税费用结转表”，将其转入本年利润。

证 1-11-15 成本、费用结转表

成本、费用结转表

年 月 日 单位：元

结转理由	应转出		应转入	
	会计科目	金额	会计科目	金额
	主营业务成本		本年利润	
	其他业务成本			
	营业税金及附加			
	销售费用			
	管理费用			
	财务费用			
	营业外支出			
合计				

会计主管 记账 审核 制表

2. 所得税费用结转表的填写方法

所得税费用结转表为单联式自制原始凭证，该表的具体填写方法如下：

(1) 年月日。为填制该表的具体时间，应为该期期末日。

(2) 结转理由。填写结转所得税费用的具体理由。

(3) 应转出“会计科目、金额”。即应从“所得税费用”会计科目转出的金额。会计科目填写“所得税费用—当期所得税费用、递延所得税费用”，金额根据“所得税费用—当期所得税费用、递延所得税费用”明细账的借方发生额填写。如递延所得税费用为贷方发生额，表示递延所得税资产或递延所得税负债所发生差异的转回，应以“—”号表示。所得税费用为当期所得税费用和递延所得税费用相加之和。

(4) 应转入“会计科目、金额”。即应从所得税费用转入“本年利润”的金额。会计科目填写“本年利润”；金额根据所得税费用的合计数填写。

(5) 结转表签名。所得税费用结转表由制表人根据“所得税费用”明细账的数据资料填写签名后，经审核人员和会计主管依次核对无误后，分别在表上相应位置签名，以保证该表结转所得税费用数字的真实性。

【例 1-11-16】12 月 31 日，郑州中原公司本期不存在递延所得税费用，将当期所得税费用转入本年利润，该公司适用的企业所得税税率为 25%，会计主管邹青、审核吕美、制表凤环。

要求：根据以上资料和例 1-11-14 收入收益结转表、例 1-11-15 成本费用结转表的有关资料填制证 1-11-16 所得税费用结转表。

证 1-11-16　所得税费用结转表

所得税费用结转表

年　月　日　　　　单位：元

结转理由	应转出		应转入	
	会计科目	金　额	会计科目	金　额
	所得税费用		本年利润	

会计主管　　　　记账　　　　审核　　　　制表

(十七) 盈余公积提取表

盈余公积提取表，是指企业按照有关规定从净利润中提取盈余公积的原始凭证。

盈余公积是指企业根据规定从净利润中提取的企业累积资金。包括法定盈余公积和任意盈余公积。两者的区别主要是提取的依据不同，前者以国家的法律法规为依据；后者由企业的权利机构自行决定。企业提取的盈余公积经批准可用于弥补亏损、转增资本、发放现金股利或利润。

1. 企业提取盈余公积的有关规定

企业提取盈余公积的基数，不包括企业年初未分配利润，只能按当年的净利润提取。如存在以前年度亏损，首先应弥补以前年度亏损。按照有关规定，对企业发生的亏损不超过 5 年的，应用税前利润弥补；超过 5 年尚未弥补的亏损，应以税后利润弥补，然后再计提盈余公积。企业应在“盈余公积提取表”中计算出可供计提盈余公积的利润，按有关计提比例，分别提取法定盈余公积和任意盈余公积。

2. 盈余公积提取表的填写方法

盈余公积提取表为单联式自制原始凭证，具体填写方法如下：

(1) 年月日。为填制该表的具体时间，应为该年度的年末日。

(2) 净利润。即该年度企业的税后利润。根据“本年利润”明细账的本年累计的贷方余额填写。

(3) 弥补以前年度亏损。即应从税后利润弥补的以前年度亏损。根据“利润分配——未分配利润”明细账中年初借方余额中，已超过税前利润弥补期的未弥补亏损数额填写。

(4) 可供计提盈余公积的利润。根据“净利润”减去“弥补以前年度亏损”的差额填写。

(5) 提取法定盈余公积。根据可供计提盈余公积的利润乘以法定盈余公积计提比例计算的金额填写。法定盈余公积的计提比例为10%，该项公积金已达企业注册资本的50%时可不再提取。

(6) 提取任意盈余公积。根据可供计提盈余公积的利润乘以任意盈余公积计提比例计算的金额填写。任意盈余公积的计提比例由公司股东大会或类似权力机构审议批准。

(7) 备注。填写提取盈余公积需要进一步说明的问题。

(8) 提取表签名。盈余公积提取表由制表人根据“本年利润”和“利润分配”明细账的数据资料计算填写签名后，经审核人员和会计主管分别核对无误后依次签名，以保证盈余公积计提的准确性。

【例 1-11-17】12 月 31 日，郑州中原公司“利润分配——未分配利润”明细账年初为借方余额 150 000 元，属于应由税后利润弥补的亏损。“本年利润”明细账 1—11 月份累计净利润 986 000 元，法定盈余公积和任意盈余公积的计提比例分别为 10%和 5%，会计主管邹青、审核吕美、制表凤环。

要求：根据以上资料和例 1-11-14 收入收益结转表，例 1-11-15 成本费用结转表，例 1-11-16 所得税费用结转表计算出的净利润，填制证 1-11-17 盈余公积提取表。

证 1-11-17　盈余公积提取表

盈 余 公 积 提 取 表

年　月　日　　　　单位：元

项　目	金　额	备　注
净利润		
减：弥补以前年度亏损		
可供计提盈余公积的利润		
提取法定盈余公积		
提取任意盈余公积		

会计主管　　　　审核　　　　制表

(十八) 应付股利计算表

应付股利计算表，是指企业依据本年可供分配利润及各投资方出资比例，计算应支付有关投资单位现金股利或利润的凭证。

1. 提取应付股利的处理

应付股利，是指企业经股东大会或类似权力机构审议批准分配的现金股利或利润。年末，由股东大会或类似权力机构决议，对该年度可供分配的利润，按各投资单位出资比例分配现金股利或利润时，应填制“应付股利计算表”，计算支付各投资方的应付股利。企业分配的股票股利不属于应付股利核算的内容，不通过该表分配。

2. 应付股利计算表的填写方法

应付股利计算表为单联式自制原始凭证。该表的具体填写方法如下：

(1) 年月日。为填制该表的具体时间，应为该年度的年末日。

(2) 提取盈余公积后的利润。根据“本年利润”明细账的年末贷方余额减去“盈余公积”明细账本年度提取盈余公积借方余额的差额填写。

(3) 应向投资单位分配的利润。根据“提取盈余公积后的利润”乘以股东大会或类似权力机构审议批准的分配比例计算的金额填写。并在备注栏填写向投资方分配利润的比例。

(4) 其中“各公司应分配利润”。根据“应向投资单位分配的利润”乘以各投资方的出资比例计算的金额填写。并在备注栏填写各投资方的出资比例。

(5) 计算表签名。应付股利计算表由制表人根据“本年利润”和“盈余公积”明细账的数据资料填写签名后，经审核人员和会计主管分别核对无误后在表上相应位置签名确认，以保证应付股利分配的正确性。

【例 1-11-18】12 月 31 日，郑州中原公司股东大会决议，以本年度提取盈余公积后利润的 80%向各投资方分配利润。永丰公司、宏大公司、永利公司出资额占公司注册资本的比例分别为 40%，35%和 25%，会计主管邹青、审核吕美、制表凤环。

要求：根据以上资料和例 1-11-17 盈余公积提取表的有关资料填制证 1-11-18 应付股利计算表。

证 1-11-18　交付股利计算表

应付股利计算表

年　月　日　　　　　　　　　　　　单位：元

项　　目	金　　额	备　　注
提取盈余公积后的利润 应向投资单位分配的利润		
其中：永丰公司 　　宏大公司 　　永利公司		

会计主管　　　　　　　　　　　　审核　　　　　　　　　　　　制表

(十九) 本年利润结转表

本年利润结转表，是指企业在年度终了将本年收入和费用相抵后计算出的净利润，转入利润分配的结转凭证。

1. 本年利润结转的处理

本年利润，核算企业一定时期实现的净利润或净亏损。按会计制度有关规定，企业应在年末日将“本年利润”明细账结出的净利润或净亏损，转入“利润分配——未分配利润”明细账，结转后“本年利润”明细账无余额。企业对该年度实现的净利润或净亏损，应填入“本年利润结转表”进行相应的结转。

2. 本年利润结转表的填写方法

本年利润结转表为单联式自制原始凭证，该表的具体填写方法如下：

(1) 年月日。为填制该表的具体时间，应为年度终了日。

(2) 结转理由。填写结转“本年利润”的具体理由。

(3) 应转出“会计科目、金额”。即应转出“本年利润”会计科目的金额。会计科目填写“本年利润”，金额根据“本年利润”明细账年末结出的净利润或净亏损填写，如为净亏损，以“－”号表示。

(4) 应转入“会计科目、金额”。即应从“本年利润”转入“利润分配——未分配利润”明细科目的金额。会计科目填写“利润分配——未分配利润”；金额根据“本年利润”的金额填写。对转出的净亏损，以“－”号表示。

(5) 结转表签名。本年利润结转表由制表人根据“本年利润”明细账的有关资料填写签名后，经审核人员和会计主管依次核对无误后在表上相应位置签名，以保证“本年利润”金额结转的正确性。

【例 1-11-19】12 月 31 日，郑州中原公司将“本年利润”明细账结出的净利润填入本年利润结转表进行结转。会计主管邹青、审核吕美、制表凤环。

要求：根据例 1-11-17 盈余公积提取表的净利润填制证 1-11-19 本年利润结转表。

证 1-11-19　本年利润结转表

本年利润结转表

年　月　日　　　　单位：元

结转理由	应转出		应转入	
	会计科目	金额	会计科目	金额
	本年利润		利润分配—未分配利润	

会计主管　　　　审核　　　　制表

(二十) 利润分配结转表

利润分配结转表，是指企业年末将“利润分配”所属其他明细科目的金额转入“未分配利润”明细科目的内部结转凭证。

1. 利润分配年末结转的处理

年度终了，企业应将该年度“利润分配”明细账中设置的“提取法定盈余公积”、“提取任意盈余公积”、“应付现金股利或利润”、“转作股本的股利”和“盈余公积补亏”等明细账户的期末余额，填入“利润分配结转表”，转入“未分配利润”明细账户。结转后“利润分配”除“未分配利润”明细账户外，其他明细账户均无余额。“未分配利润”明细账户的年末贷方余额，表示企业的累计未分配利润；借方余额，则表示企业累计未弥补的亏损。

2. 利润分配结转表的填写方法

利润分配结转表为单联式自制原始凭证，该表的填写方法如下：

(1) 年月日。为填制该表的具体时间，应为企业年度终了日。

(2) 结转理由。填写“利润分配”所属明细科目金额进行内部结转的理由。

(3) 应转出利润分配“明细科目、金额”。即应从“利润分配”所属其他明细科目转出的金额。利润分配的其他明细科目填写“提取法定盈余公积、提取任意盈余公积、应付现金股利或利润、转作股本的股利和盈余公积补亏”等实际设置的明细科目；金额根据按上述明细科目设置的“利润分配”明细账的期末余额对应填写。

(4) 应转入利润分配“明细科目、金额”。即应转入“未分配利润”明细科目的金额。明细科目填写“未分配利润”；金额根据应转出利润分配明细账科目金额合计数填写。

(5) 结转表签名。利润分配结转表由制表人根据“利润分配”明细账的有关资料填写签名后，经审核人员和会计主管依次核对无误后在表上相应位置签名，以保证该表转入“未分配利润”明细科目金额的正确性。

【例 1-11-20】12 月 31 日，郑州中原公司将“利润分配”明细账的有关资料填制“利润分配结转表”，进行“利润分配”所属明细科目内部结转。公司会计主管邹青、审核吕美、制表凤环。

要求：根据例 1-11-17 盈余公积提取表和例 1-11-18 应付股利计算表等有关资料，填制证 1-11-20 利润分配结转表。

证 1-11-20　利润分配结转表

利润分配结转表

年　月　日　　　　　　　　　　　　单位：元

结转理由	应转出利润分配		应转入利润分配	
	明细科目	金　额	明细科目	金　额
	提取法定盈余公积		未分配利润	
	提取任意盈余公积			
	应付现金股利或利润			
	转作股本的股利			
	盈余公积补亏			
合　计				

会计主管　　　　　　　　审核　　　　　　　　制表

(二十一) 银行存款余额调节表

银行存款余额调节表，是指企业为了检查银行存款日记账记录的正确性，对企业和银行之间产生的未达账项，进行余额调节的原始凭证。

1. 银行存款的清查方法

银行存款的清查，采用与开户银行核对账目的方法，核对双方记录的余额是否一致。形成双方余额不一致的原因主要有两个方面，一是企业或银行记录错误，二是企业和银行之间存在未达账项。未达账项，是指凭证传递时间和记账时间不同，形成一方已经入账，而另一方尚未入账的款项。具体包括以下四种情况：

(1) 企业已收款入账，而银行尚未入账。如企业售出商品或提供劳务，收到购货方的银行进账单已登记入账，企业开户银行未收到对方银行传递的票据尚未收款入账。

(2) 企业已付款入账，而银行尚未入账。如企业开出转账支票购买物资，已依据转账支票存根联登记入账；销货单位未将转账支票正本和填制的银行进账单及时送交银行，形成企业开户银行尚未付款入账。

(3) 银行已收款入账，而企业尚未入账。如企业开户银行收到企业办理的托收承付、委托收款的收账通知，或购货单位购买商品的汇款凭证已登记入账；由于未能及时通知企业领取上述票据的收款通知，形成企业尚未收款入账。

(4) 银行已付款入账，而企业尚未入账。如企业开户银行从企业往来账户中收回到期贷款、贷款利息、银行票据结算手续费等已登记入账；由于未及时通知企业领取上述单证的付款通知，形成企业尚未付款入账。

企业对银行存款清查时，首先应将至清查日止的所有银行存款收入、支出的凭证登记入账，结出余额，并检查本单位银行存款日记账的正确性和完整性；然后将企业银行存款日记账与银行对账单的金额逐笔核对。如发生错账、漏账应及时更正，对未达账项通过编制“银行存款余额调节表”进行调节。

2. 银行存款余额调节表的填制要求

银行存款余额调节表一式两联，一联企业保存，一联加盖企业财务公章后送交开户银行存查。除企业组织的统一财产清查外，该调节表应每月填制一次，具体填写方法如下：

(1) 年月日。为填制该表的具体日期，一般为每月的月末日。

(2) 企业银行存款日记账余额。根据清查日银行存款日记账的期末余额填写。

(3) 银行对账单余额。根据同一时期的银行对账单的期末余额填写。

(4) 未达账项。根据以银行存款日记账和银行对账单逐笔核对出的四种未达账项分别填写。

(5) 调节后的银行存款余额。调节表左方调节后的银行存款余额，依据企业银行存款日记账余额加上银行已收、企业未收减去银行已付、企业未付的金额填写；调节表右方调节后的银行存款余额，依据银行对账单余额加上企业已收、银行未收减去企业已付、银行未付的金额填写。

(6) 调节表签名。银行存款余额调节表由制表人根据银行存款日记账和银行对账单的有关资料填写签名后，经审核人、会计主管分别核对无误后签名，以保证银行存款日记账记录和该调节表编制的正确性。

【例 1-11-21】12 月 31 日，郑州中原公司银行存款日记账的期末余额为 268 200 元，银行对账单的余额为 265 700 元。经逐笔核对，发现有以下未达账项：

(1) 12 月 31 日，企业开出转账支票支付 A 公司一车间设备修理费 22 300 元，依据转账支票存根联及发票入账；A 公司尚未到银行办理转账手续。

(2) 12 月 31 日，企业销售甲商品 11 700 元，依据收到 B 公司的银行进账单记账；银行尚未收到相关单据。

(3) 12 月 31 日，银行收到企业办理的托收承付凭证款项 46 900 元，已登记入账；未通知企业领取收账通知。

(4) 12 月 31 日，银行从企业往来账户收取到期贷款 60 000 元。已登记入账；未通知企业领取还款凭证(回单)。

要求：根据以上资料填制证 1-11-21 银行存款余额调节表。公司会计主管邹青、审核吕美、制表凤环。

证 1-11-21　银行存款余额调节表

银行存款余额调节表

年　月　日　　　　单位：元

项　目	金　额	项　目	金　额
企业银行存款日记账余额 加：银行已收、企业未收 减：银行已付、企业未付		银行对账单余额 加：企业已收、银行未收 减：企业已付、银行未付	
调节后的银行存款余额		调节后的银行存款余额	

会计主管　　　　审核　　　　制表

十二、商品流通企业专用原始凭证

商品流通企业是在流通领域中从事商品购销活动的企业。具体包括商业、外贸、物资供销、供销合作社、粮食商业、医药商业、石油商业、烟草商业和图书发行等企业。

商品流通企业的资金运动包括购进过程和销售过程两部分。一方面从生产企业购进商品，另一方面向消费者供应商品，满足企业生产和社会公众生活的需要。

商品流通企业原始凭证的格式既有和工业企业相同的地方，也有与工业企业相区别的地方。如银行结算票据、购进商品的增值税专用发票、支付水电费、缴纳税费等外来原始凭证；借款单、收据、差旅费报销单等自制原始凭证。外观格式和使用方式与工业企业没有区别。

商品流通包括批发商品流通和零售商品流通两个主要经营环节，商品流通企业应根据自身经营管理的特点设置相关的原始凭证。如为了加强销售收入的管理，商业零售企业各柜组应每日填报“内部交款单”，连同销售款送交会计部门查收。为了与各实物负责柜组核对账目，各柜组应每日填报“商品进销存日报表”，连同有关单证送交会计部门存查核对。由于商业零售企业采用售价金额核算，每日应将已销售商品以零售价从“库存商品”转入“主营业务成本”科目；“主营业务成本”平时反映的不是进价，而是与“主营业务收入”等额的售价，月末应填写“分柜组商品进销差价计算表”，计算已销售商品和月末库存商品应分摊的进销差价，将“主营业务成本”科目的售价调整为进价，以便正确计算商品销售毛利。

对部分残损、冷背商品降价处理应填制“商品削价报告单”；根据有关通知对部分库存商品价格提高或降低，应填制“调价商品价差调整表”；一些商品批发企业从农村以统货方式收购的干鲜果品，经过挑选整理，由一个等级分成若干等级，应填制“商品挑选整理单”进行核算。

商品流通企业专用原始凭证，是指流通流域企业结合本身经营管理的特点而设置的原始凭证。本部分包括商品溢余(短缺)报告单、商品挑选整理单、商品验收单、调价商品价差调整表、包装物降等摊销计算表、代销商品移库单、内部交款单、商品进销存日报表、商品削价报告单和分柜组商品进销差价计算表等原始凭证。

(一) 商品溢余(短缺)报告单

商品溢余(短缺)报告单，是指商品流通企业验收购进商品时，商品数量发生溢余或短缺的凭证。

1. 商品溢余（短缺）的处理

企业对购进商品验收时，如发现实收数量大于应收数量，即为进货溢余；反之，实收数量小于应收数量，即为进货短缺。购进商品发生溢余或短缺的原因较多，进货溢余的主要原因有：供货单位多发商品、商品在运输过程中发生的自然溢余；进货短缺的主要原因有：供货单位少发商品、运输单位造成的商品丢失等。

当购进商品发生溢余或短缺时，企业仓库应和运输单位作出详细记录及鉴定证明，以便会同运输单位及时清查处理，除在商品收货单上注明实收数量外，还应填制“商品溢余(短缺)报告单”连同有关记录证明送交业务部门、会计部门进行相应处理。

2. 商品溢余（短缺）报告单的填写方法

商品溢余(短缺)报告单为自制原始凭证，该凭证一式三联。第一联业务部门存查，第二联会计记账，第三联仓库存查。具体填写方法如下：

(1) 年月日。填写对购进商品验收的当日。

(2) 供货单位。根据本次购进商品发票注明的供货单位名称填写。

(3) 发票号码。根据本次购进商品发票印制的发票号码填写。

(4) 货号。即企业对库存商品的分类编号。根据企业对该种商品设置的编号填写。

(5) 品名规格。根据本次购进商品发票注明的商品名称及规格型号填写。

(6) 单位。根据本次购进商品发票注明的计量单位填写。如吨、件、只等。

(7) 单价。根据本次购进商品发票注明的该种商品单价填写。

(8) 数量。本部分包括应收数量和实收数量两项内容。应收数量根据本次购进商品发票注明的某种商品数量填写，实收数量根据仓库实际收到该种商品的数量填写。

(9) 商品溢余。即购进商品的溢余数量和金额。溢余数量根据购进该种商品的实收数量大于应收数量的差额填写，金额根据溢余数量乘以该种商品单价计算的数额填写。

(10) 商品短缺。即购进商品短缺的数量及金额。短缺数量根据该种商品实收数量小于应收数量的差额填写，金额为该种商品的短缺数量乘以其单价计算的数额。

(11) 备注。填写某种商品溢余或短缺的有关原因。

(12) 报告单签名。商品溢余(短缺)报告单由制表人填写签名后，收货人对报告单上的溢余或短缺数量无异议后签名认可，并经仓库主管核对无误后签名确认，以保证商品溢余或短缺数量的真实性。

【例 1-12-1】12 月 10 日，郑州市煤炭公司从山西大同雁北煤矿购进无烟煤 5 000 吨，仓库验收时实际收到 5 200 吨。增值税发票注明每吨单价 420 元，发票号码 00623591，无烟煤溢余的原因有待进一步查明。公司仓库主管柳翼，制表任桢，收货人邝丰。

要求：根据以上资料填制证 1-12-1 商品溢余(短缺)报告单。

证 1-12-1　商品溢余（短缺）报告单

商品溢余（短缺）报告单

供货单位

发票号码　　　　　　　　　　　　年　月　日　　　　　　　　　　单位：元

货号	品名规格	单位	单价	数量		溢余		短缺		备注
				应收	实收	数量	金额	数量	金额	
合计										

二　会计记账

仓库主管　　　　　　记账　　　　　　收货人　　　　　　制表

(二) 商品挑选整理单

商品挑选整理单，是指果品收购企业，对以统一价格收购的干鲜果品经过挑选整理，由一个等级的商品变成几个等级商品的原始凭证。

一些企业的干鲜果品是按统货收购的。对收购后的果品，应进行挑选整理清除杂质，提高商品质量，防止商品变质，以利于商品的保管和销售。对挑选整理费用作为销售费用处理，不计入挑选整理后的商品成本；对挑选整理中属于事故损失部分，应按财产损失的有关规定处理；对清除杂质后发生的等级、规格、数量的变化，不作商品损耗处理，按变更等级后的数量分摊扣除增值税进项税额后的原进价总额，确认各新等级商品的进价。

1. 商品挑选整理等级变更后的进价金额计算

企业对购进商品经过挑选整理，由一个等级的商品变成两个及以上的等级商品时，不同等级商品的购进单价和金额，可以按照各等级商品的售价比例对扣除进项税额后的原商品进价总额进行分配。计算公式如下：

(1) 某种等级商品按售价计算的金额=某种等级商品的销售单价×某种等级商品数量

(2) 购进商品应扣除增值税进项税额=该种商品收购发票总金额×增值税扣除率

(3) 扣除进项税额后的该种商品进价总额＝该种商品收购发票总金额－购进商品应扣除增值税进项税额

(4) 某种等级商品应分摊的进价金额＝某种等级商品按售价计算的金额×(扣除进项税额后的该种商品进价总额÷各等级商品按售价计算的金额之和)

(5) 某种等级商品的购进单价=某种等级商品应分摊的进价金额÷某种等级商品数量

2. 商品挑选整理单的填制要求

商品挑选整理单属于自制原始凭证。该整理单一式三联，第一联业务部门存查，第二联会计记账，第三联仓库存查。具体填写方法如下：

(1) 年月日。为填写该项整理单的具体日期，应为商品挑选整理后的当日。

(2) 挑选部门。填写负责该种商品挑选整理的部门。

(3) 品名。填写企业收购某种干鲜果品的名称。如苹果、桃、橘子等。

(4) 单位。为收购某种干鲜果品的计量单位。如千克、吨等。

(5) 挑选前“等级、数量”。即购进商品挑选整理前的等级、数量及金额。本部分包括等级、数量、单价和金额四项内容。由于商品挑选整理前为统一等级，等级可填写“统货”；数量根据该种商品收购发票的购买总数量填写；单价，填写收购该种商品扣除增值税的单位价格，根据收购发票单价减去收购发票单价乘以扣除率计算的数据填写；金额根据收购发票支付的总价款减去准予扣除的进项税额后的买价填写，即该种商品数量乘以单价计算的数据。

(6) 挑选后“等级、数量”。即购进商品经过挑选整理后形成不同等级商品的数量及金额。本部分包括等级、数量、单价和金额。等级，填写对该种商品挑选整理后确认的商品等级。如特级、一级、二级、三级等；数量，填写挑选整理后某种等级商品的具体数量；单价，依据按售价比例计算的某种等级商品的单价填写；金额，依据某等级商品的数量乘以其单价计算的数据填写。

(7) 备注。填写商品挑选整理中需要说明的问题。

(8) 整理单签名。商品挑选整理单由制表人计算填写签名后，由该种商品的挑选整理负责人签名确认，并经仓库主管核对无误后在相应位置签名，以保证挑选整理后各等级商品数量、单价、金额计算的正确性。

【例 1-12-2】10 月 6 日，郑州市土产公司收购橘子 5 100 千克，收购发票支付的总价款为 10 710 元。税法规定，企业收购农业产品，应按收购发票价款的 13%扣除增值税进项税额。该批果品经过挑选整理后的商品等级，分为一、二、三级，其中一级品 2 500 千克，二级品 2 000 千克，三级品 500 千克，自然损耗 100 千克。每千克果品的单位售价分别为一级品 6.80 元，二级品 5.60 元，三级品 4.20 元。仓库主管万民，挑选负责人秋实，制表凤红。

要求：根据以上资料填制证 1-12-2 商品挑选整理单。

证 1-12-2　商品挑选整理单

商品挑选整理单

挑选部门　　　　年　月　日　　　　单位：元

品　名	单位	挑　选　前				挑　选　后				备注
		等级	数量	单价	金额	等级	数量	单价	金额	
合　计										

二　会计记账

仓库主管　　　　记账　　　　挑选人　　　　制表

(三) 商品验收单

商品验收单，是指采用售价金额核算的商业零售企业，对购进入库商品反映进价、售价、进销差价的验收证明。

1. 填制商品验收单的作用

商业零售企业收到所购进商品时，应由实物柜组根据销售方开具的发票，对商品进行验收，对各种商品既要点清实物数量是否正确，又要检查质量是否符合要求，并填写一式四联“商品验收单”送交有关部门据以相应处理。会计部门根据会计记账联填制商品入库的记账凭证，分别登记“库存商品”、“商品进销差价”和“在途物资”等明细账，以便进行相应的会计核算。

2. 商品验收单的填写方法

商品验收单为自制原始凭证，一般一式四联。第一联业务部门存查，第二联会计记账，第三联实物柜组记账，第四联统计部门存查。该验收单的具体填写方法如下：

(1) 年月日。填写实际收到验收入库商品的日期。

(2) 实物负责柜组。填写验收本次购进商品的柜组。如家电组、服装组等。

(3) 商品编号。填写企业为验收商品进行的分类编号。

(4) 品名规格。根据购货发票注明的某种商品的名称及规格型号填写。如海尔 215 立升冰箱。

(5) 单位。即购进某种商品的计量单位，依据购货发票进行填写。

(6) 数量。填写购进某种商品实际收到的数量。

(7) 购进价。即购进商品的不含税单价及金额。金额，指购进入库商品的采购成本，包括买价和运杂费，买价即购货发票注明的该种商品的金额，运杂费即按照一定标准分配到该种商品的不含增值税的运输费用。单价根据购进商品金额除以收到该种商品的数量计算的数据填写。

(8) 零售价。即入库商品的含税销售单价及售价金额。单价根据企业按照有关规定制定的某种商品的含税零售单价填写，金额根据该种入库商品的单价乘以实际收到商品数量计算的数额填写。

(9) 进销差价。即入库商品售价与进价之间的差额。根据某种入库商品的零售价金额减去购进价金额的差额填写。如前者小于后者的差额，以“一”号表示。

(10) 验收单签名。商品验收单由制表人填写签名后，经验收人和柜组负责人核对无误后签名确认，以保证入库商品的正确性。

【例 1-12-3】8 月 8 日，郑州市二七商场从海尔集团购进海尔 215 立升冰箱 10 台，海尔 5.0 公斤滚筒洗衣机 20 台，增值税专用发票注明的单价分别为 1 600 元和 1 650 元，购货运费由销货方负担，单位制定的商品零售价分别为 2 590 元和 2 680 元。家电组对购进商品已验收无误，制表杨柳，验收苗青，柜组负责人新明。

要求：根据以上资料填制证 1-12-3 商品验收单。

证 1-12-3　商品验收单

商　品　验　收　单

实物负责柜组　　　　　　　　年　　月　　日　　　　　　　　单位：元

商品编号	品名规格	单位	数量	购进价		零售价		进销差价
				单价	金额	单价	金额	
合　计								

二 会计记账

柜组负责人　　　　　　　　验收人　　　　　　　　制表

(四) 调价商品价差调整表

调价商品价差调整表，是指商业零售企业按照有关单位的商品调价通知提高或降低相关商品售价的凭证。

1. 企业对调价商品的处理

商业零售企业根据商品生产单位或其他有关部门的通知，对有关库存商品调高或降低销售价格时，应由企业有关部门和实物负责柜组共同对调价商品进行实地盘点，对调价商品更新标签执行新售价。根据调价商品的实际盘存数量，计算出应调增或调减的金额，并填制“调价商品价差调整表”，送交企业有关部门进行相应的处理。

在调价商品进价不变动的情况下，零售价的变动仅影响到商品的售价和进销差价。如调高商品售价，按其调增金额借记“库存商品”科目，贷记“商品进销差价”科目；反之，如调低商品的售价，按其调减金额，作相反的会计处理。

2. 调价商品价差调整表的填写方法

调价商品价差调整表为自制原始凭证，一般一式三联。第一联业务部门存查，第二联会计记账，第三联实物柜组记账。该表的具体填写方法如下：

(1) 年月日。填写调价商品盘点的当日。

(2) 实物负责柜组。填写具有调价商品的实物柜组。如文具组、食品组等。

(3) 商品编号。填写企业对调价商品的内部分类编号。

(4) 品名规格。即调价商品的名称及规格型号，根据调价商品的“库存商品”明细账有关资料填写。

(5) 单位。填写调价商品的计量单位。如箱、件、条、台、架、千克等。

(6) 盘存数量。填写某种调价商品的实际盘存数量。

(7) 调价前售价。即有关商品调价前的单位零售价和售价金额。单价，根据调价商品的“库存商品”明细账注明的该种商品的零售价填写；金额，根据该种调价商品调整前的单价乘以其盘存数量计算的数额填写。

(8) 调价后售价。即某种商品调价后的单位零售价和售价金额。单价，根据调价通知规定的该种商品零售单价填写；金额，根据该种调价商品调整后的单价乘以其盘存数量计算的数据填写。

(9) 库存商品调整金额。即某种库存商品应提高或降低的金额。本部分包括调增金额和调减金额两项内容。某种商品调价后售价金额大于其调价前售价金额的差额，为该种商品的调增金额；反之，则为该种商品的调减金额。

(10) 调整表签名。调价商品价差调整表由填制人对调价商品计算填写签名后，经柜组负责人和会计部门审核人分别核对无误后签名确认，以保证调价商品价差调整正确无误。

【例 1-12-4】8 月 8 日，郑州市二七商场接到有关生产单位调整商品销售价格的通知，海尔 1p 挂机(1 级能效)由每台 2 180 元调整为 2 090 元，海尔 1p 变频挂机由每台 2 520 元调整到 2 610 元，科龙冷柜机(新 2 级能效)由每台 6 350 元调整到 6 520 元。商场有关人员会同家电组对调价商品进行了实地盘点，上述商品的盘存数量分别为 20 台、30 台和 15 台。家电组负责人新明，制表杨柳，审核严肃。

要求：根据以上资料填制证 1-12-4 调价商品价差调整表。

证 1-12-4 调价商品价差调整表

调价商品价差调整表

实物负责柜组　　　　　　　　　　　　　年　月　日　　　　　　　　　　　　　单位：元

商品编号	品名规格	单位	盘存数量	调价前售价		调价后售价		库存商品	
				单价	金额	单价	金额	调增金额	调减金额
合　计									

二 会计记账

柜组负责人　　　　　　　　　　　　审核　　　　　　　　　　　　制表

(五) 包装物降等摊销计算表

包装物降等摊销计算表，是指对包装物采用降等摊销法的企业，期末对在用包装物进行清查盘点，重新鉴定等级，将计算的新等级金额与账面原等级金额的差额，作为本期包装物摊销额的凭证。

包装物是为了包装本企业商品而储备的各种包装容器，如桶、箱、瓶、坛、袋等。它对保护商品安全，降低商品损耗，提高服务质量起着重要作用。对领用可供多次使用的包装物，在商品流转过程中，因磨损和自然损耗而逐渐减少其原有价值形成包装物摊销额。

商品流通企业对使用包装物的摊销方法主要有分期摊销法，降等摊销法和盘点评估摊销法等。企业应根据领用包装物价值的大小和使用期限的长短，确定不同的摊销方法。

1. 降等摊销法对包装物摊销的处理

降等摊销法，是对某种包装物统一规定等级标准及价格，期末对在用包装物进行清查盘点后，按规定标准重新鉴定等级，将按新等级计算的金额与原账面等级金额的差额作为该期包装物摊销额的一种方法。该种方法手续简便、计算结果较为正确，适用于品种不多、等级标准易于划分、单位价值较高、使用期限较长的包装物。

企业采用降等摊销法在期末对在用包装物盘存鉴定后，包装物等级会发生一定的变化，形成一等品包装物数量及金额减少和二等品、三等品包装物数量及金额增加，对包装物按新等级计算的金额与原账面等级金额的差额作为该期包装物摊销额，借记“销售费用”科目，按照二、三等品包装物盘存数金额大于原账面金额的差额，借记“包装物——二等某包装物、三等某包装物”科目，将一等品包装物盘存数金额小于原账面数金额的差额，贷记“包装物——一等某包装物”科目。

2. 包装物降等摊销计算表的填写方法

包装物降等摊销计算表为单联式原始凭证。该计算表的具体填写方法如下：

(1) 年月日。填写对在用包装物清查盘点后进行等级鉴定的时间，一般为月末日。

(2) 品名。填写在用包装物的具体名称，如铁桶、食品箱等。

(3) 等级。填写对在用包装物具体规定的等级。

(4) 单价。即不同等级的包装物单价。根据“包装物”明细账的单价填写。

(5) 账面数。即盘点鉴定前在用包装物不同等级的数量和金额。根据“包装物”明细账的有关资料填写。

(6) 盘存数。即盘点鉴定后在用包装物不同等级的数量和金额。数量，根据清查盘点后重新鉴定的该等级包装物的数量填写；金额，根据重新鉴定该等级包装物的数量乘以其单价计算的数额填写。

(7) 备注。填写对包装物等级鉴定中的有关需要说明的事项。

(8) 计算表签名。包装物降等摊销计算表由制表人计算填写签名后，经审核人和会计主管分别核对无误后签名确认，以证明包装物等级鉴定有关数据计算的正确性。

【例 1-12-5】8 月 31 日，郑州市二七商场“包装物”明细账反映在用包装物铁桶的账面数为一等品 200 只，二等品 150 只，三等品 50 只；单价分别为 80 元，60 元和 40 元。盘点后重新鉴定的等级为一等品 100 只，二等品 180 只，三等品 120 只。单位会计主管白杨，审核严肃，制表方圆。

要求：根据以上资料填制证 1-12-5 包装物降等摊销计算表。

证 1-12-5　包装物降等摊销计算表

包装物降等摊销计算表

品名　　　　　　　　　　年　月　日　　　　　　　　　　单位：元

等　级	单　价	账面数		盘存数		备　注
		数量	金额	数量	金额	
一等品						
二等品						
三等品						
合　计						

二 会计记账

会计主管　　　　　　记账　　　　　　审核　　　　　　制表

(六) 代销商品移库单

代销商品移库单，是指商品流通企业根据代销协议的有关规定，向商品代销单位发出一定种类和数量代销商品的凭证。

1. 委托代销商品的处理

采用委托其他单位代销商品，是商品流通企业扩大商品销售的一种方式。根据代销协议的有关规定填写“代销商品移库单”后应及时向受托方发出有关商品，企业发出代销商品，由于不转移商品所有权，不能作为销售，只能作为商品移库处理。受托方收到代销商品后，应按协议规定售价销售代销商品，定期送交代销清单并及时结算代销商品款项。委托单位确认销售后应向受托方，以不含税代销商品价款的一定比例支付代销商品手续费。

2. 代销商品移库单的填写方法

代销商品移库单为自制原始凭证，一般一式三联。第一联业务部门存查，第二联会计记账，第三联仓库记账。该项移库单的具体填写方法如下：

(1) 年月日。填写发出代销商品的当日时间。

(2) 发货仓库。填写发出代销商品的仓库名称。

(3) 代销单位。填写代销协议注明的代销单位名称。

(4) 代销协议。填写代销协议的具体字号。

(5) 货号。填写企业对发出代销商品的内部分类编号。

(6) 品名规格。填写发出代销商品的名称及规格型号。

(7) 单位。填写发出代销商品的计量单位。如只、件、箱、条等。

(8) 进价。即发出代销商品的进价金额。本部分包括单价和金额两项内容。单价根据发出代销商品的“库存商品”明细账中单位进价填写；金额根据发出某种代销商品的数量乘以其单位进价的数据填写。

(9) 代销售价。即代销协议注明的某种代销商品的单位售价及售价金额。单价，根据代销协议的该种代销商品单位售价填写；金额，根据发出该种代销商品数量乘以其代销单价计算的数据填写。

(10) 移库单签名。代销商品移库单由制表人填写签名后，经发货人和仓库主管分别核对无误后签名确认，以保证代销商品的有关数据填写的准确性。

【例 1-12-6】8 月 15 日，郑州市金水服装商场根据代销协议向洛阳金丹商场发出男式沙滩裤 500 条，每条进价 6.20 元，代销单价 9.10 元；女士短袖衬衣 200 件，每件进价 30 元，代销单价 48 元。仓库主管周博，发货董偲，制表秦奋。代销协议为郑金协字 26 号。

要求：根据以上资料填制证 1-12-6 代销商品移库单。

证 1-12-6　代销商品移库单

代销商品移库单

发货仓库　　　　　　　　　　年　月　日　　　　　　　　　单位：元

代销单位				代销协议			字第　号
货号	品名规格	单位	数量	进价		代销售价	
				单价	金额	单价	金额

二　会计记账

仓库主管　　　　　　记账　　　　　　发货人　　　　　　制表

(七) 内部交款单

内部交款单，是指商业零售企业各实物负责柜组将每日商品销售款，送交企业会计部门填制的交款凭证。

商业零售企业出售商品收取货款的方式有直接收款和集中收款两种。直接收款，是指营业人员出售商品的同时从顾客手中直接收取货款的方式。这种方式手续简便，但是容易发生差错。集中收款，是以柜组为单位专门设置收款台，营业人员分散售货时填制货物结算单，由收款员依据货物结算单填写的商品金额集中收取销售货款的方式。这种方式手续严密，可以加强销货款和实物的管理，企业一般采用该种方式收取货款。

1. 内部交款单的使用方式

每日营业终了，各营业柜组应将当日收到的现金、支票、本票、汇票等不同方式的销货款填写“内部交款单”送交会计部门。如将收到的现金送交银行时，应填制“现金交款单”，由银行收款盖章后，连同内部交款单一并送交会计部门记账。

2. 内部交款单的填写要求

内部交款单为自制原始凭证，一式两份，由各实物负责柜组填制。第一联回单，由会计人员将送交的现金及其他票据与“内部交款单”填写的金额核对无误后，在回单联上盖章退回实物负责柜组保存；第二联由会计部门记账。该交款单的具体填制方法如下：

(1) 年月日。填写向会计部门送交销货款的当日。

(2) 填报部门。填写向会计部门送交销货款的实物负责柜组。如食品组、百货组等。

(3) 款项类别。填写实物负责柜组出售商品收到的现金及有关银行票据，如转账支票、银行本票、商业汇票等。

(4) 张数。填写向会计部门送交的现金及有关票据的实际张数。

(5) 金额。即实物负责柜组向会计部门送交当日出售商品的销售额。现金根据实际张数计算的金额填写，支票、本票、汇票、银行进账单(回单)根据票据载明的金额分别填写。

(6) 人民币(大写)。根据现金和各种票据的合计金额填写，应与小写金额合计一致。

(7) 备注。填写对当日送交的销货款需要进一步说明的问题。

(8) 交款单签名。内部交款单由制表人填写签名后，经实物柜组负责人审核后签名认可，出纳人员对柜组交送的现金及有关票据与内部交款单填写的金额核对无误后签收，以保证企业销售款的安全、完整。

【例 1-12-7】8 月 8 日，郑州市二七商场家电组杨柳将当日的商品销售款项填入内部交款单，面值 100 元的人民币 586 张，面值 50 元的人民币 80 张，转账支票一份 21 850 元。柜组负责人新明审核后签名确认，出纳员吕阳对交送的现金、转账支票核对无误后在内部交款单上签收。

要求：根据以上资料填制证 1-12-7 内部交款单。

(八) 商品进销存日报表

商品进销存日报表，是指反映商业零售企业各实物负责柜组，对所经营管理商品的每日购进、销售、结存等情况的内部报表。

证 1-12-7 内部交款单

内 部 交 款 单

填报部门　　　　　　　　　　　　　　　年　月　日　　　　　　　　　　　　　　单位：元

款项类别	张数	金额	备注
现金			
转账支票			
银行进账单（回单）			
银行本票			
商业汇票			
人民币（大写）		¥	

二 会计部门

柜组负责人　　　　　　　　　　　　制表　　　　　　　　　　　　出纳

1. 填制商品进销存日报表的作用

商品零售企业对库存商品的明细核算采用售价金额核算法，“库存商品”明细账按实物负责柜组设置，用售价反映控制各实物负责柜组经营商品的总金额，为了便于报账、对账，加强经营管理，每日营业终了，各实物负责柜组应根据当日有关单证填制“商品进销存日报表”，连同有关单证报送会计部门，由会计部门审核后，据以进行相应的会计处理。

2. 商品进销存日报表的填写方法

商品进销存日报表为自制原始凭证，一般一式两份，由各实物负责柜组每日营业终了时填制。第一联由实物负责柜组留存，第二联送交会计部门留存。该表的具体填写方法如下：

(1) 年月日。填写向会计部门报送日报表的当日。

(2) 填报部门。填写送交商品进销存日报表的实物负责柜组，如家电组、文具组等。

(3) 昨日结存。即上日商品进销存日报表的结存金额。依据上日报表的“本日结存”栏的金额填写。

(4) 购进金额。即本日按零售价入账的购进商品金额。依据当日“商品验收单”购进商品的“零售金额”合计数填写。

(5) 调入金额。即本日从公司所属的其他商场调入商品的售价合计金额。依据当日“商品调入单”调入商品的“零售价金额”合计数填写。

(6) 调价增值金额。即本日调价商品提高的售价合计金额。依据当日“调价商品价差调整表”库存商品栏的“调增金额”合计数填写。

(7) 溢余金额。即当日库存商品盘点时实存金额大于账存金额的差额。依据当日“商品盘点表”溢余金额合计数填写。

(8) 增加金额合计。根据昨日结存金额、本日购进金额、调入金额、调价增值金额、溢余金额相加的合计数填写。

(9) 销售金额。即本日商品销售收入额。依据当日“内部交款单”金额合计数填写。

(10) 调出金额。即本日公司通知将柜组经营商品向其他商场调出商品售价合计金额。

依据当日“商品调出单”调出商品的“零售价金额”合计数填写。

(11) 调价减值金额。即本日调价商品降低的售价合计金额。依据当日“调价商品价差调整表”库存商品栏的“调减金额”合计数填写。

(12) 短缺金额。即当日库存商品盘点时实存金额小于账面金额的差额。依据当日“商品盘点表”短缺金额合计数填写。

(13) 本日结存。即填表柜组经营商品本日实际结存的售价合计金额。依据实物负责柜组设置的“库存商品”明细账各种商品结存金额之和填写。应等于本日增加金额合计减去本日销售金额、调出金额、调价减值金额、短缺金额相加之和的差额。

(14) 减少金额合计。根据本日销售金额、调出金额、调价减值金额、短缺金额和本日结存金额相加之和填写。应与增加金额合计相等。

(15) 日报表签名。商品进销存日报表由制表人填写签名后，经柜组负责人审核无误后签名，以保证该日报表数据的准确性。

【例 1-12-8】8 月 8 日，郑州市二七商场家电组制表杨柳根据有关资料填制当日的商品进销存日报表。其中上日“商品进销存日报表”的“本日结存”金额为 186 500 元。柜组负责人新明已对当日日报表签名确认。

要求：根据以上资料和例 1-12-3 商品验收单、例 1-12-4 调价商品价差调整表、例 1-12-7 内部交款单的有关资料填制证 1-12-8 商品进销存日报表。

证 1-12-8 商品进销存日报表

商品进销存日报表

填报部门　　　　　　年　月　日　　　　　　单位：元

增加		减少	
项　目	金　额	项　目	金　额
昨日结存		销　售	
购　进		调　出	
调　入		调价减值	
调价增值		短　缺	
溢　余		本日结存	
合　计		合　计	

二 会计部门

柜组负责人　　　　制表

(九) 商品削价报告单

商品削价报告单，是指反映商业零售企业对滞销、残损商品进行削价处理的凭证。

由于各种原因，商业零售企业会出现一定数量的冷背或残损商品，对该部分商品进行削价处理时，应先进行实物盘点，查明数量，然后根据商品情况确定削价幅度，并由实物负责柜组填制“商品削价报告单”，经批准后按削价后的新售价出售。

1. 商品削价的处理

企业对冷背或残缺商品的削价幅度可能高于商品原进价，也可能低于商品原进价。对削价后的商品新售价高于原进价的，按其降价部分冲减商品购进入库时的进销差价，借记“商品进销差价”科目，贷记“库存商品”科目；对削价后的商品新售价低于原进价的，按其原进价以上的削价额，借记“商品进销差价”科目，贷记“库存商品”科目。削价商品出售后按原进价借记“主营业务成本”科目，贷记“库存商品”科目，对其低于原进价的差额由已提取的存货跌价准备弥补，借记“存货跌价准备”科目，贷记“主营业务成本”科目。

2. 商品削价报告单的填写方法

商品削价报告单为自制原始凭证，一般一式三联，由实物负责柜组填写。第一联业务部门存查，第二联会计记账，第三联实物负责柜组存查。该报告单的具体填写方法如下：

(1) 年月日。为填写该项报告单的当日。

(2) 商品编号。填写企业对削价商品的内部分类编号。

(3) 品名规格。即削价商品的名称及规格型号。根据削价商品的“库存商品”明细账的有关资料填写。

(4) 单位。填写削价商品的计量单位，如只、件、条、箱等。

(5) 库存数量。填写削价商品的实际盘存数量。

(6) 进价。即削价商品的原进价金额。本部分包括单价和金额两项内容。单价即削价商品的单位进价，根据削价商品的“库存商品”明细账的单位进价填写；金额，根据某种削价商品的库存数量乘以其单位进价计算的数据填写。

(7) 削价前售价。即削价商品购进入库时的原售价金额。本部分包括单价和金额两项内容。单价即削价商品的原单位零售价，根据削价商品的“库存商品”明细账的单位售价填写；金额，根据某种削价商品的库存数量乘以其单位售价计算的数据填写。

(8) 削价后售价。即企业依据削价商品的实际情况新制定的售价金额。本部分包括单价和金额两项内容。单价，即企业对削价商品新制定的单位零售价；金额根据某种削价商品的库存数量乘以其削价后新制定的单位零售价计算的数据填写。

(9) 削价金额。即某种商品实际削价损失金额。削价金额包括进价以上和进价以下两部分。对削价后售价金额大于原购进金额的削价商品，按其削价前售价金额减去其削价后售价金额的差额，填入“进价以上”金额栏次。如甲商品的原进价金额为 2 000 元，削价前售价金额为 3 000 元，削价后售价金额为 2 200 元，大于原进价金额，应填入“进价以上”金额为 800 元(3 000－2 200)。对削价后售价金额小于原进价金额的削价商品，按该种商品削价前售价金额减去其原进价金额的差额，填入“进价以上”金额栏次；将该种商品进价金额减去其削价后售价金额的差额，填入“进价以下”金额栏次。如甲商品的进价金额为 2 000 元，削价前售价金额为 3 000 元，削价后售价金额为 1 600 元，削价金额为 1 400 元(3 000－1 600)，应填入“进价以上”金额 1 000 元(3 000－2 000)，应填入“进价以下”金额 400 元(2 000－1 600)。

(10) 报告单签名。商品削价报告单由制表人计算填写签名后，经柜组负责人核对无误后签名确认，报经公司领导审批签字后进行相应的处理。

【例 1-12-9】8 月 20 日，郑州二七商场服装组申请将部分冬季服装削价处理。其中男式羽绒服 30 件，女式羽绒服 20 件，单位进价分别为 200 元和 160 元，账面单位售价分别为280元和260元，削价后的单位售价分别为220元和150元。制表耿亮填制的商品削价报告单，经柜组负责人卫霞签字确认后，报经单位领导白燕审批同意。

要求：按以上资料填制证1-12-9商品削价报告单。

证1-12-9 商品削价报告单

商品削价报告单

年 月 日 单位：元

商品编号	品名规格	单位	库存数量	进价		削价前售价		削价后售价		削价	
				单价	金额	单价	金额	单价	金额	进价以上	进价以下
合计											

公司领导 柜组负责人 制表

二 会计记账

(十) 分柜组商品进销差价计算表

分柜组商品进销差价计算表，是指商业零售企业采用分柜组差价率计算法，按各实物负责柜组已售商品和月末库存商品分摊商品进销差价的计算凭证。

1. 分柜组差价率计算法的作用

分柜组差价率计算法，是指根据各柜组商品存销比例分摊商品进销差价的一种方法。这种方法要求"商品进销差价"、"主营业务收入"、"主营业务成本"和"库存商品"按实物负责柜组分别进行明细核算，根据上述账户明细账的有关资料计算各柜组已售商品和月末库存商品应分摊的进销差价。

由于商业零售企业对库存商品采用售价金额核算，每日商品销售后，按零售价将"库存商品"成本转入"主营业务成本"科目。因此，月末结转进销差价前，"主营业务成本"和"主营业务收入"的金额是相等的。月末，将各柜组的"主营业务收入"、"库存商品"和"商品进销差价"等明细账的有关资料填入"分柜组商品进销差价计算表"，计算出已售商品和月末库存商品应分摊的商品进销差价时，才能将"主营业务成本"明细账的售价金额调整为进价金额，计算出企业的商品销售毛利。

2. 分柜组商品进销差价计算表的填写方法

分柜组商品进销差价计算表为单联式自制原始凭证。该表的具体填写方法如下：

(1) 年月日。为填写该计算表的具体时间，应为每月的月末日。

(2) 营业柜组。填写企业所分设的实物负责柜组名称，如文具组、食品组等。

(3) 月末结转前商品进销差价账户余额。根据对各实物负责柜组设置的"商品进销差价”明细账的贷方余额对应填写。

(4) 月末库存商品账户余额。根据对各实物负责柜组设置的“库存商品”明细账期末借方结存余额对应填写。

(5) 本月商品销售额。根据对各实物负责柜组设置的“主营业务收入”明细账的贷方发生额合计数对应填写。

(6) 进销差价率。指企业该月份商品进销差价(月末结转前商品进销差价余额)与库存商品成本(本月已售商品成本和月末库存商品成本)的比率。由于在月末商品进销差价未结转前，“主营业务成本”反映的是商品售价，与“主营业务收入”是相等关系，因此，计算表上的进销差价率，依据各实物负责柜组的月末结转前商品进销差价余额除以其月末库存商品账户余额与本月商品销售额相加之和计算的比率填写。

(7) 已售商品应分摊进销差价。根据各实物负责柜组的“本月商品销售额”乘以其“进销差价率”计算的数据对应填写。

(8) 库存商品应保留进销差价。根据各实物负责柜组的月末结转前“商品进销差价”账户余额，减去各该柜组已售商品应分摊进销差价的差额分别填写。

(9) 计算表签名。分柜组商品进销差价计算表由制表人计算填写签名后，经审核人和会计主管分别核对无误后签名。以保证各柜组已售商品和月末库存商品应分摊商品进销差价的正确性。

【例 1-12-10】8 月 31 日，郑州市二七商场家电组、服装组、食品组，月末结转前“商品进销差价”明细账贷方余额分别为 560 000 元，260 000 元和 340 000 元；月末“库存商品”明细账借方余额分别为 200 000 元，160 000 元和 120 000 元；本月“主营业务收入”明细账贷方发生额分别为 3 800 000 元，640 000 元和 880 000 元。会计主管白杨，审核严肃，制表方圆。

要求：根据以上资料填制证 1-12-10 分柜组商品进销差价计算表。

证 1-12-10　分柜组商品进销差价计算表

分柜组商品进销差价计算表

年　月　日　　　　单位：元

营业柜组	月末结转前商品进销差价账户余额	月末库存商品账户余额	本月商品销售额	进销差价率（%）	已售商品应分摊进销差价	库存商品应保留进销差价
	1	2	3	4=1÷(2+3)×100%	5=3×4	6=1−5
合　计						

二 会计记账

会计主管　　　　审核　　　　制表

十三、其他类原始凭证

其他类原始凭证，是指无法归属于上述类别的原始凭证。

本部分的其他类原始凭证，包括企业经常使用的“借款单”、“收据”、“差旅费报销单”和“办公用品领用表”，为照顾困难职工使用的“职工生活困难补助发放表”，以及较少使用的“投资方出资额计算表”等原始凭证。

(一) 投资方出资额计算表

投资方出资额计算表，是反映各投资单位出资额占公司注册资本比重及份额的计算表。

企业为了扩大生产规模，会采用增大注册资本的方式，获取有关单位对企业的投资。投资方出资额占公司注册资本比重的大小，既涉及投资方对公司盈利的分配，又涉及对公司重大经营决策的表决权。因此，应对各投资单位投资额占公司注册资本的份额，经各方协商一致后在投资协议中进行明确规定。

1. 对后续投资单位出资额的处理

由于企业经过一定时期的经营，已形成了一定的生产能力和市场占有率，积累了一部分盈余公积和未分配利润，因此，对企业后续进行投资的单位，出资额应大于其应占公司注册资本的份额。企业收到出资额后，按投资协议规定填制“投资方出资额计算表”，计算各投资方出资额应占企业注册资本的比重和份额。对后续投资单位出资额占公司注册资本份额的部分作为“实收资本”，超过企业注册资本份额的出资额作为“资本公积——资本溢价”处理。

2. 投资方出资额计算表的填写方法

投资方出资额计算表为单联式自制原始凭证。该计算表的填写方法如下：

(1) 年月日。为收到投资方出资额后填写该计算表的实际日期。

(2) 投资单位。填写对公司进行投资的各单位详细名称。

(3) 公司注册资本。即公司办理营业执照的注册资金数额，应将该数额填入本栏的合计栏。

(4) 投资方出资额占公司注册资本比重。根据投资协议注明的各投资方出资额占公司注册资本的比重数据填写。

(5) 投资单位占注册资本份额。根据各投资方出资额占公司注册资本比重乘以公司注册资本计算的数额对应填写。

(6) 计算表签名。投资方出资额计算表由制表人计算填写签名后，经审核人和会计主管对填写内容核对无误后分别签字确认，以保证各投资方出资额占公司注册资本比重及份额计算的正确性和合理性。

【例 1-13-1】1 月 1 日，郑州中原公司收到宏大公司投资款 1 100 万元，投资协议规定占公司注册资本比重的 35%，公司注册资本 2 500 万元。中原公司原投资单位永丰公司、永利公司占公司注册资本的比重分别改为40%和25%。公司会计主管邹青，审核吕美，制表凤环。

要求：根据以上资料填制证1-13-1投资方出资额计算表。

证1-13-1 投资方出资额计算表

郑州中原公司各投资方出资额计算表

年 月 日 单位：元

投资单位	公司注册资本	投资方出资额占公司注册资本比重	投资单位占注册资本份额
合计			

会计主管 审核 制表

(二) 职工生活困难补助发放表

职工生活困难补助发放表，是指企业工会部门对本单位职工因各种原因形成的生活困难，发放临时补助费的凭证。

1. 职工生活困难补助费发放的条件

职工本人或家属因疾病或家庭遭受自然灾害等原因造成生活困难的，企业工会部门应及时了解困难职工的具体情况，研究对有关人员的困难补助标准，填制“职工生活困难补助发放表”，以工会经费向困难职工发放一定数额的补助费，解决有关职工的暂时性生活困难。

2. 职工生活困难补助发放表的填写方法

职工生活困难补助发放表为自制原始凭证，由企业工会部门填制。该表一式两联，一联工会保存，一联送交会计部门据以向职工发放生活困难补助费。该表的具体填写方法如下：

(1) 年月日。为工会部门填制该表的实际日期。

(2) 姓名。填写应领取职工生活困难补助费的有关职工姓名。

(3) 补助金额。填写应向职工发放生活困难补助的具体金额。

(4) 签章。即领取生活困难补助费职工的签名或盖章。由职工在实际领取时签章。

(5) 备注。填写向职工发放生活困难补助的原因。

(6) 发放表签名。职工生活困难补助费发放表，由制表人根据工会部门研究的向困难职工发放补助的标准填写签名后，经工会主席审核无误签名后送会计部门据以发放。

【例 1-13-2】12 月 20 日，郑州中原公司工会经研究，向职工李峰、宋歌、方明、王伟、任飞、杜亮发放生活困难补助费。前三名职工因母亲长期住院每人发放补助费 3 000 元，后三名职工因本人住院发放补助费 2 600 元。

要求：根据以上资料填制证 1-13-2 职工生活困难补助发放表。制表仝卿，工会主席关新。

证 1-13-2　职工生活困难补助发放表

职工生活困难补助发放表

年　月　日　　　　单位：元

姓　名	补助金额	签　章	备　注
合　　计			

工会主席　　　　制表

(三) 办公用品领用表

办公用品领用表，是指集中反映企业有关职能部门，按有关规定领用同类办公用品填制的原始凭证。

1. 办公用品领用表的优点

企业各职能部门领用办公用品，一般采用物品领用单，一物一单。优点是领用手续简便，缺点是不利于对物品的控制管理。一些部门对有关物品领用量过大，引起其他部门相互攀比的现象经常发生，形成了资金浪费，不利于降低管理费用。采用办公用品领用表的形式发放办公用品，可以根据有关部门的人数及办公用品定额标准，在领用表上集中反映有关部门领用同类物品的数量、金额。既增加了各职能部门领用办公用品的透明度，又有利于进一步降低管理费用水平。

2. 办公用品领用表的填写方法

办公用品领用表为自制原始凭证，一般一式两联。一联由仓库保管员登记办公用品台账，反映各职能部门领用办公用品的详细情况；一联连同购货发票送交会计部门，由会计人员据以进行相应的账务处理。该表的具体填写方法如下：

(1) 年月日。填写各单位领用办公用品的具体日期。

(2) 物品名称。填写领用各种办公用品的具体名称。

(3) 单位。填写领用办公用品的计量单位，如只、本、瓶等。

(4) 单价。即领用办公用品的单位价格，根据购货发票注明的单价填写。

(5) 领用物品数量、金额。即各领用单位领取某种办公用品的数量、金额。本部分包括领用单位、数量、金额等内容。领用单位，根据实际领取办公用品的职能部门填写，如生产科、销售科等；数量，根据领用单位领取某种办公用品的数量填写；金额，根据某单位领用某种办公用品的数量乘以其单价计算的数额填写。

(6) 合计数量、金额。合计数量，根据各领用单位领取同一种办公用品的数量相加之和填写；金额，根据各领用单位领用同一种办公用品金额相加之和填写，应与该种办公用品领用的合计数量乘以其单价计算的金额相等。

(7) 经办人签名。应由各领用单位的经办人员在领用办公用品时签名。

(8) 领用表签名。办公用品领用表由仓库保管员计算填写签名后，经单位主管审核无误后签名，以保证领用表计算数据的真实性。

【例 1-13-3】12 月 15 日，郑州中原公司购买办公用品一批，由供应科、销售科、生产科、设备科、技术科领用。购买计算器和订书机各 5 只，单价分别为 68 元和 12 元，上述科室各领用 1 只；购买圆珠笔 20 只，每只 2.50 元，供应科、销售科各领用 5 只，生产科、设备科各领用 4 只，其余为技术科领用。各科室领用人员分别为李进、楚笑、路平、善管和高飞。

要求：根据以上资料填制证 1-13-3 办公用品领用表。仓库保管员安宁，单位主管成铭。

证 1-13-3　办公用品领用表

办 公 用 品 领 用 表

年　月　日

物品名称	单位	单价	领用单位										合计	
													数量	金额
			数量	金额	数量	金额	数量	金额	数量	金额	数量	金额		
经办人签名														

单位主管　　　　　　　　　　　　仓库保管员

(四) 借款单

借款单，是指企业职工因工作需要经单位领导批准，向财务部门借取一定数量现金的借据。

1. 借款单的作用

企业职工因公出差，或在市区为企业购买金额不大的零星物品时，应填写借款单，经企业有关领导签字同意后据以向财务部门借取现金。该单据一式两联，一联由借款人自存，便于与会计部门核对“其他应收款”账目；一联经单位领导签字同意后到会计部门领取现金，由会计人员记账。借款单必须附在填制的记账凭证后面，收回借款时应另开收据，不得退回原借款单。

2. 借款单的填制要求

借款单为自制原始凭证，由借款人填写。借款单的填制要求如下：

(1) 年月日。填写借款的实际日期。

(2) 单位。填写借款人所在的科室或车间名称。

(3) 今借到。即借款人向谁借款，借款对象。一般填写公司或财务科。

(4) 人民币(大写)。借款人借取的金额应按照汉字大写的规定填写，并与小写金额一致。

(5) 借款理由。填写借取现金的具体理由。如参加某地某某会议等。

(6) 借款单签名。借款单由借款人填写完整签名后，先经所在单位的主管签字认可，再由公司领导审核后据以签字同意借款的意见及姓名。

【例 1-13-4】12 月 18 日，郑州中原公司销售科李峰因参加南京商品订货会议，需借取现金 3 500 元，销售科主管崔霄，公司领导翟宁已在借款单签字同意借款。

要求：根据以上资料填制证 1-13-4 借款单。

证 1-13-4　借款单

借　　款　　单

单位　　　　　　　　　　　　年　月　日

今借到＿＿＿＿＿＿＿＿＿＿＿＿
人民币 （大写）＿＿＿＿＿＿＿＿＿＿＿＿＿＿＿＿ ¥＿＿＿＿＿＿
借款理由＿＿＿＿＿＿＿＿＿＿＿＿＿＿＿＿＿＿＿＿

二　会计记账

公司领导　　　　　　　　单位主管　　　　　　　　借款人

(五) 收据

收据，是指借款人借取款项进行正常报销后，会计人员依据应退回现金余额开具的收款证明。

1. 填制收据的作用

借款人因工作需要借取现金，不论出差返回单位或在市区购买零星物品后，都应及时核销应由企业负担的有关费用，退回借款余额。由出纳人员填写收据，结清应收款项。收据一式两联，一联交付交款人存查，作为退回借款余额的凭据；一联由会计人员填制现金收款凭证，分别登记现金日记账和“其他应收款”明细账，进行相应的会计核算。

2. 收据的填写方法

收据为自制原始凭证。由出纳人员在收到借款人交回借款余额时填写。收据的具体填写方法如下：

(1) 年月日。填写收到借款人交回现金的当日。

(2) 今收到。即收到交款对象的名称。填写交款人的实际姓名。

(3) 人民币(大写)。填写收到人民币的实际金额。人民币(大写)应符合汉字大写的规定，并与小写金额一致。

(4) 系收。填写收到现金的具体理由。如收到退回借款余额等。

(5) 收据签名。收据由出纳人员填写完整后签名，加盖财务部门公章，并由经手人(即交款人)填写本人姓名。

【例 1-13-5】12 月 21 日，郑州中原公司财务科出纳李佳，收到技术科刘宁参加广州高新技术会议后退回出差借款余额 208.50 元。

要求：根据以上资料填写证 1-13-5 收据。

证 1-13-5　收据

收　　　　据

年　月　日

今收到________________________

人民币
（大写）________________________ ¥________

系　收________________________

二 会计记账

收款单位（盖章）　　　　出纳　　　　经手人

(六) 差旅费报销单

差旅费报销单，是指企业职工经单位领导批准，到其他城市参加会议、专业学习、采购物资、推销商品等，按照单位有关规定填制准予报销的车船费、住宿费、会议费、其他费用以及有关伙食补助费的单据。

1. 差旅费报销的有关规定

为了控制管理费用，企业对职工出差报销费用和伙食补助标准都有明确的规定。如乘坐高铁、动车应购买普通车票，夜间乘坐火车超过 6 小时可购买硬卧车票，轮船不得购买一、二等舱位船票。对沿海城市和内陆城市，大、中、小城市的住宿标准和伙食补助标准存在一定的差别。到某一城市出差不得绕道乘车、趁机游山玩水等。对职工违反出差规定的费用不予报销，还应进行一定的批评教育。

出差人员返回单位后，应在规定时间内粘贴整理有关票证，填写差旅费报销单。经会计人员审核，领导批准后报销差旅费时，同时退回借款余额或领取报销金额超过借款金额的差额，结清所借款项。

2. 差旅费报销单的填写要求

差旅费报销单为单联式原始凭证，由出差人员填写，经会计人员审核无误，有关领导签字同意报销后，送交出纳人员核销，冲减原借款金额。该报销单的具体填写方法如下：

(1) 年月日。为出差人员填写报销单的当日。

(2) 姓名。填写出差人员的姓名。

(3) 职务。填写出差人员的行政职务或专业技术职称。

(4) 起讫时间地点。按时间的顺序填写某月某日离开的城市和某月某日到达的城市，应与所附的车船票印制的日期一致。

(5) 在途补助。即出差人员在乘坐车船的路途中应领取的伙食补助费。本部分包括天数和金额两项内容。天数为从某一城市到达另一城市在途中行走的天数，如晚上 8 时后乘坐时间超过 6 个小时，未购火车硬卧车票的可增加一天在途补助。金额为在途天数乘以单位规定的在途每日伙食补助标准计算的数额。

(6) 住勤补助。即出差人员到达某一城市后应领取的伙食补助费用。本部分包括天数和金额两项内容。天数为出差人员到达某一城市后实际居住的天数，应与住宿发票注明的天数一致。金额为住勤天数乘以单位规定的住勤每日伙食补助标准计算的数额。

(7) 车船费。即出差人员本次出差应报销的车船费用。本部分包括张数和金额两项内容。张数填写从某一城市到达另一城市车船票的实际张数，有些地方交通并不十分便利，往往下了火车，需再乘坐汽车或船舶才能到达目的地，可能会出现几张车船票的情况。金额为所填写车船票的实际金额。应与所附的车船票实际张数和金额一致。

(8) 会议费。即出差人员参加某项会议，由会议主办方开具的会议费票据所载明的费用。本部分包括张数和金额。张数为会议费发票的张数，金额为会议费发票注明的金额。应与所附会议费发票张数及金额一致。

(9) 其他。即不属于以上内容的准予报销的费用金额，如为单位购买的零星物品、资料等费用。本部分包括张数和金额两项内容。张数即本次出差购买的有关物品等准予报销费用发票的张数；金额为相关发票金额的合计数。应与所附票据的张数、金额一致。

(10) 小计。即以上各部分填写内容的天数、张数和金额的合计数。

(11) 合计人民币。填写以上各部分内容金额小计的合计数。人民币大写金额应符合汉字大写的要求，并与小写合计金额一致。

(12) 出差事由。填写出差人员本次出差的具体理由，如到某地采购物资等。

(13) 预借、核销、应退(补)。预借，填写出差人员本次出差实际预借差旅费金额，应与“其他应收款”明细账记载的借款金额一致。核销，即本次准予报销的差旅费用，填写人民币合计金额。应退(补)，即出差人员本次报销出差费用后，应退回的借款余额或应补领的报销费用金额，如出差人员预借差旅费金额大于核销金额，其差额为应退金额；反之，预借差旅费金额小于核销金额，其差额为应补领金额。

(14) 报销单签名。差旅费报销单由出差人根据有关票据的内容填写后在“报销人”处签名，经审核人和会计主管审核无误签名后，由公司领导审核签字报销。

【例 1-13-6】12 月 21 日，郑州中原公司技术科高级工程师刘宁填制差旅费报销单报销出差费用。刘宁于 12 月 12 日离开郑州到广州参加高新技术会议，12 月 19 日从广州回到郑州。往返路途 2 天，每天补助伙食费 60 元；在广州住宿 7 天，每天补助伙食费 50 元；往返火车票 2 张，每张 220 元；住宿费 1 张，金额 840 元；会议费 1 张，金额 500 元；资料费 3 张，金额 341.50 元；预借差旅费 2 800 元。会计主管邹青、审核吕美已对票据审核签字，公司领导翟宁签字同意报销。

要求：根据以上资料填制证 1-13-6 差旅费报销单。

证 1-13-6　差旅费报销单

差　旅　费　报　销　单

姓名：　　　　　　职务：　　　　　　年　　月　　日　　　　　　　　　　单位：元

起讫时间地点						在途补助		住勤补助		车船费		住宿费		会议费		其他	
月	日	起点	月	日	终点	天数	金额	天数	金额	张数	金额	张数	金额	张数	金额	张数	金额
小　计																	
合计人民币（大写）													¥				
出差事由							预借			核销				应退（补）			

公司领导　　　　　　　　会计主管　　　　　　　　审核　　　　　　　　报销人

第二部分　记账凭证

一、记账凭证概述

记账凭证俗称传票，是指会计人员根据审核无误的原始凭证确定会计分录，并据以登记会计账簿的凭证。

原始凭证和记账凭证之间存在着依存和制约的关系，记账凭证应根据审核无误的原始凭证填制，原始凭证的经济内容制约着记账凭证中会计分录的确定。原始凭证所记录的内容，不能直接反映会计要素及方向，无法直接登记会计账簿，只能作为填制记账凭证的附件和依据。记账凭证要根据有关原始凭证所记载的经济内容，确定涉及到的会计科目，借贷方向及金额，即确定会计分录后，才能据以登记会计账簿。记账凭证起到了连接原始凭证和会计账簿的中间环节作用。

企业应在对原始凭证审核无误的基础上，对原始凭证进行归类、整理后才能填制记账凭证。记账凭证可以根据每一张原始凭证填制，或者根据若干张同类性质的原始凭证填制，也可以根据原始凭证汇总表填制，但不得将不同内容和类别的原始凭证汇总填制在一张记账凭证上。

填制记账凭证应做到审核无误、内容完整、分录正确和连续编号。

(一) 记账凭证的基本内容

记账凭证作为登记会计账簿的依据，应概括地反映不同企业经济业务的基本情况，满足记账的基本要求，应具备以下基本内容或要素：

(1) 记账凭证的名称，如收款凭证、付款凭证、转账凭证等；

(2) 填制记账凭证的日期；

(3) 记账凭证的编号，如现收××号、银付××号、转××号等；

(4) 经济业务的内容摘要；

(5) 经济业务涉及的会计科目(包括一级科目、二级科目和明细科目)及其记账方向和金额；

(6) 记账符号；

(7) 所附原始凭证的张数；

(8) 会计主管、记账、审核、制单(收款凭证和付款凭证还应增加出纳)等有关人员签章。

(二) 记账凭证的种类

记账凭证的种类，是根据企业经济规模大小和管理要求的不同，所设置的不同格式的记账凭证。

记账凭证主要按用途和填制方法两种方式进行分类。

1. 记账凭证按用途分类

记账凭证按用途分类可以分为专用记账凭证和通用记账凭证两类。

(1) 专用记账凭证。专用记账凭证，是为适用于企业不同种类的经济业务设置的凭证。包括收款凭证、付款凭证和转账凭证三类。

专用记账凭证主要适用于规模较大、经济业务较多的企业。为了便于识别收款、付款、转账三类凭证，一般用红、蓝、黑三种颜色分别印制。

(2) 通用记账凭证。通用记账凭证，是指适用于企业所有经济业务的一种记账凭证。

通用记账凭证适用于规模较小、经济业务比较简单、业务量较小的单位。通用记账凭证的格式与转账凭证的格式基本一致，只需将凭证名称的“转账”改为“记账”，将转字××号的“转”字删除，即可将转账凭证改变为通用记账凭证。

2. 记账凭证按填制方法分类

记账凭证按填制方法的不同，可以分为复式记账凭证、单式记账凭证和汇总记账凭证三类。

(1) 复式记账凭证。复式记账凭证，是指将一项经济业务所涉及的全部会计科目及金额集中填写在一起的凭证。包括专用记账凭证和通用记账凭证等记账凭证。

复式记账凭证的优点是可以集中反映一项经济业务的全貌，账户对应关系清晰，有利于审核和查账。缺点是不便于会计分工记账和汇总每一个会计科目的发生额。

(2) 单式记账凭证。单式记账凭证，是指在记账凭证上填写某项经济业务其中一个会计科目及金额的凭证。单式记账凭证分为借项记账凭证和贷项记账凭证，简称借项凭证和贷项凭证。填列借方科目的称为借项凭证，填列贷项科目的称为贷项凭证。某项经济业务涉及几个会计科目，就填列几张单式记账凭证。

单式记账凭证的优点是便于会计人员分工记账和会计科目发生额汇总。缺点是填制凭证的工作量大，不能在一张凭证上集中反映一项经济业务的全貌和账户之间的对应关系，不便于审核该项经济业务会计分录编制的正确性。

(3) 汇总记账凭证。汇总记账凭证，是指将若干同类记账凭证定期(3 天、5 天、10 天等)进行汇总后填制的凭证。

汇总记账凭证包括定期将收款凭证、付款凭证、转账凭证分别编制的汇总收款凭证、汇总付款凭证、汇总转账凭证，以及将一定时期的记账凭证按相同会计科目的借方发生额和贷方发生额分别汇总、编制的记账凭证汇总表(即科目汇总表)等。企业可以根据汇总记账凭证登记总分类账，以便减轻按记账凭证逐笔登记总分类账的工作量。

本部分需填制的记账凭证包括收款凭证、付款凭证、转账凭证、科目汇总表、汇总收款凭证、汇总付款凭证和汇总转账凭证。

二、收款凭证

收款凭证，是根据现金或银行存款收款业务填制的记账凭证。包括现金收款凭证和银行存款收款凭证。

收款凭证，是单位出纳人员对某项现金或银行存款收款工作完成的证明，是登记现金日记账和银行存款日记账及有关明细分类账和总分类账的依据。

企业的经济业务只要涉及到现金或银行存款增加的事项，均应根据相应的原始凭证填制现金或银行存款的收款凭证。为了避免重复记账，对现金和银行存款相互转化的业务，如从银行存款中提取现金或将现金存入银行的事项，只填制付款凭证，不再填制收款凭证。

(一) 现金收款凭证

现金收款凭证，是指根据现金增加业务的原始凭证填制的记账凭证。

1. 收取现金的有关规定

企业对现金的收取应符合现金管理的规定。一般应根据业务部门开具销售货物金额不大的发票收取现金，对职工退回出差借款余额，应另外开具收据收取现金。收到现金后，应在原始凭证上加盖财务公章、“现金收讫”章(不包括增值税专用发票)，并在收款人处签章。将原始凭证在“凭证整理单”上粘贴整理后，据以填制现金收款凭证。

2. 现金收款凭证的填制要求

现金收款凭证一般由出纳人员填制，也有一些企业由制证人员填制。该种凭证的具体填制方法如下：

(1) 年月日。为填制该项收款凭证当天的日期。

(2) 借方科目。即收款凭证左上角的借方科目应填写的会计科目名称。该种收款凭证填写“库存现金”科目。

(3) 字　号。即按照现金收款业务的先后顺序进行的分类编号。字前面填写“现收”字样，号为填制本月份现金收款凭证的顺序编号。应避免重编、漏编、错编，也不能与其他凭证字号混编。现金收款凭证编号应每月自现收 1 号至现收××号重复编写一次，每月最后填制的现金收款凭证的“号”后面加写“全”字，表示该月最后一份现金收款凭证。

(4) 摘要。填写所记录某项现金收款业务的简要说明，应与原始凭证的内容一致。如收李明退回出差借款余额等。

(5) 贷方科目。填写与“库存现金”相对应的贷方会计科目，包括总账科目(一级科目)，二级或明细科目。如收李明退回出差借款余额的业务事项，与“库存现金”相对应的贷方会计科目应填写“其他应收款——李明”。

(6) 金额。填写某项现金收款业务涉及的各贷方科目的发生额金额，“金额合计”为有关贷方科目金额相加的合计数，即实际收到的现金金额。金额合计前面不填写人民币符号

“¥”，如有空行，应当在金额栏自最后一笔金额数字下至合计金额上面一行的空行处划线注销。

(7) 记账符号。为会计人员根据现金收款凭证登记有关账簿后作出的相应记号，画对勾或注明账簿页数，表示该项金额已登记入账，以防止收款凭证的会计科目金额重记或漏记的现象发生。

(8) 附单据张数。即凭证右边的“附单据××张”，填写该项收款凭证所附原始凭证的实际张数。

(9) 凭证签名。现金收款凭证由填制人员根据原始凭证按规定要求填写后在“制证”处签章，经审核人员和会计主管分别核对无误后签名或盖章，出纳人员登记现金日记账、记账人员登记有关账簿后分别在相应位置签章，已明确各自的经济责任。

【例 2-2-1】12 月 12 日，郑州中原公司向郑州市商都公司出售辛材料一批，增值税专用发票注明售出材料金额 80 元，税款 13.60 元，出纳员李佳依据发票收到现金。

【例 2-2-2】12 月 15 日，郑州中原公司生产科路平报销差旅费，退回借款余额 126.80 元，出纳员李佳收到现金，并开具收据一份。

要求：根据以上资料分别填制证 2-2-1，证 2-2-2 收款凭证。制证李佳，审核吕美，会计主管邹青。凭证编号分别为现收 28 号和现收 39 号。

证 2-2-1　收款凭证

收　款　凭　证

借方科目　　　　　　　　　　年　月　日　　　　　　　　　　字　号

摘　要	贷方科目		金　额										记账符号
	总账科目	明细科目	千	百	十	万	千	百	十	元	角	分	
合　计													

附单据　张

会计主管　　　　记账　　　　审核　　　　出纳　　　　制证

(二) 银行存款收款凭证

银行存款收款凭证，是指根据银行存款收款业务的原始凭证填制的记账凭证。

1. 银行存款的收款业务

企业的收款业务，除金额较小的业务可以直接收取现金外，较大部分业务收款应通过银行结算。如收到商品销售款，购货方预付购货款，收到托收承付款，收到外单位投资款，取得银行借款，收到出口退税款等。企业收到各种款项后，应根据加盖“银行收讫”印章的银行进账单、汇款凭证、托收承付凭证等收账通知及其他相关的票据填制银行存款的收款凭证。

证 2-2-2 收款凭证

收 款 凭 证

借方科目　　　　　　　　　　年　　月　　日　　　　　　　　字　号

摘要	贷方科目		金额										记账符号
	总账科目	明细科目	千	百	十	万	千	百	十	元	角	分	
合计													

附单据　张

会计主管　　　　记账　　　　审核　　　　出纳　　　　制证

2. 银行存款收款凭证的填制要求

银行存款收款凭证一般由管理银行存款的出纳人员填制，也可以由制证人员填制。与现金收款凭证相比，除借方科目和字号有所区别外，其他填制方法基本相同。

(1) 年月日。为填制该项银行存款收款凭证当天的日期。

(2) 借方科目。即收款凭证左上角的借方会计科目名称，应填写“银行存款”科目。

(3) 字　号。即按照本月份银行存款收款业务的先后顺序进行的分类编号。字前面填写“银收”字样，号填写本月份银行存款收款凭证的顺序编号。编号不得与其他凭证字号混编，也不得重编、漏编，应每月自银收 1 号至银收××号重复编写一次，每月最后填制的银行存款收款凭证的“号”后面加写“全”字，表示该月最后一份银行存款收款凭证。

(4) 摘要。填写所记录该项银行存款收款业务的简要说明，应与原始凭证的内容保持一致。如收到国税部门本期出口退税款等。

(5) 贷方科目。填写与“银行存款”对应的贷方会计科目。包括总账科目(一级科目)、二级科目或明细科目。如收到开户银行退回银行汇票节余款项的业务事项中，与“银行存款”相对应的贷方科目为“其他货币资金——银行汇票”。

(6) 金额。即某项业务实际收到的银行存款金额。填写某项银行存款收款业务所涉及的各贷方会计科目的发生额。并将各个贷方会计科目发生额相加之和填入“金额合计”栏，。金额合计前面不填写人民币符号“￥”，如有空行，应当在金额栏自最后一笔金额数字下的空行处至金额合计上面一行的空行处划线注销。

(7) 记账符号。为记账凭证中会计科目发生额已登记账簿所作出的标记，以画对勾或注明所记录的账簿页数的方式表示，以防止凭证中会计科目金额发生重记或漏记的现象。

(8) 附单据张数。即收款凭证右边的“附单据××张”，应根据该项银行存款收款凭证所附的原始凭证实际张数填写。

(9) 凭证签名。制证人根据原始凭证填制银行存款收款凭证后在“制证”位置签名，经审核人员和会计主管核对无误后分别签名，以保证凭证内容的真实性。

【例 2-2-3】12 月 22 日，郑州中原公司向郑州市嵩山公司提供设备修理劳务，开具的增值税专用发票注明金额 26 600 元，税额 4 522 元，收到郑州市嵩山公司送交的银行进账单(收账通知)。

【例 2-2-4】12 月 25 日，郑州中原公司收到开户银行转交的信汇凭证(收款通知)一份，为南阳宛城公司预付购货款 351 000 元。

要求：根据以上资料分别填制证 2-2-3，证 2-2-4 收款凭证。制证李佳，审核吕美，会计主管邹青。凭证编号分别为银收 78 号和银收 99 号。

证 2-2-3　收款凭证

收　款　凭　证

借方科目　　　　年　月　日　　　　字　号

摘　要	贷方科目		金额										记账符号
	总账科目	明细科目	千	百	十	万	千	百	十	元	角	分	
合　计													

附单据　张

会计主管　　记账　　审核　　出纳　　制证

证 2-2-4　收款凭证

收　款　凭　证

借方科目　　　　年　月　日　　　　字　号

摘　要	贷方科目		金额										记账符号
	总账科目	明细科目	千	百	十	万	千	百	十	元	角	分	
合　计													

附单据　张

会计主管　　记账　　审核　　出纳　　制证

三、付款凭证

付款凭证，是指根据现金或银行存款付款业务的原始凭证填制的记账凭证。包括现金付款凭证和银行存款付款凭证。

在实际工作中，企业付款业务的形式和种类较多，如支付工资、采购材料、对外投资、购买股票、缴纳税费、归还贷款、支付费用等大量经济业务都会引起企业的现金或银行存款的减少。对企业发生的经济业务涉及现金或银行存款减少的有关事项，均应根据相应的原始凭证，填制现金或银行存款的付款凭证。

付款凭证，是出纳人员按照有关规定已完成某种支付款项的证明，也是登记现金日记账、银行存款日记账以及有关明细分类账和总分类账的依据。

正确填制付款凭证是加强企业会计核算的一个重要环节。

(一) 现金付款凭证

现金付款凭证，是指根据库存现金减少业务的原始凭证填制的记账凭证。

库存现金，是指存放在企业财会部门，由出纳人员经管的货币。现金是企业流动性最强的资产。企业对日常经济业务的支付行为，应严格遵守国务院发布的《现金管理暂行条例》中现金使用范围的规定(参看第一部分原始凭证，一、结算类原始凭证的“现金支票”部分)，正确进行现金支付的核算，保证现金使用的合法性和合理性。

1. 支付现金的票据处理

企业对符合现金支付规定的原始凭证应进行严格审查，属于购置物品的票据应附有相关仓库的验收证明，对费用类发票应经有关领导签字同意，并由经办人员在原始凭证有关部位签字后才能支付现金。对支付现金的票据应加盖“现金付讫”字样的印章，以避免该项原始凭证重复报销，并由现金出纳人员据以填制相应的现金付款凭证。

2. 现金付款凭证的填制要求

现金付款凭证由出纳人员或制证人员根据支付现金的原始凭证填制。与现金收款凭证相比，将收款凭证的“收”改为“付”，左上角的“借方科目”改为“贷方科目”，凭证中的“贷方科目”改为“借方科目”，已从格式上将收款凭证改为付款凭证，其他填制方法基本相同。该种凭证的具体填制方法如下：

(1) 年月日。为填制本项付款凭证的当天日期。

(2) 贷方科目。即付款凭证左上角的贷方会计科目名称，应填写“库存现金”科目。

(3) 字　号。即按照现金付款业务的先后顺序进行的分类编号。字前面填写“现付”字样，号填写本张现金付款凭证本月份的顺序编号，编号不得重编、漏编，也不得与其他凭证字号混编，应每月自现付 1 号至现付××号重复编写一次，便于保证本月现金付款凭证的完整无缺。本月最后填制的凭证“号”后面加写“全”字，表示该月的最后一份现金付款凭证。

(4) 摘要。填写所记录该项现金付款业务的简要说明，应与原始凭证的内容保持一致。

如支付叶盛出差借款等。

(5) 借方科目。填写与“库存现金”相对应的借方会计科目，包括总账科目(一级科目)、二级科目或明细科目。如以现金发放本月份职工工资，与“库存现金”相对应的借方科目为“应付职工薪酬——工资”。

(6) 金额。即某项业务实际支付的现金金额。填写本项现金付款业务各借方会计科目的发生额，各借方会计科目发生额相加之和填入“合计金额”栏，合计金额前面不填写人民币符号“¥”，如有空行，应当在金额栏自最后一笔金额数字下的空行处至合计金额上面一行的空行处划线注销。

(7) 记账符号。即表明该项记账凭证会计科目金额已登记账簿的标记。画对勾或填写登记账簿的页码，以防止该项凭证会计科目金额重记或漏记的现象发生。

(8) 附单据张数。即凭证右方的附单据××张，应根据该项记账凭证所附原始凭证的实际张数填写。

(9) 凭证签名。制证人根据审核无误的原始凭证填制现金付款凭证后在“制证”处签名，由审核人员和会计主管核对无误后依次签名，以便明确各自的经济责任。

出纳和记账人员根据审核无误的现金付款凭证，分别登记现金日记账和有关明细账或总账时在各自的位置签名，表示对该项凭证登记账簿工作的完成。

【例 2-3-1】12 月 23 日，郑州中原公司以现金购买记账凭证，增值税发票注明金额 60 元，税款 10.20 元。

【例 2-3-2】12 月 24 日，郑州中原公司以现金支付设备科常青预借差旅费 3 600 元。

要求：根据以上资料分别填制证 2-3-1、证 2-3-2 付款凭证。凭证编号分别为现付 51 号和现付 58 号。制证李佳，审核吕美，会计主管邹青。

证 2-3-1 付款凭证

付 款 凭 证

贷方科目　　　　　　　　　　年　月　日　　　　　　　　　　字　号

摘要	借方科目		金额										记账符号
	总账科目	明细科目	千	百	十	万	千	百	十	元	角	分	
合计													

附单据　张

会计主管　　　　记账　　　　审核　　　　出纳　　　　制证

证 2-3-2　付款凭证

付　款　凭　证

贷方科目　　　　　　　　　年　月　日　　　　　　　　字　号

摘　要	借方科目		金　额										记账符号
	总账科目	明细科目	千	百	十	万	千	百	十	元	角	分	
合　计													

附单据　张

会计主管　　　记账　　　审核　　　出纳　　　制证

(二) 银行存款付款凭证

银行存款付款凭证，是根据银行存款付款业务的原始凭证填制的记账凭证。

由于国务院对现金的支出范围进行了严格的规定，因此，在企业的日常经营活动中除少量的付款业务可以使用现金支付外，大量的付款业务如采购物资、购置设备、缴纳税费、归还贷款、偿还债务、承付托收款项、支付水电费、运费等事项均应通过银行办理转账支付手续。

1. 银行转账支付票据的处理

为了加强货币资金的管理，对需要支付款项的各种原始凭证应按照有关规定严格审核。属于购买的各种物资应由业务部门依据购货合同对供货时间、数量、价格、付款方式核对无误后，由相关仓库出具收到物资的验收证明；对各种费用支出，应符合当月的支出计划，经企业领导签字审批后据以付款。出纳人员对已支付款项的原始凭证应加盖“银行付讫”字样的印章，以避免该项票据重新报销付款，并据以填制相应的银行存款付款凭证。

2. 银行存款付款凭证的填制要求

银行存款付款凭证由企业的出纳人员或制证人员根据审核无误的原始凭证填制。填制方法与银行存款收款凭证基本相同，只需将收款凭证改为付款凭证，收款凭证左上角的“借方科目”改为“贷方科目”，凭证中的“贷方科目”改为“借方科目”即可。具体填制方法如下：

(1) 年月日。为填制本项付款凭证当天的日期。

(2) 贷方科目。即付款凭证左上角的贷方会计科目名称，应填写“银行存款”科目。

(3) 字　号。即按照银行存款支付业务的先后顺序进行的分类编号。字前面填写“银付”字样，号前面填写本张银行存款付款凭证本月份的顺序编号，编号不得重编、漏编，也不得与其他凭证字号混编，应每月自银付 1 号至银付××号重复编写一次，以便保证银行存款付款凭证的完整性。本月最后填制的凭证“号”后面加写“全”字，表示该月的最后一份银行存款付款凭证。

(4) 摘要。填写所记录的该项银行存款付款业务的简要说明，应与原始凭证的内容保持一致。该类凭证的摘要一般以承付、支付、归还、缴纳为摘要开头。如承付到期托收款项、支付本月份水电费、归还到期贷款、缴纳房产税等。

(5) 借方科目。填写与“银行存款”科目相对应的借方会计科目，包括总账科目(一级科目)、二级科目或明细科目。如缴纳上月增值税，与“银行存款”科目相对应的借方会计科目为“应交税费——应交增值税(已交税金)”科目。

(6) 金额。填写本项付款业务各借方会计科目的发生额。将各借方会计科目发生额相加之和填入“合计金额”栏，金额合计数字前不填写人民币符号“￥”，如有空行，应当在金额栏自最后一笔金额数字下的空行处至合计金额上面一行的空行处划线注销。

(7) 记账符号。为会计人员根据银行存款付款凭证登记有关账簿后作出的相应记号。画对勾或填写所登记账簿的页数，表示该项记账凭证的会计科目金额已登记入账，用以避免重记、漏记的现象发生。

(8) 附单据张数。即付款凭证右方的“附单据××张”，填写该项付款凭证所附原始凭证的实际张数。

(9) 凭证签名。银行存款付款凭证由制证人员根据原始凭证填制并在“制证”处签名后，由审核人员和会计主管分别核对无误后签名，以便明确各自的经济责任。

出纳和记账人员根据审核无误的付款凭证，分别登记银行存款日记账和有关明细账或总账后在凭证上相应位置签名，证明该项凭证的有关会计科目金额已记入相关账簿。

【例 2-3-3】12 月 12 日，郑州中原公司向地税部门缴纳上月代扣代缴的职工个人所得税 16 850 元。

【例 2-3-4】12 月 15 日，郑州中原公司向郑州设备修理厂开具转账支票一份，支付对本公司二车间的设备修理费。增值税专用发票注明金额 8 000 元，税额 1 360 元。

要求：根据以上资料分别填制证 2-3-3、证 2-3-4 付款凭证。会计主管邹青、审核吕美、制证李佳。凭证编号分别为银付 56 号和银付 85 号。

证 2-3-3 付款凭证

付 款 凭 证

贷方科目　　　　　　　　年　月　日　　　　　　　　字　号

摘要	借方科目		金额										记账符号
	总账科目	明细科目	千	百	十	万	千	百	十	元	角	分	
合计													

附单据　　张

会计主管　　记账　　审核　　出纳　　制证

证 2-3-4　付款凭证

付　款　凭　证

贷方科目　　　　　　　　　　年　　月　　日　　　　　　　　　　字　号

摘　　要	借方科目		金额										记账符号
	总账科目	明细科目	千	百	十	万	千	百	十	元	角	分	
合　　计													

附单据　　张

会计主管　　　　记账　　　　审核　　　　出纳　　　　制证

四、转账凭证

转账凭证，是根据与现金和银行存款无关的转账业务的原始凭证填制的记账凭证。

企业发生的各种经济业务，只要不涉及到现金和银行存款增加或减少的业务，都属于转账业务，均应根据其原始凭证填制相应的转账凭证。

1. 转账凭证的特点

企业填制的收、付款凭证，会计科目之间的对应关系相对固定。如现金收、付款凭证，反映“库存现金”与有关会计科目之间的对应关系；银行存款收、付款凭证，则反映“银行存款”与有关会计科目之间的对应关系。由于转账业务繁多，不存在某个会计科目与其他会计科目之间形成相对固定的对应关系的状况，因此，转账凭证与收款凭证、付款凭证的填制方式也相应存在一定的区别。

2. 转账凭证的填制要求

转账凭证由制证人员根据审核无误的原始凭证填制，具体填制方法如下：

(1) 年月日。一般填写编制转账的凭证当天的日期。由于企业按权责发生制的原则计算收益、分配费用、结转成本、利润等调整分录、结账分录的转账凭证需要到下月初才能进行填制，但填制日期应填写本月的月末日，以便在当月进行相关账簿的登记。

(2) 字　号。即按照转账业务的先后顺序进行的分类编号。字前面填写“转”字样，号前面填写本张转账凭证本月份的顺序编号，编号不得重编、漏编，也不得与其他凭证字号混编，便于保证本月份转账凭证的完整性。应每月按业务顺序自转1号至月末转××号重编一次，本月最后填制的凭证“号”后面加写“全”字，表示当月最后一份转账凭证。

由于转账凭证涉及到的会计科目较多，一笔业务可能需要填制两张或两张以上的转账凭证，凭证编号可以采用分数编号法编写。如转 6 号的会计分录需要填制三张凭证，可以编成转 $6\frac{1}{3}$，转 $6\frac{2}{3}$，转 $6\frac{3}{3}$ 号。

(3) 摘要。填写记录该项转账业务的简要说明，应与所附的原始凭证内容保持一致。该类凭证的摘要一般以结转、计提、归还、分配为摘要开头。如结转本月商品销售成本，计提本月折旧，摊销本月××费用，分配辅助生产车间费用等。

(4) 会计科目。本部分包括总账科目和明细科目，应按照先填写“借方科目”再填写“贷方科目”的要求，分别填写应借、应贷会计科目的总账科目和二级科目或明细科目。如结转本月份商品销售收入，先填写“主营业务收入”科目，再填写“本年利润”科目。

(5) 借方金额。填写该项转账业务借方会计科目的发生额。各借方会计科目应与其发生额填写在同一行，并将各会计科目借方发生额相加之和填入“借方金额合计”栏，金额合计数前面不填写人民币符号“￥”，如有空行，应当自借方金额栏最后一笔金额数字下的空行处至“借方金额合计”上面一行的空行处划线注销。

(6) 贷方金额。填写该项转账业务贷方会计科目发生额。各贷方会计科目应与其发生额填写在同一行，并将各会计科目贷方发生额相加之和填入“贷方金额合计”栏，金额合计数字前面不填写人民币符号“￥”，如有空行，应当自贷方金额栏最后一笔金额数字下的空行处至“贷方金额合计”上面一行的空行处划线注销。贷方金额的合计数应与借方金额的合计数相等。

(7) 记账符号。即记账人员根据转账凭证登记有关账簿后作出的相应记号。画勾或填写所登记账簿的页数，表示该项凭证会计科目金额已登记入账，用以避免重记、漏记的现象发生。

(8) 附单据张数。即凭证右边的附单据××张，应根据该项转账凭证所附的实际原始凭证张数填写。

(9) 凭证签名。制证人员根据审核无误的原始凭证填制转账凭证并在“制证”处签名后，经审核人员和会计主管依次核对无误后签名，以便明确各自的经济责任。

记账人员根据审核无误的转账凭证及所附的原始凭证，登记有关账簿后应在凭证相应位置予以签名，表示该项凭证会计科目金额已登记入账。

【例 2-4-1】12 月 31 日，郑州中原公司计提本年长期借款利息 14 800 元。

【例 2-4-2】12 月 31 日，郑州中原公司计算应由本月份分摊的租入固定资产改良支出 3 500 元，租入的房屋由企业销售商品使用。

要求：根据以上资料分别填制证 2-4-1、证 2-4-2 转账凭证。会计主管邹青、审核吕美、制表凤环。凭证编号分别为转 118 号和转 119 号。

证 2-4-1　转账凭证

转　账　凭　证

年　　月　　日　　　　　　　　　　　　字　号

摘　要	会计科目		借方金额										贷方金额										记账符号
	总账科目	明细科目	千	百	十	万	千	百	十	元	角	分	千	百	十	万	千	百	十	元	角	分	
合　计																							

附单据　　张

会计主管　　　　记账　　　　审核　　　　制证

证 2-4-2 转账凭证

转 账 凭 证

年 月 日 字 号

摘 要	会计科目		借方金额										贷方金额										记账符号
	总账科目	明细科目	千	百	十	万	千	百	十	元	角	分	千	百	十	万	千	百	十	元	角	分	
合 计																							

附单据 张

会计主管 记账 审核 制证

五、科目汇总表

科目汇总表也称记账凭证汇总表，是根据企业一定时期所有的记账凭证，对涉及的会计科目及其发生额进行分类汇总的凭证。

企业应根据本单位的经济性质、规模大小和经济业务繁简程度选择登记总账的方式，对生产规模较大、业务量较多的企业如按记账凭证登记总账，等于把现金日记账、银行存款日记账和各种明细账已登记过的内容在总账上重新记录一遍，相应增大了登记总账的工作量。

企业采用科目汇总表登记总账，既可以减少登记总分类账的工作量，又可以通过科目汇总表的借方发生额之和与贷方发生额之和是否相等，检查记账凭证是否存在错误，以便及时纠正。企业可以根据每月填制记账凭证数量的多少，采用 3 天、5 天或 10 天，也可以采用一个月编制一次科目汇总表，对采用按天编制科目汇总表的企业，也可以在月末将当月编制的多份科目汇总表汇总为一份凭证，以便减少每月多次登记总账的状况。

1. 科目汇总表工作底稿的编制方法

企业的科目汇总表是依据科目汇总表工作底稿的资料填制的，因此，科目汇总表工作底稿的编制是填制科目汇总表的一个重要环节。该项工作底稿的具体编制方法如下：

(1) 将该期内所有记账凭证涉及的会计科目按总账会计科目的排列顺序设置相应的 T 形账户，并测算出每个 T 形账户大致填写该会计科目发生额数字的行次，以便登记相关数字。

(2) 按照该期所有记账凭证的时间顺序及凭证编号(现收、现付、银收、银付、转)将每张记账凭证会计科目的借方或贷方发生额逐笔记入相应 T 形账户的借方或贷方，记录的凭证编号及发生额数字应与该项记账凭证一致，以便核对记录是否正确，不得重记、漏记。

(3) 该期所有记账凭证会计科目的发生额数字全部记入相应的 T 形账户后，结出每个 T 形账户的本期借方发生额与贷方发生额的合计数字。

(4) 计算该期所有 T 形账户的本期借方发生额之和与贷方发生额之和，并检查借方、贷方发生额总计是否相等。如出现双方数字不等的状况，应根据记账凭证逐笔检查 T 形账户记录的数字与记账凭证相应会计科目的数字是否一致，借贷方向是否相同，有无记错账户的现象，是否为记账凭证填制错误，直到查出错误并进行相应的更正为止。

2. 科目汇总表的编制要求

科目汇总表是依据科目汇总表工作底稿编制的，具体编制方法如下：

(1) 单位。填写编制科目汇总表的单位名称。

(2) 汇总表日期。由于科目汇总表是分段编制的，日期应为该月份分段日期。如某企业按旬编制科目汇总表，该单位 3 月上旬科目汇总表的编制日期应为××年 3 月 1 日至 3 月 10 日，应依据该时期的记账凭证编制科目汇总表。

(3) 编号。即科目汇总表的顺序编号。如企业按月编制科目汇总表，一般应按年顺序编号，如 5 月份编制的科目汇总表，编号应为科汇 5 号；如按日编制科目汇总表，并按相应日期登记总账，应按月顺序编号。如企业按旬编制科目汇总表，中旬使用两页表格，可分别以科汇 $2\frac{1}{2}$，科汇 $2\frac{2}{2}$ 号表示。

(4) 会计科目。会计科目按企业总账所设置的科目顺序填写，目的是便于登记总账。由于科目汇总表工作底稿的“T”形账户名称是按总账会计科目的顺序排列的，会计科目应根据该项工作底稿“T”形账户名称的顺序填写。

(5) 借方金额。即该期会计科目的借方发生额。根据该期的科目汇总表工作底稿相应“T”形账户的本期借方发生额合计数填写。并将该工作底稿计算的全部会计科目本期借方发生额之和填入表内借方金额合计栏。

(6) 贷方金额。即该期会计科目的贷方发生额。根据该期的科目汇总表工作底稿相应 T 形账户的本期贷方发生额合计数填写。并将该工作底稿计算的全部会计科目本期贷方发生额之和填入表内贷方金额合计栏。贷方合计金额应与借方合计金额相等。

(7) 备注。填写编制该项科目汇总表相应记账凭证编号的起讫号码。如银付 1 号至银付 28 号，转 1 号至转 66 号等。

(8) 总页。即科目汇总表登记的总账页数，由记账人员根据科目汇总表会计科目借方发生额和贷方发生额记入总账的相应账户后，填写总账某账户的具体页数，表示该会计科目金额已登记入账，并避免重记、漏记的现象发生。

(9) 汇总表签名。科目汇总表由制表人根据该期的科目汇总表工作底稿编制并签名后，经审核人员和会计主管核对无误后依次签名，以明确各自的工作责任。

【例 2-5-1】依据第一部分原始凭证中：二、结算类原始凭证，三、发票类原始凭证的业务资料，编制会计分录或填制记账凭证后，编制科目汇总表工作底稿，试算平衡后填制证 2-5-1 科目汇总表。

【例 2-5-2】依据第一部分原始凭证中：四、材料类原始凭证，五、产成品类的原始凭证的业务题资料，编制会计分录或填制记账凭证后，并据以编制科目表工作底稿，试算平衡后填制证 2-5-2 科目汇总表。

证 2-5-1 科目汇总表

科 目 汇 总 表

编 号

单位　　　　　　　　　　年　　月　　日至　　月　　日

会计科目	总页	借方金额										贷方金额										备注
		千	百	十	万	千	百	十	元	角	分	千	百	十	万	千	百	十	元	角	分	

会计主管　　　　　　　记账　　　　　　　审核　　　　　　　制表

证 2-5-2　科目汇总表

科　目　汇　总　表

编 号

单位　　　　　　　　　　　　年　　月　　日至　　月　　日

会计科目	总页	借方金额										贷方金额										备　注
		千	百	十	万	千	百	十	元	角	分	千	百	十	万	千	百	十	元	角	分	

会计主管　　　　　　　　　记账　　　　　　　　　审核　　　　　　　　　制表

六、汇总收款凭证

汇总收款凭证，是根据现金或银行存款的收款凭证定期归类汇总的凭证。包括现金汇总收款凭证和银行存款汇总收款凭证。

现金汇总收款凭证是根据现金收款凭证填制的汇总凭证，从银行提取现金的凭证不属于汇总范围，应填入银行存款汇总付款凭证。银行存款汇总收款凭证是根据银行存款收款凭证填制的汇总凭证，现金存入银行的凭证不应包括在内，应填入现金汇总付款凭证。

汇总收款凭证按“库存现金”或“银行存款”设置借方科目，并按其相对应的贷方会计科目及发生额定期归类汇总，每月编制一张，据以登记总分类账。

汇总收款凭证编制工作量较大，但可以反映会计科目之间的对应关系，减轻登记总分类账的工作量。

(一) 现金汇总收款凭证

现金汇总收款凭证，是根据现金收款凭证定期归类汇总的凭证。

由于现金汇总收款凭证汇总时不包括从银行提取现金的凭证，因此，该项凭证汇总的现金合计数并不是企业该期的全部现金收入。

1. 现金汇总收款凭证的编制及作用

现金汇总收款凭证，按“库存现金”科目的借方设置，并按其相对应的贷方会计科目及发生额进行归类汇总，每10天填制一次，每月编制一份凭证。月份终了，计算出现金汇总收款凭证的全月合计数后，登记总分类账“库存现金”账户的借方金额，依据各贷方会计科目的本期合计数，分别登记总分类账设置的相应账户的贷方金额。这种记账方式，在一定程度上减少了会计人员登记总账的工作量。

2. 现金汇总收款凭证的填制要求

现金汇总收款凭证由制证人员根据现金收款凭证填制，具体填制要求如下：

(1) 借方科目。填写“库存现金”科目。

(2) 年月日。即填写现金汇总收款凭证的日期，由于现金汇总收款凭证按旬填制，上旬、中旬的填制时间一般会超过当月的10日和20日，下旬的实际填制时间可能在次月初，为了便于记账，凭证日期填写当月的月末日。

(3) 字　号。即现金汇总收款凭证的顺序编号。字前面填写“现汇收”字样，由于现金汇总收款凭证每月编制一份，字号应为现汇收字1号。

(4) 贷方科目。即与库存现金相对应的贷方会计科目，依据当月现金收款凭证涉及到的会计科目填写。为了便于登记总账，尽可能与总账设置的会计科目顺序一致。

(5) 金额。金额部分包括分旬金额与合计金额。分旬填写的各贷方会计科目金额应依据该旬现金收款凭证中同一会计科目发生额相加之和填制，并分别计算各旬的金额合计数和各贷方会计科目的本月合计数，将各旬金额合计数相加之后即为现金汇总收款凭证的全月合计金额，应与各贷方会计科目本月合计数相加之和相等。

(6) 总账页数。即现金汇总收款凭证各会计科目合计金额应登记的总账页数，由记账人员根据凭证登记总账后填写，以避免发生重登、漏登的现象。

(7) 记账凭证起讫号。填写编制现金汇总收款凭证各旬的现金收款凭证的起讫号码。如 1—10 日的凭证起讫号码为现收 1 号至现收 36 号。

(8) 凭证签名。现金汇总收款凭证由制证人员填制并签名后，经审核人员和会计主管分别核对无误后依次签名，以保证该项凭证会计科目及金额的正确性。

【例 2-6-1】郑州中原公司 3 月份现金收入业务如下：

(1) 3 月 1 日，向郑州市龙湖公司出售乙材料收到现金 468 元，其中货款 400 元，增值税 68 元。

(2) 3 月 5 日，收到业务员李峰退回出差借款余额 185 元。

(3) 3 月 6 日，向郑州市仰韶公司出售乙产品收到现金 725.40 元，其中货款 620 元，增值税 105.40 元。

(4) 3 月 8 日，收到设备科叶盛退回出差借款余额 365 元。

(5) 3 月 10 日，向郑州市颍河公司出售丙产品收到现金 351 元，其中货款 300 元，增值税 51 元。

(6) 3 月 12 日，收到技术科高飞退回出差借款余额 268 元。

(7) 3 月 15 日，向郑州市商都公司售出甲材料收到现金 421.20 元，其中货款 360 元，增值税 61.20 元。

(8) 3 月 16 日，向郑州市嵩山公司售出丙产品收到现金 468 元，其中货款 400 元，增值税 68 元。

(9) 3 月 19 日，收到业务员常明退回出差借款 226 元。

(10) 3 月 20 日，向郑州市金水河公司售出乙产品收到现金 912.60 元，其中货款 780 元，增值税 132.60 元。

(11) 3 月 21 日，收到生产科路平退回出差借款余额 531 元。

(12) 3 月 23 日，向郑州市济水公司售出丙产品收到现金 234 元，其中货款 200 元，增值税 34 元。

(13) 3 月 26 日，收到后勤科郑明退回出差借款余额 389 元。

(14) 3 月 29 日，向郑州市金桥公司售出戊材料收到现金 304.20 元，其中货款 260 元，增值税 44.20 元。

(15) 3 月 31 日，收到技术科刘宁退回出差借款余额 288 元。

要求：根据以上经济业务填制证 2-6-1 汇总收款凭证。公司会计主管邹青、审核吕美、制证凤环。

(二) 银行存款汇总收款凭证

银行存款汇总收款凭证，是根据企业银行存款收款凭证定期汇总编制的一种记账凭证。

企业的收款业务除小部分收取现金外，较大部分均通过银行转账结算，因此，银行存款增加的业务较多，对应科目的数量也比库存现金明显增加，汇总收款凭证编制的难度也相应增大。

证 2-6-1　汇总收款凭证

汇总收款凭证

借方科目　　　　　　　　　　　　　　年　月　日　　　　　　　　　　　字　号

贷方科目	金	额			总账页数	记账凭证起讫号
	1—10 日	11—20 日	21—31 日	合　计		
合　计						

会计主管　　　　　　记账　　　　　　　　审核　　　　　　　　制证

1. 银行存款汇总收款凭证的编制及作用

与现金汇总收款凭证相同，银行存款汇总收款凭证按“银行存款”科目的借方设置，按其相对应的贷方会计科目及发生额每 10 天归类汇总填列一次，每月编制一份凭证。月份终了，计算出银行存款汇总收款凭证全部合计数，据以登记总分类账“银行存款”账户的借方金额，按照各个贷方会计科目的合计数，分别登记总分类账设置的相应账户的贷方金额。该种记账程序，相应简化了登记总分类账的方式。

2. 银行存款汇总收款凭证填制的要求

银行存款汇总收款凭证由制证人员根据银行存款收款凭证汇总填制，与现金汇总收款凭证相比，除将借方科目的“库存现金”改为“银行存款”，字号的“现汇收”改为“银汇收”以外，其他填制方法基本相同。该项凭证的具体填制要求如下：

(1) 借方科目。填写“银行存款”科目。

(2) 年月日。即填写银行存款汇总收款凭证的日期，由于银行存款汇总收款凭证也是分旬填制，填制日期应为当月的月末日。

(3) 字　号。即银行存款汇总收款凭证本月的顺序编号。字前面填写“银汇收”字样，号前面填写该项凭证的顺序号码。按要求该凭证每月编制一份，字号应为“银汇收字 1 号”。由于银行存款对应的会计科目较多，可能一次需要填写多页凭证，凭证编号可以采用分数编号法，如银汇收 $1\frac{1}{n}$ 号、银汇收 $1\frac{2}{n}$ 号等。

(4) 贷方科目。即与银行存款存在对应关系的贷方会计科目，根据该期银行存款收款凭证所涉及到的会计科目填写。

(5) 金额。该部分包括分旬金额与合计金额。分旬金额应依据该旬所有的银行存款收款凭证的各贷方会计科目发生额相加之和分别填写，各旬合计金额应与该旬银行存款收款凭证发生额合计相加之和相等。各贷方会计科目每旬金额相加之和应填入该会计科目的合计金额栏，各贷方会计科目的合计金额相加之和即为该项凭证的总合计数，应与各旬合计金额相加之和相等。

(6) 总账页数。即银行存款汇总收款凭证各会计科目合计金额应登记的总账页数，由记账人员依据该项凭证登记总账后填写。

(7) 记账凭证起讫号。填写各旬的银行存款收款凭证的起讫号码，以便于审核人员对该项凭证所填写的会计科目及金额进行相应的复核。

(8) 凭证签名。该项凭证经制证人员填制并签名后，由审核人员和会计主管分别核对无误后签名，以保证银行存款汇总收款凭证会计科目及金额的正确性。

【例 2-6-2】郑州中原公司 3 月份有关银行存款增加的业务如下:

(1) 3 月 1 日，收到咸阳市渭河公司预付购货款 320 000 元。

(2) 3 月 3 日，向郑州市龙湖公司销售甲产品一批，货款 300 000 元，增值税 51 000 元，收到该单位转来的银行进账单一份。

(3) 3 月 5 日，收到银行转来贵阳市黔山公司托收承付凭证(收账通知)一份，托收金额 468 000 元。

(4) 3 月 6 日，收到郑州市颍河公司购买丁材料的银行进账单一份，货款 800 000 元，增值税 136 000 元。

(5) 3 月 8 日，从郑州市工商银行取得半年期贷款 500 000 元、

(6) 3 月 10 日，向郑州市陇海公司销售丙产品一批，货款 420 000 元，增值税 71 400 元，已收到该公司开具的转账支票一份。

(7) 3 月 11 日，收到沈阳市盛京公司汇来上年度股票利息 4 500 元。

(8) 3 月 12 日，向衡阳市南岳公司销售甲产品一批，货款 600 000 元，增值税 102 000 元，已收到该单位的信汇凭证(收账通知)。

(9) 3 月 16 日，从郑州市建设银行取得三年期贷款 800 000 元，已转入企业往来账户。

(10) 3 月 18 日，向郑州市金水河公司销售乙产品一批，货款 280 000 元，增值税 47 600 元，已收到该公司开具的转账支票一份。

(11) 3 月 20 日，收到岳阳市洞庭公司退回购买物资的银行汇票节余额 26 500 元。

(12) 3 月 21 日，收到绵阳市涪江公司信汇凭证(收账通知)一份，金额 300 000 元，为对企业的捐赠款。

(13) 3 月 25 日，收到阜阳市三塔公司到期商业承兑汇票票据款 117 000 元。

(14) 3 月 26 日，收到银行转来辽阳市辽河公司托收承付凭证(收款通知)一份，托收金额 468 000 元。

(15) 3 月 28 日，向郑州市仰韶公司销售乙产品一批，货款 360 000 元，增值税 61 200 元，已收到该公司转来的银行进账单一份。

(16) 3 月 29 日，收到郑州市金桥公司开具的转账支票一份，金额 24 000 元，为该单位的包装物押金。

(17) 3 月 30 日，收到本月份存款利息 6 800 元。

(18) 3 月 31 日，收到出售股票款 680 000 元，该股票的购进成本 600 000 元。

要求：根据以上经济业务填制证 2-6-2、2-6-3、2-6-4 汇总收款凭证。公司会计主管邹青、审核吕美、制证凤环。

证 2-6-2　汇总收款凭证

汇 总 收 款 凭 证

借方科目　　　　年　月　日　　　　字　号

贷方科目	金额				总账页数	记账凭证起讫号
	1—10日	11—20日	21—31日	合　计		
合　计						

会计主管　　　记账　　　审核　　　制证

证 2-6-3　汇总收款凭证

汇 总 收 款 凭 证

借方科目　　　　年　月　日　　　　字　号

贷方科目	金额				总账页数	记账凭证起讫号
	1—10日	11—20日	21—31日	合　计		
合　计						

会计主管　　　记账　　　审核　　　制证

证 2-6-4 汇总收款凭证

汇 总 收 款 凭 证

借方科目　　　　年　月　日　　　　字　号

贷方科目	金额				总账页数	记账凭证起讫号
	1—10 日	11—20 日	21—31 日	合　计		
合　计						

会计主管　　　记账　　　审核　　　制证

七、汇总付款凭证

汇总付款凭证，是根据企业现金或银行存款的付款凭证定期归类汇总填制的一种凭证。包括现金汇总付款凭证和银行存款汇总付款凭证两种。

汇总付款凭证按“库存现金”或“银行存款”设置贷方科目，根据其对应的借方会计科目及其发生额分类汇总，根据凭证的全部合计数登记总分类账的“库存现金”账户或“银行存款”账户的贷方金额，根据各借方会计科目的合计金额分别登记总分类账设置的相应账户的借方金额。

由于现金汇总收款凭证不包括从银行提取的现金，银行存款汇总收款凭证不包括将库存现金存入银行的款项，两者反映的收入并不是该月份的全部现金和银行存款的收入，与现金日记账和银行存款日记账的本月借方发生额合计不是相等关系。而现金汇总付款凭证和银行存款汇总付款凭证则反映的是该月份现金和银行存款的全部支付金额，应与现金日记账和银行存款日记账的本月贷方发生额合计分别相等。

(一) 现金汇总付款凭证

现金汇总付款凭证，是根据现金的付款凭证定期汇总编制的一种凭证。

1. 现金汇总付款凭证的编制及作用

由于企业的现金支付应符合《现金管理暂行条例》的有关规定，因此，“库存现金”科目的对应会计科目范围较小。企业编制现金汇总付款凭证时，将“库存现金”作为贷方科目，并按其相对应的各借方会计科目及其发生额进行分类汇总，每10天填制一次，每月编制一份凭证。月份终了，根据现金汇总付款凭证的合计数，登记总分类账“库存现金”账户的贷方金额，根据各借方会计科目的合计金额分别登记总分类账设置的相应账户的借方金额。

2. 现金汇总付款凭证的填制要求

现金汇总付款凭证由企业的制证人员根据现金付款凭证填制。与现金汇总收款凭证相比，只是将汇总收款凭证的“收”改为“付”，左上角的借方科目改为贷方科目，凭证中间的“贷方科目”改为“借方科目”，其他填制方法基本相同。该项凭证的具体填制方法如下：

(1) 贷方科目。填写“库存现金”科目。

(2) 年月日。即填制现金付款汇总凭证的日期。由于现金汇总付款凭证是分旬填制的，每旬的实际填制日期都超过旬末日，下旬的实际填制日期一般在下月初，为了便于当月记账，日期应填写当月的月末日。

(3) 字　号。为现金汇总付款凭证本月的顺序编号。字前面填写“现汇付”字样，由于该项凭证每月只编制一份，字号应为现汇付字1号。

(4) 借方科目。为“库存现金”科目相对应的借方会计科目。根据该期现金付款凭证所涉及的借方会计科目填写。

(5) 金额。本部分包括分旬金额和合计金额。分旬金额根据各旬现金付款凭证的各借方会计科目的发生额分类汇总后对应填写。各借方会计科目分旬金额相加之和应分别填入各自的合计金额栏，各借方会计科目合计金额相加之和即为该项凭证的总合计金额，应与各旬合计金额相加之和相等，并与现金日记账本月贷方发生额合计数一致。

(6) 总账页数。即现金汇总付款凭证各会计科目合计金额应登记的总账页数。由记账人员根据该项凭证登记总分类账相应账户后填写，以防止重登、漏登的现象发生。

(7) 记账凭证起讫号。填写各旬的现金付款凭证的起讫编号。如上旬的现金付款凭证编号为现付 1 号～现付 28 号。

(8) 凭证签名。现金汇总付款凭证经制证人员填制并签名后，由审核人员和会计主管依次对该项凭证核对无误后签名，以保证该项凭证会计科目和金额的正确性。

【例 2-7-1】郑州中原公司 3 月份发生的现金付款业务如下：

(1) 3 月 1 日，将销售材料收到的现金 468 元存入银行。

(2) 3 月 3 日，以现金支付办公室苗青出差借款 5 000 元。

(3) 3 月 5 日，以现金支付财务科购会计凭证款 80 元，增值税 13.60 元。

(4) 3 月 10 日，将销售商品收到的现金 1 076.40 元存入银行。

(5) 3 月 10 日，以现金支付困难职工生活补助费 6 800 元。

(6) 3 月 12 日，以现金支付技术科购描图工具款 100 元，增值税 17 元。

(7) 3 月 13 日，以现金支付业务员刘亮出差借款 3 600 元。

(8) 3 月 15 日，将销售材料收到的现金 421.20 元存入银行。

(9) 3 月 18 日，以现金支付设备科常青出差借款 4 500 元。

(10) 3 月 20 日，将出售商品收到的现金 1 380.60 元存入银行。

(11) 3 月 22 日，以现金支付业务科招待费 96 元。

(12) 3 月 23 日，将销售商品收到的现金 234 元存入银行。

(13) 3 月 26 日，以现金支付办公室购买办公用品款 50 元，增值税 8.50 元。

(14) 3 月 28 日，以现金购印花税票 80 元。

(15) 3 月 29 日，以现金支付销售科业务招待费 85 元。

(16) 3 月 30 日，将出售材料收到的现金 304.20 元存入银行。

要求：根据以上经济业务填制证 2-7-1 汇总付款凭证。公司会计主管邹青、审核吕美、制证凤环。

(二) 银行存款汇总付款凭证

银行存款汇总付款凭证，是根据银行存款付款凭证定期汇总编制的一种记账凭证。

由于企业的较大部分付款业务通过银行转账支付，因此，“银行存款”科目的对应会计科目较多，与现金汇总付款凭证相比，银行存款汇总付款凭证的编制工作量也相应有所增加。

1. 银行存款汇总付款凭证的编制及作用

企业编制银行存款汇总付款凭证时，将“银行存款”作为贷方会计科目，按银行存款付款凭证中各借方会计科目及发生额定期进行分类汇总，一般每 10 天填制一次，每月编制一份记账凭证。月末，计算的汇总付款凭证总合计数应与银行存款日记账该月的贷方发生额一致，并据以登记总分类账“银行存款”账户的贷方金额；根据该项凭证中各借方会计

证 2-7-1　汇总付款凭证

汇 总 付 款 凭 证

贷方科目　　　　　　　　　　年　月　日　　　　　　　　　　字　号

借方科目	金　额				总账页数	记账凭证起讫号
	1—10 日	11—20 日	21—31 日	合　计		
合　计						

会计主管　　　　　　记账　　　　　　审核　　　　　　制证

科目的合计金额登记总分类账设置的相应账户的借方金额。

2. 银行存款汇总付款凭证的填制要求

银行存款汇总付款凭证由制证人员根据银行存款付款凭证填制。与现金汇总付款凭证相比，只需将凭证左上角贷方科目的“库存现金”改为“银行存款”，字号的现付汇字 1 号改为银汇付字 1 号，其他填制方法基本相同。该项凭证的具体填制方法如下：

(1) 贷方科目。填写“银行存款”科目。

(2) 年月日。即应填制银行存款汇总付款凭证的日期。由于银行存款汇总付款凭证也须分旬填写，填写日期应为该月的月末日。

(3) 字　号。即应填写的银行存款汇总付款凭证的顺序编号。字前面填写“银汇付”字样，该项凭证每月只需填制一份，字号应为银汇付 1 号。由于银行存款的对应科目较多，该项凭证可能需要填写多页凭证，编号应采用分数编号法，可分别填写银汇付 $1\frac{1}{n}$ 号、银汇付 $1\frac{2}{n}$ 号等。

(4) 借方科目。即应填写与“银行存款”科目相对应的借方会计科目。依据该期银行存款付款凭证所涉及的会计科目填写。

(5) 金额。本部分包括分旬金额和合计金额。分旬金额依据该旬银行存款付款凭证涉及的借方会计科目及其发生额分类汇总后对应填写。该旬合计金额应等于该旬全部银行存款付款凭证借方发生额合计之和。各借方会计科目分旬金额相加之和应填入各该会计科目的合计金额栏。各借方会计科目合计金额相加之和即为该项凭证的总合计金额，也就是该月支付的银行存款总数，应与各旬合计金额相加之和相等，并与银行存款日记账本月贷方发生额合计一致。

(6) 总账页数。即银行存款汇总付款凭证各会计科目合计金额应登记的总分类账页数。由记账人员根据该项凭证分别登记总分类账相应账户后填写，以防止出现重登、漏登的现象。

(7) 记账凭证起讫号。填写各旬银行存款付款凭证的起讫编号，以便审核人员对该项凭证的会计科目及金额进行核对。

(8) 凭证签名。该项凭证由制证人员填制并签名后，经审核人员和会计主管依次核对无误后分别签名，以保证该项凭证会计科目及金额的准确性。

【例 2-7-2】郑州中原公司 3 月份银行存款的支付业务如下:

(1) 3 月 1 日，承付湛江市海安公司托收承付款 585 000 元，增值税专用发票注明甲材料价款 500 000 元，增值税 85 000 元。

(2) 3 月 3 日，填制信汇凭证，通过银行向丽江市玉龙公司预付购货款 400 000 元。

(3) 3 月 5 日，开出现金支票，从银行提取现金 18 000 元，以备零星支出。

(4) 3 月 8 日，开具转账支票，通过郑州红十字会向灾区捐款 80 000 元。

(5) 3 月 9 日，向郑州市四通汽远公司开出转账支票，支付购货单位不承担的运费 3 800 元。

(6) 3 月 10 日，开具转账支票，将本月份职工工资 836 800 元转入职工个人账户。

(7) 3 月 11 日，缴纳上月增值税 126 000 元。

(8) 3 月 11 日，缴纳上月城市维护建设税 8 820 元，教育费附加 3 780 元。

(9) 3 月 12 日，承付九江市江州公司托收承付款 468 000 元。增值税专用发票注明乙材料价款 400 000 元，增值税 68 000 元。

(10) 3 月 15 日，开出转账支票支付销售科业务招待费 680 元。

(11) 3 月 16 日，开出现金支票提取现金 15 000 元，以备零星支出。

(12) 3 月 18 日，归还银行一年期借款 200 000 元。

(13) 3 月 19 日，从银行办理银行汇票一份，金额 850 000 元，由设备科到镇江市设备公司购置设备。

(14) 3 月 20 日，开出转账支票支付前欠郑州市设备修理厂修理费 3 510 元。

(15) 3 月 21 日，承付内江市川东公司托收承付款 702 000 元，其中丙材料 600 000 元，增值税 102 000 元。

(16) 3 月 22 日，开出转账支票，向郑州市四通汽运公司支付代岳阳市君山公司垫付购货运费 6 000 元。

(17) 3 月 23 日，开具转账发票，支付郑州市龙湖公司已退回包装物的押金 8 600 元。

(18) 3 月 26 日，支付本月银行贷款利息 26 800 元。

(19) 3 月 29 日，开具现金支票，支付业务员新明、李峰预借差旅费各 6 000 元。

(20) 3 月 31 日，开出现金支票提取现金 8 000 元，以备零星支出。

要求：根据以上经济业务填制证 2-7-2~证 2-7-4 汇总付款凭证。公司会计主管邹青、审核吕美、制证凤环。

证 2-7-2　汇总付款凭证

汇 总 付 款 凭 证

贷方科目　　　　　　　　　　年　　月　　日　　　　　　　　　字　　号

借方科目	金额				总账页数	记账凭证起讫号
	1—10 日	11—20 日	21—31 日	合　计		
合　　计						

会计主管　　　　记账　　　　　　　审核　　　　　　　制证

证 2-7-3　汇总付款凭证

汇 总 付 款 凭 证

贷方科目　　　　　　　　　　年　　月　　日　　　　　　　　　字　　号

借方科目	金额				总账页数	记账凭证起讫号
	1—10 日	11—20 日	21—31 日	合　计		
合　　计						

会计主管　　　　记账　　　　　　　审核　　　　　　　制证

证 2-7-4 汇总付款凭证

汇总付款凭证

贷方科目　　　　　　　　　　　　年　月　日　　　　　　　　　　字　号

借方科目	金额				总账页数	记账凭证起讫号
	1—10日	11—20日	21—31日	合计		
合计						

会计主管　　　　记账　　　　审核　　　　制证

八、汇总转账凭证

汇总转账凭证，是根据转账凭证中的每个贷方科目设置，并按凭证中相对应的借方会计科目及发生额定期归类汇总填制的凭证。

1. 汇总转账凭证与汇总付款凭证的联系与区别

由于汇总付款凭证也是按贷方会计科目设置，对其借方会计科目及发生额定期分类汇总的凭证，因此汇总转账凭证的编制在某些方面与汇总付款凭证比较接近。两种汇总凭证的共同点都是将贷方会计科目置放于凭证的左上角，按其对应的借方会计科目及发生额归类汇总每10天填写一次，每月编制一份凭证。不同点是编制汇总付款凭证的现金付款凭证或银行存款付款凭证的贷方会计科目(库存现金或银行存款)本身就被置放于凭证的左上角，与各借方会计科目的对应关系十分明了，在编制汇总付款凭证时，“库存现金”或“银行存款”科目仍被置放在左上角，从形式上没有什么变化，只需将一定时期付款凭证涉及到的借方会计科目及发生额分类汇总后填入汇总付款凭证；在转账凭证中借方、贷方会计科目均置放在凭证中，不存在以付款凭证填制汇总付款凭证的便利条件，凭证中的会计分录存在着一借多贷、多借一贷、多借多贷三种形式，特别是将多借多贷会计分录的转账凭证进行分类汇总时，更存在一定的难度。因而填制汇总转账凭证的工作量也相应增大。

2. 汇总转账凭证的填制要求

汇总转账凭证由制证人根据转账凭证填制，其具体填制方法如下：

(1) 贷方科目。根据转账凭证中的有关贷方会计科目分别在汇总凭证中填写。

(2) 年月日。即填制汇总转账凭证的具体日期。由于汇总转账凭证分旬进行填制，有些业务不一定在各旬都会发生，不论各会计科目的合计金额在当月月末或次月月初填写，为了便于当月记账，日期均应填写当月的月末日。

(3) 字　号。即汇总转账凭证当月的顺序编号。字前面填写“汇转”字样，号前面填写该类凭证本月的顺序编号。如某汇总转账凭证的编号为汇转字18号。

(4) 借方科目。即该项凭证中所设置的贷方会计科目相对应的借方会计科目。应根据相应转账凭证所涉及的借方会计科目填写。如本月份各车间、部门领用材料的转账凭证，在填制汇总转账凭证时，以“原材料”作为贷方会计科目，各转账凭证中与“原材料”科目相对应的“生产成本”、“制造费用”、“在建工程”、“管理费用”、“销售费用”等科目均为借方会计科目。

(5) 金额。本部分包括分旬金额和合计金额。分旬金额依据该旬涉及到的转账凭证各借方会计科目及发生额分类汇总后对应填写，各借方会计科目分旬金额相加之和应填入各该会计科目的合计金额栏。各借方会计科目合计金额相加之和为该项凭证的总合计金额，应与各旬合计金额相加之和相等。

(6) 总账页数。即汇总转账凭证中各会计科目的合计金额应登记总分类账的页数。由记账人员登记总分类账中相应账户后填写，以防止重记、漏记的现象发生。

(7) 记账凭证起讫号。填写各旬转账凭证的编号。由于各旬转账凭证很难发生现金或银行存款收、付款凭证的连续编号，应根据实际涉及的凭证编号填写。如某项汇总转账凭证上旬的转账凭证编号为转 8 号、转 15 号、转 19 号。

(8) 凭证签名。某项汇总转账凭证由制证人员填制并签名后，经审核人员和会计主管分别核对无误后依次签名，以保证该项凭证会计科目及金额填写的准确性。

【例 2-8-1】郑州中原公司 3 月份发生下列投资业务 (增值税专用发票的价税合计均为双方协商价)：

(1) 3 月 2 日，收到扬州市芜城公司投资丁产品生产线一套，增值税专用发票注明价款 3 000 000 元，增值税 510 000 元，设备交付生产使用。

(2) 3 月 3 日，收到长沙市岳麓山公司投资甲材料一批，增值税发票注明价款 2 000 000 元，增值税 340 000 元。

(3) 3 月 15 日，收到扬州市芜城公司投资的丁产品专利权一项，双方确认价值 680 000 元。

(4) 3 月 16 日，收到泉州市灵山公司投资庚材料一批，增值税发票注明价款 1 500 000 元，增值税 255 000 元。

(5) 3 月 31 日，收到泉州市灵山公司投资办公楼一栋，双方确认价值 8 600 000 元。

要求：根据以上资料填制证 2-8-1 汇总转账凭证。凭证编号为汇转字 12 号。

证 2-8-1　汇总转账凭证

汇 总 转 账 凭 证

贷方科目　　　　年　月　日　　　　字　号

借方科目	金额				总账页数	记账凭证起讫号
	1—10 日	11—20 日	21—31 日	合　计		
合　计						

会计主管　　　　记账　　　　审核　　　　制证

【例 2-8-2】郑州中原公司 3 月份各车间、部门领用材料的业务如下：

(1) 3 月 6 日，一车间生产甲产品领用乙材料计划成本 350 000 元，生产乙产品领用甲材料计划成本 420 000 元。领用车间一般耗用丁材料计划成本 13 000 元。

(2) 3 月 8 日，二车间领用甲材料计划成本 396 000 元，其中生产丙产品 380 000 元，车间一般耗用 16 000 元。

(3) 3 月 12 日，公司管理部门领用戊材料计划成本 5 000 元。

(4) 3 月 15 日，销售科运输车辆为客户免费送货，领用汽油计划成本 3 000 元。

(5) 3 月 26 日，一车间领用一般耗用庚材料计划成本 5 000 元。

要求：根据以上资料填制证 2-8-2 汇总转账凭证。凭证编号为汇转字 16 号。公司会计主管邹青、审核吕美、制证凤环。

证 2-8-2　汇总转账凭证

汇 总 转 账 凭 证

贷方科目　　　　　　　　　　　　年　　月　　日　　　　　　　　　　　字　　号

<table>
<tr><th rowspan="2">借方科目</th><th colspan="4">金　　额</th><th rowspan="2">总账页数</th><th rowspan="2">记账凭证起 讫 号</th></tr>
<tr><th>1—10 日</th><th>11—20 日</th><th>21—31 日</th><th>合　计</th></tr>
<tr><td></td><td></td><td></td><td></td><td></td><td></td><td></td></tr>
<tr><td></td><td></td><td></td><td></td><td></td><td></td><td></td></tr>
<tr><td></td><td></td><td></td><td></td><td></td><td></td><td></td></tr>
<tr><td></td><td></td><td></td><td></td><td></td><td></td><td></td></tr>
<tr><td></td><td></td><td></td><td></td><td></td><td></td><td></td></tr>
<tr><td></td><td></td><td></td><td></td><td></td><td></td><td></td></tr>
<tr><td>合　　计</td><td></td><td></td><td></td><td></td><td></td><td></td></tr>
</table>

会计主管　　　　　　　记账　　　　　　　　审核　　　　　　　　制证

第三部分　会计账簿

一、会计账簿概述

会计账簿简称账簿，是指由一定格式账页组成的，以会计凭证为依据，全面、连续、系统地记录一个单位各项经济内容的簿籍。设置和登记会计账簿是会计核算的一种基本方法，对会计工作的效率和会计核算的质量都有着重要的影响。在形式上，会计账簿表现为若干账页的组合；在实质上，会计账簿可以为企业提供所需要的各种会计信息，是编制财务报表的基础，是连接会计凭证与财务报表的中间环节。

(一) 会计账簿的分类

会计账簿可以按用途、账页格式和外表形式等不同标准进行分类。账簿按用途不同，可以分为序时账簿、分类账簿和备查账簿；按账页格式不同，可以分为三栏式账簿、多栏式账簿和数量金额式账簿；按外表形式不同，可以分为订本式账簿、活页式账簿和卡片式账簿。

(二) 会计账簿的基本构成

在实际工作中，会计账簿的格式是多种多样的，但各种账簿都包括封面、扉页和账页这三个基本要素。

1. 封面

封面主要用以标明账簿的名称，如总分类账、现金日记账、银行存款日记账、各种明细分类账等。

2. 扉页

扉页也可以称为账簿启用表，主要内容包括单位名称、账簿名称、起止页数、会计主管人员、经管人员、账簿启用日期、移交日期和接管日期等。

3. 账页

账页是账簿的主体，是用来记录单位经济业务的表格。账页的格式因所记录经济业务的内容不同而有所区别，但基本内容应包括账户的名称、记账日期、记账凭证种类和号数、摘要、金额和页次。

(三) 会计账簿登记的基本要求

为了保证会计账簿登记的正确性，会计人员应当根据审核无误的会计凭证登记账簿。

会计账簿登记的具体要求如下：

1. 准确完整

会计人员登记账簿时，应将会计凭证日期、凭证编号、经济业务内容摘要、金额和其他有关资料逐项记入账页。做到数字准确、摘要清楚、登记及时和字迹工整。

2. 注明记账符号

会计人员将账簿登记完毕后，应在记账凭证上签名或者盖章，并在记账凭证的记账符号栏内注明账簿页数或画勾，表示记账完毕，以避免重记、漏记的现象发生。

3. 书写留空

账簿中书写的文字和数字上面要留有适当的空格，不要写满格，一般应占格距的 1/2。一旦发生登记错误时，能比教容易地进行更正。

4. 常记账使用蓝黑墨水

会计档案管理办法对各种会计账簿的保管期限进行了明确规定，如总账和明细账的保管期限为 15 年，现金日记账和银行存款日记账的保管期限为 25 年。为了保证会计账簿记录能长久保存，会计人员登记账簿要用蓝黑墨水或碳素墨水书写，不得使用圆珠笔(银行的复写账簿除外)或者铅笔书写。

5. 特殊记账使用红墨水

根据有关规定，会计人员对下列情况可以用红色墨水记账：

(1) 按照红字冲账的记账凭证，冲销错误记录。如用红字更正法填制的记账凭证，用以冲销原记账错误。

(2) 在不设借贷栏的多栏式账页中，登记减少数。如生产成本明细账，蓝字表示生产某种产品领用的材料、分配的产品生产工人工资及制造费用等，红字表示结转的完工入库产成品成本。

(3) 在三栏式账页的余额栏前，如未印余额方向的，在余额栏内登记负数余额。

(4) 根据国家统一会计制度的规定可以用红字登记的其他会计分录。如应交税费——应交增值税明细账，在“进项税额”专栏中用红字登记向材料供应单位退回所购货物应冲销的进项税额，在“已交税金”专栏中用红字登记国税部门退回的多交增值税，在“销项税额”专栏中用红字登记购货方退回企业销售货物应冲销的销项税额，在“出口退税”专栏中用红字登记出口货物办理退税后发生退货或退关所补缴的已退税额。

6. 顺序连续登记

会计人员在记账时，对各种账簿应按页次顺序连续登记，不得跳行、隔页。如果发生跳行、隔页，应将空行、空页划线注销，或者注明“此行空白”、“此页空白”字样，并由记账人员签名或者盖章，防止在账簿登记中出现漏洞。

7. 结出余额

凡需要结出余额的帐户，结出余额后，应当在“借或贷”栏次内写明“借”或“贷”字样，用以表示余额的方向；对于没有余额的账户，应当在“借或贷”栏次内写“平”字，并在余额栏的元位以“-0-”表示。现金日记账和银行存款日记账必须逐日结出余额。

8. 过次承前

会计人员对每一账页登记完毕时，应当结出本页借方、贷方发生额合计数及余额，在该账页最后一行“摘要”栏内注明“过次页”，并将这一行金额记入下一页第一行有关金额栏内，摘要栏内注明“承前页”字样，然后再根据有关凭证继续记账。

9. 不得刮擦涂改

如发生记账错误，不得刮、擦、挖补或用药水更改字迹，应根据错账的具体情况，分别采用划线更正法、红字更正法或补充登记法进行更正。

为了使账簿使用人员掌握有关账簿的具体登记方法，本部分提供了总分类账，现金和银行存款日记账，三栏式、多栏式和数量金额式账簿以及专设的材料采购、生产成本、固定资产、应付职工薪酬、应交税费(增值税)、本年利润和利润分配等专用格式明细账。此外还设置了应收票据、应付票据和租入固定资产登记簿等备查账簿格式，以及账簿启用表。可供操作人员结合有关业务内容进行不同账页格式的登记。

二、账簿启用表

账簿启用表也称账簿扉页，是指对各种账簿启用时，填写单位名称、账簿名称、起止页数、启用日期以及经管人员等内容的一览表。

（一）启用会计账簿的要求

单位在启用会计账簿时，应按账簿规定的内容填写，还应加盖记账人员、会计机构负责人的名章和单位公章。记账人员调动工作时，应当注明交接日期、接管人员、监交人员(一般由会计主管负责监交)，并由交接双方人员签名或者盖章，目的是明确有关人员的责任，提高有关人员的责任感和维护会计记录的严肃性。

（二）账簿启用表的填写方法

账簿启用表由该册账簿的经管人员填写，具体填写方法如下：

1. 单位名称

填写使用账簿的单位名称，并在单位公章栏加盖公司或会计部门公章。

2. 账簿名称

填写该册账簿的具体名称，如总分类账、现金日记账、固定资产明细账、生产成本明细账等。

3. 账簿编号

本部分包括账簿的字、号及册数。字、号为该册账簿的顺序编号，如郑州中原公司的固定资产明细账编号为 18 号，字前面填写“郑中财”字样，号前面填写“18”，即郑中财字第 18 号。如该单位的固定资产明细账有 8 册，本册账簿为第 2 册，在第　册中填写“2”，共　册中填写“8”，即为“第 2 册，共 8 册”。

4. 账簿页数

即该册账簿的全部页数。总分类账、现金日记账、银行存款日记账等订本式账簿印刷时已有固定的顺序页码，可按最后一页的页码抄入。活页式账簿在装订成册后根据实际页数填写。

5. 启用日期

即该册账簿实际启用的日期。本年 1 月 1 日以前已成立的单位已设置账簿的，启用日期填写本年的 1 月 1 日；在本年内某一时期新成立的企业，按该册账簿的实际启用日期填写。

6. 经管或接管日期

该册账簿的经管人员在本栏的第一行签名、盖章、填写日期后，有会计机构负责人在该行的相应位置签名盖章。如当年首任账册经管人员工作调动，应在第一行移交日期栏内填写正式移交的日期。接管人员在第二行的经管人员处签名盖章，按上行的移交日期填入经管或接管日期栏内，并由监交人(会计负责人)在第二行的相应位置签名盖章，表示双方交接完成。

7. 印花税票粘贴处

按照税法的有关规定，账簿在启用时应粘贴印花税票，并划线注销。除资金账簿外的其他账簿一律贴花 5 元，资金账簿按实收资本和资本公积之和的万分之五计算贴花，如税额超过 500 元，不再贴印花税票，应向税务机关申请填写缴款书，采用“汇贴”方式贴花。企业设置的资金账簿可以在以后年度继续使用，只须对以后年度增加的资本金计算缴纳印花税额。

【例 3-2-1】 1 月 1 日，郑州中原公司出纳员李佳启用新年度的现金日记账，会计部门对现金日记账的编号为 2 号，该册账簿页数为 200 页，每年只需一本就可以完成全年的现金记账工作。公司会计主管为邹青。

要求：根据以上资料填写表 3-1 账簿启用表。

表 3-1 账簿启用表

<table>
<tr><th colspan="11">账簿启用表</th></tr>
<tr><td colspan="2">单位名称</td><td colspan="7"></td><td colspan="2">单位公章</td></tr>
<tr><td colspan="2">账簿名称</td><td colspan="7"></td><td colspan="2" rowspan="4"></td></tr>
<tr><td colspan="2">账簿编号</td><td colspan="7">字第　　号第　　册共　　册</td></tr>
<tr><td colspan="2">账簿页数</td><td colspan="7">本账簿共计　　　　页</td></tr>
<tr><td colspan="2">启用日期</td><td colspan="7">年　　月　　日</td></tr>
<tr><td colspan="2">经管人员</td><td colspan="3">经管或接管日期</td><td colspan="3">移交日期</td><td colspan="2">会计负责人</td><td>印花税票粘贴处</td></tr>
<tr><td>姓名</td><td>盖章</td><td>年</td><td>月</td><td>日</td><td>年</td><td>月</td><td>日</td><td>姓名</td><td>盖章</td><td rowspan="6"></td></tr>
<tr><td></td><td></td><td></td><td></td><td></td><td></td><td></td><td></td><td></td><td></td></tr>
<tr><td></td><td></td><td></td><td></td><td></td><td></td><td></td><td></td><td></td><td></td></tr>
<tr><td></td><td></td><td></td><td></td><td></td><td></td><td></td><td></td><td></td><td></td></tr>
<tr><td></td><td></td><td></td><td></td><td></td><td></td><td></td><td></td><td></td><td></td></tr>
<tr><td></td><td></td><td></td><td></td><td></td><td></td><td></td><td></td><td></td><td></td></tr>
</table>

三、总分类账

总分类账简称总账，是按照总账科目(即一级会计科目)设置的账簿。总分类账用以分类登记一个单位的全部经济业务，向企业提供有关资产、负债、所有者权益、收入、费用、成本和经营成果等总括核算资料，便于企业决策分析，上述资料也是编制财务报表的重要依据。按有关规定每个单位都应设置总分类账。

(一) 总分类账的登记方式

企业采用的会计核算形式不同，登记总分类账的方式也有所区别。采用记账凭证核算形式的单位，可以直接根据记账凭证每 3 天、5 天或 10 天定期登记总分类账；采用科目汇总表核算形式的单位，可以根据定期汇总编制的科目汇总表，及时登记总分类账；采用汇总记账凭证核算形式的单位，可以根据汇总收款凭证、汇总付款凭证和汇总转账凭证，于月末登记总分类账。具体采用哪一种会计核算形式，每隔几天登记一次总账，可以根据本单位的实际情况自行确定。

(二) 总分类账的登记方法

总分类账一般由管理总账报表的会计人员或会计主管人员负责登记，具体登记方法如下：

1. 会计科目及编号

会计科目及编号是企业根据自身的管理特点和经济业务状况，在总分类账的账页上设置的一级会计科目及其编号。如“库存现金”科目的编号为1001，在账页上可以既写会计科目又写编号，也可以只写会计科目不写编号，但不能只写编号不写会计科目。

企业在不违反会计准则的确认、计量和报告规定的前提下，可以根据本单位的实际情况增设、分拆、合并会计科目。企业不存在的交易和事项，可不设置相关会计科目。如工业企业可以不设置“周转材料”科目，而设置“包装物”和“低值易耗品”科目；对支付手续费的代销商品，可以不设“发出商品”科目，而设置“委托代销商品”科目。商品流通企业管理费用较少的，可以不设“管理费用”科目，而将其核算内容并入“销售费用”科目。

2. 年月日

年为设置该册账簿的年度，及具体日期。应与登记总分类账的记账凭证日期一致。

3. 凭证字号

凭证字号是登记总分类账的记账凭证顺序编号。如根据记账凭证逐笔登记总分类账的现收××号、银付××号、转××号等；根据科目汇总表登记总分类账的科汇××号；根据汇总记账凭证登记总分类账的银汇收××号、汇转××号等。

4. 摘要

摘要是应填写的记账凭证摘要，根据记账凭证直接登记总账的，按照登记总账的收款、付款、转账凭证上的摘要内容填写。根据科目汇总表或汇总记账凭证登记总账的，由于该类凭证没有摘要，在总分类账的摘要栏内填写“根据科目汇总表”或根据“汇总收款凭证”等字样，作为凭证摘要。

5. 借方(金额)

借方(金额)是应登记总分类账的借方发生额。不同的凭证登记总账借方(金额)的方式也有所区别。根据收款凭证、汇总收款凭证登记总分类账的，由于作为借方科目的“库存现金”或“银行存款”填写在凭证左上角，应依据该类凭证的全部合计数，分别登记总分类账“库存现金”、“银行存款”的借方(金额)；根据付款凭证、转账凭证登记总分类账的，由于该类凭证的借方会计科目填写在凭证中，应按照该类凭证中的借方会计科目金额填写；根据汇总付款凭证，汇总转账凭证登记总分类账的，应按照该类凭证中借方会计科目金额合计填写；根据科目汇总表登记总分类账的，应按表中会计科目的借方金额对应填写。

6. 贷方(金额)

贷方(金额) 是应登记总分类账的贷方发生额。根据付款凭证、汇总付款凭证、汇总转账凭证登记总分类账的，由于库存现金、银行存款及其他有关会计科目作为贷方会计科目填写在凭证的左上角，应按该类凭证的全部合计数填写总分类账的贷方(金额)；根据收款凭证直接登记总账的，按凭证中的贷方会计科目金额填写；根据汇总收款凭证登记总分类账的，按凭证中贷方会计科目合计金额填写；根据科目汇总表登记总分类账的，按表中会计科目贷方金额填写。

7. (期末)余额

(期末)余额是应结出的总分类账期末余额。根据上期期末借方余额加本期借方发生额合计减本期贷方发生额合计，或上期期末贷方余额加本期贷方发生额合计减本期借方发生额合计所计算的数据填写。如为借方余额，在余额前的“借或贷”栏次内填写“借”；如为贷方余额，在余额前的“借或贷”栏次内填写“贷”；没有余额的，在余额栏的“元”位上填写符号“-0-”，在“借或贷”栏次内填写“平”。

企业应在期末将记账凭证全部登记入账后结出每一总分类账账户的本期借方、贷方发生额合计及期末余额，在摘要栏内注明“本月合计”字样，并在该行下面划一通栏红线，表示月结。如借方、贷方发生额均为一笔，则不需要合计，将期末余额写在最后一笔业务的余额栏内，并在该行下划通栏单红线。企业月末结账划红线的目的，是为了突出本月合计数及月末余额，表示本期的会计记录已全部记账，并将本期与下期的记录明显分开。

年终结账时，应结出各总分类账户的全年借方、贷方发生额合计和年末余额，在摘要栏内注明“本年合计”字样，并在合计数下划双红线，表示年结。全年借方、贷方发生额合计应分别等于各月借方、贷方发生额合计相加之和，年末余额按上述公式计算，应与最后月份的的期末余额相等。并在账页内保持年末余额，不得结平。在下一年度设置新账时，在日期栏内填写 1 月 1 日，摘要栏内注明“上年结转”字样，把上年余额直接填写在同一会计科目账页第一行的余额内，并在“借或贷”栏次内注明借、贷方向。

【例 3-3-1】郑州中原公司上年度原材料总账年末为借方余额 865 860 元，该单位按旬编制科目汇总表并据以登记总分类账。1 月 10 日编制的科目汇总表“原材料”科目借方金额 1 267 500 元，贷方金额 1 386 600 元；1 月 20 日编制的科目汇总表“原材料”科目借方金额 758 800 元，贷方金额 695 960 元；1 月 31 日编制的科目汇总表中“原材料”科目借方金额 665 980 元，贷方金额 618 590 元。

要求：根据以上资料登记表 3-2 总分类账。

表 3-2 总分类账

总 分 类 账

会计科目及编号

年		凭证		摘 要	借 方	√	贷 方	√	借或贷	余 额	√
月	日	字	号								
				过 次 页							

四、现金日记账

现金日记账简称现金账，是用来核算和监督单位库存现金每天收入、支出和结存情况的账簿。

现金日记账是根据现金收款凭证、现金付款凭证、取现金的银行存款付款凭证逐日逐笔进行登记的。现金日记账要求日清日结，应按照“上日余额＋本日收入－本日支出＝本日余额”的公式，逐日结出余额，与库存现金实存数进行核对，便于及时查找差错，以保证库存现金的安全完整。

(一) 现金日记账账页格式的设置

现金日记账账页的格式一般采用三栏式，在账页中设置借方、贷方和余额三个基本的金额栏目，也可将上述三个基本栏目分别称为收入、支出和结余。采用多栏式日记账核算形式的单位，可以设置多栏式现金日记账进行现金的收支核算。为了保证现金日记账记录的安全完整，不论采用哪种形式的账页，都必须采用订本式账簿。

(二) 现金日记账的登记方法

现金日记账由单位管理现金的出纳人员，根据审核无误的现金收款、付款凭证及取现金的银行存款付款凭证逐笔进行登记。本部分对三栏式现金日记账的登记方法说明如下。

1. 年月日

年填写设置该册现金日记账的年度，月、日根据记账凭证的日期进行填写。

2. 凭证字号

根据登记现金日记账的记账凭证顺序编号填写。如现金收款凭证的字号为现收 16 号，现金付款凭证的字号为现付 28 号，取现金的银行存款付款凭证的字号为银付 19 号。

3. 对方科目

根据记账凭证中与库存现金相对应的会计科目填写。如职工预借差旅费的现金付款凭证，“库存现金”的对方科目为“其他应收款”科目。填写对方科目的目的是便于分析现金收入的来源和现金支付的渠道。

4. 摘要

根据记账凭证的摘要填写。

5. 现金支票号码

根据取现金的银行存款付款凭证所附的现金支票存根联号码填写。

6. 借方(金额)

即库存现金的收入额。根据现金收款凭证的合计金额或取现金的银行存款付款凭证中的“库存现金”科目金额填写。

7. 贷方(金额)

即库存现金的支出额。根据现金付款凭证的合计金额填写。

8. 余额

即库存现金日记账的本日余额及期末余额。单位的出纳人员每日将收付款项逐笔登记完毕后，应分别计算当日的借方、贷方发生额合计及账面结余额，在该行摘要栏注明“本日合计”字样，并在该行下划一条通栏单红线，以便和次日的经济业务记录分开。

月末结账时，应在最后一笔经济业务记录下面划一单红线，结出本月借方、贷方发生额合计和余额，期末余额应与该月最后一日结出的余额一致，在摘要栏里注明“本月合计”字样，并在该行下划一条通栏单红线，表示月结。

【例 3-4-1】郑州中原公司采用三栏式现金日记账进行现金收支业务的登记。上年末现金日记账余额为 1 268 元。1 月 1 日、2 日为元旦假期，1 月 3 日发生下列现金收支业务:

1. 从银行提取现金 5 000 元，以备零星支出。现金支票号码 10082966，凭证字号为银付 1 号。

2. 以现金支付业务员于明出差借款 3 800 元。

3. 向郑州市金桥公司售出丁材料收到现金 117 元。其中货款 100 元，增值税 17 元。

4. 收到办公室苗青报销差旅费退回的借款余额 286 元。

5. 以现金支付财务科购买记账凭证款 93.60 元，其中：货款 80 元，增值税 13.60 元。

6. 将出售丁材料收到的现金 117 元存入银行。

要求：根据以上经济业务编制的会计分录填制有关记账凭证，并据以登记表 3-3 现金日记账，结出该日借方、贷方发生额合计及余额。

表 3-3 现金日记账

现 金 日 记 账

年		凭证		对方科目	摘要	现金支票号码	借方	√	贷方	√	余额
月	日	字	号								
				过次页							

五、银行存款日记账

银行存款日记账简称银行账，是用来核算和监督单位银行存款每日收入、支出和结余情况的账簿。

银行存款日记账根据银行存款收款凭证、银行存款付款凭证、存现金的现金付款凭证逐日逐笔进行登记。每日终了，必须结出存款余额，以便对次日的资金使用进行合理安排，避免开出“空头支票”，发生“透支”的现象。月末将单位记录的银行存款日记账账面余额与银行对账单余额核对，如不一致，应对双方记录的收入、支出业务逐笔核对，找出未达账项，编制“银行存款余额调节表”。

(一) 银行存款日记账设置的要求

银行存款日记账应按单位在银行开设的账户和币种分别设置。单位在银行开设的账户包括基本存款账户、一般存款账户、专用存款账户和临时性存款账户等。

基本存款账户是单位因办理日常转账结算和现金收付业务需要开立的账户，每个单位只能开立一个基本存款账户。一般存款账户是单位因借款或其他结算需要，在基本存款账户开户银行以外的银行营业机构开立的银行结算账户，该账户可以办理现金缴存，但不得办理取金支取。专用存款账户是单位按照法律、行政法规和规章，对其特定用途资金进行专项管理和使用而开立的银行结算账户，如基本建设资金、期货贸易保证金、财政预算外资金、粮棉油收购资金、证券交易结算资金等。临时存款账户是指单位因临时需要并在规定期限内使用而开立的银行结算账户，如设立临时机构、异地临时经营活动、注册验资、增资等。

单位对每个银行账户都应设置一本银行存款日记账进行相应的存款收支业务核算，以便加强银行存款的日常管理。

银行存款日记账的格式与现金日记账相同，一般使用三栏式账页。采用多栏式日记账核算形式的单位可以使用多栏式账页。但不论使用哪种格式的账页，银行存款日记账一律采用订本式账簿，以保证账簿记录的安全完整。

(二) 银行存款日记账的登记方法

银行存款日记账由单位负责管理银行存款的出纳人员登记。本部分仅对三栏式银行存款日记账的登记方法说明如下：

1. 年月日

年为设置该册账簿的年度，月、日按记账凭证注明的日期填写。

2. 凭证字号

凭证字号根据登记银行存款日记账的记账凭证编号填写。如银行存款收款凭证字号为银收××号，银行存款付款凭证字号为银付××号，存现金的现金付款凭证字号为现付××号。

3. 对方科目

对方科目填写记账凭证中与“银行存款”相应的会计科目。如存现金的现金付款凭证中“银行存款”的对应会计科目为“库存现金”。对涉及到两个或两个以上的对应会计科目时，填写主要的对应会计科目。如以银行存款采购材料的业务中，“银行存款”的对应会计科目为“材料采购”和“应交税费”科目，由于该栏空间位置限制，应填写的对方科目为“材料采购”科目。

4. 摘要

摘要应根据记账凭证的摘要进行填写。

5. 支票种类号码

支票种类号码是指填写银行存款付款业务开具的现金支票和转账支票号码。根据银行存款付款凭证所附的现金支票存根联或转账支票存根联，在种类栏填写“现支”或“转支”字样，号码栏根据所附的支票存根联号码对应填写，一般填写后4位数字。

6. 借方(金额)

借方（金额）是指银行存款的收入额。根据银行存款收款凭证合计栏金额或存现金的现金付款凭证中“银行存款”科目金额填写。

7. 贷方(金额)

贷方（金额）是指银行存款的支出额。根据银行存款付款凭证合计栏金额填写。

8. 余额

余额是指银行存款当日或月份终了的余额。银行存款要求日清月结，每日终了，单位应结出当日的银行存款借方、贷方发生额合计及余额，当日余额的计算方法与库存现金一致。结出当日余额的目的是为了掌握单位在次日可支配的资金数额，以便合理分配资金使用，避免开具空头支票遭受不必要的罚款。单位应在当日最后一笔业务下行填写本日借方、贷方发生额合计及余额，在摘要栏注明“本日合计”字样，并在该行下面划一条通栏单红线，以便和次日业务区别，同时也便于月末计算本月的借方、贷方发生额合计数。

月末，根据每日合计的借方、贷方发生额合计分别计算该月的借方、贷方发生额合计，月末余额按“上月末结存余额＋本月借方发生额合计－本月贷方发生额合计”所计算的数据填写，计算结果应与该月最后一日结出的余额一致。在该行的摘要栏注明“本月合计”字样，在下面划一条通栏单红线，表示月结。

9. 过次承前

过次承前是在本页账页最后一行“过次页”和次页账页第一行“承前页”应填写的数据。由于银行存款日记账应结出每日收入、支出合计数及余额，往往会遇到在本页页末结计“本日合计”与“过次页”如何处理的问题，单位在记账时可按以下不同情况分别处理：

(1) 如当日记账凭证已全部登记入账，并在本页“过次页”的上一行已计算填写“本日合计”的借方、贷方发生额合计及本日余额，仅将该日余额记入本页的“过次页”和次页的“承前页”；然后在次页的“承前页”下一行继续登记其他日期的记账凭证。

(2) 如当日记账凭证在本页“过次页”上一行已全部登记入账，但无空行填写“本日合计”的借方、贷方发生额合计及本日余额，可将该日余额记入本页的“过次页”和次页的“承前页”；然后在次页“承前页”的下一行计算填写“本日合计”的借方、贷方发生额合计及本日余额。

(3) 如当日记账凭证未能在本页“过次页”上一行全部登记入账，可依据当日记账凭证在账页上已登记的金额，计算出其借方、贷方发生额合计及余额，记入本页的“过次页”和次页的“承前页”；然后根据当日尚未登记入账的记账凭证，在次页“承前页”的下一行继续登记，待当日记账凭证全部登记入账后，再计算填写“本日合计”的借方、贷方发生额合计及本日余额。

【例 3-5-1】郑州中原公司采用三栏式日记账进行银行存款的收支业务登记，上年末银行存款日记账余额为 654 860 元。1 月 1 日和 2 日为元旦假期，1 月 3 日发生下列银行存款收付业务：

1. 收到银行转来信汇凭证 1 份，为贵阳市黔山公司预付购货款 650 000 元。

2. 收到衡阳市南岳公司承付到期商业承兑汇票款 536 000 元。

3. 开具现金支票从银行提取现金 5 000 元，以备零星支出，现金支票号码 10082966。

4. 承付江西九江市江州公司托收承付款 468 000 元，增值税专用发票注明丁材料价款 400 000 元，增值税 68 000 元。

5. 将当日销售材料收到的现金 117 元存入银行账户(凭证编号为现付 3 号)。

6. 开出转账支票，归还开户银行到期短期借款 800 000 元。转账支票号码为 36001158。

要求：根据以上经济业务编制的会计分录填制相应的记账凭证，登记表 3-4 银行存款日记账，并结出本日借方、贷方发生额合计及余额。

表 3-4 银行存款日记账

银行存款日记账

年		凭证		对方科目	摘要	支票		借方	√	贷方	√	余额
月	日	字	号			种类	号码					
					过次页							

六、材料采购明细账

材料采购明细账，是核算企业生产用材料的购进、入库及期末尚未收到的在途材料实际成本的账簿。

材料采购明细账的借方、贷方及期末结存反映材料的实际采购成本，适用于原材料按计划成本核算的工业企业。原材料按实际成本核算的工业企业，批发或零售商品的商品流通企业，对其购进的材料和商品，应通过在途物资明细账核算。

(一) 材料采购成本的构成

企业购进材料的采购成本是由买价、运杂费等相关项目构成的，具体内容如下：

1. 买价

买价是指某种材料实际购买的出厂价格，指销货方开具的增值税专用发票在金额栏填写的该种材料金额。

2. 运杂费

运杂费是指企业购进材料支付的运杂费。包括运输费、装卸费、保险费、包装费、仓储费等，运输费指扣除按税法规定计算的可抵扣增值税进项税额后的费用。

3. 入库前的挑选整理费用

入库前的挑选整理费用包括挑选整理过程中发生的工资、费用支出和必要的损耗，并减去回收的下脚废料价值。

4. 税金

税金是指购进材料应负担的税金。如进口材料在海关缴纳的关税，小规范纳税人、生产免税产品的一般纳税人购进材料不能抵扣的增值税等。

(二) 材料采购明细账的登记方法

材料采购明细账由企业负责材料管理的记账人员登记，具体登记方法如下：

1. 供货单位

根据记账凭证所附的增值税专用发票的销货单位填写。

2. 材料名称

根据记账凭证所附增值税专用发票注明的某种材料名称填写。

3. 年月日

年填写设置该册账簿的年度，月、日依据记账凭证注明的日期填写。

4. 摘要

摘要应根据记账凭证的摘要填写。

5. 借方(金额)

借方(金额)反映购进该种材料的采购成本，包括买价、运杂费等。根据记账凭证所附的材料采购成本计算表中该种材料的买价、运杂费以及合计金额对应填写。

6. 贷方(金额)

贷方(金额)是指购进材料入库转出的金额。根据记账凭证中所附的材料入库单的该种材料的实际成本填写。

7. 余额

余额是指企业期末尚未收到的在途材料金额。根据购进该种材料的借方发生额合计数字填写。

月份终了，在该月最后一笔入账经济业务下划一通栏单红线，表示该月的经济业务已全部登记入账。计算填写该种购进材料的借方发生额(包括买价、运杂费等)合计、贷方发生额合计及期末余额，在摘要栏注明“本月合计”字样，并在该行下划一通栏单红线，表示月结。

【例 3-6-1】郑州中原公司元月份从镇江市金山公司购进的丙材料有关业务如下 (该明细账上年末无余额):

1. 1 月 5 日，承付镇江市金山公司丙材料托收凭证 588 000 元。增值税专用发票注明丙材料金额 500 000 元，税额 85 000 元; 运费发票注明运输费 2 800 元，装卸费 200 元。(银付 6 号)

2. 1 月 8 日，上述材料全部收到入库，入库材料计划成本 502 500 元。(转 11 号)

3. 1 月 16 日，承付镇江市金山公司丙材料托收凭证 352 600 元。增值税专用发票注明丙材料金额 300 000 元，税额 51 000 元; 运费发票注明运输费 1 500 元，装卸费 100 元。(银付 39 号)

4. 1 月 19 日，上述材料全部收到入库，入库材料计划成本 301 000 元。(转 28 号)

要求：根据以上经济业务编制的会计分录填制相应的记账凭证，并登记表 3-5 材料采购明细账。

表 3-5　材料采购明细账

材料采购明细账

供货单位________________

材料名称________________

年		凭证		摘要	借方				贷方	余额
月	日	字	号		买价	运杂费		合计		
				过次页						

七、生产成本明细账

生产成本明细账是核算企业进行工业性生产发生的各项生产成本的账簿。

工业性生产包括企业生产的各种产品(产成品、自制半成品等)、自制材料、自制工具、自制设备等。企业的产成品、自制半成品一般由生产车间加工制造，属于企业的基本生产成本；自制材料、自制工具、自制设备一般由辅助车间加工制造，属于企业的辅助生产成本。

(一) 生产成本明细账金额方向的处理

生产成本明细账属于多栏式明细账的一种表现形式，按有关规定在账页内设置直接材料、直接人工、制造费用等成本项目，不设置金额的借贷方向。

对企业生产某种产品领用的材料，分配的生产工人工资、制造费用等，用蓝黑色墨水或碳素墨水填写，表示借方；对该种产品本月应冲销的费用，如调整按计划成本领用材料应负担的材料成本节约差异，会计分录为借记“材料成本差异”科目，贷记“生产成本”科目，说明该种产品领用材料的计划成本大于实际成本，应对其负担的成本差异节约额以红色墨水在账页的“直接材料”项目填写，表示贷方。

对某种产品本月发生的各种费用归集后以蓝黑色墨水填写的合计数字，表示本月借方发生额合计；月末转出完工产品成本以红色墨水填写，表示本月贷方发生额合计；月末结存的在产品成本以蓝黑色墨水填写，表示该种产品生产成本的借方余额。

(二) 生产成本明细账的登记方法

生产成本明细账应按照车间和成本核算对象如产品的品种、类别、订单、批别、生产阶段等设置，并按规定的成本项目设置专栏，由企业负责成本核算的会计人员进行登记。该种账簿的具体登记方法如下：

(1) 生产车间。填写生产某种产品的车间名称。

(2) 产品名称。填写所生产的某种产品具体名称。

(3)计量单位。填写某种产品的具体计量单位，如台、件、吨、箱等。

(4) 年月日。年填写设置该册账簿的年度，月日根据记账凭证的日期填写。

(5) 凭证字号。根据记账凭证的顺序编号填写。

(6) 摘要。根据记账凭证的摘要填写。如分配外购动力，分配生产工人工资、分配制造费用等。

(7) 成本项目。即按有关规定在账页内设置的成本项目。本部分包括直接材料、直接人工和制造费用三个成本项目，每个项目应登记的具体内容如下：

① 直接材料。核算制造产品直接耗用的材料，燃料和动力。包括领用的制造产品材料，分配的外购动力，企业的供电车间、供汽车间为产品生产提供的动力，结转产品用料应负担的材料超支或节约差异等。

② 直接人工。核算产品生产工人的工资薪酬。包括该种产品应分配的生产工人工资，按生产工人工资的规定比例计提的货币性职工薪酬等。

③ 制造费用。核算制造产品应分配的车间制造费用。

(8) 根据记账凭证登记账簿。会计人员应根据有关记账凭证登记生产成本明细账的各成本项目。记账凭证中的会计分录为借记“生产成本”科目的，以蓝黑色墨水登记，表示借方；记账凭证中会计分录为贷记“生产成本”科目的，则用红色墨水登记，表示贷方。各行合计栏数字为本行数字合计，不包括上行数字，只需将该行某成本项目登记的数字，仍以蓝黑色墨水或红色墨水填入本行合计栏即可。

(9) 汇总本月发生费用。月末，将应计入该种产品的有关费用全部登记入账后，在最后一笔经济业务下行的摘要栏注明“本月发生费用”字样，将本月记入各成本项目相加的数字填入该行各栏。该行各栏数字相加之和填入合计栏，并与该行以上的合计栏数字相加之和(不包括月初即上月末在产品成本合计)相等。该行各栏及合计栏的数字以蓝黑色墨水填写，表示该种产品的本月借方发生额合计。

(10) 结转完工入库产成品成本。根据完工入库产品的记账凭证，在“本月发生费用”的下行摘要栏填写“结转完工入库产品成本”字样，将记账凭证所附的该种产品的成本计算表的完工产成品成本各栏数字以红色墨水填入该行对应栏次，表示该种产品的本月贷方发生额合计。

(11) 计算月末在产品成本。在“结转完工入库产品成本”的下行摘要栏填写“月末在产品成本”字样，依据“月初(即上月末)在产品成本＋本月发生费用－完工入库产成品成本＝月末在产品成本”公式计算的各栏数字以蓝黑墨水填写，表示该种产品的月末借方余额。该行填写的数字应与该种产品成本计算表的月末在产品成本各栏数据一致。并在该行下划一条通栏单红线，表示月结。

【例 3-7-1】郑州中原公司 3 月 31 日丙产品生产成本明细账的月末在产品成本 98 000 元，其中直接材料 58 600 元，直接人工 29 800 元，制造费用 9 600 元。该单位 4 月份生产丙产品发生下列业务:

1. 4 月 2 日，二车间生产丙产品领用甲材料一批，计划成本 300 000 元。(转 5 号凭证)

2. 4 月 10 日，分配丙产品生产工人工资 186 000 元。(转 21 号凭证)

3. 4 月 15 日，按丙产品生产工人工资计提货币性职工薪酬 111 600 元。(转 38 号凭证)

4. 4 月 30 日，分配丙产品外购动力 53 200 元。(转 92 号凭证)

5. 4 月 30 日，分配丙产品耗用供电车间提供的动力成本 8 600 元。(转 96 号凭证)

6. 4 月 30 号，分配丙产品领用材料计划成本应负担的材料成本节约差异 3 600 元。(转 102 号凭证)

7. 4 月 30 日，分配丙产品应负担的制造费用 69 800 元。(转 106 凭证)

8. 4 月 30 日，结转丙产品完工入库成本 726 850 元，其中直接材料 359 600 元，直接人工 297 560 元，制造费用 69 690 元。(转 109 号凭证)

要求：根据以上资料编制的会计分录填制有关记账凭证，并据以登记表 3-6 生产成本明细账。

表 3-6 生产成本明细账

生产成本明细账

生产车间________　　　　产品名称________　　　　计量单位________

年		凭证		摘要	成本项目					合计
月	日	字	号		直接材料	直接人工	制造费用			
				过次页						

八、固定资产明细账

固定资产明细账，是核算单位固定资产原值增加、减少、结存状况的账簿。

固定资产是指企业为生产商品、提供劳务、出租或经营管理所持有的使用寿命超过一个会计年度的有形资产。具体包括建筑物、机器、机械、运输工具以及其他与生产经营有关的设备、器具、工具等。其中“出租”的固定资产，是指企业以经营租赁方式出租的机器设备类固定资产，不包括以经营租赁方式出租的建筑物，后者属于企业的“投资性房地产”，不属于固定资产核算的内容。

固定资产增加的渠道主要有：外购固定资产、自行建造固定资产、投资者投入固定资产，以及一些企业采用融资租赁方式租入固定资产。此外，固定资产还有其他种类的来源形式，如财产清查盘盈、非货币性资产交换、债务重组、企业合并等形式增加的固定资产。

固定资产减少的因素包括：固定资产出售、报废或毁损、盘亏、对外投资、非货币性资产交换、债务重组等。

(一) 固定资产取得成本的确定

确定企业取得固定资产的成本也就是确定固定资产的入账价值，不同的取得方式，其成本构成内容及确定方法也有所不同。本部分仅对企业外购、自行建造、接受投资固定资产的入账价值进行说明。

1. 外购固定资产成本

企业外购固定资产的成本，包括购买价款、相关税费(如进口设备缴纳的关税、生产免税产品购置的设备不能抵扣的增值税等)、使固定资产达到预定使用状态前发生的可归属于该固定资产的运输费、装卸费、安装费以及专业人员服务费等。运输费应扣除按税法规定的扣除率计算的可抵扣的增值税。

2. 自行建造固定资产成本

企业自行建造固定资产的成本，包括工程物资成本、人工成本、缴纳的相关税费、应予以资本化的借款费用以及应分摊的间接费用等。

企业自行建造的固定资产，包括自营建造和出包建造两种方式。无论采用何种方式建造，都应按照实际发生的支出确定其工程成本，作为固定资产的入账价值。

3. 投资者投入固定资产成本

投资者投入固定资产的成本，应当按照投资合同或协议约定的价值确定，但合同协议约定价值不公允的，应按照该项固定资产的公允价值作为入账价值。

(二) 固定资产明细账的登记方法

固定资产明细账属于多栏式明细账的一种特殊形式。由于账页中“购进或拨入”、“报废或转出”、“余额”各栏次都反映固定资产的数量和金额，与数量金额式明细账存在一定相同之处，但在“报废或转出”栏应填写该项固定资产的折旧额，这又与数量金额式明细账存在一定的区别。该账簿可以跨年度使用，不必每年更换一次。由负责固定资产核算的会计人员根据有关记账凭证进行登记。该账簿的具体登记方法如下：

(1) 名称。即某项固定资产的名称。根据取得该项固定资产发票中注明的名称填写。

(2) 规格、型号。规格是某一类物品的共有特性，型号是这一物品中专有的个性。如叉车，3 吨、5 吨是它的规格，但是叉车又可分为内燃平衡重式叉车、电动四轮平衡重式叉车和电动堆垛叉车等不同型号。根据取得固定资产发票中注明的规格、型号填写。

(3) 单位。填写某项固定资产的计量单位。如机器设备为台，房屋为栋，运输设备为辆等。

(4) 存放地点。即某项固定资产由使用部门置放的地点。

(5) 年月日。填写记账凭证的日期，便于查找该项资产的入账时间。

(6) 凭证字号。填写记账凭证的顺序编号，如银付××号，转××号等。

(7) 摘要。根据记账凭证的摘要填写。如购进沈阳机床公司某设备。

(8) 单价。即增加某项固定资产的单位价格。根据固定资产的不同取得方式确定。

(9) 购进或拨入。本部分包括数量和金额两项内容。数量依据记账凭证所附的发票或固定资产验收单注明的数量填写，金额为记账凭证上填写的该项资产的金额，应与数量乘以单价计算的数额一致。

(10) 报废或转出。本部分包括数量、金额和折旧额。数量为应报废或转出资产的数量，金额为数量乘以该资产入账时的单价计算的价值。折旧额包括上月已累计提取的折旧和本月尚未提取的折旧两部分。折旧额只能说明该项资产按照有关规定应计提的折旧额，不能作为冲减该项资产的依据。

(11) 余额。为该项资产实际结存的数量和金额。该部分数量和金额的填写方法应分为以下几种情况：

① 如该项资产属于第一次购进，将已记入“购进或拨入”栏的数量和金额直接填入“余额”栏的数量和金额。并在该行下划一通栏单红线，以便和下月的业务分开。

② 如本月再次购进该种规格型号的固定资产，或将该项资产报废或转出，余额栏的数量等于上月末该项资产的结存数量加上本月购进或拨入数量或减去本月报废或转出的数量；余额栏的金额等于该项资产上月末结存金额加上本月购进或拨入金额或减去本月报废或转出金额计算的数额。

③ 如该项资产全部处置，没有余额，则在该行余额的数量栏写“0”，金额栏的元位写“-0-”，表示账已结平。

【例 3-8-1】郑州中原公司存放在二车间的 C630 车床一台因长期未使用，公司在 3 月 9 日研究后进行出售处理。该设备账面余额 65 000 元，月折旧率 1%，上月累计提取折旧额 19 500 元。

要求：根据以上资料填制记账凭证(编号转 12 号)，并据以登记表 3-7 固定资产明细账。

表 3-7 固定资产明细账

固定资产明细账

名称________ 规格________ 型号________ 单位________ 存放地点________

年		凭证		摘要	单价	购进或拨入		报废或转出			余额	
月	日	字	号			数量	金额	数量	金额	折旧额	数量	金额
				过次页								

九、应付职工薪酬明细账

应付职工薪酬明细账，是对企业根据有关规定应支付给职工的各种薪酬进行核算的账簿。

企业向职工发放的各种薪酬，是企业使用各种人力资源的全部付出，也是企业生产经营过程中发生的各种耗费支出的主要组成部分，对企业产品成本的高低和商品销售价格的制定有着直接影响。加强职工薪酬的核算和管理，对企业降低产品成本、提高经济效益有着非常重要的作用。

(一) 职工和职工薪酬的内容

进行职工薪酬的核算，应了解企业职工的构成和职工薪酬的内容。

1. 企业职工的范围

职工，是在企业实际工作的各级管理人员、生产工人以及为企业进行必要服务的有关人员。具体包括以下三类：

(1) 与企业订立劳动合同的所有人员，含全职、兼职和临时职工。

(2) 未与企业订立劳动合同，但由企业正式任命的治理层和管理层的人员，如董事会成员、监事会成员等。

(3) 在企业的计划和控制下，虽未与企业订立劳动合同或未由其正式任命，但为其提供与职工类似服务的人员，如企业与有关中介机构签订劳务用工合同所雇用的人员。

2. 职工薪酬的内容

职工薪酬，是企业为获得职工提供的服务，而应给予职工各种形式的报酬以及其他相关支出。职工薪酬主要包括以下内容：

(1) 职工工资、奖金、津贴和补贴。

(2) 职工福利费。包括企业内设的医务室、理发室、职工浴室、托儿所等集体福利机构人员的工资、医务经费、职工因公负伤赴外地就医路费、职工生活困难补助以及按照国家规定开支的其他福利支出。

(3) 社会保险费。指企业按照国家规定的基准和比例，向社会保险经办机构缴纳的应由企业为职工负担的医疗保险费、养老保险费、失业保险费、工伤保险费和生育保险费等。

(4) 住房公积金。指企业按照国家规定的基准和比例，向住房公积金管理机构缴纳的应由企业为职工负担的住房公积金。

(5) 工会经费和职工教育经费。指企业为了改善职工文化生活，为职工学习先进技术和提高文化水平和业务素质，用于开展工会活动和职工教育及职工技能培训等相关支出。

(6) 非货币性福利。指企业以自己的产品或外购商品发放给职工作为福利，向企业高级管理人员提供的免费住房，免费为职工提供诸如医疗保健服务，以低于成本的价格向职工出售住房等。

(7) 辞退福利。指企业因解除与职工的劳动关系给予的补偿。

(8) 其他与获得职工提供的服务相关的支出。如企业提供给职工以权益形式结算的认股权，以现金形式结算但以权益工具公允价值为基础确定的现金股票增值权等。

以上八项内容构成了企业的职工薪酬。其中第（1）项是企业职工每月可实际领取的工资，第（2）~（5）项是依据第（1）项的基数并按有关规定比例每月计提的货币性职工薪酬，第（6）项与第（1）项的内容不存在内在联系，不属于企业经常发生的事项，称为非货币性职工薪酬；第（7）和第（8）项属于应付给职工的相关性支出。

应付职工薪酬可按以上内容设置工资、职工福利、社会保险费、住房公积金、工会经费、职工教育经费、非货币性福利、辞退福利、股份支付等明细科目，并在账簿中设置相应的明细账户进行核算。

(二) 应付职工薪酬明细账的登记方法

应付职工薪酬明细账是多栏式明细账的一种，由负责工资核算的会计人员依据有关记账凭证登记。该种账簿的具体登记方法如下：

1. 账页金额方向

应付职工薪酬明细账的账页设置了工资、职工福利等九个明细账户，不设置金额的借贷方向。由于应付职工薪酬属于负债类科目，在该账页内，以蓝字表示“贷”，以红字表示“借”。企业计提某项职工薪酬，会计分录为贷记“应付职工薪酬”科目时，在账页内用蓝字登记，表示贷方；向职工支付或向有关部门缴纳某项职工薪酬，会计分录为借记“应付职工薪酬”科目时，用红字登记，表示借方。

2. 日期、凭证字号、摘要

依据记账凭证的有关内容对应填写。

3. 工资

即本月提取、发放的职工薪酬。根据记账凭证所附的“职工薪酬分配汇总表”的应付职工薪酬合计数，用蓝字在该栏填写，表示本月提取的职工薪酬；根据记账凭证所附的“职工薪酬结算汇总表”的实发职工薪酬合计数，在该栏用红字登记，表示本月实际发放的职工薪酬；根据记账凭证所附的“代扣款项汇总表”的合计数，用红字在该栏登记，表示本月实际结转的各种代扣款项。

4. 计提的货币性职工薪酬

本部分包括职工福利、社会保险费、住房公积金、工会经费和职工教育经费。根据记账凭证所附的“货币性职工薪酬计算汇总表”中以上各项目计提的合计数，用蓝字在账页的同一行内分别对应填写，并将该表的总合计数填入该行的合计栏；根据向职工支付福利的记账凭证，用红字记入“职工福利”栏；根据缴纳的应由企业为职工负担的社会保险费、住房公积金的记账凭证，用红字记入相应的明细账户栏。

5. 其他明细账户

其他明细账户包括非货币性福利、辞退福利和股份支付。根据计提上述职工薪酬记账凭证的有关数据、向职工支付上述职工薪酬记账凭证的有关数据，分别用蓝字和红字记入相应的明细账户。

6. 月末余额计算

登记应付职工薪酬明细账时，对记账凭证中填写的有关职工薪酬明细账科目及发生额，均可在账页同一行中相应的明细账户栏内进行登记，并将同一行中的有关数字相加填入该行的合计栏。

月末结账时，在最后一笔经济业务行下划一通栏单红线，表示该月经济业务已全部入账。在次行的摘要栏注明“本月合计”字样，结出本月余额。分别计算出各明细账户的期末借方或贷方余额，将各个明细账户的蓝字登记的贷方发生额减去红字登记的借方发生额。如前者大于后者，表示该行明细账户为贷方余额，在本月合计栏内用蓝字登记；如前者小于后者，则表示该明细账户的借方余额，在本月合计栏内用红字登记；如两者相等，表示该明细账户无余额，在该明细账户的本月合计栏内的元位以符号“-0-”表示。并将“本月合计”各明细账户的贷方余额之和减去借方余额之和的差额计入该行的合计栏。如前者大于后者，以蓝字登记，表示月末贷方余额；反之，以红字登记，表示月末借方余额。并与本月各行合计栏数额相加之和相等。在“本月合计”行下划一通栏单红线，表示月结。

【例 3-9-1】郑州中原公司 5 月 31 日应付职工薪酬明细账为贷方余额 365 000 元，其中职工福利 15 000 元，社会保险费 196 000 元，住房公积金 65 000 元，工会经费 51 000 元，职工教育经费 38 000 元。6 月份发生下列经济业务：

1. 6 月 5 日，向职工发放生活困难补助费 8 600 元。(现付 12 号凭证)

2. 6 月 12 日，分配本月职工薪酬 568 000 元。(转 28 号凭证)

3. 6 月 13 日，开出转账支票，将本月应发职工薪酬 496 000 元转入职工个人账户。(银付 58 号凭证)

4. 6 月 14 日，结转本月职工各种代扣款项 72 000 元。(转 35 号凭证)

5. 6 月 15 日，缴纳上月提取的职工社会保险费 196 000 元。(银付 61 号凭证)

6. 6 月 15 日，缴纳上月提取的职工住房公积金 65 000 元。(银付 62 号凭证)

7. 6 月 16 日，计提本月货币性职工薪酬 340 800 元，其中职工福利 79 520 元，社会保险费 178 920 元，住房公积金 56 800 元，工会经费 11 360 元，职工教育经费 14 200 元。(转 66 号凭证)

8. 6 月 18 号，报销职工叶盛技术培训费 5 600 元，冲销原借款。从职工教育经费中列支。(转 81 号凭证)

要求：根据以上资料登记应付职工薪酬明细账期初余额，依据各项经济业务填制的会计凭证登记表 3-8 应付职工薪酬明细账。

表 3-8 应付职工薪酬明细账

应付职工薪酬明细账

年		凭证		摘要	工资	职工福利	社会保险费	住房公积金	工会经费	职工教育经费	非货币性福利	辞退福利	股份支付		合计
月	日	字	号												
				过次页											

十、应交税费(增值税)明细账

应交税费(增值税)明细账，是用来核算和监督增值税一般纳税人增值税销项税额的形成、进项税额的抵扣，以及应纳税额缴纳情况的账簿。

增值税是对货物或应税劳务增值部分征收的一种税，是我国税收的主要来源。按照《增值税暂行条例》规定，企业购入货物或接受应税劳务支付的增值税(即进项税额)，可以从销售货物或提供劳务按规定收取的增值税(即销项税额)中抵扣，企业当期销项税额大于进项税额的差额为应纳税额。

(一) 增值税明细账的设置要求

由于会计核算水平和企业经营规模的不同，增值税纳税人分为一般纳税人和小规模纳税人。小规模纳税人核算水平不健全，不能正确核算增值税的销项税额、进项税额和应纳税额，无法使用增值税专用发票抵扣进项税额，税法规定小规模纳税人按3%的征收率计算销售货物的增值税，对增值税可使用三栏式明细账进行核算。

增值税一般纳税人采用17%的基本税率或13%的低税率计算销售货物增值税，要求对增值税进行明细核算。在“应交增值税”二级科目中设置“进项税额”、“已交税金”、“销项税额”、“出口退税”、“进项税额转出”等明细科目，并在应交税费(增值税)明细账中设置相应的专栏进行增值税的核算。

(二) 应交税费（增值税）明细账的登记方法

应交税费(增值税)明细账是多栏式明细账的一种，账页分为借方、贷方和余额三部分。借方设置了“进项税额”、“已交税金”专栏，贷方设置了“销项税额”、“出口退税”、“进项税额转出”专栏，在余额栏前设置了反映金额方向的“借或贷”栏次。由企业税务会计根据有关记账凭证进行登记，具体登记方法如下：

(1) 年月日。年填写设置该册账簿的年度，月、日根据记账凭证的日期填写。

(2) 凭证字号。根据记账凭证的顺序编号填写，如银收5号，转28号等。

(3) 摘要。根据记账凭证的摘要填写，如计算出口货物应退税额等。

(4) 进项税额。该专栏登记企业在产品生产过程中购进的原材料、零部件、燃料、动力和机器设备支付的进项税额，以及支付企业自己负担的运输费按规定扣除率计算的可以抵扣的进项税额等。在该专栏登记的数字同时记入该行的借方合计。企业向供货单位退回所购材料应冲销的进项税额在该专栏以红字进行登记。

(5) 已交税金。该专栏登记企业实际缴纳的本期或上期的应纳税额，同时将该专栏登记的数字填入该行的借方合计。对税务部门退回企业多交的增值税在该专栏以红字进行登记，表示冲回多交的税金。

(6) 销项税额。由于出口货物在出口环节免征增值税，该专栏登记企业在国内销售货物或提供劳务已收取或应收取的增值税销项税额。同时将该专栏登记的数字填入该行的贷方合计。对于支付购贷方退回已销货物的销项税额在该专栏以红字登记。

(7) 出口退税。该专栏登记生产企业出口货物自海关办理报关出口手续后，凭出口货物报关单、出口发票、出口收汇核销单等有关凭证，向国税部门申报办理出口退税的税额。同时将该专栏登记的数字填入该行的贷方合计。对出口货物退税后发生退货、退关，补缴的已退税款，以红字在该专栏进行登记。

(8) 进项税额转出。该专栏登记企业非应税项目领用生产材料应转出的增值税进项税额，以及生产企业出口货物的“免抵退税不得免征和抵扣税额”。同时将计入该专栏的数据填入该行的贷方合计。对于企业出口货物发生退货退关时，应将原已计入该专栏的“免抵退税不得免征和抵扣税额”，以红字在该专栏予以冲销。

(9) 过次承前。在账页中的“过次页”上一行登记相关业务后，应在“过次页”行将本月的借方、贷方各专栏进行合计。“过次页”行的借方合计等于“进行税额”和“已交税金”专栏合计数相加之和；贷方合计等于“销项税额”、“出口退税”、“进项税额转出”专栏合计数相加之和。余额等于上月末贷方(或借方)余额加“过次页”行的贷方合计减“过次页”行的借方合计计算的金额，如为贷方余额，在“借或贷”栏内填写“贷”；如为借方余额，在“借或贷”栏内填写“借”。并把“过次页”行的各栏数字分别填入下页“承前页”行内的相应栏次中。

(10) 期末余额。该月份最后一笔经济业务登记完毕后，在该行下划一条通栏单红线，在次行的摘要栏注明“本月合计”字样，计算借方、贷方各栏的本月发生额。期末余额为上月末贷方或借方余额加本月贷方发生额合计减本月借方发生额合计计算的金额，如贷方合计大于借方合计，为贷方余额；反之，为借方余额。在“借或贷”栏内注明借贷方向，并在该行下划一条通栏单红线，表示月结。

(11) 本年累计余额。由于增值税纳税申报表需要填写本期数和本期累计数资料，因此，应在账页的“本月合计”的次行摘要栏内注明“本年累计”字样，将上月的“本年累计”行的各栏数字加上“本月合计”相应各栏数字，填入本月的“本年累计”行的相应专栏内。本年累计余额等于年初(即上年末)借方或贷方余额加上本年累计的贷方发生额减去本年累计的借方发生额计算的金额，应与上行“本月合计”的余额数字一致。

【例 3-10-1】郑州中原公司应交增值税明细账年初为贷方余额 192 000 元。3 月 31 日的本年累计借方发生额 4 460 000 元，其中进项税额 3 726 000 元，已交税金 734 000 元；贷方发生额 4 436 000 元，其中销项税额 4 280 000 元，进项税额转出 156 000 元；期末贷方余额 168 000 元。4 月份发生以下增值税业务:

1. 4 月 1 日，收到贵阳市黔山公司托收承付款 2 340 000 元，其中甲产品贷款 2 000 000 元，增值税 340 000 元。(银收 2 号)

2. 4 月 5 日，承付九江市江州公司托收承付款 3 510 000 元，其中乙材料贷款金额 3 000 000 元，税额 510 000 元。(银付 11 号)

3. 4 月 12 日，缴纳上月增值税 168 000 元。(银付 25 号)

4. 4 月 18 日，结转公司办公楼工程领用生产材料应转出进项税额 68 000 元。(转 36 号)

5. 4 月 20 日，收到衡阳市南岳公司托收承付款 5 850 000 元，其中乙产品贷款 5 000 000 元，增值税 850 000 元。(银收 39 号)

6. 4月22日，承付湛江市海安公司托收承付款2 457 000元，其中甲材料货款金额2 100 000元，税额357 000元。(银付56号)

7. 4月25日，填制信汇凭证，归还岳阳市南湖公司退回上月购买乙产品的货款金额1 000 000元，增值税额170 000元。(银付66号)

8. 4月29日，收到沈阳市盛京公司托收承付款1 404 000元，其中丙产品货款金额1 200 000元，增值税额204 000元。(银收48号)

要求：根据以上资料登记表3-9应交税费(增值税)明细账。

1. 在账页内登记3月份的本年累计金额。

2. 将1~8题填制相应的记账凭证，并据以登记表3-9。

3. 分别计算、填写4月份的本月合计和本年累计的借方、贷方发生额及期末余额。

表 3-9 应交税费（增值税）明细账

应交税费（增值税）明细账

年		凭证		摘要	借方				贷方					借或贷	余额
月	日	字	号		合计	进项税额	已交税金		合计	销项税额	出口退税	进项税额转出			
				过次页											

十一、本年利润明细账

本年利润明细账，是核算和监督企业当期净利润(或净亏损)形成状况的账簿。

本年利润是企业当期实现的净利润(或发生的净亏损)。企业作为一个独立的经济实体，应当以本单位的经营收入抵补其成本费用实现盈利，并按企业应税利润及适用税率计算缴纳所得税，正确处理国家和企业之间的分配关系。

(一) 本年利润明细账各专栏的设置要求

按照会计制度的有关规定，企业应在期末结转利润时，将各损益类科目的发生额转入“本年利润”科目，结平各损益类科目。也就是说，将企业的“主营业务收入”、“其他业务收入”、“投资收益”、“营业外收入”等科目的贷方发生额转入“本年利润”科目的贷方，同时将企业的“主营业务成本”、“其他业务成本”、“营业税金及附加”、“销售费用”、“管理费用”、“财务费用”、“资产减值损失”、“营业外支出”以及按企业应税利润计算的“所得税费用”等科目的借方发生额转入“本年利润”科目的借方，据以计算企业的净利润。企业应将转入本年利润贷方的各科目在“本年利润”明细账设置相应的贷方专栏，将转入本年利润借方的各科目在本年利润明细账中设置相应的借方专栏，正确进行本年利润的核算。

(二) 本年利润明细账的登记方法

本年利润明细账属于多栏式明细账的一种，由企业负责利润核算的会计人员根据相应的记账凭证进行登记。该种账簿的具体登记方法如下：

(1) 年月日。年为设置该册账簿的年度，月日为记账凭证填写的日期，应为月末日。

(2) 凭证字号。根据记账凭证的顺序编号填写。

(3) 摘要。根据记账凭证的摘要填写。如结转本期所得税费用等。

(4) 借方金额分析。该专栏每期一般登记两次，具体情况如下:

① 根据结转成本费用记账凭证“本年利润”科目下设的主营业务成本、其他业务成本、营业税金及附加、销售费用、管理费用、财务费用、资产减值损失、营业外支出等明细科目金额，在账页同一行内相应专栏中进行填写，并将记账凭证中以上明细科目的合计金额填入该行的借方合计，在该行的摘要栏注明“结转本期成本费用”字样。

② 根据结转所得税费用记账凭证“本年利润”科目下设的所得税费用明细科目金额填入次行的相应专栏和借方合计，并在该行的摘要栏注明“结转本期所得税费用”字样，

(5) 贷方金额分析。该专栏根据结转收入收益记账凭证“本年利润”科目下设的主营业务收入、其他业务收入、投资收益、营业外收入等明细科目的金额，在账页同一行内相应专栏进行填写，并将记账凭证中以上明细科目的合计金额填入该行的贷方合计。在该行的摘要栏注明“结转本期收入收益”字样。

(6) 期末金额。月末，在该月最后一笔业务的行下划一条通栏单红线，表示该月的经济业务已全部入账。在次行的摘要栏注明“本月合计”字样，将账页各专栏及合计栏数字合计后填入该行。贷方合计大于借方合计的差额，为本期的净利润，填入该行的余额内，在“借或贷”栏内填写“贷”字，表示贷方余额；反之，贷方合计小于借方合计的差额，为本期的净亏损，填入该行的余额内，在借或贷栏内填写“借”字，表示借方余额。并在该行下划一通栏单红线，表示月结。

(7) 本年累计余额。利润表包括月度、季度、半年度和年度报表。月度报表可依据“本年利润”明细账的该月份有关资料编制。季度、半年度和年度报表，应依据“本年利润”明细账提供的有关累计指标编制。因此，“本年利润”明细账应在每月的“本月合计”的次行计算该月的“本年累计”指标。在该行的摘要栏填写“本年累计”字样，将上月的“本年累计”行的借方、贷方专栏的数字与该月“本月合计”行的借方、贷方专栏数字对应相加后填入该行的相应专栏；将上月的“本年累计”的期末贷方或借方余额与该月“本月合计”的贷方或借方余额相加后的数字填入该行的余额栏。如为贷方余额，表示累计的净利润；如为借方余额，表示累计的净亏损。

(8) 年末余额结转。年末，根据结转本年利润记账凭证借记“本年利润”科目，贷记“利润分配——未分配利润”科目的会计分录，在年末“本年累计”的次行摘要栏注明“结转本年利润”字样，以红字在该行冲销上行“本年累计”的借方、贷方各专栏全年累计发生额及期末余额数字，该账户年末无余额，并在该行下划两条通栏红线，表示年结。

【例 3-11-1】郑州中原公司某年度“本年利润”明细账 11 月 30 日“本年累计”的借方合计为 22 380 000 元，其中主营业务成本 16 707 100 元，其他业务成本 169 960 元，营业税金及附加 155 240 元，销售费用 138 620 元，管理费用 3 437 400 元，财务费用 126 120 元，资产减值损失 157 900 元，营业外支出 352 660 元，所得税费用 1 135 000 元；贷方合计为 26 920 000 元，其中主营业务收入 25 891 600 元，其他业务收入 253 000 元，投资收益 153 840 元，营业外收入 621 560 元；期末贷方余额 4 540 000 元。12 月份发生下列业务：

1. 12 月 31 日，将本月收入类金额 3 190 000 元转入本年利润。其中主营业务收入 3 068 000 元，其他业务收入 30 300 元，投资收益 15 950 元，营业外收入 75 750 元。(转 105 号)

2. 12 月 31 日，将本月成本费用 2 580 000 元转入本年利润。其中主营业务成本 2 038 900 元，其他业务成本 20 640 元，营业税金及附加 24 750 元，销售费用 21 930 元，管理费用 415 380 元，财务费用 19 800 元，营业外支出 38 600 元(转 106 号)

3. 12 月 31 日，将本月计算的所得税费用 152 500 元转入本年利润。(转 107 号)

4. 12 月 31 日，将本年利润转入“利润分配——未分配利润”科目。(转 108 号)

要求：根据以上资料登记表 3-10“本年利润”明细账。

1. 将 11 月 30 日的本年累计数登记账页内。

2. 根据 1~4 项经济业务填制记账凭证，并登记“本年利润”明细账。

3. 在账页内应结出本月合计，本年累计的各栏数字及期末余额，并进行年末余额结转。

表 3-10　本年利润明细账

本年利润明细账

年		凭证		摘要	借方										贷方					借或贷	余额
月	日	字	号		主营业务成本	其他业务成本	营业税金及附加	销售费用	管理费用	财务费用	资产减值损失	营业外支出	所得税费用	合计	主营业务收入	其他业务收入	投资收益	营业外收入	合计		
				过次页																	

十二、利润分配明细账

利润分配明细账，是用来核算企业利润的分配(或亏损的弥补)和历年分配(或弥补)后的未分配利润(或未弥补亏损)的账簿。

利润分配是企业按照国家有关规定和企业制定的关于利润分配的章程及投资协议等，对企业当年可供分配的利润所进行的分配。企业可供分配的利润等于当年实现的净利润加上年初未分配的利润或减去年初未弥补的亏损，再加上盈余公积补亏后的金额。

按照会计制度的有关规定，企业对利润分配的顺序为，提取法定盈余公积、提取任意盈余公积、向投资者分配利润。

未分配利润是企业留待以后年度进行分配的历年结存的利润。等于期初未分配利润加上本期实现的净利润减去提取的盈余公积和向投资者分配利润后的余额，是企业所有者权益的组成部分。

(一) 利润分配明细账各专栏的设置

为了正确核算利润分配，“利润分配”科目应设置提取法定盈余公积、提取任意盈余公积、应付现金股利或利润、转入股本的股利、盈余公积补亏和未分配利润等明细科目进行相应的核算。由于前四项明细科目比照资产类科目进行相应的会计处理，发生上述业务时，应记入“利润分配”科目的借方，因此应在利润分配明细账的借方设置相应的专栏进行明细核算；而后两项明细科目比照负债类科目进行相应的会计处理，对发生的上述业务，应记入“利润分配”科目的贷方，因而应在利润分配明细账的贷方设置相应的专栏进行明细核算。

(二) 利润分配明细账的登记方法

利润分配明细账是多栏式明细账的一种，由负责利润核算的会计人员依据有关记账凭证进行登记。

由于企业结转本年实现的净利润，提取法定盈余公积和任意盈余公积，以及向投资者分配利润等记账凭证是在年度终了时填制，因此利润分配明细账的登记时间应在年末日进行。该账簿的具体登记方法如下：

(1) 年月日。年填写设置该册账簿的年度，月日根据记账凭证的日期填写，一般应为12月31日。

(2) 凭证字号。根据记账凭证的顺序编号填写。

(3) 摘要。根据记账凭证的摘要填写。如结转本年利润等。

(4) 借方专栏。该部分包括“提取法定盈余公积”、“提取任意盈余公积”、“应付现金股利或利润”、“转作股本的股利”等专栏。各专栏按下列方法进行相应的登记。

① 依据提取盈余公积记账凭证的“利润分配——提取法定盈余公积，提取任意盈余公积”的明细科目借方余额，在账页同一行相应专栏中分别进行登记，并将凭证中相应的金额合计记入该行的借方合计栏，在摘要栏注明“提取盈余公积”字样。

② 依据股东大会或类似权利机构决议，对分配给股东或投资者的现金股利或利润的记

账凭证中“利润分配——应付现金股利或利润”的明细科目借方金额，记入账页中相应专栏及借方合计，并在该行的摘要栏注明“提取应付现金股利或利润”字样。

③ 依据股东大会或类似权利机构决议，分配给股东的股票股利，在办理增资手续后，按所填制的记账凭证的“利润分配——转作股本的股利”的明细科目借方金额，记入账页中相应专栏及借方合计，并在该行的摘要栏注明“结转转作股本的股利”字样。

(5) 贷方专栏。本部分包括“盈余公积补亏”和“未分配利润”等专栏。各专栏的具体登记方法如下：

1) 依据以盈余公积弥补亏损记账凭证的“利润分配——盈余公积补亏”明细科目的贷方金额，记入账页中相应的专栏及贷方合计，并在该行的摘要栏注明“结转盈余公积补亏”字样。

2)“未分配利润”专栏年末根据有关记账凭证登记，将“利润分配”明细账其他专栏金额和本年利润明细账的本年净利润或净亏损转入该专栏。除该专栏年末有余额外，利润分配明细账其他专栏及本年利润明细账均无余额。该专栏按下列方法进行登记：

① 根据结转本年利润记账凭证的“利润分配——未分配利润”明细科目的贷方金额，记入账页中“未分配利润”专栏及贷方合计，并在摘要栏注明“结转本年净利润”字样。如结转净亏损，在该专栏及贷方合计以红字登记，并将摘要栏的净利润改为净亏损。

② 根据结转利润分配明细账各借方专栏金额记账凭证的“利润分配——未分配利润”明细科目的借方金额，以红字记入“未分配利润”专栏及贷方合计；同时，将该记账凭证的“利润分配——提取法定盈余公积、提取任意盈余公积、应付现金股利或利润、转作股本的股利”明细科目的贷方金额，以红字在同一行内的各借方专栏对应登记。并在该行摘要栏注明“结转利润分配所属借方明细科目金额”字样。

③ 根据结转利润分配明细账贷方专栏金额记账凭证的“利润分配——未分配利润”的明细科目贷方金额，记入“未分配利润”专栏；同时，将该记账凭证“利润分配——盈余公积补亏”明细科目的借方余额，以红字在同一行的盈余公积补亏专栏登记，该行的贷方合计的元位填写“0”，在该行的摘要栏注明“结转盈余公积补亏”字样。

(6) 期末余额。以上业务登记账簿后，在最后一笔业务次行摘要栏注明“本月合计”字样，除“未分配利润”专栏有余额外，其他专栏均无余额，在各专栏及借方合计的元位填写“0”。转入未分配利润的净利润和盈余公积补亏的金额减去转入该专栏的提取盈余公积等借方专栏金额的差额为本年的未分配利润，并填入贷方合计。期末余额根据年初余额结存数加上该行的贷方合计计算的数字填写，如为贷方余额，在“借或贷”栏内填写“贷”，表示历年结存的未分配利润；如为借方余额，在“借或贷”栏内填写“借”，表示历年结存的尚未弥补亏损。并在该行下划两条通栏红线，表示年结。

【例 3-12-1】郑州中原公司某年“利润分配”明细账年初结存为贷方余额 868 000 元，“本年利润”明细账 12 月 31 日的净利润为 4 997 500 元。该公司 12 月份有关利润分配的经济业务如下：

1. 12 月 31 日，根据本年净利润提取法定盈余公积和任意盈余公积，提取比例分别为 10%和 5%。(转 101 号)

2. 12 月 31 日，向投资者分配现金股利或利润 1 520 000 元。(转 102 号)

3. 12 月 31 日，将本年实现的净利润转入“利润分配——未分配利润”科目。(转 108 号)

4. 12 月 31 日，将提取的盈余公积、分配的现金股利转入未分配利润。(转 109 号)

要求：根据以上资料登记表 3-11 利润分配明细账。

1. 在账页内登记年初结存余额。

2. 根据 1~4 项经济业务填制记账凭证，并登记该明细账。

3. 结出本月合计各专栏数字及期末余额。

表 3-11 利润分配明细账

利润分配明细分类账

年		凭证		摘要	借方					贷方			借或贷	余额
月	日	字	号		合计	提取法定盈余公积	提取任意盈余公积	应付现金股利或利润	转作股本的股利	合计	盈余公积补亏	未分配利润		
				过次页										

十三、三栏式明细账

三栏式明细分类账简称三栏式明细账，是在账页中设置借方、贷方和余额三个基本栏目，用以分类核算有关经济业务，向企业提供较为详细核算资料的账簿。

(一) 三栏式明细账的适用范围

三栏式账页适用范围较为广泛，除总分类账、现金日记账、银行存款日记账采用三栏式账页外，会计科目中需要金额核算而不需要数量核算的明细账核算均可采用。如资产类会计科目的其他货币资金、交易性金融资产、应收票据、应收账款、预付账款、应收股利、其他应收款、坏账准备、材料成本差异、委托代销商品、委托加工物资、存货跌价准备、长期股权投资、累计折旧、在建工程、固定资产清理、无形资产、累计摊销、无形资产减值准备、长期待摊费用、递延所得税资产、待处理财产损溢等；负债类会计科目的短期借款、应付票据、应付账款、预付账款、应交税费(不包括应交增值税)、其他应付款、长期借款、应付债券、长期应付款、专项应付款、预计负债、递延所得税负债等；所有者权益类会计科目的实收资本、资本公积、盈余公积等；成本类会计科目的劳务成本、研发支出等；损益类的主营业务收入、其他业务收入、主营业务成本、其他业务成本、所得税费用、以前年度损益调整等。皆可使用三栏式明细账进行明细核算。

(二) 三栏式明细账的登记方法

三栏式明细账应由负责资金核算、往来结算等工作岗位的会计人员根据有关记账凭证进行登记，出纳人员不得监管收入、费用、债权、债务账目的登记工作。该种账簿的具体登记方法如下：

(1) 子目、户名及编号。由于某项会计科目名称在账页上端的“明细分类账”前面填写，这里填写某会计科目所属的明细科目、户名及编号。

明细科目根据企业本身业务的需要设置，如“其他货币资金”科目设置银行汇票、银行本票、信用卡、信用证保证金、存出投资款、外埠存款等明细科目，企业应在参考上年设置明细科目的基础上考虑本年可能发生的业务选择设置。

户名是企业根据往来结算会计科目设置的债权人或债务人的名称，如应收账款可将购货单位的名称作为户名，其他应收款将借款人作为户名。

编号为明细账目或户名的顺序编号。一级会计科目、二级会计科目、三级会计科目的编号分别采用 4 位数、6 位数、8 位数。如应交税费科目的编号为 2221，其二级科目应交增值税的编号为 222101，应交增值税的明细科目进项税额的编号为 22210101，已交税金的编号为 22210102 等。编号可由实行会计电算化的企业使用。

(2) 年、月、日。年按设置该册账簿的年度填写，月日应与记账凭证的日期一致。

(3) 凭证字号。填写登记账簿凭证的顺序编号。如银收 28 号等。

(4) 摘要。根据记账凭证的摘要填写。

(5) 借方(金额)。根据记账凭证中与账页一致的会计科目及明细科目的借方金额填写。

(6) 贷方(金额)。根据记账凭证中与账页一致的会计科目及明细科目的贷方金额填写。

(7) 期末余额。由于三栏式明细账记录的经济业务不同，余额的结计方法也有所区别，具体方式如下：

① 对往来结算账户，如“应收账款”明细账，在每次记账之后，都要随时结出余额，便于与往来单位及时核对账目。本月最后一笔经济业务记录的同一行内的余额即为月末余额。在该行记录下划一单红线，表示月结，不需要再结计一次余额。

② 对非往来结算账户，应在该月最后一笔经济业务记录下面划一单红线，在次行结出本月发生额和余额，在摘要栏注明“本月合计”字样，在该行下划一条单红线，表示月结。如某账户该月仅发生一笔经济业务，可在该笔业务记录下划一单红线，以便与下月发生的经济业务区别。

③ 对需要结出本年累计的某些明细账户，如主营业务收入。其他业务收入、主营业务成本、其他业务成本，每月结账时，在本月合计的次行摘要栏注明“本年累计”字样，由于该类账户期末无余额，只需将上月的本年累计发生额加上本月合计的发生额计算的数据填入本行即可，并在该行下面划一单红线。12 月末的本年累计就是全年累计发生额，应在该行下面划双红线，表示年结。

【例 3-13-1】郑州中原公司的“其他应收款——扬程”明细账 4 月 30 日无余额，5 月份发生下列经济业务：

1. 5 月 3 日，以现金支付业务员扬程出差借款 6 500 元。(现付 6 号)

2. 5 月 15 日，扬程报销差旅费，经审核准予报销费用 6 280 元。(转 35 号)

3. 5 月 15 日，收到扬程退回出差借款节余额 220 元。(现收 28 号)

4. 5 月 28 日，开出现金支票支付扬程出差借款 8 000 元，由扬程持票到开户银行支取款项。(银付 56 号)

要求：根据以上经济业务填制相应的记账凭证，登记表 3-12 三栏式明细账。

表 3-12 三栏式明细账

明细分类账

子目、户名及编号

年		凭证		摘要	借方	√	贷方	√	借或贷	余额	√
月	日	字	号								
				过次页							

十四、多栏式明细账

多栏式明细账，是将某一会计科目所属的若干明细科目，在同一账页上设置相应的专栏，进行明细核算的账簿。

多栏式明细账采用活页式账簿，将某一会计科目所属的明细科目集中反映在同一账页上进行明细科目的金额登记。该种账簿适用于费用、成本、收入、财务成果及其他有关科目的明细分类核算。

(一) 多栏式明细账的格式

多栏式明细账的格式较多，具体可以分为以下三类：

1.设置借方、贷方、余额的账页格式

账页的基本结构分为借方、贷方、余额三栏，将某会计科目所属的明细科目在借方和贷方设置专栏。这种格式适用于借方、贷方都有明细科目的账户，如“应交增值税”明细账、“本年利润”明细账、“利润分配”明细账；也适用于借方设置若干项目，贷方不分项目的材料采购明细账；还适用于以购进或拨入表示借方，以报废或转出表示贷方，在购进或拨入、报废或转出、余额栏目都反映数量和金额的固定资产明细账。

2.不设置借方、贷方、余额的账页格式

账页不设置借方、贷方、余额，按成本项目设置专栏的生产成本明细账，按明细科目设置专栏的应付职工薪酬明细账。

3.通用的多栏式账页格式

通用的多栏式账页格式，在账页的左边设置借方、贷方、余额，并在余额栏右边的(　　)方金额分析设置若干专栏，反映某账户的借方明细科目或贷方明细科目。如企业的制造费用、投资收益、营业外收入、营业税金及附加、销售费用、管理费用、财务费用、营业外支出等均可使用这种账页格式。

这里的多栏式明细账主要说明通用的多栏式账页格式的使用方法。

(二) 多栏式明细账的登记方法

多栏式明细账由企业负责成本费用核算的会计人员根据有关记账凭证进行登记，应在账页上端的“明细账”前填写所使用的会计科目名称，如“管理费用”等，以便根据该会计科目所属的明细科目在账页的金额分析栏内设置相应的专栏。下面以“财务费用”科目为例说明该种账页的具体登记方法：

(1) 年月日。年填写设置该册账簿的年度，月、日为记账凭证填写的日期。

(2) 凭证字号。填写记账凭证的顺序编号，如银付 36 号等。

(3) 摘要。根据记账凭证的摘要填写，如结转本月“财务费用”等。

(4) 借方(金额)。由于“财务费用”科目按资产类会计科目进行账务处理，在(　)方金额分析的括弧内填写“借”字样，按“财务费用”科目所属的明细科目“汇兑差额”、“现金折扣”、“利息支出”、“财务手续费”等设置相应的专栏。根据记账凭证中“财务费用——汇兑差额、现金折扣、利息支出、财务手续费”等明细科目借方金额在账页的借方(金额)栏登记后，并在同一行借方金额分析的相应专栏中进行登记。

(5) 贷方(金额)。根据银行存款收款凭证中“财务费用——利息收入”明细科目贷方金额记入该栏，同时将该金额以红字在“利息支出”专栏进行登记，冲销本期的利息支出。

(6) 余额。在该月“结转本月财务费用”的记账凭证登记前的上行摘要栏注明“本期发生额及余额”字样，将该月借方、贷方发生额的合计数分别填入该行的相应栏内，将两者相减的差额填入余额栏。如借方发生额大于贷方发生额，在“借或贷”栏中填写“借”；反之，前者小于后者，在“借或贷”栏中填写“贷”。

根据结转本月财务费用记账凭证的“财务费用”科目的贷方金额，记入“本期发生额及余额”次行的贷方，并以红字冲销各专栏发生额合计数，结平余额。在余额栏的“元”位填写符号“-0-”，在“借或贷”栏内填写“平”，在摘要栏注明“结转本月财务费用”字样。并在该行下划通栏单红线，表示月结。

【例 3-14-1】郑州中原公司 6 月份发生以下有关财务费用的经济业务:

1. 4 日，将收到某外商对企业投资的 100 万元美元兑换为人民币，当日银行的买入价为 1 美元=6.42 人民币，中间价为 1 美元=6.45 人民币。(银付外 1 号)

2. 8 日，计算贵阳市黔山公司在购货折扣期内已支付货款，应取得的现金折扣额 3 860 元。(转 26 号)

3. 15 日，以银行承兑汇票向开户银行申请贴现贷款，计算应支付银行贴现利息 865 元。(转 48 号)

4. 21 日，支付本月银行借款利息 1 092 元。(银付 83 号)

5. 21 日，收到本季度存款利息 659 元。(银收 69 号)

6. 30 日，将本月发生的财务费用转入本年利润。(转 96 号)

要求：根据以上经济业务填制相应的记账凭证，并登记表 3-13 多栏式明细账。

表 3-13　多栏式明细账

明 细 账

年		凭证		摘要	借方	贷方	借或贷	余额	(　　)方			
月	日	字	号									

续表

金　额　分　析								

十五、数量金额式明细账

数量金额式明细分类账简称数量金额式明细账，是指在账页的借方(收入)、贷方(发出)和余额(结存)再分别设置数量、单价和金额三个专栏，对企业的有关财产物资进行数量和金额明细核算的账簿。

(一) 数量金额式明细账的适用范围

在实际工作中，企业的原材料、包装物、低值易耗品、库存商品，以及为固定资产工程购置的“工程物资”，既需要进行金额的核算，又需要进行数量的核算，以便与企业库存的上述财产物资进行账实核对，进一步保障企业有关财产物资的安全完整。以上财产物资均须设置数量金额式明细账进行相应核算。

(二) 数量金额式明细账的登记方法

数量金额式明细账由企业负责财产物资核算的会计人员，根据有关记账凭证进行登记。在设置账簿时，应在账页上端“明细分类账”字样的左面填写相应的会计科目名称，如库存商品、工程物资等。下面以原材料明细账为例说明该类账簿的具体登记方法：

(1) 品名。填写材料的名称，如圆钢、方钢、中厚板、薄板、工字钢等。

(2) 规格。根据购货发票注明的某种材料的规格型号填写。如长度 2 米、宽度 1 米、厚度为 2 毫米镀锌板的规格应填写 2 000×1 000×2。

(3) 单位。填写材料的计量单位，如吨、千克、只、千件、立方米等。

(4) 存放地点。即材料存放仓库的名称。如材料库等。

(5) 最高存量。即对某种材料核定的最高库存量。在材料库存已接近最高存量时，就应暂时停止该种材料的购进，以防止材料的积压。

(6) 最低存量。即对某种材料核定的最低库存量。在材料库存已接近最低存量时，就应通知供应部门及时组织该种材料的购进，以避免影响产品生产用料。

(7) 年月日。年填写设置该册账簿的年度，月、日按记账凭证的日期填写。

(8) 凭证字号。根据记账凭证的顺序编号填写。如转 12 号等。

(9) 摘要。根据记账凭证的摘要填写。如生产甲产品领料等。

(10) 借方(金额)。即购进某材料的增加金额。包括数量、单价和金额三个栏次，根据记账凭证所附的收料单注明的实收数量、实际(计划)单价、实际(计划)成本合计对应填写。采用实际成本核算的企业在账页上的单价和金额栏分别填写实际单价和实际成本合计；采用计划成本核算的企业在账页上的单价和金额栏分别填写计划单价和计划成本合计。

(11) 贷方(金额)。即发生某种材料的减少金额。包括数量、单价和金额三个栏次。采用计划成本核算材料的企业，根据记账凭证所附发料单的实发数量、计划单价、计划成本合计对应填写。采用实际成本核算材料的企业，月末可根据记账凭证所附的材料发出汇总表的数量、单价和金额对应填写。单价为该种材料月初结存金额加上本月购进材料金额除以月初结存材料数量加上本月购进材料数量计算的加权平均单价，金额为发出材料数量乘以加权平均单价计算的数额。

(12) 余额。即某种材料月末结存的金额。包括数量、均价和金额三个栏次。采用计划成本核算材料的企业，在每笔经济业务登记入账后，可随时计算填写该种材料结存的数量、单价和金额。采用实际成本核算的企业，在月末按加权平均法计算登记该月发出材料的数量、单价和金额后，将本月购进的某种材料数量、金额合计后填入次行的借方(金额)相应栏次，贷方则不需合计，将上行发出材料的数量、单价、金额填入该行相应栏次即可。月末结存数量等于月初结存数量加上本月购进数量减去本月发出数量，均价填写本月发出材料所计算的单价，金额等于月初结存金额加上本月购进金额减去本月发出金额所计算的数额，在该行的摘要栏注明“本月合计”字样，并在该行下划一条单红线，表示月结。

【例 3-15-1】郑州中原公司采用计划成本进行材料的收发核算。4 月 30 日甲材料明细账结存甲材料 500 千克，每千克计划单价 120 元，金额 60 000 元。5 月份发生下列甲材料的收发业务:

1. 8 日，结转从青岛市琴岛公司购进甲材料的入库成本。收料单上注明甲材料的入库数量 3 200 千克，实际单价 121 元，实际成本 387 200 元；计划单价 120 元，计划成本 384 000 元。(转 16 号)

2. 8 日，一车间生产甲产品领用甲材料 2 500 千克。(转 22 号)

3. 19 日，结转从葫芦岛市塔山公司购进甲材料的入库成本。收料单上注明甲材料的入库数量 2 600 千克，实际单价 120.50 元，实际成本 313 300 元；计划单价 120 元，计划成本 312 000。(转 59 号)

4. 20 日，二车间生产丙产品领用甲材料 2 800 千克。(转 62 号)

5. 25 日，结转从秦皇岛市山海公司购进甲材料的入库成本。收料单注明甲材料的入库数量 1 700 千克，实际单价 119.20 元，实际成本 202 640 元；计划单价 120 元，计划成本 204 000 元。(转 68 号)

要求：根据以上资料登记表 3-14 数量金额式明细账。

1. 在账页内登记 4 月 30 日甲材料的结存数量、单价和金额。

2. 根据上述 1 ~ 5 题填制相应的记账凭证，并登记数量金额式明细账。

3. 计算本月借方、贷方栏的数量、单价、金额合计及期末结存数量、单价、金额。

表 3-14 数量金额式明细账

明细分类账

最高存量............

品名............ 规格............ 单位............ 存放地点............ 最低存量............

年		凭证		摘要	借方			贷方			余额		
月	日	字	号		数量	单价	金额	数量	单价	金额	数量	均价	金额
				过 次 页									

十六、应收票据备查簿

备查账簿也称辅助登记簿，简称备查簿。是对某些在日记账和分类账不予登记或不能详细登记的有关经济业务进行补充登记的账簿。如应收票据备查簿、应付票据备查簿、租入固定资产登记簿、受托加工物资登记簿、代管商品物资登记簿等。

(一) 应收票据备查簿的设置及使用

应收票据备查簿，是对企业出售商品或提供劳务收到商业汇票的种类、票面金额、付款人、出票日、到期日、收款日等资料进行详细登记的账簿。

应收票据是指企业销售商品、提供劳务等收到的商业汇票。包括银行承兑汇票和商业承兑汇票。由于对收到的商业汇票应在到期日向付款人索取货款，企业应当设置“应收票据备查簿”，逐笔登记收到的商业汇票的种类、号数、出票日、票面金额、交易合同号、付款人、承兑人及背书人、到期日、背书转让日、贴现日及贴现率和贴现净额、收款日和收回金额以及退票情况等详细资料。商业汇票到期结清票款或退票后，应在备查簿中予以注销。

(二) 应收票据备查簿的登记方法

应收票据备查簿，由企业负责往来款项核算的会计人员登记。该种账簿的具体登记方法如下：

(1) 票据种类。即商业汇票的种类。根据实际收到的商业汇票种类填写。

(2) 号数。根据商业汇票的汇票号码填写。如某商业汇票的号码为00623101。

(3) 出票日。根据商业汇票“出票日期”填制的时间对应填写。

(4) 票面金额。根据商业汇票“汇票金额”栏的数据对应填写。

(5) 票面利率。根据商业汇票“备注”栏注明的票据利率填写。

(6) 合同交易号。根据交易双方签订的购货合同或销货合同的编号填写。如天津海河公司签订的购货合同编号为0812号，合同交易号可填写津海购字0812号。

(7) 付款人、承兑人、背书人。付款人指买方的开户银行；承兑人，商业承兑汇票的承兑人是买方，银行承兑汇票的承兑人是承兑申请人的开户银行；背书人是指对企业出让票据并在票据背面签章的人。依据商业汇票的相关资料填写。

(8) 票据到期日。根据商业汇票的“汇票到期日”注明的日期对应填写。

(9) 背书转让日。填写企业将持有的商业汇票向有关债权人背书转让的日期。

(10) 贴现日。根据企业以商业汇票向开户银行申请贴现，填制的贴现凭证的申请日期填写。

(11) 贴现率。根据贴现凭证(收账通知)“贴现率”栏的利率填写。

(12) 贴现净额。即实际收到的贴现款。根据贴现凭证(收账通知)的“实付贴现金额”栏的数据填写。

(13) 收款日。即实际收到商业汇票款的日期。根据委托收款凭证(收账通知)“收款人开户行盖章”处注明的日期填写。

(14) 收回金额。即实际收到的商业汇票款项。根据委托收款凭证(收账通知)“委收金额”栏的数据对应填写。

(15) 退票情况。即付款人无力支付商业承兑汇票款、退回票据的情况。根据开户银行退回的委托收款凭证、商业承兑汇票及付款人未付款项通知书所注明的退票日期填写。

(16) 备注。登记其他需要说明的问题。

【例 3-16-1】郑州中原公司元月份向贵阳市黔山公司售出商品一批，收到已承兑的银行承兑汇票，汇票号码 00632116，票面金额 351 000 元，出票日为 1 月 16 日，到期日为 5 月 16 日，合同交易号为郑中销字 0056 号。贵阳市黔山公司的开户银行为工商银行贵阳市贵山分理处。

3 月 16 日该公司持票向开户银行申请贴现，贴现率为 7.5%。

要求：根据以上资料登记表 3-15 应收票据备查簿。

表 3-15　应收票据备查簿

应收票据备查簿

票据种类	号　数	出 票 日	票面金额	票面利率	合同交易号	付款人、承兑人、背书人	票据到期日

续表

背书转让日	贴现日	贴现率	贴现净额	收款日	收回金额	退票情况	备　注

十七、应付票据备查簿

应付票据备查簿，是企业对购买物资开出、承兑商业汇票的种类、收款人、票面金额、出票日、到期日及付款日等资料进行详细登记的账簿。

(一) 应付票据备查簿的设置及使用

应付票据是企业购买材料、商品和接受劳务等开出、承兑的商业汇票。包括银行承兑汇票和商业承兑汇票。由于企业应在票据到期时筹集资金，支付票据款，因此应设置“应付票据备查簿”，详细登记企业开出、承兑的商业汇票的种类、号数、出票日期、到期日、票面金额、交易合同号、收款人、以及付款日期和金额等资料。应付票据到期结清或退票时，应在备查簿中予以注销。

(二) 应付票据备查簿的登记方法

应付票据备查簿由企业负责往来款项核算的会计人员登记，具体登记方法如下：

(1) 票据种类。即向供货方开出、承兑的商业汇票种类。应填写商业承兑汇票或银行承兑汇票。

(2) 号数。根据商业汇票的汇票号码填写，如某商业汇票的号码为 00062001。

(3) 出票日。根据商业汇票“出票日期”的时间对应填写。

(4) 票据到期日。根据商业汇票“汇票到期日”的时间对应填写。

(5) 票面金额。根据商业汇票“汇票金额”栏的数据对应填写。

(6) 票面利率。即含息票据利率，根据商业汇票“备注”栏注明的票据利率填写。

(7) 合同交易号。根据交易双方签订的购货合同或销货合同的合同编号填写。

(8) 收款人。即票据到期后有权收取票据金额的人，也称债权人，根据商业汇票“收款人”栏的单位名称填写。

(9) 付款日。即应支付票据款项的日期，根据委托收款凭证(付款通知)右上角“付款期限”栏注明的日期填写。

(10) 支付金额。即支付到期票据的金额，根据委托收款凭证(付款通知)的“委托金额”栏的数据填写。

(11) 备注。填写无力支付的到期票据款项，包括由开户银行代为支付的银行承兑汇票款或销货方退回企业无款支付的商业承兑汇票的具体情况。

【例 3-17-1】郑州中原公司 2 月 18 日从九江市江州公司购买材料一批，开出承兑的银行承兑汇票的票面金额为 468 000 元，票据号数 00180016，票据于 6 月 18 日到期，合同交易号为郑中购字 016 号。

该公司在票据到期日，支付票据款 468 000 元。

要求：根据以上资料填写表 3-16 应付票据备查簿。

表 3-16　应付票据备查簿

应付票据备查簿

票据种类	号数	出票日	票据到期日	票面金额	票面利率	合同交易号	收款人	付款日	支付金额	备注

表 3-17　租入固定资产登记簿

租入固定资产登记簿

固定资产名称	规格型号	单位	数量	原值	净值	租出单位	租约合同号	租入日期	租金	租金支付方式	使用部门	归还日期	备注

十八、租入固定资产登记簿

租入固定资产登记簿，是用来登记以经营租赁方式租入,不属于企业固定资产的备查账簿。

(一) 租入固定资产登记簿的设置及使用

企业为满足生产需要，采用经营租赁方式从其他单位租入有关固定资产。为了反映租入资产的详细情况，应设置“租入固定资产登记簿”，据以登记所租入固定资产的名称、数量、原值、净值、租出单位、租约合同号、租用时间、租金数额、使用部门等具体内容。租入固定资产归还时，应在备查簿进行注销登记。

(二) 租入固定资产登记簿的登记方法

租入固定资产登记簿由企业负责固定资产核算的人员登记，登记该种账簿的主要依据是租赁合同及企业某部门收到租入资产的证明，具体登记方法如下：

(1) 固定资产名称。根据租赁合同注明的某项资产名称填写，如车床、铣床、铇床、钻床、办公楼、仓库、营业房等。

(2) 规格型号。根据租赁合同注明的某项资产规格型号填写，如车床的规格型号有C620、C630、C650 等。

(3) 单位。即租入某项固定资产的计量单位，如机器设备为台，运输设备为辆，车间、仓库为栋等。

(4) 数量。即租入某种固定资产的具体数量。

(5) 原值。即租入某项固定资产的账面余额，根据租赁合同注明的该种资产的原值填写。

(6) 净值。即租入某项固定资产的折余价值，根据租赁合同注明的该种资产的净值填写。

(7) 租出单位。即对企业进行资产租赁的单位，根据租赁合同注明的租出单位填写。

(8) 租约合同号。根据双方签订的租赁合同编号填写。

(9) 租入日期。即租入某项固定资产的时间，根据租赁合同的租入日期填写。

(10) 租金。即支付的月份或年度租金数额，根据租赁合同的规定填写。

(11) 租金支付方式。即租金的具体支付方式，如按年支付或按月支付等，根据租赁合同的规定填写。

(12) 使用部门。即企业使用租入固定资产的车间或部门，按出具收到该种资产证明的单位名称填写。

(13) 归还日期。即对租入固定资产归还的日期，应按租赁合同规定的日期归还后，并在备查簿上登记，对租入资产予以注销。

(14) 备注。填写其他需要说明的事项。

【例 3-18-1】郑州中原公司本年度 2 月 9 日从郑州市邙山公司租入 C650 车床 1 台，该项设备原值 150 000 元，净值 120 000 元，租期半年。租金每月 2 500 元，在租赁时一次付清。租入设备由二车间加工产品使用，租赁合同编号为郑中租字 002 号。

要求：根据以上资料填写表 3-17 租入固定资产登记簿。

第四部分　财务报表

一、财务报表概述

财务报表是反映企业财务状况、经营成果和现金流量的总结性书面文件。财务报表一般应由资产负债表、利润表、现金流量表、所有者权益(或股东权益)变动表以及附注等组成。

编制财务报表是企业会计核算的最终环节。编制财务报表的目的是为了向现有的和潜在的投资者、债权人、政府及有关部门和社会公众提供企业的财务状况、经营成果和现金流量等有关会计信息，以利于企业和有关报表使用者进行正确的经济决策。各单位应按照国家统一会计制度的规定正确编制财务报表。

(一) 财务报表的分类

财务报表可以按照不同的标准进行分类，一般包括以下几种分类方式：

1. 财务报表按编报期间不同，可以分为中期财务报表和年度财务报表

中期财务报表是以短于一个完整会计年度的报告期间为基础编制的财务报表，包括月报、季报和半年报等。中期财务报表至少应当包括资产负债表、利润表、现金流量表和附注，其中，中期资产负债表、利润表和现金流量表应当是完整报表，其格式和内容应与年度财务报表一致，附注披露可适当简略。

年度财务报表是指年度终了对外提供的财务报表。根据会计法的有关规定，会计年度自公历 1 月 1 日起 12 月 31 日止。在实际工作中，新成立的企业可能出现年度财务报表的涵盖期间短于一年的状况。如某单位在该年度 3 月 1 日设立，其年度财务报表的涵盖期间短于一年，该单位在年度终了编制的财务报表仍称为年度财务报表，但应在附注中说明原因。

2. 财务报表按报送对象不同，可以分为对内财务报表和对外财务报表

对内财务报表是根据企业经营管理的需要，编制用于内部管理决策和控制使用的报表。该类财务报表的格式、内容、报送部门和时间，由企业自行制定。如根据总账记录编制的总分类账户本期发生额及余额试算平衡表，已初步显示了该期的财务状况和经营成果，可以作为向企业领导进行相应汇报的资料，应作为企业内部财务报表的一种。

对外财务报表是根据国家统一会计制度编制的报表，至少包括资产负债表、利润表、现金流量表、所有者权益(或股东权益)变动表和附注。应按有关规定进行编制并及时报送。

3. 财务报表按编报主体的不同，可以分为个别财务报表和合并财务报表

个别财务报表是由企业在自身会计核算基础上对账簿记录进行加工而编制的财务报表，它主要用于反映企业自身的财务状况、经营成果和现金流量状况。

合并财务报表是以母公司和子公司组成的企业集团为会计主体，根据母公司和所属子公司的财务报表，由母公司编制的综合反映企业集团财务状况、经营成果及现金流量的财务报表。

(二) 财务报表的编制要求

财务报表根据登记完整、审核无误的会计账簿记录和其他有关资料编制，应做到数字真实、计算准确、内容完整、说明清楚、填制规范、报送及时等要求。

1. 数字真实

财务报表中各项数字必须真实可靠，以登记完整、核对无误的会计账簿记录和其他有关资料为依据，不得弄虚作假和估计数字，应与单位的账务状况、经营成果和现金流量相一致。

2. 计算正确

编制财务报表，应做到报表各项目之间、报表与报表之间、本期报表与上期报表之间有关数字相互衔接，凡有对应关系的数字，应当相互一致。

3. 内容完整

财务报表必须按规定的种类和内容进行填制，报表各项目和有关补充资料应填列完整，不得漏报或谎报。合并财务报表应把所属单位的报表收集完整后进行汇编，并对应予以抵销的项目按规定抵销，保证财务报表的内容完整。

4. 说明清楚

附注是财务报表的重要组成部分，必须准确、简明、清晰地对企业采用的重要会计政策和会计估计、报表重要项目等内容进行说明。使财务报表的有关使用者对财务报表的相关信息能更好地掌握、运用。

5. 填制规范

财务报表应当填制规范，具体要求如下：

(1) 财务报表以人民币“元”为金额单位，“元”以下填至“分”。业务收支以外币为主的企业，记账时可选择某一种货币作为记账本位币，但是编报的财务报表应当折算为人民币。在境外设立的中国企业，向国内报送的财务报表也应当折算为人民币。

(2) 表内的文字和数字必须工整清晰、不得潦草；填写出现差错时，应按规定方法更正，并加盖制表人印章。

(3) 表内出现负数的项目，应以“－”号表示，“－”号应当在数字之前占两个数字格的位置。

(4) 报表中有“年初余额”的项目，数字必须与上年年度报表中同一项目的“期末余额”一致。

6. 报送及时

财务报表必须在规定期限内报送，以便有关部门及时逐级汇总，满足各方面对财务报表资料的需求。月报应在月份终了后 6 日内(节假日顺延)报出，季报应在季度终了后 15 日内报出，半年报应当在年度中期结束后 60 日内报出，年度报表应于年度终了后 4 个月内报出。

由于财务报表包括的内容较多，本部分仅包括作为外部财务报表的资产负债表、利润表及其相应的调整报表和作为内部财务报表的总分类账户本期发生额及余额试算平衡表。设置该项内部财务报表的目的，是便于利用其提供的有关资料进行外部财务报表的编制。

二、总分类账户本期发生额及余额试算平衡表

总分类账户本期发生额及余额试算平衡表简称试算平衡表,是根据总分类账户的期初余额、本期发生额和期末余额之间存在对应的平衡关系，核对企业一定时期全部总分类账户记录是否正确的一种平衡表。

(一) 编制总分类账户本期发生额及余额试算平衡表的作用

编制财务报表是根据登记完整、核对无误的会计账簿记录进行的。核对会计账簿记录包括总账与总账的核对，总账与日记账、明细账等账簿的核对。总账与总账的核对，是指总分类账全部账户发生额和余额之间的核对。总分类账全部账户的期初借方余额合计数与贷方余额合计数，本期借方发生额合计数与贷方发生额合计数，期末借方余额合计数与贷方余额合计数应分别对应相等。这项核对工作是通过编制总分类账户本期发生额及余额试算平衡表进行的，如果上述数字不相等，说明账簿记录或计算存在一定错误，应及时查出更正，以便将总账与其他各种账簿核对无误后，编制财务报表。

(二) 总分类账户本期发生额及余额试算平衡表的编制要求

总分类账户本期发生额及余额试算平衡表(以下简称平衡表)，由负责登记总账的会计人员根据总账的有关记录编制。具体编制要求如下：

1. 年月日。即编制该平衡表的具体时间，一般应填写月末日。

2. 会计科目。即编制平衡表涉及的会计科目，应按照总分类账依据会计科目设置的相应账户的顺序逐项填写。

3. 期初余额。即总分类账户的期初借方或贷方余额，根据总分类账按同一会计科目设置的相应账户的上月月末借方或贷方余额对应填写。

4. 本期发生额。即总分类账户本期的借方或贷方发生额。根据总分类账按同一会计科目设置的相应账户的本月借方发生额合计或贷方发生额合计分别对应填写。

5. 期末余额。即某总分类账户期末的借方或贷方余额。根据总分类账按同一会计科目设置的相应账户的本月月末借方或贷方余额对应填写。

6. 合计(金额)。即该平衡表的期初余额、本期发生额、期末余额的借方、贷方合计金额。根据平衡表填写的数字分别相加后填写。要求该表的期初余额借方合计数与贷方合计数，本期发生额的借方合计数与贷方合计数，期末余额的借方合计数与贷方合计数分别对应相等。如不相等，应及时查找错误原因及时更正。以便总账与日记账、明细账等有关账簿核对无误后，编制企业的对外财务报表。

【例 4-2-1】郑州中原公司采用科目汇总表登记总账，科目汇总表每月编制一份，月末一次进行登记。该公司 1 月份各总分类账户的有关资料如下:

库存现金

期初余额 8 600	
科汇① 28 600	科汇① 29 100
期末余额 8 100	

银行存款

期初余额 858 000	
科汇①11 263 850	科汇①11 285 390
期末余额 836 460	

应收票据

期初余额 567 800	
科汇① 351 000	科汇① 567 800
期末余额 351 000	

应收账款

期初余额 230 000	
科汇①185 000	科汇①198 350
期末余额 216 650	

预付账款

期初余额 110 000	
科汇① 269 000	科汇① 358 000
期末余额 21 000	

其他应收款

期初余额 18 000	
科汇① 32 000	科汇① 28 000
期末余额 22 000	

坏账准备

	期初余额 1 700

材料采购

期初余额 368 200	
科汇①1 169 450	科汇① 1 356 520
期末余额 181 130	

原材料

期初余额 1 196 850	
科汇① 1 469 580	科汇① 1 584 910
期末余额 1 081 520	

材料成本差异

期初余额 12 800	
科汇① 8 660	科汇① 23 900
	期末余额 2 440

库存商品

期初余额 295 000	
科汇① 2 756 600	科汇① 2 838 200
期末余额 213 400	

委托代销商品

科汇① 196 800	科汇① 121 600
期末余额 75 200	

低值易耗品

期初余额 62 500	
	科汇① 13 300
期末余额 49 200	

长期股权投资

期初余额 650 000	

固定资产

期初余额 5 685 000	
科汇① 3 968 200	科汇① 150 000
期末余额 9 503 200	

累计折旧

	期初余额 910 480
科汇① 51 700	科汇① 38 200
	期末余额 896 980

在建工程

期初余额 352 000	
科汇① 4 093 600	科汇①3 968 200
期末余额 477 400	

固定资产清理

科汇① 91 800	科汇① 91 800

无形资产	
期初余额 465 000	

累计摊销	
	期初余额 51 070
	科汇①. 6 000
	期末余额 57 070

短期借款	
	期初余额 1 600 000
科汇① 1 380 000	
	期末余额 220 000

应付票据	
	期初余额 356 000
	科汇① . 234 000
	期末余额 590 000

应付账款	
	期初余额 258 600
科汇① 328 000	科汇① 362 000
	期末余额 292 600

预收账款	
	期初余额 28 000
科汇① 312 000	科汇① . 356 000
	期末余额 72 000

应付职工薪酬	
	期初余额 520 000
科汇①1 136 800	科汇①1 245 200
	期末余额 628 400

应交税费	
	期初余额 65 800
科汇① 535 500	科汇① 569 100
	期末余额 99 400

其他应付款	
	期初余额 1 600
科汇① 151 600	科汇① . 168 300
	期末余额 18 300

长期借款	
	期初余额 680 000

实收资本	
	期初余额 5 500 000
	科汇① . 3 300 000
	期末余额 8 800 000

资本公积	
	科汇①800 000
	期末余额 800 000

盈余公积	
	期初余额 825 000

本年利润	
科汇① 3 258 000	科汇① 3 415 600
	期末余额 157 600

利润分配	
	期初余额 450 000

生产成本	
期初余额 368 500	
科汇① 2 898 540	科汇①2 826 810
期末余额 440 230	

制造费用	
科汇① 235 000	科汇① 235 000

劳务成本	
科汇① 16 800	科汇① 16 800

主营业务收入

科汇① 3 277 420	科汇①3 277 420

其他业务收入

科汇① 35 200	科汇① 35 200

投资收益

科汇① 8 180	科汇① 8 180

营业外收入

科汇① 94 800	科汇① 94 800

主营业务成本

科汇① 2 779 800	科汇①2 779 800

其他业务成本

科汇① 23 600	科汇① 23 600

营业税金及附加

科汇① 8 560	科汇① 8 560

销售费用

科汇① 19 300	科汇① 19 300

管理费用

科汇① 368 380	科汇① 368 380

财务费用

科汇① 15 160	科汇① 15 160

营业外支出

科汇① 3 800	科汇① 3 800

所得税费用

科汇① 39 400	科汇① 39 400

要求：根据以上资料编制表 4-1 总分类账户本期发生额及余额试算平衡表。

表 4-1 总分类账户本期发生额及期末余额试算平衡表

总分类账户本期发生额及余额试算平衡表

年 月 日 单位 元

会计科目	期初余额		本期发生额		期末余额	
	借 方	贷 方	借 方	贷 方	借 方	贷 方

续表

会计科目	期初余额		本期发生额		期末余额	
	借　方	贷　方	借　方	贷　方	借　方	贷　方

续表

会计科目	期初余额		本期发生额		期末余额	
	借　方	贷　方	借　方	贷　方	借　方	贷　方

三、资产负债表

资产负债表，是反映企业某一特定日期财务状况的报表。

(一) 资产负债表的结构

资产负债表为账户式结构，分为左右两方。左方表示资产，反映企业全部资产的构成，包括流动资产和非流动资产两部分内容；右方表示负债和所有者权益，反映企业全部资金的形成及来源渠道，负债包括流动负债和非流动负债两部分。资产负债表左右双方应保持平衡，即资产总计等于负债和所有者权益总计。

(二) 资产负债表的编制方法

资产负债表的填制时间为该期的期末日，表内各项目均应填写“期末余额”和“年初余额”两栏。表内“年初余额”栏根据上年末资产负债表有关项目的期末余额对应填列。如果上年度资产负债表规定的项目名称和内容与本年度不一致，应当对上年年末资产负债表相关项目名称和数字按本年度的规定进行调整后，填入该表的“年初余额”栏。表内各项目“期末余额”栏是根据总账和有关明细账的期末余额填列的，具体可以分为以下六类情况。

1. 根据总账账户余额直接填列

资产负债表有关项目的数据来源，根据有关总账账户期末余额直接填列，具体包括以下项目：

(1)“交易性金融资产”项目。反映企业为交易目的所持有的债券投资、股票投资、基金投资等交易性资产的公允价值。本项目根据该总账账户期末余额直接填列。

(2)“应收利息”项目。反映企业交易性金融资产、持有至到期投资、可供出售金融资产等应收取的利息。本项目根据该总账账户期末余额直接填列。

(3)“应收股利”项目。反映企业应收取的现金股利和应收取其他单位分配的利润。本项目根据该总账账户期末余额直接填列。

(4)“固定资产清理”项目。反映企业因出售、报废、毁损、对外投资、非货币性资产交换、债务重组等原因转出的固定资产价值以及在清理过程中发生的费用。本项目根据该总账账户期末余额直接填列。该总账账户如为贷方金额，以“－”号表示。

(5)“递延所得税资产”项目。反映企业确认的可抵扣暂时性差异而产生的递延所得税资产。本项目根据该总账账户的期末余额直接填列。

(6)“其他非流动资产”项目。反映企业除在资产负债表上非流动资产部分单独填列的固定资产、无形资产等项目以外的非流动资产。本项目根据该总账账户的期末余额直接填列。

(7)“短期借款”项目。反映企业向银行或其他金融机构借入期限在一年以内(含一年)的各种借款。本项目根据该总账账户的期末余额直接填列。

(8)“交易性金融负债”项目。反映企业承担的交易性金融负债。本项目根据该总账账户的期末余额直接填列。

(9)“应付票据”项目。反映企业购买材料、商品和接受劳务供应等开出、承兑的商业汇票。本项目根据该总账账户的期末余额直接填列。

(10)“应付职工薪酬”项目。反映企业根据有关规定应支付给职工的各种工资薪金。本项目根据该总账账户的期末余额直接填列。如该总账账户的期末余额为借方余额，在数字前以“—”号表示。

(11)“应交税费”项目。反映企业应交未交的各种税费。本项目根据该总账账户的期末余额直接填列。如该总账账户期末余额为借方余额，表示多交或尚未抵扣的税额，在数字前以“—”号反映。

(12)“应付利息”项目。反映企业按照合同约定应付而尚未支付的利息，包括分期付息到期还本的长期借款、企业债券等应支付的利息。本项目根据该总账账户的期末余额直接填列。

(13)“应付股利”项目。反映企业尚未支付的现金股利或利润。本项目根据该总账账户的期末余额直接填列。

(14)“其他应付款”项目。反映企业除应付票据、应付账款、预收账款、应付职工薪酬、应付利息、应付股利、应交税费、长期应付款等以外的其他各种应付、暂收的款项，如存入保证金、应付住房公积金和社会保险费等。本项目根据该总账账户期末余额直接填列。

(15)“预计负债”项目。反映企业确认的对外提供担保、未决诉讼、产品质量保证、重组义务、亏损性合同等预计负债。本项目根据该总账账户期末余额直接填列。

(16)“递延所得税负债”项目。反映企业应纳税暂时性差异产生的所得税负债。本项目根据该总账账户的期末余额直接填列。

(17)“实收资本”项目。反映企业实际收到投资者投入的资本总额。本项目根据该总账账户的期末余额直接填列。股份有限公司根据“股本”总账账户的期末余额直接填列。

(18)“资本公积”项目。反映企业收到投资者出资额超过其在注册资本中所占份额的资本金数额。本项目根据该总账账户的期末余额直接填列。

(19)“库存股”项目。反映企业收购、转让或注销的本公司股份金额。本项目根据该总账账户的期末余额直接填列。

(20)“盈余公积”项目。反映企业从净利润中提取的盈余公积。本项目根据该总账账户期末余额直接填列。

2. 根据有关总账账户期末余额计算填列

资产负债表某些项目需要根据几个总账账户的期末余额计算填列，具体包括以下项目：

(1)“货币资金”项目。反映企业库存现金、银行结算户存款、银行汇票存款、银行本票存款、信用卡存款、信用证保证金存款、存出投资款、外埠存款等货币资金的合计数。本项目根据“库存现金”、“银行存款”、“其他货币资金”总账账户期末余额的合计数填列。

(2)“未分配利润”项目。反映企业未分配的利润或未弥补的亏损。本项目 1—11 月份根据“本年利润”、“利润分配”总账账户期末余额的合计数填列。年末，由于“本年利润”总账账户的期末余额和“利润分配”的其他明细账户的期末余额转入“利润分配——未分配利润”明细账户，“利润分配”总账账户的期末余额即为“未分配利润”明细账户的期末余额，因此，12 月份资产负债表内该项目的数据可以根据“利润分配”总账账户的年末贷方余额直接填列。年末如为借方余额，表示尚未弥补的亏损，在该项目数字前以“－”号表示。

3. 根据有关明细账账户余额计算填列

资产负债表某些项目不能按照上述方法填列，需要根据有关总账账户所属的相关明细账账户的期末余额计算填列。具体包括以下项目：

(1)“应收账款”项目。反映企业因销售商品和提供劳务等经营活动，应向购买单位收取的各种款项，减去已计提坏账准备后的净额。

本项目根据“应收账款”、“预收账款”所属各明细账账户期末借方余额之和，减去“坏账准备——应收账款”明细账账户期末贷方余额的差额填写。“应收账款”所属明细账账户的期末贷方余额应在流动负债部分的“预收账款”项目填列。

(2)“预付款项”项目。反映企业按照合同规定预付给供应单位的款项，减去已计提坏账准备后的净额。

本项目根据“预付账款”、“应付账款”所属明细账账户的期末借方余额之和，减去“坏账准备——预付账款”明细账账户期末贷方余额的差额填写。“预付账款”所属明细账户的期末贷方余额应在流动负债部分的“应付账款”项目填列。

(3)“应付账款”项目。反映企业购买材料、商品、接受劳务等经营活动应支付给供应单位的款项。

本项目根据“应付账款”、“预付账款”所属明细账账户的期末贷方余额之和填列。“应付账款”所属明细账账户的期末借方余额，应在流动资产部分的“预付账款”项目反映。

(4)“预收款项”项目。反映企业按照合同规定预收购买单位的款项。

本项目根据“预收账款”、“应收账款”所属明细账账户的期末贷方余额之和填列。“预收账款”所属明细账账户的期末借方余额，应在流动资产部分的“应收账款”项目反映。

(5)“开发支出”项目。反映企业进行研究、开发无形资产过程中发生的各项支出。

本项目根据“研发支出”所属的“资本化支出”明细账账户的期末余额填列。

(6)“一年内到期的非流动资产”项目。反映企业持有至到期投资等非流动资产应在一年内收回或摊销的资产。

本项目根据“持有至到期投资”、“长期应收款”、“长期股权投资”、“长期待摊费用”等总账账户所属的明细账账户中等于或低于一年期的数额填列。

(7)“一年内到期的非流动负债”项目。反映企业长期借款等非流动负债应在一年内偿还的债务。

本项目根据“长期借款”、“应付债券”、“长期应付款”、“专项应付款”等总账账户所属的明细账账户中等于或低于一年期的数额填列。

4. 根据总账账户及其所属的明细账账户余额分析计算填列

资产负债表中某些项目不能根据有关总账账户的期末余额直接填列或计算填列，也不能根据有关明细账账户期末余额计算填列，需要根据有关总账账户及其所属的明细账账户期末余额分析计算填列。具体包括以下项目：

(1)“长期待摊费用”项目。反映企业尚未摊销的摊销期限在一年以上(不含一年)的各种费用，如开办费、租入固定资产改良支出、大修理支出以及摊销期限在一年以上的其他摊销费用。

本项目根据该总账账户期末余额扣除其所属明细账账户中将于一年内(含一年)摊销的费用后的差额填列。其摊销期限在一年内(含一年)的费用应在流动资产部分的“一年内到期的非流动资产”项目填列。

(2)“长期借款”项目。反映企业向银行或其他金融机构借入期限在一年以上(不含一年)的各种借款。

本项目根据该总账账户期末余额扣除其所属明细账账户中将在资产负债表日起一年内(含一年)到期，企业不能自主地将清偿义务展期的数额后的差额填列。长期借款中将于一年内到期的数额，应在流动负债部分“一年内到期的非流动负债”项目填列。

(3)“应付债券”项目。反映企业为筹集资金发行的超过一年期的各种债券的本金和利息。

本项目根据该总账账户期末余额扣除其所属明细账账户中一年内到期的数额后的差额填列。应付债券中将于一年内到期的数额，应在流动负债部分“一年内到期的非流动负债”项目填列。

(4)“专项应付款”项目。反映企业取得政府作为企业所有者投入的具有专项或特定用途(主要用于购建固定资产)的款项。

本项目根据该总账账户期末余额扣除其所属明细账账户中一年内到期的数额后的差额填列。专项应付款一年内到期的数额应在流动负债部分“一年内到期的非流动负债”项目填列。

(5)“其他非流动负债”项目。反映企业除在资产负债表上非流动负债部分单独填列的长期借款、应付债券等项目以外的非流动负债。

本项目根据该总账账户期末余额扣除其所属明细账账户中一年内到期的数额后的差额填列。其他非流动负债一年内到期的数额应在流动负债部分“一年内到期的非流动负债”项目反映。

5. 根据有关总账账户余额减去其备抵账户余额后的净额填列

资产负债表上某些项目应根据某总账账户期末余额减去其备抵账户期末余额后的净额填列。其备抵账户可能是单独设置的总账账户，如“固定资产”的备抵账户包括“累计折旧”和“固定资产减值准备”等总账账户；备抵账户也可能是某些总账账户所属的明细账账户，如“坏账准备”包括“应收账款”、“应收票据”、“预付账款”、“其他应收款”等明细账账户。该类项目主要包括以下内容：

(1)“应收票据”项目。反映企业因销售商品、提供劳务等收到购买单位的商业汇票，包括商业承兑汇票和银行承兑汇票。

本项目根据该总账账户的期末借方余额减去“坏账准备——应收票据”明细账账户的期末贷方余额后的差额填写。

(2)“其他应收款”项目。反映企业除应收票据、应收账款、预付账款、应收股利、应收利息、长期应收款等以外的对其他单位和个人的应收和暂付的款项，减去已计提的坏账准备后的净额。

本项目根据该总账账户期末借方余额减去“坏账准备——其他应收款”明细账账户的期末贷方余额后的差额填列。

(3)“可供出售金融资产”项目。反映企业持有的可供出售金融资产的公允价值，包括可出售的股票投资、债券投资等金融资产，减去其减值准备后的净额。

本项目根据该总账账户的期末借方余额减去“可供出售金融资产减值准备”总账账户期末贷方余额的差额填写。

(4)“持有至到期投资”项目。反映企业持有至到期投资的摊余成本。

本项目根据该总账账户期末借方余额扣除其所属明细账账户中一年内到期数额，减去“持有至到期减值准备”总账账户期末贷方余额的差额填写。持有至到期投资中将于一年内到期的数额，应在流动资产部分“一年内到期的非流动资产”项目填列。

(5)“长期应收款”项目。反映企业的长期应收款项，包括融资租赁产生的应收款项，采用递延方式具有融资性质的销售商品和提供劳务产生的应收款项等。

本项目根据该总账账户的期末借方余额扣除其所属明细账户中一年内到期的数额，减去“未实现融资收益”总账账户期末贷方余额的差额填列。长期应收款中将于一年内到期的数额，应在流动资产部分“一年内到期的非流动资产”项目填列。

(6)“长期股权投资”项目。反映企业不准备在一年内(含一年)变现的各种股权性质投资的可收回金额。

本项目根据该总账账户期末借方余额扣除其所属明细账账户中一年内到期的数额，减去“长期股权投资减值准备”总账账户的期末贷方余额的差额填列。长期股权投资中将于一年内到期的数额，应在流动资产部分“一年内到期的非流动资产”项目反映。

(7)“投资性房地产”项目。反映企业采用成本模式计量的投资性房地产的成本。

本项目根据该总账账户期末借方余额，减去“投资性房地产累计折旧”、“投资性房地产减值准备”等总账账户期末贷方余额的差额填写。

(8)“固定资产”项目。反映企业固定资产的账面价值。

本项目根据“固定资产”总账账户期末借方余额，减去“累计折旧”、“固定资产减值准备”等总账账户期末贷方余额的差额填写。

(9)“在建工程”项目。反映企业基建、更新改造等在建工程发生的支出。

本项目根据“在建工程”总账账户期末借方余额，减去“在建工程减值准备”总账账户期末贷方余额的差额填写。

(10)“工程物资”项目。反映企业为在建工程准备的各种物资的成本，包括工程用材料，尚未安装的设备以及为生产准备的工器具等。

本项目根据“工程物资”总账账户期末借方余额减去“工程物资减值准备”总账账户的期末贷方余额的差额填列。

(11)“生产性生物资产”项目。反映农业企业持有的生产性生物资产的账面价值，包括采伐林木、役畜、产畜等。

本项目根据“生产性生物资产”总账账户期末借方余额，减去“生产性生物资产累计折旧”、“生产性生物资产减值准备”等总账账户期末贷方余额的差额填列。

(12)“油气资产”项目。反映石油、天然气开采企业持有的矿区权益和油气井及相关设施的账面价值。

本项目根据“油气资产”总账账户期末借方余额减去“累计折耗”、“油气资产减值准备”等总账账户期末贷方余额的差额填列。

(13)“无形资产”项目。反映企业持有的无形资产账面价值。

本项目根据“无形资产”总账账户期末借方余额，减去“累计摊销”、“无形资产减值准备”等总账账户期末贷方余额的差额填列。

(14)“商誉”项目。反映企业合并中形成的商誉价值。

本项目根据“商誉”总账账户期末借方余额，减去“商誉减值准备”总账账户的期末贷方余额的差额填列。

6. 根据有关总账账户余额之和，加上或减去其备抵总账账户余额计算填列

资产负债表上某些项目的填列方法比较特殊，需要综合运用上述有关方法填列。如存货项目，其部分存货的“原材料”、“包装物”、“低值易耗品”总账账户的备抵账户“材料成本差异”，在库存材料的实际成本小于计划成本时，该账户的期末余额为贷方余额，表示库存材料的节约差异，应从上述总账账户的期末借方余额之和中扣除；反之，库存材料的实际成本大于计划成本时，该账户的期末余额为借方余额，表示库存材料的超支差异，应与上述总账账户的期末借方余额相加，才能在资产负债表的“存货”项目中反映其实际库存成本。“存货”项目涉及的总账账户较多，具体内容如下：

(1)“存货”项目。反映企业期末在库、在途和在加工中的各项存货的可变现净值。

本项目根据“材料采购”、“原材料”、“包装物”、“低值易耗品”、“库存商品”、“生产成本”、“发出商品”、“委托加工物资”等总账账户期末借方余额之和，加上“材料成本差异”总账账户的期末借方余额或减去该总账账户的期末贷方余额，再减去“存货跌价准备”总账账户期末贷方余额的差额填列。

【例 4-3-1】郑州中原公司元月份有关总分类账资料见例 4-2-1，该月份有关明细账的资料如下：

表 4-2　　应收账款明细账　　单位：元

明细账户	期初余额		本期发生额		期末余额	
	借方	贷方	借方	贷方	借方	贷方
贵阳市黔山公司	120 000		95 000	26 000	189 000	
岳阳市南湖公司	90 000		82 000	110 500	61 500	
衡阳市南岳公司	20 000		8 000	61 850		33 850

表 4-3　　预付账款明细账　　单位：元

明细账户	期初余额		本期发生额		期末余额	
	借方	贷方	借方	贷方	借方	贷方
青岛市琴岛公司	35 000		120 000	168 000		13 000
秦皇岛市山海公司	48 000		96 000	132 000	12 000	
葫芦岛市塔山公司	27 000		53 000	58 000	22 000	

表 4-4　　应付账款明细账　　单位：元

明细账户	期初余额		本期发生额		期末余额	
	借方	贷方	借方	贷方	借方	贷方
九江市江州公司		95 000	102 000	276 000		269 000
湛江市海安公司	17 000		16 000	62 000		29 000
镇江市金山公司		180 600	210 000	24 000	5 400	

表 4-5　　预收账款明细账　　单位：元

明细账户	期初余额		本期发生额		期末余额	
	借方	贷方	借方	贷方	借方	贷方
连云港市海州公司		50 000	75 000	90 000		65 000
张家港市江宁公司		30 000	142 000	106 000	6 000	
贵港市东湖公司	52 000		95 000	160 000		13 000

表 4-6　　坏账准备明细账　　单位：元

明细账户	期初余额		本期发生额		期末余额	
	借方	贷方	借方	贷方	借方	贷方
应收账款		1 150				1 150
预付账款		550				550

要求：根据以上资料编制4-7资产负债表。

表4-7 资产负债表

资 产 负 债 表

会企01表

编制单位　　　　　　　　　　年　　月　　日　　　　　　　　　　单位 元

资 产	期末余额	年初余额	负债和所有者权益（或股东权益）	期末余额	年初余额
流动资产：			流动负债：		
货币资金			短期借款		
交易性金融资产			交易性金融负债		
应收票据			应付票据		
应收账款			应付账款		
预付款项			预收款项		
应收利息			应付职工薪酬		
应收股利			应交税费		
其他应收款			应付利息		
存货			应付股利		
一年内到期的非流动资产			其他应付款		
其他流动资产			一年内到期的非流动负债		
流动资产合计			其他非流动负债		
非流动资产：			流动负债合计		
可供出售金融资产			非流动负债：		
持有至到期投资			长期借款		
长期应收款			应付债券		
长期股权投资			长期应付款		
投资性房地产			专项应付款		
固定资产			预计负债		
在建工程			递延所得税负债		
工程物资			其他非流动负债		
固定资产清理			非流动负债合计		
生产性生物资产			负债合计		
油气资产			所有者权益（或股东权益）		
无形资产			实收资本		
开发支出			资本公积		
商誉			减：库存股		
长期待摊费用			盈余公积		
递延所得税资产			未分配利润		
其他非流动资产			所有者权益（或股东权益）合计		
非流动资产合计					
资产总计			负债和所有者权益（或股东权益）总计		

四、利润表

利润表是反映企业在一定会计期间经营成果的报表。

(一) 有关利润指标的计算

利润表的格式分为单步式和多步式两种，按照有关规定，我国企业采用多步式利润表，通过对当期的收入、费用、支出项目按性质进行归类，按利润形成的中间环节列示一些中间性利润指标，分步计算出当期净利润(或净亏损)。具体可以分为以下三个步骤：

1. 计算营业利润

以营业收入为基础，减去营业成本、营业税金及附加、销售费用、管理费用、财务费用、资产减值损失，加上公允价值变动收益(或减去公允价值变动损失)和投资收益(或减去投资损失)，计算出营业利润。

2. 计算利润总额

以营业利润为基础，加上营业外收入，减去营业外支出，计算出利润总额。

3. 计算净利润(或净亏损)

以利润总额为基础，减去所得税费用，计算出净利润。

(二) 利润表的编制方法

利润表各项目均需填列“本期金额”和“上期金额”两栏。其中“上期金额”栏内各项目数字，应根据上年同期利润表的“本期金额”栏内数字对应填写。该表“本期金额”栏内各项目数字，除每股收益外均应根据损益类明细账或本年利润明细账的发生额填写。具体方法如下：

(1)“营业收入”项目。反映企业经营业务取得的收入总额，包括企业的主营业务收入和其他业务收入。本项目根据“主营业务收入”和“其他业务收入”明细账的贷方发生额之和减去企业发生退货形成的借方发生额后的金额填列。

(2)“营业成本”项目。反映企业经营业务发生的实际成本，包括企业的主营业务成本和其他业务成本。本项目根据“主营业务成本”和“其他业务成本”明细账的借方发生额之和减去发生退货成本形成的贷方发生额后的金额填列。

(3)“营业税金及附加”项目。反映企业经营业务应负担的营业税、消费税、资源税、城市维护建设税和教育费附加等税费。本项目根据“营业税金及附加”明细账的本期发生额分析填列。

(4)“销售费用”项目。反映企业销售商品和材料，提供劳务过程中发生的各种费用。本项目根据“销售费用”明细账的本期发生额分析填列。

(5)“管理费用”项目。反映企业为组织和管理生产经营所发生的管理费用。本项目根据“管理费用”明细账的本期发生额分析填列。

(6)“财务费用”项目。反映企业为筹集生产经营所需资金等发生的筹资费用。本项目根据“财务费用”明细账的本期发生额分析填列。

(7)“资产减值损失”项目。反映企业计提各项资产减值准备所形成的损失。本项目根据“资产减值损失”明细账的本期发生额分析填列。

(8)“公允价值变动收益”项目。反映企业交易性金融资产、交易性金融负债，以及采用公允价值模式计量的投资性房地产等公允价值变动形成的应计入当期损益的利得或损失。本项目根据“公允价值变动收益”明细账的本期发生额分析填列。如为亏损以“—”号表示。

(9)“投资收益”项目。反映企业确认的投资收益或投资损失。本项目根据“投资收益”明细账的本期发生额分析填列。如为损失以“—”号表示。并将该明细账中的“对联营企业和合营企业的投资收益”的发生额在该项目下行的“其中”栏内单独填列。

(10)“营业利润”项目。反映企业的营业收入扣除成本费用加上相关收益形成的利润。本项目根据表内项目的营业收入减去营业成本、营业税金及附加、销售费用、管理费用、财务费用、资产减值损失，加上公允价值变动收益(或减去公允价值变动损失)和投资收益(或减去投资损失)所计算的金额填列。

(11)“营业外收入”项目。反映企业发生的各项营业外收入，主要包括非流动资产利得、非货币性资产交换利得、债务重组利得、政府补助、盘盈利得、捐赠利得等。本项目根据“营业外收入”明细账的发生额分析填列。

(12)“营业外支出”项目。反映企业发生的各项营业外支出，主要包括非流动资产处置损失、非货币性资产交换损失、债务重组损失、公益性捐赠支出、非常损失、盘亏损失等。本项目根据“营业外支出”明细账的本期发生额分析填列。并将该明细账中的“非流动资产处置损失”的发生额在该项目下行的“其中”栏内填列。

(13)“利润总额”项目。反映企业一定时期实现的利润总额。本项目根据表内项目的营业利润加上营业外收入减去营业外支出计算的金额填列。如为亏损总额以“—”号表示。

(14)“所得税费用”项目。反映企业确认的应从当期利润总额中扣除的所得税费用。本项目根据“所得税费用”明细账的本期发生额分析填列。

(15)“净利润”项目。反映企业一定时期实现的净利润。本项目根据表内项目的利润总额减去所得税费用计算的金额填列。

每股收益包括基本每股收益和稀释每股收益，是向资本市场广大投资者反映上市公司每一股普通股所创造的收益水平。对广大股民来说，每股收益是投资决策最直观最重要的参考依据，是所关注的重点。普通股或潜在普通股已公开交易的企业，以及正处于公开发行普通股或潜在普通股过程中的企业，还应当在利润表中列示每股收益信息。

【例 4-4-1】郑州中原公司不属于上市公司，1 月份没有发生销售退回等现象。

要求：根据例 4-2-1 损益类 T 形账户的有关资料，填制表 4-8 利润表的“本期金额”栏的各有关项目。

表 4-8　利润表

利 润 表

会企 02 表

编制单位　　　　　　　　年　　　月　　　　　　　　单位：元

项　　　目	本期金额	上期金额
一、营业收入		
减：营业成本		
营业税金及附加		
销售费用		
管理费用		
财务费用		
资产减值损失		
加：公允价值变动收益(损失以“－”号填列)		
投资收益(损失以“－”号填列)		
其中：对联营企业和合营企业的投资收益		
二、营业利润(亏损以“－”号填列)		
加：营业外收入		
减：营业外支出		
其中：非流动资产处置损失		
三、利润总额(亏损总额以“－”号填列)		
减：所得税费用		
四、净利润(净亏损以“－”号填列)		
五、每股收益：		
(一) 基本每股收益		
(二) 稀释每股收益		

五、资产负债表调整报表

调整财务报表，是依据有关中介机构审计查出企业上年度存在的多摊或少计成本费用影响企业所得税的有关事项，以上年年度报表期末余额数字为基础，对报表有关项目金额规范调整，并反映其调整前后金额的报表。

调整财务报表一般只对企业上年度资产负债表和利润表的有关项目数字进行调整。如涉及现金流量表的补充资料部分，仅对其补充资料有关项目的数字进行相应调整，不涉及现金流量表正表。

资产负债表调整报表，是根据有关审计意见，对企业上年度资产负债表中资产、负债和所有者权益有关项目数字进行规范调整，反映其调整前后金额数字变动情况的报表。

由于企业不同程度地存在对成本费用的计算、结转不够规范的行为，企业应依据会计师事务所等中介机构对企业上年度财务报表的审计意见，对影响企业所得税的有关事项，填制相应的调整记账凭证，登记有关会计账簿，并据以编制报告年度的资产负债表调整报表。

(一) 编制调整报表有关事项处理的原则

由于企业上年度有关项目已结转，特别是损益类账户在结转后已无余额，根据审计意见，对需要调整的有关事项应填制相应的记账凭证，登记有关账簿，并据以编制调整报表。可按以下不同情况进行处理：

(1) 涉及损益事项的调整。对涉及损益的有关事项，通过“以前年度损益调整”科目核算，调整增加以前年度收益或调整减少以前年度亏损的事项，以及调整减少的企业所得税，记入“以前年度损益调整”科目的贷方；调整减少以前年度收益或调整增加以前年度亏损，以及调整增加的企业所得税，记入“以前年度损益调整”科目的借方。“以前年度损益调整”科目的贷方或借方余额，转入“利润分配——未分配利润”科目。

(2) 涉及利润分配事项的调整。对涉及利润分配的有关事项的调整，直接通过“利润分配——未分配利润”科目核算。

(3) 不涉及损益及利润分配事项的调整。对不涉及损益及利润分配的有关事项的调整，不通过“以前年度损益调整”科目或“利润分配——未分配利润”科目核算，直接调整相应的会计科目。

(4) 财务报表相关项目数字的调整。通过以上不同事项的会计处理后，还应对财务报表相关项目的数字进行相应调整。主要对报告年度财务报表的期末数(资产负债表)和本年发生数(利润表)有关项目的数字规范调整。

(二) 资产负债表调整报表的编制要求

资产负债表调整报表各项目均需填列“调整前余额”和“调整后余额”两栏。其中“调整前余额”根据上年年度资产负债表的“期末余额”栏的数字对应填写。对“调整后余额”栏的填列方式举例说明如下：

例如，某会计师事务所对甲公司上年年度财务报表审计后，查明该公司多提取折旧 32 000 元，其中公司办公楼 24 000 元，仓库 3 000 元，生产车间 C620 车床 5 000 元，少计提乙产品专利摊销额 2 000 元，应调增利润 30 000 元，企业适用的所得税税率为 25%。

根据审计意见，对上述事项应先填制有关记账凭证，登记有关账簿，并据以调整上年年度资产负债表。

1. 涉及损益事项的调整

根据审计意见，对多提取的折旧 32 000 元填制调减折旧的记账凭证，借记“累计折旧”科目，贷记“以前年度损益调整”科目；对少计算的无形资产摊销 2 000 元填制调增累计摊销的记账凭证，借记“以前年度损益调整”科目，贷记“累计摊销”科目。根据以上记账凭证登记有关明细账，计算“以前年度损益调整”为贷方余额 30 000 元，即为应调增的利润额。

按照企业应调增的利润 30 000 元，乘以企业适用的所得税税率 25%，计算出调增企业所得税 7 500 元，应填制调增企业所得税的记账凭证，借记“以前年度损益调整”科目，贷记“应交税费——应交所得税”科目；并将“以前年度损益调整”明细账的贷方余额 22 500 元转入“利润分配——未分配利润”，填制调增未分配利润的记账凭证，借记“以前年度损益调整”科目，贷记“利润分配——未分配利润”科目，并结平“以前年度损益调整”明细账。

2. 涉及利润分配的调整事项

按照有关规定，企业应从调增的净利润 22 500 元中提取盈余公积 3 375 元，其中法定盈余公积 2 250 元，任意盈余公积 1 125 元，据以填制调增盈余公积 3 375 元的记账凭证，借记“利润分配——未分配利润”科目，贷记“盈余公积——法定盈余公积，任意盈余公积”科目。

3. 编制资产负债表调整报表

根据以上记账凭证登记的有关会计账簿资料，编制资产负债表的调整报表，具体步骤如下：

(1) 对调整报表资产方有关项目的调整。调整“累计折旧”和“累计摊销”涉及报表资产方非流动资产部分的固定资产和无形资产两个项目的调整。由于账簿记录分别显示累计折旧调减 32 000 元，累计摊销调增 2 000 元，相应“固定资产”项目应比调整前余额增加 32 000 元，“无形资产”项目比调整前余额减少 2 000 元。对其他无须调整的资产方各项目，将其“调整前余额”数字填入“调整后余额”栏内即可。这样，“调整后余额”的非流动资产合计和资产总计两项目相应比“调整前余额”增加 30 000 元。

(2) 对调整报表负债和所有者权益有关项目的调整。根据账簿记录，“应交税费”明细账调增了 7 500 元，报表流动负债部分的“应交税费”项目也相应比“调整前金额”增加了 7 500 元，“盈余公积”和“利润分配——未分配利润”明细账分别增加了 3 375 元和 19 125 元，报表中所有者权益部分的“盈余公积”项目和“未分配利润”项目也相应比“调整前金额”分别增加了 3 375 元和 19 125 元 。“负债和所有者权益”其他无须调整的项目仍将“调整前余额”的数字填入“调整后余额”栏内。

经过上述调整后，流动负债部分的流动负债合计与负债合计两项目“调整后余额”比“调整前余额”各增加了 7 500 元；所有者权益合计项目的“调整后余额”比“调整前余额”增加了 22 500 元，相应负债和所有者权益总计项目的“调整后余额”比“调整前余额”增加了 30 000 元。由于资产总计项目“调整后余额”比“调整前余额”也增加了 30 000 元，报表双方仍处于平衡关系。

【例 4-5-1】1 月 28 日，郑州中原公司接到河南黄河会计师事务所对企业上年年度财务报表的审计报告，查明企业多提取折旧 50 000 元，其中公司办公楼 40 000 元，生产车间 C650 车床 10 000 元；少摊销土地使用权 10 000 元。应调增利润 40 000 元。企业适用的所得税税率为 25%。

要求：根据以上资料和例 4-3-1 填制的资产负债表的年初余额资料编制表 4-9 资产负债表调整报表。

表 4-9 资产负债表（调整报表）

资 产 负 债 表

会企 01 表

编制单位： 年 月 日 单位：元

资 产	调整前余 额	调整后余 额	负债和所有者权益（或股东权益）	调整前余 额	调整后余 额
流动资产：			流动负债：		
货币资金			短期借款		
交易性金融资产			交易性金融负债		
应收票据			应付票据		
应收账款			应付账款		
预付款项			预收款项		
应收利息			应付职工薪酬		
应收股利			应交税费		
其他应收款			应付利息		
存货			应付股利		
一年内到期的非流动资产			其他应付款		
其他流动资产			一年内到期的非流动负债		
流动资产合计			其他流动负债		
非流动资产：			流动负债合计		
可供出售金融资产			非流动负债：		
持有至到期投资			长期借款		
长期应收款			应付债券		
长期股权投资			长期应付款		
投资性房地产			专项应付款		
固定资产			预计负债		
在建工程			递延所得税负债		
工程物资			其他非流动负债		
固定资产清理			非流动负债合计		
生产性生物资产			负债合计		
油气资产			所有者权益(或股东权益)		
无形资产			实收资本		
开发支出			资本公积		
商誉			减：库存股		
长期待摊费用			盈余公积		
递延所得税资产			未分配利润		
其他非流动资产			所有者权益(或股东权益)合计		
非流动资产合计					
资产总计			负债和所有者权益(或股东权益)总计		

六、利润表调整报表

利润表调整报表，是根据审计意见对企业上年年度利润表“本期金额”栏有关项目进行调整，反映其调整前后金额数字变动的报表。

(一) 利润表调整报表与资产负债表调整报表调整项目的关系

企业根据审计意见填制的记账凭证所登记的会计账簿记录，对上年年度资产负债表“期末余额”有关项目进行调整后，相应也涉及上年年度利润表“本期金额”栏有关项目的调整。对利润表的调整数字要求“利润总额”项目应与审计意见调整的利润数据一致，“所得税费用”项目应与资产负债表的“应交税费”项目调整的数据一致，“净利润”项目应与资产负债表的“所有者权益合计”项目(即未分配利润与盈余公积调整数字之和)调整的数据一致。

(二) 利润表调整报表的编制要求

利润表调整报表各项目均须填列“调整前金额”和“调整后金额”两栏数字。其中“调整前金额”各项目数字按上年年度利润表的“本期金额”栏数字对应填写，“调整后金额”栏各项目数字的填列方法仍按资产负债表调整报表的例题说明如下：

如上例：某会计师事务所对甲公司上年年度财务报表审计后，查明该公司多计提折旧32 000元，其中办公楼24 000元，仓库3 000元，生产车间C620车床5 000元；少计提乙产品专利权摊销额2 000元，应调增利润30 000元，企业适用的所得税税率为25%。

由于已将上述调整事项的记账凭证登记有关账簿，并已对资产负债表调整报表的有关项目进行了相应调整，按照有关规定，应依据有关账簿记录，填制利润表调整报表的“调整后金额”栏各项目数字，具体调整方法如下：

1. 对“营业成本”项目的调整

企业上年度生产车间的C620车床多提取折旧5 000元，已记入该车间的“制造费用”科目，月末分配制造费用时转入“生产成本”科目，产品完工入库时转入“库存商品”科目，结转销售成本时又转入“主营业务成本”科目。由于“营业成本”项目包括主营业务成本和其他业务成本两项内容，因此应对“营业成本”项目调减5 000元。

2. 对“管理费用”项目的调整

企业上年度对公司办公楼、仓库多提取折旧27 000元，少摊销乙产品专利权2 000元；合计多计入管理费用25 000元，应调减“管理费用”项目25 000元。

3. 对“营业利润”项目的调整

由于“营业成本”和“管理费用”分别调减5 000元和25 000元，排列在“营业利润”项目以上的其他项目未作调整，应将其他项目“调整前金额”数字填入“调整后金额”栏内，“营业利润”项目的“调整后金额”比“调整前金额”相应增加了30 000元。

4. 对“利润总额”项目的调整

由于营业外收入和营业外支出两项目未作调整，应将其“调整前金额”数字填入“调整后金额”栏内，“利润总额”项目的“调整后金额”比“调整前金额”相应增加了30 000元，与审计报告要求调增的利润金额一致。

5. 对“所得税费用”项目的调整

将调增利润总额30 000元，乘以企业适用所得税税率25%所计算的税额为7 500元。也就是说“所得税费用”项目的“调整后金额”比“调整前金额”增加了 7 500 元，与资产负债表调整报表的“应交税费”项目调增的数字一致。

6. 对“净利润”项目的调整

根据调增利润30 000元减去调增所得税费用7 500元所计算的数额，“净利润”项目“调整后金额”比“调整前金额”增加22 500元，与资产负债表调整报表的“所有者权益合计”项目调增的数字一致。

【例4-6-1】1月28日，郑州中原公司接到河南黄河会计师事务所对企业上年年度财务报表的审计报告，查明企业多提取折旧50 000元，其中公司办公楼40 000元，生产车间C650车床10 000元；少摊销土地使用权10 000元，应调增利润40 000元。企业适用的所得税税率为25%。

该公司上年年度利润表“本期金额”各项目的金额数字分别为，营业收入26 500 000元，营业成本15 680 000元，营业税金及附加2 650 000元，销售费用3 260 000元，管理费用1 680 000元，财务费用1 350 000元，资产减值损失560 000元，投资收益280 000元，营业利润1 600 000元，营业外收入160 000元，营业外支出350 000元，利润总额1 410 000元，所得税费用352 500元，净利润1 057 500元。

要求：根据以上资料编制表4-10利润表调整报表。

表 4-10 利润表（调整报表）

利 润 表

会企 02 表

编制单位：　　　　　　　　　　　　年　　　月　　　　　　　　　　　　单位：元

项　　　　　　　　目	调整前金额	调整后金额
一、营业收入		
减：营业成本		
营业税金及附加		
销售费用		
管理费用		
财务费用		
资产减值损失		
加：公允价值变动收益(损失以“－”号填列)		
投资收益(损失以“－”号填列)		
其中：对联营企业和合营企业的投资收益		
二、营业利润（亏损以“－”号填列）		
加：营业外收入		
减：营业外支出		
其中：非流动资产处置损失		
三、利润总额(亏损总额以“－”号填列)		
减：所得税费用		
四、净利润(净亏损以“－”号填列)		
五、每股收益：		
(一) 基本每股收益		
(二) 稀释每股收益		